Reise-Taschenbuch

korfu & ionische inseln

Klaus Bötig

Senkrechtstarter

Ein Meer, das in allen erdenklichen Blau-, Grün- und Türkistönen schillert. Lange Sandstrände, einsame Buchten, oft von üppigem Grün gesäumt, vor allem an den Westküsten auch tief unter hellen Steilufern liegend. Das alles bieten die Ionischen Inseln in Hülle und Fülle. Abseits der Strände warten bildschöne Städtchen und schlummern stille, alte Dörfer mit viel historischer Bausubstanz. Besonders faszinierend sind die Olivenurwälder auf Korfu, Othoní und Páxos. Wandern kann man auf jeder Insel ebenso gut wie Wassersport treiben.

Korfu und die Ionischen Inseln — Hellas mit italienischem Touch. Jede der 13 Inseln ist anders, alle sind schön. Strände für jeden Geschmack, schmucke Städtchen, ein Meer von Ölbäumen und ein Tannenwald in Himmelsnähe.

Ausflug zum Geburtsort der Olympischen Spiele

Olympia

Bereit für ein Selfie mit Onássis?

Nidrí

Lefkás

Bin ich in Dover oder wie?

Kap Lefkáta

Traumhafen für Segler

Fiskárdo

Odysseus war sicherlich auch schon hier

Kióni

Baden zu Füßen der Burg

Ásos

Itháki

Am tollsten mit Brandung

Mírtos Beach

Bootsfahrt in dachloser Höhle

Melisáni

Kefalloniá

Berg Énos

Dem Himmel ganz nah

Argostóli

Ein ganz gewöhnliches Städtchen

Capri lässt grüßen

Blue Caves

Fotogener geht nicht

Shipwreck Beach

Die Blume der Levante

Zákinthos

Zákinthos

Laganás Bay

Tummelplatz der Meeresschildkröten

Kerí

Ein Leuchtturm, exzellente Tauchgründe und etwas Pech

Querfeldein

Fundstücke — Üppig grün sind die Inseln (fast) alle und Strände allgegenwärtig. An manchen Orten kann man die Nacht durchtanzen, anderswo wiederum ein Praktikum als »Fast-Eremit« ablegen. 13 Inseln, viele Möglichkeiten.

Skywalks für Mutige

Strände säumen fast alle Ionischen Inseln, sie machen sich nur auf Othoní und Itháki rar. An den Westküsten verlaufen sie oft direkt unter hohen Steilküsten und sind teilweise nur per Boot zu erreichen. In Perouládes auf Korfu, in Kerí und am Shipwreck Beach auf Zákinthos blickt man von kurzen Skywalks auf sie hinab. Atemberaubend.

Ein Hauch Italien

Die lange venezianische Herrschaft hinterließ viele Spuren. Die Städte Kérkira und Zákinthos und etliche Dörfer sind architektonisch stark von der Serenissima geprägt. Viele Kirchen haben einen Campanile. Musik, Kunst und Dichtung wurden stark beeinflusst. Anders als im übrigen Griechenland zeigte hier auch die Renaissance ihre Wirkung. Kulinarisch hat Italien entgegen anderer Behauptungen aber kaum Einfluss ausgeübt.

Jede Menge Klöster

Griechisch-orthodoxe Klöster gibt es auf allen größeren Inseln. Oft leben dort nur noch wenige Mönche oder Nonnen. Alle Klöster stehen Besuchern offen, meist wird man gastfreundlich empfangen. Nur am frühen Nachmittag herrscht Mittagsruhe.

Promi-Spotting: Itháki war die Heimat des Odysseus. Auf Korfu lustwandelten Kaiserin Sisi sowie Kaiser Wilhelm II. und Prinz Philip und Vicky Leandros wurden auf der Insel geboren. An einen illustren Besucher erinnert ein Denkmal auf Léfkas: Reeder Onássis empfing auf seiner Privatinsel Skorpiós Maria Callas, Jacqueline Kennedy und Winston Churchill.

Regional shoppen

Bestes Olivenöl kauft man auf Korfu und Zákinthos. Auf beiden Inseln wird auch ein einheimisches Eau de Toilette produziert. Die zakinthischen Rosinen sind traumhaft süß, aus korfiotischen Koum Kouats macht man Marmeladen und Liköre, aromatisiert mit den kleinen Bitterorangen auch Weine und Brandys. Für ihre Mandelspezialitäten ist die Palíki-Halbinsel auf Kefalloniá berühmt, Zákinthos verlässt kaum ein Grieche ohne den süßen Honig-Sesam-Riegel *pastélli* und die weiche Nougatvariante *mandoláto* im Gepäck. Griechische Designermode findet man nur in einigen wenigen Boutiquen in der Stadt Kérkira, Schnitzereien aus Olivenholz dagegen auf jeder der größeren Inseln.

Rauf aufs Boot

Tagestörns zu schönen Stränden oder zu bewohnten und unbewohnten Nachbarinseln werden überall angeboten. Auf Páxos mieten viele Urlauber gleich ein Motorboot zur Unterkunft hinzu: Bis 30 PS sind sie in Griechenland führerscheinfrei zu haben.

»Korfu ist nur venezianisches Blau und Gold – von Sonnenlicht überschwemmt«, schrieb Lawrence Durrell.

Sonnenuntergänge

Wenn die Sonne im Ionischen Meer versinkt oder wie ein Feuerball Berghänge hinunter zu rollen scheint, hallt die Luft von Aaahs und Ooohs wider. Einige Hotspots dafür wie der Kaizer's Throne, bzw. Sunset Point bei Pélekas auf Korfu und die 7th Heaven Bar im korfiotischen Perouládes lohnen die weiteste Anfahrt. Wo Helios dem Tag besonders spektakulär Adieu sagt, sind meist auch trendige Bars angesiedelt, in denen schmackhafte Cocktails auch mit eher unbekannten griechischen Spirituosen gemixt werden: Koum Kouat von Korfu, Mastícha von der nordostägäischen Insel Chíos oder Tentoúra aus dem festländischen Pátras zum Beispiel.

Griechenland trifft auf Italien – in den bunten Altstadtgassen von Kérkira – *Seite 17*

Inhalt

Vor Ort

Kérkira (Korfu-Stadt) 14

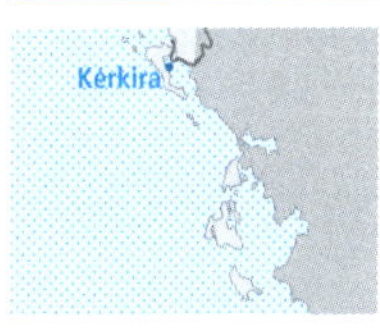

Korfu und die Nachbarinseln 46

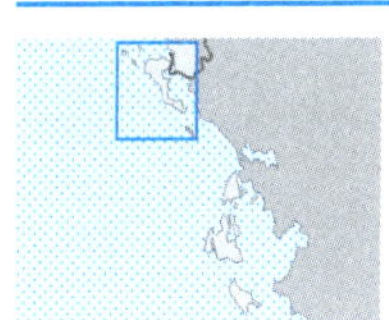

Léfkas 114

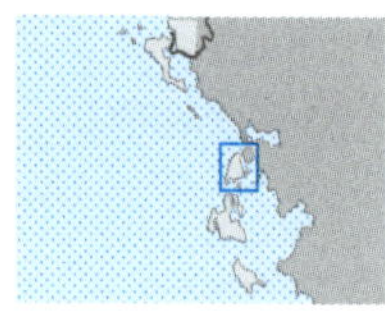

Kefalloniá 138

Itháki 168

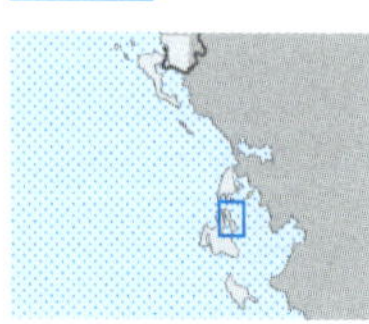

Zákinthos 184

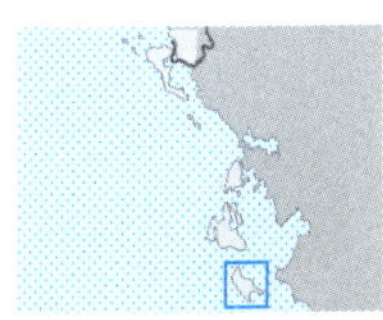

Das Kleingedruckte

Das Magazin

Vor

Ort

Vlachérna-Kloster vor der Análipsi-Halbinsel bei Kérkira (Korfu-Stadt)

Kérkira (Korfu-Stadt)

Ganz schön urban — Mit ihrem Wechselspiel von geraden und gekurvten, teils engen und teils breiten Gassen, vielen kleinen und großen Plätzen, Kirchen und zwei Burgen ist Kérkira ein Highlight des europäischen Städtebaus.

Seite 17

Altstadt ✪

Geschäfte unter Arkaden, Wäscheleinen über verwinkelten Gassen wie in Neapel, Stadthäuser aus venezianischer Zeit und Straßencafés fast wie in Paris. Willkommen im UNESCO-Weltkulturerbe!

Seite 20

Esplanade

Unter den Listón-Arkaden an Korfus größtem Platz reihen sich traditionsreiche Cafés aneinander. Schloss und Burg gehören zur Kulisse, auf dem Grün wird Cricket gespielt. Nebenan warten Fiaker auf Romantiker und Kinder drehen auf kleinen E-Autos ihre Runden.

Venedig ist in der Inselhauptstadt omnipräsent.

Seite 27

Archäologisches Museum

Zwei archaische Giebel und viele steinerne Löwen zeugen von den Wurzeln griechischer Klassik.

Seite 23

Kirche Ágios Spirídonas

Zum Sarkophag des Inselheiligen in der Altstadt pilgern Gläubige an jedem Tag.

Seite 41

By Tom

In der Werkstatt des alten Olivenholzschnitzers Thomás in der Altstadt duftet alles nach Holz und Leidenschaft.

Seite 36

Dachgarten Hotel Cavalieri

Zur Zeit des Sonnenuntergangs gibt es kaum einen schöneren Platz als die Café-Bar über den Dächern der Altstadt. Die Welt erscheint in goldenem Licht, am Horizont verschwimmen die Berge des Festlands.

Seite 44

Graal

Jazz, Jam und Latin Swing unterhalb der Neuen Festung – gelegentlich auch live.

Seite 31

Kanóni

Ein Aussichtspunkt für Landschaftsfreunde und Flugzeugfans. Hier werden Titelbilder für Reiseführer geschossen. Spektakulär: Wenn die Ferienflieger im Landeanflug zum Anfassen nah erscheinen. Sisi-Fans schippern zum Inselchen Pontikonísi.

Seite 39

Faliráki-Hafen

Chillen und Schwimmen sind im Alten Hafen in der gut gestylten Imabári Seaside Lounge bei Tag und Nacht möglich.

High Heels? Rutschfeste Sohlen sind auf dem Marmorpflaster der Gassen besser.

Auch James Bond alias Roger Moore war schon in Kérkira. 1979 wurden hier Szenen für »In Tödlicher Mission« gedreht. Das Alte Fort musste dabei als Schmugglerlager herhalten.

Die Inselhauptstadt – Kérkira

Die Griechen nennen die Inselmetropole Kérkira, Corfu ist ihr italienisch-britischer Name. Alle drei Nationen haben ihr heutiges Gesicht geprägt und sie zusammen mit der Natur zur schönsten Inselhauptstadt Griechenlands gemacht. Es ist eine Stadt am Meer, deren Uferfront sich mehrfach geschwungen über 5 km lang an der Meerenge zwischen der Insel und dem griechischen Festland entlang zieht. Von den Burgen und Dächern der Stadt aus blickt man weit ins grüne, hügelige Hinterland hinein, sieht auf der anderen Seite einer weiten Bucht den 906 m hohen Pantokrátor aus dem Wasser aufsteigen. Korfu und das Festland verschmelzen in nördlicher Richtung zu einer Einheit, in dieser Blickrichtung fühlt sich der Betrachter wie an einem großen, mediterranen See.

Die weitläufige Altstadt ist kein Museum, sondern äußerst lebendig. 2008 wurde sie in ihrer Gesamtheit in die UNESCO-Liste des Weltkulturerbes der Menschheit aufgenommen. Hier wohnen noch viele Menschen, hier haben sich die meisten Geschäfte, Cafés und Tavernen angesiedelt, arbeiten sogar noch ein paar Insulaner in alten, traditionellen Werkstätten. Die Hauptgassen sind mit

ORIENTIERUNG

Die Stadt als Ausflugsziel: Wenn Sie – wie die meisten Urlauber – Ihren Urlaub außerhalb der Stadt verbringen, können Sie sie im Rahmen von organisierten Bus- oder Bootsausflügen besuchen. Dabei bleibt Ihnen aber wenig Zeit, sie wirklich kennenzulernen und zu genießen. Stadtbuslinien verbinden die Urlaubsorte zwischen Benítses und Dassía vielmals täglich mit der Metropole. Sie enden an der Platía Sarocco in der Neustadt, nur etwa fünf Gehminuten vom Altstadtrand entfernt.

Wohnen Sie weiter von der Inselhauptstadt entfernt, können Sie sie mit mehrmals täglich verkehrenden Fernbussen erreichen. Vom Fernbusbahnhof bringt Sie Stadtbuslinie 15 alle 30–60 Minuten zur Platía Sarocco im Stadtzentrum (1,20 €). Der Fußweg dorthin ist öde, ein Taxi kostet ca. 7 €.

Korfu-Stadt mit dem Mietwagen zu besuchen lohnt nur, wenn Sie sonst abends mit dem Linienbus nicht mehr zu Ihrem Hotel oder Apartment zurückkommen. Parkplätze sind in der Stadt allerdings äußerst knapp.

Marmor gepflastert und von schattigen Arkadengängen gesäumt. Immer wieder öffnen sie sich zu kleinen Plätzen, vermitteln ein kompaktes Gefühl von Urbanität. Neubauten drängen sich nicht dazwischen, für den Autoverkehr sind die meisten Altstadtgassen tabu. Selbst die sonst in Hellas omnipräsenten Mopeds halten sich hier weitgehend fern.

Stadtrundgänge

Wer nur einen Tagesausflug in die Stadt Korfu unternimmt, beschränkt sich am besten auf eine ausgiebige Erkundung der Altstadt, bei Interesse angereichert durch einen Besuch des Archäologischen Museums.

Wer zwei oder mehr Tage Zeit hat, widmet einen Tag der Altstadt und den zweiten dem Ortsteil Gardíki, dem Schlosspark von Mon Repos, den antiken Überresten von Paleópolis und der Halbinsel Análipsi mit dem Aussichtspunkt Kanóni.

Die Altstadt 

Die Orientierung in der Altstadt mag zunächst schwierig erscheinen. Am besten prägt man sich einmal ihre Hauptachsen ein. Es sind die allesamt Fußgängern vorbehaltenen Gassen N. Theotóki, Paleológou, Filarmonikís und Guilford.

Altes Fort

Das Alte Fort ist ein guter Ausgangspunkt für einen langen Altstadtbummel, denn von ihr aus überblickt man gut das historische Zentrum. In der Nähe der Brücke, die von der Esplanade zum Alten Fort hinüberführt, erinnert linker Hand ein Denkmal aus Carrara-Marmor an den deutschen Grafen Johann Matthias von der Schulenburg, der als Kommandeur der venezianischen Truppen Korfu im Jahr 1716 erfolgreich gegen einen türkischen Eroberungsversuch verteidigte.

Kérkira nennen Griechen die Hauptstadt Korfus, hier gesehen vom Neuen Fort.

Kérkira

Ansehen

1 Alter Palast
2 Kirche Ágios Spirídonas
3 Banknoten-Museum
4 Rathaus (Dimarchío)
5 Katholische Bischofskirche
6 Synagoge Scuola Greca
7 Holocaust-Denkmal
8 Bischofskirche Agía Theódora (Mitrópolis)
9 Kremásti-Brunnen
10 Ikonen-Museum/ Panagía Antivouniótissa
11 Faliráki-Hafen
12 Casa Parlante
13 Archäologisches Museum
14 – 18 s. Karte S. 30
19 Britischer Friedhof

Schlafen

1 Corfu Palace
2 Siorra Vittoria
3 Cavalieri
4 Bella Venezia
5 Bretagne, s. Karte S. 30
6 City Marina
7 Constantinoupolis

Essen

1 Venetian Well Wine Bar
2 Aegli
3 La Cucina
4 Bizoú Café
5 Fíri Fíri Beer House
6 Ektós Skédio
7 O Roúvas
8 Imabári

Arseniou
Pieri
Donzelot
Prosforou
CAMBIELLO
Ionische Universität
Kapodistriou
Ipapantis
Ag. Theodoras
Dousmani
Manessi
P. Gida
Filelinon
Mitropoleos
Alipiou
Leondos
Theodosiou
N. Theotóki
Kotaridou
Man. Adlioti
Ag. Spiridonos
Kalogeretou
Pargas
N. Theotoki
Kapodistriou
Eleftherias
Ag. Politechniou
ESPLANADE
Schulenburg-Monument
MANDRÁKI
ALTES FORT
Ag. Pateron
Ag. Vasiliou
Ag. Pandon
Paleologou
Ag. Sofias
Voulgareos
Dousmani
Monument des 21.5.1864
Ágios Geórgios
Nikandrou
Eparchou
Guilford
Psoroula
Pandova
D. Kola
Aristotelous
Idromenon
Moustochidi
Ag. Politechniou
Kapodistriou
Mavili
N. Politi
N. Zambeli
Maitland's Rotonda
Samara
Stam. Dessila
Mantzarou
Souliou
Dendrinou
Dimokodou
G. Aspioti
Akadimias
Kapodistrias-Monument
Vouleftion
Vraila
Iak. Polila
Nautical Club
I. Romanou
Vraila
Iak. Polila
G. Kalosgourou
Dimokratias
Alexandras
Garítsa, Análipsi, Anemómilos, Vlachérna

Kérkira Fortsetzung von Seite 18

9 Bellissimo
10 Pérgola
11 Ta Kokória
12 Theotókis
13 Bakalógatos
14 Gyros Souvlaki
15 Café Nautilus, s. Karte S. 30
16 O Thessalónikos
17 O Kritikós
18 Patisserie Soúsi
19 Zacharoplastío Andriótis
20 Bäckerei Starénio

Einkaufen

1 Kai to ploío févgei
2 Museum Shop
3 Níkos
4 Paliá Kérkyra Antiques
5 Plous
6 Próspero
7 Velvet
8 By Tom
9 Wochenmarkt
10 Lalaoúnis
11 Ceramic Art
12 Vassilákis
13 Blanc du Nil
14 Sweet 'n' Spicy
15 Albatros
16 Patoúnis
17 Jumbo

Bewegen

1 Strandbad Imabári
2 Strandbad Mon Repos s. Karte S. 30
3 Piratenschiff Black Rose

Ausgehen

1 Dimotikó Théatro/ Stadttheater
2 Yard Club
3 Graal
4 Polytéchno
5 En Plo
6 Old Fortress Café

Die Brücke führt über die **Contrafossa,** einen erst im 16. Jh. angelegten Kanal, der die Festungshalbinsel von der Esplanade trennt. Der Doppelgipfel auf dieser hat dem griechischen Kérkira seinen italienischen Namen Corfu eingebracht: Er leitet sich von *korífi* ab, der Pluralform des griechischen Wortes für Gipfel.

Durch ein Tor aus dem 17. Jh. betritt man die Festung. Gleich links werden im Museumsshop Kopien von Kunstwerken aus griechischen Museen verkauft. Rechts zeigt eine kleine Ausstellung die schönen Mosaikreste aus der frühchristlichen Basilika von Paleópolis. Die Festungsbauten stammen größtenteils aus britischer Zeit. Zwei Explosionen in den venezianischen Pulvermagazinen 1718 und 1789 haben die älteren Bauten zerstört; andere rissen die Briten nieder, um Platz für drei große Kasernenblöcke zu erhalten. Dominantes Bauwerk ist die von den Briten im Stil eines dorischen Tempels erbaute, meist verschlossene **Kirche Ágios Geórgios.** Von den beiden Gipfeln der Halbinsel ist nur der vordere zu besteigen. Er ist etwa 60 m hoch.

Zugang von der Esplanade, Mitte Mai–Okt. tgl. 8–20, sonst tgl. 8–15 Uhr, Eintritt 6 €, nach Ende der Öffnungszeit Zugang zum unteren Bereich bis 2 Uhr kostenlos

Esplanade

Die Esplanade ist vieles zugleich: Flaniermeile und Hauptplatz der Stadt, Stadtpark, Kinderspiel- und leider auch Parkplatz. Sie erstreckt sich zwischen Altem Fort und Altstadt, Altem Palast und dem scheinbaren Rundtempel, der in Wahrheit ein Wasserspeicher ist. An der Odós Dousmáni, der Straße, die die Esplanade auf Höhe des Zugangs zum Alten Fort halbiert, warten Taxis und im Sommer auch Pferdekutschen auf Fahrgäste, zwischen ihr und dem Alten Palast säumen die **Listón-Arkaden** mit ihren eleganten Straßencafés den Platz.

Die Esplanade, griechisch Spianáda, war noch bis ins 16. Jh. dicht besiedelt. Erst nach dem osmanischen Angriff 1537 ließen die Venezianer alle Häuser abreißen, um ihren Kanonen in der Alten Festung freies Schussfeld zu schaffen. Die dreieinhalbgeschossigen Häuser mit den Listón-Arkaden zieren die Esplanade seit 1822. Der Vater des Erbauers des Suez-Kanals, Baron Mathieu de Lesseps, hatte sie während seiner kurzen Amtszeit als französischer Gouverneur der Insel 1807 in Auftrag gegeben, die Briten stellten sie fertig.

Südlich der Odós Dousmáni erinnert das **Denkmal für den 21. Mai 1864** an den Beitritt der Ionischen Inseln zu Griechenland. Noch aus der Protektoratszeit stammt die **Rotunde** am südlichen Ende der Grünanlagen, ein für den schottischen Lord High Commissioner Sir Thomas Maitland (1816–24) im Stil eines ionischen Rundtempels errichtetes Ehrenmal. Während der Amtszeit dieses Hochkommissars bauten die Briten in der Stadt ein für damalige Verhältnisse überaus modernes Wasserversorgungssystem auf. Die Rotunde steht denn auch über einem unterirdischen Wasserspeicher, der zu dem neuen Versorgungsnetz gehörte. Ganz im Süden folgt dann ein **Denkmal für Ioánnis Kapodístrias,** den berühmtesten Sohn Korfus und ersten Präsidenten des neugriechischen Staates.

Alter Palast

Den nördlichen Abschluss der Esplanade bildet die Residenz der englischen Lordhochkommissare, auch ›Palace of St. Michael and St. George‹ genannt. Die Briten ließen den neoklassizistischen Repräsentationsbau im georgianischen Stil 1816–23 aus maltesischem Kalkstein erbauen – Malta war ja gerade britische Kolonie geworden. Während des britischen Protektorats diente der **Alte Palast** ❶ dem Orden des hl. Georg und des hl. Michael als offizieller Hauptsitz. Dieser ›Club‹ war vom britischen Königshaus ins Leben gerufen worden, um britische Persönlichkeiten zu ehren, die sich um Malta und die Ionischen Inseln bzw. die Wahrung der britischen Interessen im Mittelmeer verdient gemacht hatten. Nach dem Anschluss der Ionischen Inseln an Griechenland war der Palast für lange Zeit eine der Residenzen der griechischen Königsfamilie. 1993/94 wurde er mit Finanzhilfe der EU restauriert, da im Juni 1994 ein Gipfeltreffen der EU-Ministerpräsidenten darin stattfand.

Seine Fassade zieren 20 dorische Säulen. Als oberen Abschluss schuf der korfiotische Bildhauer Pávlos Prosaléntis einen Fries, der wappenartige Allegorien der historischen Sieben Inseln zeigt. Die Reihe beginnt links mit Pegasos, einem Sohn der Gorgo Medusa, als Symbol für Léfkas. Dann folgen das Haupt des Odysseus für Itháki und der mythische Jäger Képhalos für Kefalloniá. Die Bedeutung einer Göttin zwischen zwei Ornamenten in der Mitte ist heute nicht mehr bekannt (vielleicht die Britannia?). Rechts davon stehen die Darstellung eines jungen Helden für Zákinthos und ein Dreizack für

KOMBITICKET

Für die Besichtigung des Alten Forts, des Archäologischen Museums, des Ikonen-Museums und des Alten Palastes mit seinem Museum der Asiatischen Kunst können Sie an allen Kassen ein 3 Tage gültiges Kombi-Ticket zum Preis von 15 € erwerben. Ersparnis: 8 €.

Mildes Abendlicht übertüncht wohltuend so manchen Riss in den Gemäuern der Altstadt.

Páxos. Ganz rechts vertritt Aphrodite die Insel Kíthira im Süden des Peloponnes, die in britischer Kolonialzeit ebenfalls zu den Ionischen Inseln gehörte, heute aber zur Provinz Attika. Über diesen Reliefs versinnbildlicht ein nur noch teilweise erhaltenes Schiff – das des Phäakenkönigs Alkínoos – die Insel Korfu.

Vor dem Palast steht noch immer die **Statue des zweiten Lord High Commissioners** der Ionischen Inseln, Sir Frederick Adam. Wie später Kaiserin Elisabeth von Österreich und Kaiser Wilhelm II. war auch er schon ein begeisterter Freund der Antike und ließ sich daher gern in eine altrömische Toga gehüllt darstellen – die er auch im wirklichen Leben gern trug.

Innenbesichtigung: Im Obergeschoss des Palastes liegen zur Esplanade hin die drei Repräsentationsräume des Palastes, die inzwischen museal wieder hergerichtet wurden. Zwei große rechteckige Säle rahmen einen Rundsaal mit schöner Kassettendecke in der Kuppel ein. Im östlichen Saal steht wieder der Thron, auf dem die Lordhochkommissare wie kleine Könige saßen. Die kleineren Räume dienen heute als **Museum der Asiatischen Kunst** (www.matk.gr). Die ausgestellten Objekte sind Teile einer 15 000 Objekte umfassenden Sammlung, die mehrere griechische Botschafter auf Auktionen weltweit zusammengetragen und dem Staat geschenkt haben. Sie stammen überwiegend aus China, Japan, Korea, Thailand und Indien.

Im östlichen Seitenflügel des Palastes ist zudem die **Städtische Pinakothek** untergebracht (stark schwankende Öffnungszeiten). In der ständigen Ausstellung werden vor allem Werke mit korfiotischen Motiven aus dem 19.

und frühen 20. Jh. gezeigt. Das Werk ›Night in Corfu‹ von Geórgios Samartzís (1868–1925) zeigt die Listón-Arkaden im Jahr 1913; Páchis Charálambos (1844–91) aus Gastoúri stellt dramatisch die Ermordung des ersten griechischen Premierministers, des Korfioten Ioánnis Kapodístrias, im Jahr 1831 dar.

Im Volksgarten östlich des Palastes erinnert ein erst 2008 aufgestelltes abstraktes Denkmal an die Ermordung von 280 italienischen Offizieren durch die deutsche Wehrmacht im September 1943.

Am nördlichen Ende der Esplanade, April–Okt. tgl. 8–20, sonst Mi–Mo 8.30–15.30 Uhr, Eintritt 6 €, Kombi-Ticket möglich

Kirche Ágios Spirídonas

Das wichtigste Gotteshaus der Insel samt seinem markanten Campanile mit der roten Kirchturmspitze wurde dem Schutzheiligen der Insel in der zweiten Hälfte des 16. Jh. errichtet. Die **Kirche Ágios Spirídonas** ❷ ist den ganzen Tag über gut besucht. Um die großflächigen Gemälde an Wänden und Decke, im barocken Stil erst im 19. Jh. geschaffen, vor dem Ruß der vielen Kerzen zu schützen, ist ein großer Stand zum Entzünden mitgebrachter Kerzen vor dem Nordeingang zur Kirche an der Gasse aufgestellt; die Kerzen dafür kann man in mehreren Läden vor dem Südeingang kaufen. Wie in ganz Hellas üblich dürfen sie nie ganz abbrennen: Regelmäßig kommt ein Küster oder eine Küsterin vorbei, löscht sie und führt sie dem Recycling zu.

Die 1864 geschaffene, fast bis unter die Decke reichende Ikonostase der Kirche aus kostbarem parischem Marmor gilt als eine der schönsten der Ionischen Inseln. Die Gebeine des Heiligen werden in einem mit Silberblech beschlagenen Ebenholz-Sarkophag in der rechten Seitenkapelle verwahrt. Er ist das eigentliche Ziel der Pilger. Wertvolle Votivgaben, u. a. schöne Schiffsmodelle und silberne Votivtäfelchen mit Schiffsdarstellungen, zeugen von der Dankbarkeit der Gläubigen für die Erfüllung ihrer Bittgebete.

Odós Spirídonas, tagsüber geöffnet

Banknoten-Museum

In einem neoklassizistischen Bankgebäude aus dem Jahr 1845/46 zeigt die heute zur Gruppe der Alpha Bank gehörende Ionian Bank im **Banknoten-Museum** ❸ griechische Banknoten seit dem Unabhängigkeitskrieg 1821.

Im Gebäude der Ionian Bank, Odós N. Theotóki/Platía Iróon Kipriakoú Agónos, April–Sept. Mi–Fr 9–14 und 17.30–20.30, Do 9–15, Sa/So 8.30–15 Uhr; Okt.–März Mi–So 8–15 Uhr, Eintritt frei

Rathaus

Das Erdgeschoss des harmonischen Baus entstand im 17. Jh. als ›Loggia Nobile‹, also als ein Versammlungshaus des venezianischen Adels. 1720 wurde es zu einem Theater umgebaut, seit 1903 dient es als **Rathaus** ❹. An der östlichen Seitenwand zeigt eine Barockskulptur den Dogen Francesco Morosini.

Platía Dimarchíou, nur von außen zu besichtigen

Katholische Bischofskirche

Die weitgehend schmucklose **katholische Bischofskirche** ❺ ist das geistige Zentrum der etwa 3000 Mitglieder umfassenden römisch-katholischen Gemeinde der Insel. Viele ihrer Mitglieder sind Nachkommen von Maltesern, die die Briten im frühen 19. Jh. als Bauarbeiter auf die Insel gebracht hatten. Korfu ist Sitz eines römisch-katholischen Bischofs, dessen Bistum sich auf alle Ionischen Inseln erstreckt. Zum Bistum gehören sechs Kirchen, drei Klöster sowie ein Friedhof und ein Altersheim.

Platía Dimarchíou, tagsüber frei zugänglich

Synagoge Scuola Greca

Die **Synagoge** ❻ markiert das Herz des historischen Judenviertels der Stadt,

Lieblingsort

Café-Bar ganz nah am Bug

›Am Bug‹ heißen manche griechische Bars unmittelbar am Wasser. Das **En Plo** 5 am kleinen **Faliráki-Hafen** ist für mich aber mehr als nur ein angenehmer Ort zum Relaxen am Meer. Hier stoßen Welten aufeinander. Luxus-Cruiser ziehen dicht am ehemaligen Abfertigungsgebäude für Auswanderer vorbei, vor dem von Fronarbeitern errichteten Alten Fort kreuzen Freizeitsegler statt Galeeren (En Plo: Kérkira, s. S. 44).

heute noch Evraikí genannt. Juden sind auf Korfu mindestens seit dem 12. Jh. bezeugt. 1891 zählten über 5000 Korfioten verschiedenster Herkunft zur jüdischen Inselgemeinde. Bis 1944 gab es drei Synagogen in der Stadt. Die ›Scuola Greca‹ stammt aus dem 17. Jh. und wird heute noch von der verbliebenen, etwa 60 Köpfe zählenden jüdischen Gemeinde genutzt. Der Keller der Synagoge ist 2019/20 mit Mitteln einer deutschen Stiftung restauriert worden.

Odós Velissáriou 4, Altstadt, Mai–Okt. tgl. 10–15 Uhr, Eintritt Freitag

Holocaust-Denkmal

Das moderne **Holocaust-Denkmal** ❼ erinnert an die Erniedrigung und Ermordung des jüdischen Volkes während des Nationalsozialismus. Es zeigt eine vierköpfige Familie, völlig nackt, kurz vor ihrer Vergasung. Deutsche Truppen transportierten 1944 ca. 1900 korfiotische Juden nach Auschwitz und Buchenwald; nur 180 von ihnen überlebten.

Platía Néo Froúrio

Neues Fort

Die Neue Festung nimmt einen Hügel zwischen dem Alten und dem Neuen Hafen ein und bildet den Übergang von der Alt- zur Neustadt. Die Venezianer ließen sie im 16. Jh. erbauen. Vom Dach der Zitadelle aus hat man einen schönen Blick über die Stadt und weite Teile der Insel.

Mai–Okt. tgl. 9–15.30 Uhr, Bar in der Fortezza bis 19.30 Uhr, im Hochsommer evtl. länger, Eintritt frei

Alter Hafen

Der alte Hafen, über den bis in die 1990er-Jahre der Fährverkehr mit Igoumenítsa abgewickelt wurde, wandelt gerade sein Gesicht. Für 8,5 Mio. Euro, von denen die EU 80 % bereitstellt, soll er in eine moderne Marina verwandelt werden. Um das Parkplatzproblem der Stadt zu lösen, ist zudem ein im Hafen schwimmender Parkplatz auf Großpontons angedacht.

Kirche Agía Theódora (Mitrópolis)

Die 1577 geweihte orthodoxe **Bischofskirche Agía Theódora** ❽ der Stadt birgt seit 1456 die Gebeine der hl. Theódora, die in einem silbernen Sarkophag in der rechten Seitenkapelle liegen. Die Heilige war als byzantinische Kaiserin besonders bedeutsam, weil sie 843 den ›Bilderstreit‹, einen über hundertjährigen Bürgerkrieg im Byzantinischen Reich, beendete, der sich an der Frage über die Rechtmäßigkeit der Ikonenverehrung entzündet hatte. Theódora stand auf Seiten der Bilderfreunde. Darum ist sie auch auf mehreren Ikonen in der Kirche mit einer Ikone in den Händen dargestellt.

Odós V. Kiriáki, Treppenaufgang vom Alten Hafen, tgl. 7.30–13, 16.30–20 Uhr

Kremásti-Brunnen und Cambiéllo-Viertel

Im schönsten Teil der Altstadt sind die Häuser am höchsten, die Gassen am engsten und verwinkeltsten. Hier gibt es fast gar keine Tavernen und Cafés, Geschäfte oder Werkstätten. Das Cambiéllo-Viertel ist noch immer ein labyrinthartiges Wohnviertel mit vielen kleinen, eingestreuten Kirchen und einigen winzigen Plätzen. Am besten schlendern Sie ziellos darin umher, um die Atmosphäre zu genießen.

Der schönste Platz von Cambiéllo, die Platía Kremastí, ist kleiner als ein Tennisfeld. Er wird von Wohnhäusern, einem stimmungsvollen, aber sehr teuren Restaurant und der kleinen Kremastí-Kirche aus dem 17. Jh. begrenzt. In seiner Mitte steht der **Kremastí-Brunnen** ❾, laut einer griechischen und lateinischen Inschrift 1699 als private Stiftung von einem Edelmann ›zum Wohl der Allgemeinheit‹ errichtet.

Zwischen Altem Hafen und Altem Fort, Odós Filarmonikís und Odós Ágios Spirídonas

Z

ZU BESUCH IN EINER ANDEREN ZEIT

Ins **Casa Parlante** ⓬ im Herzen der Altstadt ist eine Familie aus dem frühen 19. Jh. eingezogen. Als lebensgroße Wachsfiguren in der Kleidung ihrer Zeit verbringen drei Generationen ihre Tage im Obergeschoss des ›sprechenden Hauses‹. Gräfin Alexandra Eleonora und Graf Ioánnis bieten den Besuchern im Salon mit Kamin und venezianischem Spiegel ein Gläschen Likör und Nüsse zum Knabbern an. Großvater Spíros liest an seinem Schreibtisch eine französische Zeitung, im Schlafzimmer beaufsichtigt Großmutter Theódora das Dienstmädchen Maria. Überm Bett hängt der Brautkranz als Abwehr gegen den Bösen Blick. Im Kinderzimmer unterrichtet Lehrerin Maria die Kinder Spíros und Theódora in Geige und Klavier, Englisch, Französisch und Italienisch. In der engen Küche im Erdgeschoss steht Köchin Katerína am Herd. Junge Leute von heute begleiten Besucher, stellen ihnen die Familie vor und wissen so manche aufschlussreiche Anekdote zu erzählen. Odós N. Theotóki 16, tgl. 10–18 Uhr, T 26 61 04 91 90, www.casaparlante.gr, Eintritt 8 € inkl. Führung.

Ikonen-Museum/Panagía Antivouniótissa

Die Marienkirche aus dem 15. Jh. war wie die meisten Gotteshäuser der Stadt einst in Privatbesitz. Heute birgt sie das kleine, aber sehr stimmungsvolle **Ikonen-Museum** ❿ der Insel. Gezeigt werden etwa 100 Sakralbilder und einige wenige liturgische Geräte und Gewänder. Die meisten der Ikonen folgen den byzantinischen Regeln; einige lassen in ihrer Bewegtheit und Erzählfreude aber auch schon die Einflüsse der italienischen Renaissance erkennen, die sich in der sogenannten ›Kretischen Schule‹ und noch später auch der ›Ionischen Schule‹ manifestierten.

Oberhalb der Odós Arseníou (von der breite Stufen hinaufführen), www.antivouniotissa museum.gr, Mi–Mo 8.30–16 Uhr, Eintritt 4 €, Kombi-Ticket möglich

Faliráki-Hafen

Durch das venezianische Tor **Ágios Nikólaos** führt eine schmale Gasse von der Uferstraße zwischen Altem Palast und Altem Hafen bis ans Meer hinunter. Dort war im 19. Jh. der **Hafen** ⓫ von Korfu, das Hafengebäude wird heute von der schicken Café-Bar ›En Plo‹ ❺ genutzt (S. 24, S. 44). Die Schiffe konnten damals nicht am Kai festmachen, sondern lagen vor Faliráki auf Reede. Kleine Boote brachten die Reisenden hinüber zum Ufer.

Frei zugänglich

Neustadt und Halbinsel Análipsi

Die Inselhauptstadt besteht natürlich nicht nur aus der Altstadt, sondern auch aus zahlreichen Vierteln, die größtenteils schon im 19. Jh. entstanden sind und die wie Gardíki am Ansatz der Halbinsel Análipsi noch fast dörflichen Charakter bewahrt haben. Auch auf der Análipsi-Halbinsel wohnen Korfioten, hier allerdings zumeist in wenig attraktiven Neubauten. Am besten beginnt man einen Neustadt-Spaziergang an der Platía

Figur der Medusa am Gorgo-Giebel des Artemis-Tempels

Sarocco (südwestl. vom Stadttheater) und geht den als schattige Allee angelegten Leofóros Aléxandras hinunter zum Meer, folgt der Uferstraße in Richtung Café Nautilus und taucht an der ausgeschilderten Abzweigung zum Flughafen ins Gardíki-Viertel ein.

Hat man dann schließlich Paleópolis und den Schlosspark von Mon Repos besucht, lohnt es nicht, bis Kanóni weiterzulaufen: Man fährt besser (mit zuvor schon in der Stadt gekauftem Ticket) dorthin und von dort auch wieder zurück in die Innenstadt.

Archäologisches Museum

Von der Esplanade aus fällt die Hauptstraße nach Süden direkt zum Meeresufer ab. Links unterhalb liegt der kleine Hafen des Nautical Club, das Wassersportzentrum der Einheimischen. Kurz hinter dem Hotel Corfu Palace folgt dann rechter Hand an einer Seitenstraße der Eingang zum modern gestalteten und sogar rollstuhlgerechten **Archäologischen Museum** ⑬.

Im Erdgeschoss sind in einer Vitrine drei über 4000 Jahre alte **Kykladen-Idole** zu sehen, kleine Kunstwerke aus der ersten bedeutenden prähistorischen Kultur Griechenlands. Eine weitere Vitrine zeigt die **Grabbeigaben** eines griechischen Soldaten aus dem 4. Jh. v. Chr. mitsamt einer Rüstung. Im Treppenhaus hängt dann ein Plan der antiken Stadt Kerkyra, die nicht an der Stelle der heutigen Altstadt lag, sondern auf der Halbinsel Análipsi (s. S. 32). Von dort stammen auch die meisten Ausstellungsobjekte im Obergeschoss.

Schon im Vorraum beeindrucken die sorgfältig gearbeiteten **Löwenköpfe** aus dem frühen 4. Jh. v. Chr., die einst als Wasserspeier an einem der Tempel im heutigen Park von Schloss Mon Repos dienten.

Als Prunkstück des Museums gilt der Gorgo-Giebel vom Artemis-Tempel der antiken Stadt aus der Zeit um 590 v. Chr., dem ein eigener Saal ge-

CAFÉ NAUTILUS

N

Vom Archäologischen Museum zum **Café Nautilus** 15 gehen Sie etwa 15 Minuten immer am Meer entlang – ein Spaziergang, den auch Korfioten gern unternehmen. Einst stand an der Stelle des Cafés auf der Südspitze der Stadtbucht von Korfu eine Windmühle. Heute sitzt man hier direkt am Wasser mit einem bei Tag und Nacht grandiosen Blick über das Wasser zum Alten Fort – und sieht bei schönem Wetter Jollen und Jachten dicht an sich vorüberziehen (tgl. ab 10 Uhr, ganzjährig, €€).

TOUR
Ein Hoch auf das Hüftgold

Ein kulinarischer Streifzug

Infos

Cityplan: s. S. 18

Start: Platía Sarocco (Endstation der Stadtbuslinien)

Ziel: Odós Guilford nahe Rathausplatz/ Esplanade

Beste Zeit: Montags bis samstags zwischen etwa 9 und 14 Uhr. Never on Sunday!

Tipp: Ein eigener Einkaufsbeutel spart Plastiktüten, die Korfioten großzügig ausgeben. Servietten und ein Taschenspiegel leisten angesichts von Blätterteig und Puderzucker gute Dienste.

Ein kalorienreicher Rundgang durch die Stadt, bei dem gewiss auch manches Souvenir abfällt. Viel Fruchtiges ist dabei, aber auch Liebhaber von Herzhaftem und gutem Brot kommen hier voll auf ihre Kosten. Übrigens: Vieles ist gar nicht so süß, wie es aussieht! Eine Konditorei denkt sogar an Diabetiker und Veganer!

Blätterteig zum Frühstück

Das *bugátsa* von **O Thessalónikos** 16 (Odós I. Theotóki 13/Platía Sarocco) – dem ›Thessaloniker‹ – genießen die Korfioten vor allem als zweites Frühstück (2,20 €). Kleiner Tipp, falls Sie es auf einer der Bänke auf dem Sarocco-Platz kosten möchten: Lassen Sie es sich wie in Nordgriechenland üblich in mundgerechte Stücke schneiden!

Kretische Spezialitäten

Für Kuchen und Torten ist **Zacharoplastío O Kritikós** 17 (Platía Sarocco 19) Korfus renommierteste Adresse. In der Konditorei ›Der Kreter‹ gibt es einen Gastraum, sodass Sie die Leckereien auch am Tisch sitzend genießen können. Probieren Sie den typisch griechischen Walnusskuchen *karidópitta* oder traditionelle orientalische Spezialitäten wie *baklavá* und *raváni!*

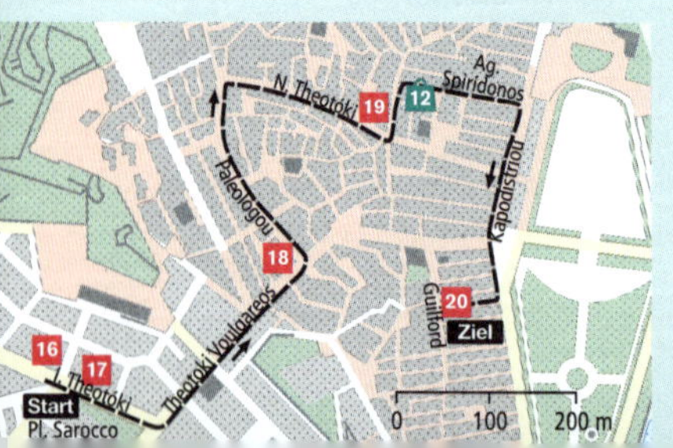

Für Diabetiker

Die **Patisserie Soúsi** 18 (Odós Paleológou 71, gegenüber vom Kaufhaus Public) hat sich auf Kuchen und Gebäck ohne Gluten, Milch, Butter und Eier spezialisiert und bietet auch Süßes für Diabetiker und Veganer. Über 80 Varianten stehen bei Rosa Susi, die etwas Deutsch spricht, zur Auswahl

und können bei der freundlichen, temperamentvollen Dame auch vor dem Kauf verkostet werden.

Kandierte Früchte

Die kleine, etwas versteckt gelegene **Zacharoplastío Andriótis** 19 (Odós Arl. Maniarízi 1/Ecke Odós N. Theotóki) hat sich auf *fruí glassé* (leicht kandierte, ganze Früchte) und das für die Ionischen Inseln typische *mandoláto* spezialisiert. Besonders empfehlenswert sind als *fruí glassé* die Bergamotten, Birnen und Feigen; die kandierten Auberginenstreifen bezieht Herr Andriótis von einem befreundeten Patisseur. Wieder aus eigener Produktion stammt das *mandoláto*, eine Art Riegel aus Mandeln, weißem oder braunem Zucker, Eiweiß und Honig. Es ist als Mitbringsel für Zuhausegebliebene besonders gut geeignet. Doch aufgepasst: Es gibt auch Billigversionen, in denen die Mandeln durch Erdnüsse ersetzt sind..

Für bugátsa ist die Stadt Thessaloníki in Hellas berühmt. Dort werden die mit einem leicht süßen Vanille-Grießpudding gefüllten, mit Puderzucker und Zimt bestäubten Blätterteigtaschen rund um die Uhr gegessen, gibt es Bugátsa-Bäcker, deren Geschäfte nie schließen.

Kumquats in allen Formen

Familie **Vassilákis** 12 ist auf Korfu wohl am kreativsten im Umgang mit Kumquats (gr. *Koum kouat;* Odós Spirídonos 61, tgl. 8–24 Uhr, www.vassilakisproducts.gr). Sie finden sie hier kandiert oder in Zuckersirup eingelegt, zu Marmelade, Frucht- und Sahnelikör, Schnaps oder Bonbons verarbeitet, können Sie fast alles kosten und schön verpackt mit nach Hause nehmen. Sogar ein Eau de Toilette ist damit aromatisiert.

Pitta-Taschen in großer Auswahl

Die unscheinbare kleine **Bäckerei Starénio** 20 geht neue Wege (Odós Guilford 59). Hier ist man kreativ, füllt die *píttes* genannte Strudelteigtaschen nicht nur wie üblich mit Spinat, Ziegenkäse, Wiener Würstchen, Kuhkäse und Schinken, sondern auch mit Pilzen *(manitarópitta)*, mit einem deftigen *spetsofaí* – ein Gericht mit Landwurst und Paprika in leicht pikanter Tomatensoße – oder gar mit Hühnchen in Dijon-Senf-Sauce *(pítta me kotópoulo ke dijón)*. Außerdem bietet man 24 Brotsorten feil sowie hausgemachte Marmeladen und Eis.

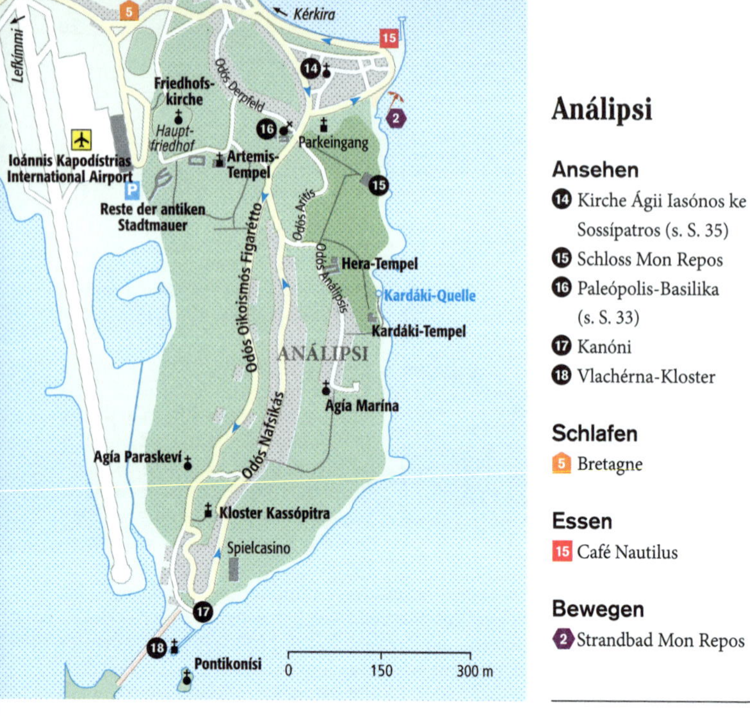

Análipsi

Ansehen
⓮ Kirche Ágii Iasónos ke Sossípatros (s. S. 35)
⓯ Schloss Mon Repos
⓰ Paleópolis-Basilika (s. S. 33)
⓱ Kanóni
⓲ Vlachérna-Kloster

Schlafen
5 Bretagne

Essen
15 Café Nautilus

Bewegen
2 Strandbad Mon Repos

widmet ist. Dieses älteste erhaltene Beispiel einer Giebelkomposition der archaischen Epoche war einst vielfarbig bunt bemalt; durch seine Schreckenswirkung sollte sie Unheil vom Heiligtum fernhalten. Im Zentrum kniet in eigenartiger Laufstellung die Gorgone Medusa, eine mythologische Gestalt, deren Anblick jeden zu Stein erstarren ließ. In der Sage schlug Perseus ihr das Haupt ab und schenkte es der Göttin Athene, die es fortan in ihrem Schilde führte. Seitlich von ihr liegen Löwen oder Panther, weitere, kleinere Figuren sind nur bruchstückhaft erhalten. Zwischen Medusa und den Tieren standen Pegasos und Chryasor, die beiden Söhne der Gorgone. In den Giebelecken war je eine Kampfszene zu sehen, die dem Betrachter Mut einflößen sollte, siegte doch der ›griechische Held‹ über eine feindliche Bedrohung: einmal Zeus über die Giganten, einmal Achilles über den trojanischen König Priamos.

In einem anderen Saal ist der kleinere und geringfügig jüngere **Figaretto-Giebel** aus der Zeit um 510 v. Chr. ausgestellt. Die Figuren sind hier im Profil zu sehen. Zu erkennen sind Dionysos, der Gott des Weins und des Theaters, sein nackt hinter ihm liegender Sohn Oinopion sowie ein Löwe, Teile eines Hundes und ein großer Weinkrater. In der nicht erhaltenen zweiten Hälfte des Giebels war wohl der Schmiedegott Hephaistos zu sehen, den Dionysos trunken machte, um ihn gegen seinen Willen auf den Götterberg Olymp entführen zu können.

Das dritte Ausstellungsobjekt von überregionaler Bedeutung ist eine um 630 v. Chr. geschaffene archaische **Löwenplastik.** Sie steht am Anfang der griechischen Kunstentwicklung, die gerade begann, sich von orientalisch-starren Vorbildern zu lösen, wobei sich die Künstler bemühten, die Darstellung möglichst naturalistisch zu gestalten.

Leofóros Dimokratías/Odós Vraíla 1, April–Okt. Mi–Mo 8–20, sonst Mi–Mo 8.30–15.30 Uhr, Eintritt 6 €, Kombi-Ticket möglich

Schloss Mon Repos

Das Schloss ist eher eine stattliche Villa. Der britische Lord High Commissioner Sir Frederick Adam ließ es für sich erbauen. Im Jahr 1864 ging es in den Besitz der griechischen Königsfamilie über. Am 10. Juni 1921 wurde im **Schloss Mon Repos** ⓯ der Prinzgemahl der englischen Königin, Prinz Philip, geboren. Seine Mutter Alice war das dritte Kind der englischen Königin Victoria, sein Vater Andreas Sohn eines dänischen Prinzen, der später als Georg I. König von Griechenland regierte. Philip verbrachte allerdings seine Kindheit nicht auf Korfu, sondern in verschiedenen Ländern Europas.

Seit König Konstantin 1967 ins Exil ging, stand es leer und war der Öffentlichkeit nicht zugänglich. 1994 enteignete die sozialistische Regierung den Grundbesitz des Königshauses in Griechenland, um damit dessen Steuerschulden zu begleichen. Mon Repos ging in den Besitz der Stadtgemeinde Korfu über. Der 280 ha große Park ist nun wieder frei zugänglich. Man hat darin ein Freilichttheater und ein modernes Kulturzentrum errichtet. Das Schloss dient seit 2001 als Museum von Paleópolis. Ein Teil der Räume ist mit Möbeln im Regency-Stil eingerichtet. Zahlreiche Objekte, Stiche und Aquarelle informieren den Besucher über die Geschichte des Schlosses und des ganzen Gebietes einschließlich seiner archäologischen Stätten (s. S. 32).

Paleópolis, Stadtbuslinie 2 hält direkt vor dem Eingang, Schloss 15.6.–Okt. Mi–Mo 9–16, sonst Mi–Mo 8.30–15 Uhr, Eintritt 4 €, Kombi-Ticket möglich, Park tgl. 8–19 Uhr

Kanóni

Eine hier noch immer aufgestellte Kanone aus den Napoleonischen Kriegen hat dem Aussichtspunkt auf dem niedrigen Kap an der Südspitze der Halbinsel Análipsi ihren Namen gegeben. Der Blick vom Café Kanóni auf die beiden Inselchen Vlachérna und Pontikonísi hat **Kanóni** ⓱ zu einem beliebten Ausflugsziel gemacht, das wohl kein Urlauber auslässt. Für Flugzeugfans jeden Alters bietet Kanóni einen zusätzlichen Reiz: Von der Terrasse der Kafetéria Hotel Royal aus genießt man einen majestätischen Blick auf den ganzen, in die Lagune hineingebauten Inselflughafen, schaut den Jets bei Start und Landung zu.

An der Südspitze der Halbinsel Análipsi, Endstation der Stadtbuslinie 2, jederzeit frei zugänglich

Vlachérna-Kloster und Insel Pontikonísi

Neben dem Café Kanoni führen Stufen hinunter zum kurzen Damm, der das Inselfestland mit dem Klosterinselchen Vlachérna verbindet. Auch eine Stichstraße von der Análipsi-Rundstraße aus führt dorthin. Das Kloster auf der Insel ist den ganzen Tag über geöffnet. Boote bringen Besucher vom Damm aus in zwei Minuten hinüber zur Insel Pontikonísi.

Das **Kloster Vlachérna** ⓲, um 1700 erbaut, ist fotogen, aber kein frommer Platz mehr. Statt zu beten widmet man sich hier jetzt dem Souvenirverkauf. Pontikonísi, auf Deutsch ›Mäuseinsel‹, ist da etwas romantischer. Hohe Zypressen verdecken fast den Blick auf die kleine, byzantinische Kirche Metamórfosis tou Christou aus dem 12. Jh. an ihrem höchsten Punkt. Eine Gedenktafel erinnert daran, dass Kaiserin Sissi gern hier saß. Zu ihrer Zeit lebten auf dem Inselchen auch noch einige Mönche.

TOUR

Wenn die alten Steine sprechen würden …

Ein Stadt- und Parkspaziergang durchs antike Kerkyra

… hätten sie bestimmt Spannendes zu berichten. Ein Spaziergang ins Altertum führt Sie auf stillen Pfaden vom Hauptfriedhof der Stadt nahe dem Flughafen bis zum Park von Schloss Mon Repos. Die antiken Ruinen dieser Tour sind nicht besonders spektakulär – aber mehr blieb auf Korfu aus dieser Zeit nicht erhalten.

An der Ostseite des Stadions und am Hotel Dalía vorbei führt der Weg quer über den Hauptfriedhof der Stadt mit seiner 1840 erbauten Hallenkirche im Stil eines griechischen Tempels.

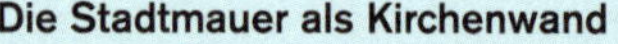

Die Stadtmauer als Kirchenwand

Nach der Überquerung des Friedhofs stehen Sie urplötzlich in schönster Ländlichkeit. Die Straße ist schmal, in den einfachen Häusern an ihrem Rand leben Menschen, als wäre keine Stadt in der Nähe.

Nach 80 m ragt der einzige Überrest der **antiken Stadtmauer** Kérkiras 17 Steinlagen hoch auf: aufeinander geschichtet im 5. Jh. v. Chr. Die beiden Blindfenster über den antiken Quadern und der Fensterbogen in der Mitte stammen aus dem 11./12. Jh., als man die Stadtmauer in den Neubau der Basilika **Panagía Nerádzia** einbezog.

Was blieb von der Göttin Artemis?

Vorbei an Hühnern, die unter Zitronenbäumen picken, gelangen Sie nach 150 m

Da ist Fantasie gefragt – im Park von Schloss Mon Repos liegen die Ruinen antiker Tempel verwunschen im Grünen.

zu einem braunen Schild, das zum **Artemis-Tempel** weist. Von diesem Bau stammt der berühmte Gorgo-Giebel im Archäologischen Museum. Doch wo ist der Tempel, einst 590 v. Chr. im archaischen Stil erbaut? Alles, was von ihm blieb, sind ein paar Grundmauern im Boden und das längliche Rechteck des Opferaltars vor den Außenmauern des **Nonnenklosters Ágios Theódoros.** Das Kloster stammt in seiner heutigen Form aus dem 17. Jh. und wurde 1998–2000 aufwendig restauriert.

Folgen Sie dem Sträßlein weiter und biegen Sie am Vorfahrt-achten-Schild nach rechts. Sie kommen am Oliveninstitut Korfus und der in zartem Altrosa gestrichenen 14. Grundschule der Stadt vorbei ins Zentrum von Paleópolis.

Von Sarazenen zerstört

Gleich rechts ragen die Mauern der spätantiken **Paleópolis-Basilika** 16 auf, die erst 1943 durch deutsche Bomben zur Ruine wurde. Im 5. Jh. war die frühchristliche Basilika als fünfschiffige Bischofskirche über einem zuvor abgetragenen römischen Odeon errichtet worden, dessen Linienführung im Gelände noch erkennbar ist. Nach der Brandschatzung dieser Kirche durch Sarazenen im 6./7. Jh. verkleinerte man sie, indem man die beiden äußeren Schiffe nicht mehr wiederherstellte. Auch diese Kirche wurde im 12. Jh. von Normannen oder Sarazenen vernichtet. Danach wurde nur das einstige Mittelschiff mit den heute bis

Infos

Cityplan Análipsi: s. S. 30

Länge und Dauer: ca. 4 km, 2–4 Std., beste Zeit: vormittags

Stadtbusanbindung: Linie 15 (Ziel: Flughafen) bis zum Stadion. Zurück mit Linie 2a oder Linie 5 ab Uferstraße Leofóros Dimokratías/ Odós Vlachérnon

Öffnungszeiten: Schloss Mon Repos Mitte Juni–Okt. Mi–Mo 9–16, sonst Mi–Mo 8.30–15 Uhr; Kloster Ágios Theódoros tgl. 9–13 und 17–20 Uhr (klingeln!); Kloster Agía Efthímia: Kernöffnungszeiten tgl. 9–12 und 17–18 Uhr

in Dachhöhe erhaltenen Mauern als Hallenkirche wieder aufgerichtet. Dabei fanden etliche Bauteile aus antiken Tempeln Verwendung. Solche ›Spolien‹ sind in den Wänden mehrfach zu erkennen: Die elf marmornen Löwenkopf-Wasserspeier etwa stammen vom Hera-Tempel aus dem 4. Jh. (s. u.).

Auf der anderen Straßenseite sind Archäologen noch damit beschäftigt, die Reste römischer Thermen samt ihrer Mosaikfußböden freizulegen. Einst erstreckte sich hier die Agora der antiken Stadt, zum Meer hin lag der Alkinoos-Hafen.

Tempel im Schlosspark

Nur wenige Schritte sind es jetzt zum Eingang des Parks von **Mon Repos.** Folgen Sie zunächst der autofreien Asphaltstraße zum Schloss (s. S. 31) und dort dann dem Wegweiser zum **Heraeum.** Über herrlich weich gepolsterte Waldwege kommen Sie nach fünf Minuten zu einer Steinanhäufung, die Archäologen als Überrest eines Hera-Tempels aus dem 7.–4. Jh. v. Chr. bezeichnen.

Sehr viel interessanter und fotogener ist die nur drei Gehminuten entfernte Ruine eines schlicht als **›Doric Temple‹** (Kardáki-Tempel) gekennzeichneten kleinen Heiligtums, in dem noch einige Säulen aufrecht stehen – eine davon sogar mit Kapitell (5. Jh. v. Chr.). Insgesamt sollen in diesem Areal sechs Tempelchen aus dem 6./5. Jh. v. Chr. gestanden haben, darunter auch einer für Aphrodite und Hermes.

Am dorischen Tempel endet der Weg. Wer kein bisschen kraxeln mag, geht auf gleichem Weg zum Parkeingang zurück. Wer halbwegs fit ist, nimmt den kleinen Pfad, der in der rechten unteren (= Südost-)Ecke des Tempels beginnt, 6 m leicht ansteigt, nach weiteren 8 m an einem Halteseil zwischen zwei Bäumchen entlangführt und nach weiteren 8 m vor einer hier recht niedrigen Mauer endet. Übersteigt man das Mäuerchen, steht man auf einem zementierten Pfad, der in zwei Minuten über Stufen hinunter zur immer noch sprudelnden **Kardáki-Quelle** führt, die die Venezianer mit einem (nur noch schwach zu erkennenden) Markuslöwenrelief verzierten. Wer nicht wieder übers Mäuerchen steigen mag, folgt dem Pfad weitere 5 Minuten nach oben, kommt ins Dorf **Análipsi,** wendet sich dort nach rechts und gelangt entlang der Mauern des Parks zum Parkeingang zurück.

Folgen Sie nun vom Parkausgang der Mauer abwärts, stehen Sie sogleich vor dem Zugang zum **Nonnenkloster Agía Efthímia.** Weder die Nonnen noch die zahlreichen Katzen scheren sich besonders um die Besucher, man kann den reichen Blumenschmuck des Klosterhofs in Ruhe genießen und darf auch gern eine Kerze entzünden.

Byzantinisches Schmuckstück

Gegenüber dem Zugang zum Kloster führt eine anfangs nur einen knappen Meter breite Gasse zur Kirche **Ágii Iasónos ke Sossípatros** ⓮ der ältesten gut erhaltenen Kirche der Stadt. Sie ist den zwei anderswo kaum bekannten Gefährten Jason und Sosipater des Apostels Paulus geweiht, die der Legende nach das Christentum auf die Insel brachten und deren Ikonen im Innenraum zu sehen sind. Die Kirche soll über ihren Gräbern erbaut sein; tatsächlich haben Archäologen um die Jahrtausendwende Gräber unter dem Kirchenboden gefunden. Der für die byzantinische Architektur typische Kreuzkuppelbau ist etwa 1000 Jahre alt und war im Mittelalter Teil eines Klosters. Bei der Errichtung der Kirche wurden vielfach antike Quader verwendet, die durch äußerst kunstvoll gelegte Bänder aus Ziegelsteinen voneinander abgetrennt sind. Manche von ihnen erinnern an kufische Schriftzeichen. In anderen wiederholt sich ständig das Christusmonogramm ›IC‹ (Iesus Christos). Alle Fenster werden zudem von Ziegelbögen mit einem schlichten Ziegel-Zickzack eingefasst.

Den Abschluss des Rundgangs bildet (nur) der thematischen Vollständigkeit halber die unscheinbare, erst im 18. Jh. errichtete **Kapelle Ágios Athanásios** an der Uferstraße, deren untere Mauerteile wieder einmal aus antiken Quadern bestehen. Sie gehörten zu einem Turm in der hafenseitigen Stadtmauer, die im 5./4. Jh. v. Chr. aufgeschichtet wurde. Wo mögen nur all die anderen Steine verbaut worden sein, aus denen das antike Korfu errichtet war?

Britischer Friedhof

Abseits der üblichen Routen liegt ein romantisches Juwel: Der zu Beginn des 20. Jh. angelegte **Britische Friedhof** ⑲ mit altem Baumbestand und vielen alten Grabsteinen, die zum größten Teil von einem im 19. Jh. aufgelösten Kolonialfriedhof auf der Kanóni-Halbinsel stammen. Sie erzählen zum Teil rührende (Liebes-)Geschichten. Einige schwarze Holzkreuze erinnern zudem an hier beigesetzte Seeleute, die in der Zeit vor dem Ersten Weltkrieg auf deutschen Schiffen fuhren. Bänke laden zum Verweilen ein.

Im Frühjahr und Frühsommer ist der Friedhof ein Paradies für alle Orchideenfreunde. Das Gras wird hier ihretwegen erst gemäht, wenn sie verblüht sind. Wenig romantisch ist ein benachbarter, auffällig runder Bau: das Inselgefängnis.

Eingang zum Friedhof an der Odós Kolokotróni, tagsüber frei zugänglich

Schlafen

Gemessen an ihrer Größe hat die Stadt Korfu relativ wenige Hotels, sodass eine Vorabreservierung selbst in den Wintermonaten ratsam ist. Am schönsten wohnt man am Alten Hafen und in der Altstadt, wo Parkplätze allerdings knapp sind. Das Preisniveau ist recht hoch, zumutbare Billigunterkünfte gibt es nicht.

S

SUNDOWNER À LA CAVALIERI

Auf der Dachterrasse des stilvollen Hotels **Cavalieri** 3 im Südwesten der Esplanade werden zwischen Mai und September bei gutem Wetter täglich ab 18.30 Uhr Cocktails und andere Getränke, Eis und diverse Snacks serviert. Auch Nicht-Hotelgäste sind willkommen. Der Blick über die Dächer der Stadt und das Meer bis hinüber zum Festland ist schlichtweg grandios (s. u.).

Modern mit Pool

1 **Corfu Palace:** Teuerstes Hotel der Stadt, offiziell Luxusklasse, 115 Zimmer, Hallenbad mit Meerwasser, Wellness-Bereich, Außenpool. Mehrmals wöchentlich kostenloser Hotelbus zu Stränden. Internationaler Hotelstandard. Man kann Erholung am Pool mit Stadttouren, Ausflügen verbinden. 5 Min. zu Fuß von der Altstadt.

Leofóros Dimokratías, Neustadt, T 26 61 03 94 85, www.corfupalace.com, DZ Ü/F NS ab 160 €, HS ab 300 €

Intimer Luxus

2 **Siorra Vittoria:** Das 2008 eröffnete Boutique-Hotel der Luxuskategorie nimmt die drei Etagen eines stattlichen Hauses aus der Zeit um 1800 ein. Zur aristokratisch-venezianischen Architektur passen die individuelle, hochwertige Möblierung der neun Zimmer und Suiten sowie der dezente Service. Der Innenhof ist eine Oase der Ruhe, blütenreich zeigt sich der 300 m^2 große Garten.

Odós S. Pádova 36, T 26 61 03 63 00, www.siorravittoria.com, €€€

Eleganz an der Esplanade

3 **Cavalieri:** Stilvolles Hotel mit 48 Zimmern in einem vierstöckigen historischen Palazzo am Südende der Esplanade, dennoch relativ ruhig. Dachterrasse mit beliebter Bar (s. o.).

Odós Kapodistríou 4, Altstadt, T 26 61 03 90 41, www.cavalieri-hotel-corfu-town.com, €€€

Gepflegte Freundlichkeit

4 **Bella Venezia:** Ruhig gelegene klassizistische Villa auf der Stadtmauer mit 32 sehr unterschiedlichen Zimmern, kleiner Bar, besonders freundlich-höflichem Ser-

Vólta nennen die Griechen das Flanieren. Forum für diese Form des Sehen-und-Gesehen-Werdens in Kérkira ist die Esplanade, vor allem dann am Abend, und die Kinder sind auch dabei.

vice und Frühstückspavillon im Garten. Kostenloser Computeranschluss in allen Zimmern. Ein Ort, an dem man sich schnell zu Hause fühlt!

Odós Zambelí 4, Altstadt, T 26 61 04 65 00, www.bellaveneziahotel.com, €€€

Urgriechisch und doch modern

5 **Bretagne:** Sehr freundliches, von der Inhaberfamilie geführtes Hotel mit modernisierten Zimmern, großer Bar, kostenlosem WLAN-Zugang und Computer in der Lobby. Am ruhigsten sind die Zimmer 107–109 und 207–209 zum kleinen Garten hinterm Haus; vor dem Fluglärm sind allerdings auch sie nicht gefeit. Lärmempfindliche benötigen Ohrenstöpsel. Zur Altstadt geht man ca. 20 Minuten zu Fuß, Stadtbushaltestelle in der Nähe.

Odós K. Georgáki 27 (300 m vom Flughafen an der Straße Richtung Altstadt), T 26 61 03 07 24, www.hotelbretagne.gr, €€

Modernisiert

6 **City Marina:** Das ehemalige Hotel Astron wurde total umgebaut, technisch auf den neuesten Stand gebracht, neu eingerichtet und mit Schallschutzfenstern ausgerüstet. WLAN-Zugang und Computeranschluss in allen Zimmern sind gratis.

Odós Donzelot 15 (am Alten Hafen), T 26 61 03 95 05, www.citymarina.gr, €€

Mit viel Flair

7 **Constantinoupolis:** Das 1861 erbaute, fünfgeschossige Haus am Alten Hafen diente schon 1878–1993 als Hotel und wurde 1997 nach Renovierung wieder eröffnet. Frühstücksraum und Fahrstuhl verströmen das Flair des

19. Jh., die 31 sehr schlicht möblierten Zimmer haben zumeist einen kleinen Balkon. Kostenloser WLAN-Zugang für Gäste. Unbedingt ein Zimmer mit Hafenblick buchen!

Odós K. Zavitsianoú 1 (am Alten Hafen), T 26 61 04 87 16, www.konstantinoupolis.gr, €€€

Essen

Das Niveau der Tavernen und der guten Restaurants ist sehr hoch, die Preise liegen deutlich über denen außerhalb der Stadt.

Romantisch und teuer

1 **Venetian Well Wine Bar:** Sehr romantisch gelegenes Restaurant mit kreativer, gehobener griechischer und internationaler Küche sowie großer Weinkarte mit griechischen und internationalen Weinen. Gute Auswahl an Champagner.

Odós Dasíla, am Kremásti-Brunnen im Cambiéllo-Viertel der Altstadt, tgl. ab 18 Uhr, www.venetianwell.gr, €€€

Zu Gast beim Konsul

2 **Aegli:** Alteingesessenes, gepflegtes Restaurant, dessen Inhaber auch deutscher Ehrenkonsul auf Korfu ist. Griechische und internationale Küche, historisches Flair.

Odós Kapodistríou 23 (hinter den Kolonnaden), tgl. ab 12 Uhr, ganzjährig, aeglirestaurant.gr, €€

Pasta und Pizza gut gemacht

3 **La Cucina:** Italienisches Restaurant mit nur wenigen Tischen draußen, innen etwas geräumiger. Pasta und Pizza werden stets für jeden Gast frisch zubereitet, auch einige Thai-Currys stehen auf der Karte.

Odós Mousstochídou 13, Altstadt, tgl. ab 19 Uhr, ganzjährig, www.lacucinacorfu.com, €€

Romantisch und vegan

4 **Bizoú Café:** Das kleine, schnuckelige Antiquitätencafé in der Altstadt wird von der Griechin Christý Kalliníkou und ihrer österreichischen Mitarbeiterin Jasmin Mes sehr engagiert und liebevoll geführt. Alle Kuchen, Süßspeisen und auch die kleinen Gerichte sind vegan. An manchen Tagen erklingt mittags oder abends Live-Musik.

Odós Arlióti 30, Mo–Sa 10–15, Di, Do, Fr auch 18–21 Uhr, €–€€

Ein romantisches Plätzchen

5 **Fíri Fíri Beer House:** Biere aus ganz Griechenland und aller Welt locken auch die Einheimischen. Die Speisekarte passt

HÄPPCHEN FÜR JUNGE KORFIOTEN

Die Wirtschaftskrise hat auch Auswirkungen auf die Restaurantszene auf Korfu gezeigt. Junge Leute gehen weiterhin gern aus, haben aber oft fast leere Taschen. Darauf haben sich mehrere Mezedopolía in der **Odós Prosaléndou** nahe dem Alten Hafen eingestellt, die abends ab etwa 21 Uhr meist prall gefüllt mit Studenten, Arbeitslosen und Geringverdienern sind. Sie sind fröhlich wie immer, bestellen vielleicht zwei kleine Karaffen Tresterschnaps oder Ouzo und essen kleine Teller mit einfachen Leckereien darauf. So geben sie am ganzen Abend vielleicht nur sechs oder sieben Euro aus, stillen den größten Hunger und sitzen vor allem wie gewohnt mit Freunden und neuen Bekannten zusammen. Wer etwas mehr Hunger verspürt, geht ins **Gyros Souvlaki Grill House** 14 am Anfang derselben Gasse, wo man täglich von 18–24 Uhr kleine Fleischspießchen, Gyros Píta und ein großes Bier zu Super-Preisen erhält.

zum Getränk, enthält Lammhaxe ebenso wie eine Wurstplatte für Zwei und den Mixed Grill. Man sitzt auf verschiedenen Terrassen direkt vor der schönen kleinen Télendos-Kirche oder drinnen in ganz modernem Ambiente.

Odós Ténedou/Ecke A' Párodos Solomoú 1, tgl. ab 10 Uhr, €€

Bunte Vielfalt

6 **Ektós Skédio:** Typische Taverne in der Art klassischer Ouzerien, hier des beliebten Tresterschnapses wegen ›Tsipourádiko‹ genannt. Übersetzt heißt das Lokal ›Planlos‹. Im Innenraum und unter großen Sonnenschirmen auf der Terrasse werden zahlreiche griechische Spezialitäten serviert. Zum Publikum gehören viele Studenten.

Odós Prosaléndou 43 (hinter dem Gerichtsgebäude), Mo–Sa ab 12 Uhr, ganzjährig, €€

Das Marktrestaurant

7 **O Roúvas:** Hierher kommt der Korfiote schon seit 1936 nach dem Shopping im Marktviertel. Täglich wird frisch gekocht, gebraten und gebacken, das gesamte Angebot kann am Schautresen und in den Kochtöpfen begutachtet werden. Der Service ist unprätentiös-freundlich, die Portionen sind groß. Das Dessert ist kostenlos, mehr als 16 €/Person gibt man hier inklusive Tischwein kaum aus.

Odós Stam. Dessíla 13, Neustadt, Mo–Sa 10–17 Uhr, ganzjährig, €

Chillen und schwimmen

8 **Imabári:** Die gut gestylte Beach Bar ist von mittags bis weit in die Nacht geöffnet. Für Gäste sind die Sonnenliegen direkt am Wasser kostenlos. Man badet und chillt im Anblick von Festland und altem Fort, genießt internationales Finger Food und kreative mediterrane Küche mit korfiotischen Elementen und lässt sich die originellen Signature Cocktails schmecken.

Faliráki, von der Uferstraße zwischen Altem Palast und Altem Hafen aus durch das Tor Ágios Nikólaos zugänglich, tgl. ab 12 Uhr, www.imabaricorfu.com, €€€

Herzlichkeit am Zitronenbaumplatz

9 **Bellissimo:** Unscheinbare Taverne mit ca. 13 Tischen auf einem etwas versteckt gelegenen Platz ganz nahe der Hauptgasse der Altstadt, der mit Zitronenbäumchen bepflanzt wurde. Stávros, Kóstas und ihre Frauen Ánna und Dóra servieren täglich fünf bis sechs wechselnde, stets frisch zubereitete Tagesgerichte, vom Holzkohlegrill weht – jedenfalls für Fleischesser – ein verlockender Duft. Außerdem haben sie auch die korfiotische Ingwerlimonade *tzizimbírra* und hausgemachte Pizza im Angebot.

Odós B. Bitzárou Kyriakí (Zugang von der Odós N. Theotóki zwischen den Hausnummern 67 und 69 aus), Mo–Sa ab 12, im Aug. auch So ab 18 Uhr, €€

Alles lecker

10 **Pérgola:** Sákis, Wirt dieser traditionellen Taverne, stammt vom nordgriechischen Festland. Er serviert guten, leicht moussierenden Weißwein aus dem epirotischen Zítsa und exzellenten Tresterschnaps aus dem Epirus. Interessant und ungewöhnlich sind auch sein *tsigarélli,* ein Wildblattsalat in leicht scharfer Sauce, und das *bekrí mezé,* ein scharf gewürztes Schweinegulasch. Der hausgemachte Limoncello nach dem Essen geht meist aufs Haus.

Odós Agías Sofías 10, Altstadt, tgl. ab 10 Uhr, ganzjährig, €

Bodenständig

11 **Ta Kokória:** Die Taverne mit etwa 30 Plätzen in zwei Räumen drinnen und weiteren 60 Plätzen auf der Gasse vor dem Lokal heißt ›Die Hähne‹. Gemalte Hähne sind innen allgegenwärtig, das einzige Huhn schmückt die Tür zur Damentoilette. In der Küche konzentriert man sich auf typisch Griechisches wie Kaninchen-Stifádo oder gebratene, milde

Pepperoni *(piperjés tiganités)*. Ein Dessert wird kostenlos serviert.

Odós Pargás 18, tgl. ab 12 Uhr, ganzjährig, €

Etwas abseits

12 **Theotókis:** Die Portionen sind groß und der Service ist freundlich, außerdem sitzt man im Grünen – und viele der servierten Gerichte sind für griechische Verhältnisse sogar überraschend pikant gewürzt.

Odós Alk. Darr 7–9, Garítsa, tgl. ab 12 Uhr, €

Fahrrad an der Wand

13 **Bakalógatos:** Das kleine, traditionell eingerichtete Lokal ist ein Treffpunkt überwiegend junger Leute. Tische und Stühle stehen auf einer autofreien Gasse, der Innenraum ist mit alten Radios, alten Filmplakaten und einem alten Fahrrad dekoriert. Auf der Speisekarte stehen u. a. auch die Salate *polítiki* (leicht säuerlicher Krautsalat) und *tsigarélla,* korfiotische gebratene Landwurst und Kartoffeln in Honigsauce.

Odós Alipíou 23/Odós Prosaléndou (am Alten Hafen), www.mpakalogatos.com, Mo–Sa 18–1.30 Uhr, €

Preiswert satt werden

14 **Gyros Souvlaki:** s. S. 38.

Meerblick zur Festung

15 **Café Nautilus:** s. S. 27.

16–20 s. S. 28.

Einkaufen

Die für Urlauber interessantesten Einkaufsstraßen sind die Odós N. Theotóki, die Odós Voulgaréos und die Odós Filarmonikís in der Altstadt sowie ihre Seitengassen. Besonders viele kleine Schmuckgeschäfte findet man in der Odós Agías Sofías im ehemaligen Judenviertel. Die Geschäfte für den Bedarf der Einheimischen konzentrieren sich auf die Odós G. Theotóki und den Leofóros Aléxandras in

Vollgehängt mit Souvenirs sind viele Altstadtgassen von Kérkira.

der Neustadt sowie beim Wochenmarkt und bei der Platía Sarocco.

Witzig und originell

1 **Kai to ploío févgei:** ›Und das Schiff fährt ab‹ lautet der originelle Name dieses von drei örtlichen Kunsthandwerkern betriebenen Ladens, in dem vor allem äußerst origineller Schmuck und Modeschmuck aus eigener Produktion zu finden ist.

Odós N. Theotóki 109, Altstadt, tgl. 10.30–22.30 Uhr, www.toploio.gr

Authentische Kopien

2 **Museum Shop:** Staatliches Geschäft, in dem man autorisierte Kopien antiker und mittelalterlicher griechischer Kunstwerke kaufen kann.

Hinter der Kasse zum Alten Fort, Mo–Sa 8–17, So 10–14 Uhr

Schmuck und Skulpturen

3 **Níkos:** Níkos Michalópoulos, 1947 auf Korfu geboren, versteht sich als Künstler. Sein Schmuck und seine Objekte wurden schon international ausgestellt. Er arbeitet mit Gold, Silber, Bronze, Holz, Edel- und Halbedelsteinen. Auf Englisch kann man sich ausgezeichnet mit ihm unterhalten.

Odós Paleológou 50, Altstadt, www.nikosjewellery.gr

Antikes und Trödelkram

4 **Paliá Kérkyra Antiques:** Antiquitätenhandlung, die nicht nur Möbel, sondern auch kleinere Objekte verkauft.

Odós M. Solomoú, Altstadt

Bücher und mehr

5 **Plous:** Auch wenn nur griechische Bücher verkauft werden, lohnt der Besuch der originell und liebevoll eingerichteten Buchhandlung mit Café-Bar, die vorallem von der jungen Intellektuellenszene besucht wird. Man kann auch gute griechische Musik kaufen, so findet man vielleicht doch noch ein besonderes Mitbringsel.

OLIVENHOLZ BY TOM

Thomás Koumarákos aus dem festländischen Epirus ist Olivenholzschnitzer aus Leidenschaft. Seit 1969 steht er im Sommer allein und im Winter mit seiner Frau in der kleinen Werkstatt im hinteren Ladenteil inmitten Hunderter von Werkzeugen, schafft Gebrauchsartikel und Schmuckobjekte. Bevorzugt arbeitet er nach Vorgaben von Kunden, die ihm gern ganz eigene Entwürfe vorlegen können. **By Tom** 8, 3i Parodós N. Theotóki (Zugang zwischen den Häusern 81 und 83 an der Hauptgasse).

Odós N. Theotóki 91, Altstadt, Mo–Sa 10–22 Uhr

Für den Herrn

6 **Próspero:** Griechische Herrenmode, viele Oberhemden und Krawatten.

Odós Ag. Vasilíou, Altstadt, www.prosperofashion.com

Junge Mode

7 **Velvet:** Mode für junge Damen jeden Alters von internationalen Designern wie Michael Kors, Elisabetta Franchi und Marella und von den griechischen Top-Designern und Designerinnen Vlássi Hóleva, Angelikí Tasópoulou und Pános Zínas.

Odós N. Theotóki 42, Altstadt, www.velvetcorfu.com

Aus Leidenschaft

8 **By Tom:** s. o.

Alles frisch

9 **Wochenmarkt:** Vier Jahre lang hat man unter Verwendung von EU-Mitteln das Gelände des Wochenmarktes im Wallgraben des Neuen Forts neu gestaltet. Seit einigen Jahren haben die

S

SEIFE WIE ANNO DAZUMAL

In der 1850 gegründeten **Seifenmanufaktur Patoúnis** 16 ist das 19. Jh. noch ganz lebendig. Die Ladenfront ist unscheinbar schmal. Doch kaum tritt man ein, fühlt man sich wie in eine andere Zeit versetzt. Im kleinen Geschäft werden nur Seifen aus eigener Produktion verkauft. Fünf Varianten von der groben Kern- bis zur edlen Gesichtsseife sind erhältlich. Im winzigen Kontor nebenan sitzt Firmeninhaber Patoúnis der Fünfte über seinen Büchern, wenn er nicht gerade in der Produktionshalle tätig ist oder sich mit Kunden unterhält. Täglich außer sonntags dürfen Besucher diese Halle nach Voranmeldung betreten und sich dort 20 Minuten lang herumführen lassen. Fotografieren erlaubt: die alten Bottiche und Seifensieder, die Seifenstücke auf den Trockengestellen und auch das Personal bei der Arbeit. Odós I. Theotóki 9, nahe Platía Sarócco, Neustadt, Mo–Fr 9–17, Sa 9–14 Uhr, Führungen Mo-Sa 12 Uhr, www.patounis.gr, T 26 61 03 98 06

Händler nun schicke, moderne und vor allem hygienisch einwandfreie Stände unter Ziegeldächern. Besonders groß ist das Angebot an Fisch und anderem Meeresgetier. Japaner kaufen hier auch mal frischen Thunfisch, um ihn endlich wieder einmal roh als Sashimi genießen zu können. Gut beobachten kann man das Markttreiben von den beiden einfachen Café-Bars in der Mitte der Marktgasse aus, die werktags schon ab 5 Uhr morgens geöffnet sind.

Zwischen Odós Vlaikou und Odós Kaváda, Neustadt, Mo–Sa ca. 7–14 Uhr

Museumsreif

10 **Lalaoúnis:** Ilías Lalaoúnis ist als Goldschmied so berühmt, dass er seinen Arbeiten in Athen ein eigenes Museum gewidmet hat. Er lässt sich von allen Epochen der griechischen Kunstgeschichte inspirieren, liebt aber auch nubische Motive, Schlangen und Knoten.

Odós Kapoduistríou 35, Esplanade, www.lalaounis.gr

Retro-Keramik

11 **Ceramic Art:** Der Athener Kostas Panarétos und seine Partnerin Klió Brenner aus dem schweizerischen Winterthur fertigen hochwertige funktionale und dekorative Keramik. Ihre Spezialität sind Werke im antiken römischen Stil der Terra Silligata.

Odós El. Venizélou 38, Alter Hafen, www.ceramicart.gr

Koum Kouat

12 **Vassilákis:** Was man alles mit den korfiotischen Koum-Kouat-Früchten machen kann, zeigt dieser Laden: Liköre, Ouzo und Brandy, Bonbons und Marmeladen, Eau de Toilette (s. S. 29).

Odós Spirídonos 61, Altstadt, www.vassilakiskumquat.com, tgl. 9–24 Uhr

Ganz in Weiß

13 **Blanc du Nil:** Modische Kleidung für Sie und Ihn ausschließlich in Weiß und nur aus feiner ägyptischer Baumwolle gibt es in dieser Boutique.

Odós Agíon Pándon 20, Alter Hafen, tgl. 10–22 Uhr

1001 Nacht

14 **Sweet 'n' Spicy:** Katerina Saoumaa Fadia wurde in Montreal geboren. Ihr Vater ist libanesischer, ihre Mutter griechischer Herkunft. Katerinas Liebe gehört den Gewürzen und guter Küche. In ihrem Laden auf Korfu und im Internet bietet sie über 100 verschiedene Gewürze an, dazu Kräutertees und Raritäten wie schwarzen Knoblauch, griechischen Kas-

tanienhonig und allein 13 verschiedene Himalaya-Salze. Auf ihrer Homepage liefert sie zudem kostenlos zahlreiche ausgefallene Rezepte.
Odós Agías Sofías 16, Altstadt, www.sweetnspicy.gr

Alles Handarbeit

15 **Albatros:** Sandalen zu fertigen ist die Leidenschaft von Mary und ihrem Ehemann Jannis. Er ist im touristenlosen Winter für die Herstellung der einfacheren Modelle zuständig, sie verziert ihre Sandalen mit allerlei Applikationen. Die Sandalen der beiden gibt es auch schon für Kinder.
Odós Paleológou 43, Altstadt, tgl. 10–22 Uhr

Seife seit 1850

16 **Seifenmanufaktur Patoúnis:** s. S. 42

Power Shopping

17 **Jumbo:** Es soll ja Menschen geben, die mindestens einmal wöchentlich in einen Kaufrausch geraten. Für sie ist dieser riesige Supermarkt ideal, der fast alles hat. Auf Facebook sind auch viele Kommentare von Deutschen zu lesen, die regelrecht süchtig nach Jumbo sind. Andere empfinden dort Horror und bemängeln das Überangebot chinesischer Ware.
Straße von Kérkira am Flughafen vorbei Richtung Achíllion, Katsimídi, Mo–Fr 9–21, Sa 9–20 Uhr

Bewegen

Die Stadt Korfu besitzt keinen Strand. Die Korfioten baden entlang der Uferpromenade zwischen dem Archäologischen Museum und dem **Café Nautilus,** sonnen sich auf der Mole, die am Café Nautilus ansetzt, nutzen die Kaimauern des **Nautical Club** unterhalb der Straße von der Esplanade zum Archäologischen Museum oder fahren hinüber zum **Inselchen Vído.** Außerdem gibt es organisierte **Strandbäder** mit Umkleidekabinen und Duschen, und zwar auf der Halbinsel Análipsi und beim Faliráki-Hafen (s. u.).

Unter den Festungsmauern

1 **Strandbad Imabári:** Gut für ein schnelles Bad, aber auch für einen ganz Tag am Wasser.
Faliráki, tgl. ab 8 Uhr, Eintritt frei

Wie in alten Zeiten

2 **Strandbad Mon Repos:** Mit Café-Bar und Liegewiese.
Anemómilos, tgl. ab 8 Uhr bis Sonnenuntergang, €

Bereit zum Entern

3 **Piratenschiff Black Rose:** Viermal täglich startet das einem Piratenschiff nachempfundene Ausflugsboot vom Alten Hafen aus zu 75-minütigen Fahrten bis zur Pontokonísi. An die Kinder werden Piratenhüte und -schwerter ausgeteilt, ein bisschen Animation gehört auch dazu.
Büro Odós Donzelot 11, Abfahrt vom Alten Hafen tgl. 14–20 Uhr alle zwei Stunden, Kinder 4–12 J. 5 €, sonst 10 €, T 69 77 40 92 46, www.facebook.com/CorfuPirateShip

Ausgehen

Die Discos der Stadt erstrecken sich entlang der Uferstraße zwischen Neuem Hafen und Nationalstraße. Die Namen wechseln häufig. Stimmungsvolle Bars und Lounges bieten die Altstadt und die Festungen. Am frühen Abend sitzt man besonders gut und unter vielen Leuten unter den Arkaden an der Esplanade. Über kulturelle Veranstaltungen informieren zumeist nur auf Griechisch gehaltene Plakataushänge.

Klassische Kultur

1 **Dimotikó Théatro/Stadttheater:** Konzerte und Theatergastspiele an vielen Abenden im Jahr, Auskunft im Theater.
Odós G. Theotóki, Neustadt

F

FERNBUSLINIEN

www.greenbuses.gr
Die Angaben beziehen sich auf die Nebensaison. Im Hochsommer kann es mehr, im Winter weniger Verbindungen geben. Sa und So gelten eingeschränkte Fahrpläne. Stets aktuell sind die Busfahrpläne mit Preisangaben im Internet, mit Glück erhält man Kopien der aktuellen Busfahrpläne am Busbahnhof in der Stadt. Rückfahrt zumeist jeweils sofort nach Ankunft am Zielort.

Von Korfu-Stadt Mo–Fr nach:
Acharávi: 5 x, 5.45–16 Uhr
Afiónas: 2 x, 5.15 und 13.45 Uhr
Ágios Geórgios Argirádon: 2 x, 9 und 15.30 Uhr
Ágios Geórgios Pagón: 2 x, 7 und 15 Uhr
Ágios Górdis: 6 x, 6–20 Uhr
Avliótes: 5 x, 5.15–20 Uhr
Chlomós: 2 x, 5 und 14.15 Uhr
Ermónes 9, 12 und 14.30 Uhr
Glifáda: 6 x, 6.45–20 Uhr
Kassiópi: 4 x, 5.45–14.30 Uhr
Kávos: 10 x, 5–20 Uhr
Lefkími: 10 x, 5–20 Uhr
Liapádes: 2 x, 6.45 und 14 Uhr
Makrádes: 2 x, 6.30 und16.45 Uhr
Messongí-Moraítika: 18 x, 5–20 Uhr
Nímfes: 2 x, 5.45 und 13.45 Uhr
Paleokastrítsa: 4 x, 9–16 Uhr
Pentáti: 3 x, 6, 13 und 16 Uhr
Petrití: 2 x, 6 und 14 Uhr
Pírgi: 6 x, 7–16 Uhr
Róda: 5 x, 5.45–16 Uhr
Sidári: 7 x, 5.15–20 Uhr
Sinarádes 6 x, 7.15–20 Uhr
Sokráki: 2 x, 5 und 14 Uhr
Sparterá: 2 x, 5 und 15 Uhr

Zum Abrocken

2 **Yard Club:** Die renommierteste Disco der Stadt. Häufig werden Themenpartys gefeiert.

Leof. Ethn. Antistáes 52, s. Facebook, Mi–So ab 23.30 Uhr

Kein Mainstream

3 **Graal:** Latin Swing, Jam und Jazz am Neuen Fort, manchmal auch live.

Odós Solomoú 34, www.facebook.com/eraldicon, tgl. ab 22 Uhr

Echt alternativ

4 **Polytéchno:** Hier trifft sich Korfus junge alternative Szene zu eher ungewöhnlicher, moderner Musik, aber auch zu Filmabenden und Stand-Up-Comedy. Die speziellen Cocktail-Abende sind auch nicht zu verachten.

Odós Solomoú/Ecke Odós Schoulemvoúrgou, Neue Festung, www.facebook.com/polytechnocorfu, meist ab 21 Uhr

Direkt am Wasser

5 **En Plo:** s. S. 24

Faliráki, von der Uferstraße zwischen dem Alten Palast und dem Alten Hafen aus durch das Tor Ágios Nikólaos zugänglich, tgl. ab 10 Uhr

Entspannt

6 **Old Fortress Café:** Der ideale Ort zum Chillen oder auch zum Dinieren unterm Sternenhimmel mit Blick auf alte Gemäuer und ewiges Meer. In den Sommermonaten finden hier häufig Live-Konzerte statt.

Auf dem Gelände des Alten Forts, tgl. 10–2 Uhr, www.corfuoldfortress.com, €€

Feiern

- **Karneval:** s. S. 229.
- **Ostern:** s. S. 229.
- **Juni:** Am Ende des Schuljahres führen

Schüler im Stadttheater an mehreren Abenden Folkloretänze auf.

- **Barkarole-Festival:** 10. August, im Stadtteil Garítsa. Livemusik, Folklore und abendliche Bootsprozessionen.
- **Prozessionen:** 11. August und 1. Sonntag im November. An diesen Tagen wird ebenso wie am Sonntag vor Ostern und am Ostersamstag die Reliquie des Inselheiligen Ágios Spirídonas in feierlicher Prozession und begleitet von Bischof, Klerikern, Militär, Polizei, Pfadfindern und Musikkapellen durch die Straßen der Stadt und wieder zurück in seine Kirche getragen.

Infos

- **EOT Tourist Information:** Alíkes Potámou, T 26 61 03 76 38, eotcorfu@otenet.gr (wenig hilfreich).
- **Hafenpolizei:** T 26 61 03 26 55.
- **Flughafen:** T 236 61 08 98 23.

Verkehr

- **Stadtbusse:** Alle Stadtbusse (Blue Bus) fahren von der Platía Sarocco und ihrer näheren Umgebung ab. **Tickets** kauft man am Schalter der Busgesellschaft am Sarocco-Platz (T 26 61 03 15 95) oder an Kiosken in der Nähe der Haltestellen. Die Stadtbusse fahren auch entlang der Küste bis nach Benítses im Süden und Dassía im Norden sowie zu den Binnenorten Ágios Ioánnis und Pélekas sowie zum Achíllion und rund um die Kanóni-Halbinsel.
- **Fernbusse:** Grüne Fernbusse verbinden die Stadt Korfu mit allen größeren Inseldörfern sowie 4–5 x tgl. mit Athen und 2 x tgl. mit Ioánnina und Thessaloníki sowie 1 x tgl. mit Kalambáka an den Metéora-Klöstern. Reine Sommerlinien sorgen auch für Querverbindungen zwischen Badeorte, so z. B. zwischen Sidári und Kassiópi, zwischen Ágios Górdis und Paleokastrítsa und zwischen Ágios Geórgios Argirádon und Paleokastrítsa. Alle Fernbusse fahren am Fernbusbahnhof an der Odós Avramíou ab, T 26 61 02 89 00. In der Stadt werden die Tickets am Busbahnhof gekauft, unterwegs beim Fahrer oder Schaffner.
- **Boote nach Vído:** Zum vorgelagerten Inselchen mit Taverne, ein wenig Wald und Strand fahren im Sommer Boote vom Alten Hafen aus. Für Korfioten ist die Insel ein Ausflugsziel, für Serben ein Wallfahrtsort. Im Ersten Weltkrieg waren hier Zehntausende von Serben interniert, viele starben auf der Insel an Hunger und Seuchen. An sie und ihr Schicksal erinnert hier heute ein großes Denkmal.

STADTBUSLINIEN

www.astikoktelkerkyras.gr
– Ab Platía Sarocco:
Linie 2 nach Kanóni
Linie 7 über Kontokáli und Gouviá nach Dassía
Linie 8 vorbei am Flughafen nach Ágios Ioánnis
Linie 11 nach Pélekas
Linie 15 zum Flug- und zum Fährhafen sowie zum Fernbusbahnhof
– Ab Odós Mitr. Methodíou (200 m von der Platía Sarocco entfernt):
Linie 5 nach Kinopiástes, Kouramádes
Linie 6 nach Benítses
Linie 10 zum Achíllion

Korfu und die Nachbarinseln

Alles Grün — Ein dicht gewobener Landschaftsteppich aus uralten Olivenwäldern bedeckt die Inseln.

Seite 82

Afiónas 

Das kleine Dorf thront hoch über zwei traumhaften Buchten und bietet Tavernen und Zimmer mit viel Aussicht.

Seite 66

Nach Pentáti wandern

Durch üppiges Grün einen steilen Klippenrand entlang geht es an der korfiotischen Westküste von Ágios Górdis zur Taverne Chris' Place im Dörfchen Pentáti hinauf. Nach der Tour hat man sich den wundervollen Ausblick und das köstliche Moussaká oder ein Tässchen Kaffee verdient.

»Hier ist der schönste Punkt der Welt«, befand Kaiserin Sissi.

Seite 82

Atelier Ílios

In Ágios Geórgios Pagón können Sie eine Muschel in einen Anhänger verwandeln.

Seite 76

Paleokastrítsa 

Vielen Korfioten gilt es als schönster Ort der Insel: Die kleinen Buchten und das azurblaue Wasser erklären warum.

Seite 112

Bar Erimítis

Weiter weg vom Alltagsstress als in der Bar auf Páxos kann man sich wohl nirgendwo sonst fühlen.

Seite 64

Schlemmen im Alonáki

Ein exzellentes Bourdétto wird Ihnen in einem verwunschenen Paradiesgarten am Chalikoúnas Beach serviert. Übernachten können Sie hier auch.

Seite 100

Pantokrátoras

Vom höchsten Inselberg aus überblicken Sie die ganze Insel und schauen bis Albanien und Nordgriechenland. Die nahen Diapontischen Inseln schweben im Dunst.

Seite 79

Angelókastro

An Korfus Westküste wachten einst die Venezianer. Die Aussicht? Atemberaubend.

Seite 108

Hotel Erikoussa

Auf dem Inselzwerg steht das Hotel am Strand. Baden und Wandern beginnen vor der Tür.

Seite 75

Dorfplatz von Liapádes

Einen urigeren Meeting-Point als den Dorfplatz von Liapádes finden Sie auf ganz Korfu nicht mehr. Kafenía gehören natürlich dazu.

»Überall, wohin man geht, kann man sich ins Gras legen.« (Lawrence Durrell)

»Ostern auf Korfu! Wer dies Fest einmal erlebt hat, wird es niemals vergessen und sich ständig sehnen, es wieder erleben zu können«, schrieb Kaiser Wilhelm II.

Korfu – die grüne Insel

ORIENTIERUNG

Infos: www.corfu.gr (offiziell), www.in-corfu.com (privat, viele Strandfotos)
Korfu mit dem Mietwagen: Wer eine Woche lang mit Auto oder Motorrad unterwegs ist, wird die Insel wirklich gut kennenlernen. Zwei Tage reichen für eine schnelle achtförmige Tour von Kérkira aus durch Nord- und Südhälfte. Wer sich ein Mietfahrzeug nur für einen Tag leisten kann oder will, wählt am besten den Inselnorden als Ziel – auch wenn das Urlaubshotel im Norden steht. Paleokastrítsa, Lákones, Angelókastro, Peruládes, das Kap Drástis, Kassiópi, Paléo Períthia und Kouloúra muss man ganz einfach gesehen haben – und die Fahrt hinauf auf den Pantokrátoras verschafft einem erst den richtigen Überblick.
Verkehr: s. S. 45

Auf Korfu ist der Weg das Ziel. Zumeist schmale und sehr kurvenreiche Straßen sind ein Erlebnis für sich, ob am Meer oder zwischen den unzähligen Hügeln und Bergen. Die Insel kann sich nicht mit Sehenswürdigkeiten von Weltrang brüsten. Was sie außerhalb der Inselhauptstadt an Einzelbauten und archäologischen Stätten zu bieten hat, hat kaum mehr als provinzielle Bedeutung. Korfus Trümpfe sind seine vielfältigen Landschaften auf kleinstem Raum und die schier unendlich scheinende Zahl großartiger Aussichtspunkte. Faszinierend sind die Harmonie und der Variantenreichtum seiner Grüntöne, der Kontrast zwischen dieser grünen Symphonie und den Blautönen des Meeres und des Himmels. Für amphibische Gegensätze sorgt das Zusammenspiel von Insel(n) und Festland. Immer wieder überraschend ist die intakte Einbettung gewachsener Dörfer in die Landschaft, die exponierte Lage von Kirchen und Klöstern.

Der Herr der Insel ist freilich der Olivenbaum. Jeder hat seinen eigenen Charakter, oft von knorrigem Wuchs, geprägt von Jahrhunderten. Aber nicht nur die Einzelbäume zeigen große Unterschiede, auch die Olivenhaine und -wälder sind immer wieder ganz anders. Man sollte sich Zeit nehmen, darin ein wenig spazieren zu gehen, vielleicht auch einmal ein Picknick im Olivenwald einplanen und das Lichtspiel der silbrig-grünen Blätter auf sich wirken lassen.

Gastoúri

K 8

Zunächst geht die Fahrt am Nordende des Flughafens vorbei (rote Ampel, wenn Maschinen starten und landen) und anschließend durch Gewerbegebiete mit Supermärkten aller Art. Dann beginnt die für Korfu so typische Kurverei durch üppiges Grün mit immer wieder neuen Panoramen hinauf nach Gastoúri. Es ist das erste Bergdorf an der Route, sehr schön und recht ursprünglich geblieben. Vom kulturellen Engagement der Dorfbevölkerung zeugt das schon im 19. Jh. gegründete Philharmonische Orchester. Gastoúri liegt dem Schloss Achíllion (s. S. 50) so nahe, dass es häufig von Kaiserin Elisabeth und Kaiser Wilhelm II. auf Spaziergängen besucht wurde.

Elisabeth-Brunnen

Etwas für heftige Sissi-Fans: Den kleinen weißen Kuppelbau mit Eisengittern schenkte die Kaiserin den Dorfbewohnern als Dank für die schöne Zeit, die sie hier verbrachte.

Im Zentrum von Gastoúri an der Hauptstraße dem Wegweiser nach Plátanos 700 m weit folgen, frei zugänglich

Französischer Soldatenfriedhof

Im Ersten Weltkrieg fanden 206 französische Soldaten ihre letzte Ruhestätte zwischen Olivenbäumen, Zypressen und Oleander. Ein Unterschied gegenüber deutschen Soldatenfriedhöfen fällt auf: Die Toten brauchen keinen Dienstgrad mehr zu tragen.

In Gastoúri dem Wegweiser nach Pérama und zum Cimétière Militaire Français 400 m weit folgen

Zum romantischen Griechenlandbild zählt auch das der Schäferidylle im Olivenhain. In der Realität bedeutet die Schafzucht in den Bergen Korfus allerdings harte Knochenarbeit.

TOUR
»Das ist die klassische Schönheit«

Auf kaiserlichen Spuren im Achíllion

Infos

K 8

Anfahrt: Stadtbuslinie 10 ab Platía Sarocco/Odós Mitr. Méthodiou 11
Parkplätze: nur entlang der Zufahrtsstraßen (viele Ausflugsbusse, wenn ein Kreuzfahrtschiff im Hafen liegt); Termine auf www.cruisetimetables.com/cruises-to-corfu-greece.html

Info: Juni–Sept. tgl. 8–20, sonst 9–16 Uhr, Eintritt 10 €, virtuelle Tour und e-Tickets auf www.achillion-corfu.gr

Heute kommen nicht nur Monarchisten, sondern auch Liebhaber von Kuriosem, Natur und Landschaft im und um das Achillion, dem Feriendomizil der österreichischen Kaiserin und des deutschen Kaisers, auf ihre Kosten. Besonders schön sind der Garten und der Blick über Olivenhaine und Zypressen auf die Stadt.

Sommerschloss Ihrer Majestäten
Das nach dem Vorbild der pompejischen Architektur von Raffaele Carito aus Neapel geplante und 1891 fertiggestellte Schloss ist der Stein gewordene Traum zweier vom Charakter her ganz unterschiedlicher Deutscher: der Wittelsbacherin Elisabeth, bekannt geworden durch die Sissi-Filme mit der jungen Romy Schneider in der Hauptrolle, und des Hohenzollern Wilhelm II., der bis 1918 deutscher Kaiser war.

Elisabeth, Kaiserin von Österreich, hatte Korfu erstmals 1861 und dann wieder 1885 besucht. Im Herbst 1887 beschloss sie, die Villa eines korfiotischen Diplomaten zu kaufen und auf dem Gelände ein Sommerschloss errichten zu lassen. Nach ihrer Ermordung in Genf 1898 stand der Bau bis 1907 leer. Dann kaufte es der Preuße. Von 1908 bis 1914 verbrachte er fünfmal seinen Osterurlaub hier. Seine Hofgesellschaft war begeistert, wie Seine Majestät in ihren »Erinnerungen an Korfu« schrieb: »Staunende Ausrufe, klassische Zitate werden laut, und helle, freudige Begeisterung leuchtet aus allen Blicken ob dieses Paradieses mit seiner Stille und seiner Farbensymphonie. Das ist Griechenland! Das ist die klassische Schönheit! Hier schreitet der mächtige Geist der ewig-jungen, nie zu übertreffenden edlen Antike unmittelbar neben uns her!«

Farbliche Gestaltung und Spiegel lassen das Treppenhaus riesig erscheinen.

Das Schloss von innen

Das Erdgeschoss des Schlosses kann besichtigt werden. Ein dekorativ ausgemaltes Treppenhaus führt von hier in die nicht zugänglichen Obergeschosse. Gleich rechts vom Eingang schmücken zwei Gemälde die Schlosskapelle Sissis. Das der ›Stella del Mare‹ von Franz Matsch zeigt die ›Miramare‹, das Schiff, mit dem Sissi anzureisen pflegte. Im dritten Raum rechts kündet der Schreibtischstuhl von einer kaiserlich-wilhelminischen Marotte: Seine Majestät liebte es, bei der Büroarbeit auf einem Pferdesattel zu sitzen... Im gleichen Raum dokumentieren Personallisten, dass Wilhelm II. neben 45 Bediensteten auch neun Chauffeure mit nach Korfu brachte. Er selbst fuhr am liebsten in einem roten Benz. Sissi-Memorabilien, darunter Originalmöbel, schmücken die übrigen Räume.

Terrasse der Dichter und Denker

Durch den Garten führen Stufen zur Terrasse vor dem zweiten Obergeschoss hinauf. Hier stehen Büsten antiker Philosophen, Staatsmänner und anderer Geistesgrößen. Als einziger Ausländer hat sich aus unerfindlichen Gründen William Shakespeare darunter gemischt.

Ein sterbender und ein siegreicher Achill

Auf der Gartenterrasse darunter mit Panorama-Blick über die Stadt und Mittelkorfu stehen zwei Achilles-Statuen, die deutlich von den gegensätzlichen Charakteren der beiden kaiserlichen Hoheiten künden. Sissi ließ einen sterbenden Marmor-Achill aufstellen. Ein vergifteter Pfeil hat ihn im Kampf um Troja in der Ferse getroffen – der einzigen verwundbaren Stelle des als Kleinkind ins Wasser der Unsterblichkeit getauchten Helden. Wilhelm II. setzte eine monumentale Bronzestatue des siegreichen Achill daneben, 10 m hoch und in voller Rüstung. Die zur Einweihung geladenen Bewohner des nahen Dorfes Gastoúri erkannten in ihm übrigens keinen griechischen Helden, sondern hielten ihn für einen protestantischen Heiligen.

R

DIE SCHÖNSTE ROUTE VON KORFU-STADT NACH SÜDEN

Um von der Stadt Korfu und dem Inselnorden nach Süden zu kommen, gibt es fünf Möglichkeiten. Am schönsten ist es aber, im morgendlichen Sonnenlicht Ágios Górdis zu umfahren und es sich bei einem Kaffee von Pentáti aus anzuschauen. Danach geht es durch einen wahren Zauberwald vielhundertjähriger Oliven in Küstennähe bis nach Paramónas (wo Sie auch baden können) und weiter nach Gardíki, wo Sie entweder an den Koríssion-See fahren oder weiter in den Süden reisen können. Für den Rückweg sollten Sie die östliche Küstenstraße über Benítses meiden, denn sie ist langweilig und verkehrsreich. Schöner ist die Fahrt über eine kleinere Straße, die westlich von Messóngi von der Inselhauptstraße abzweigt, via Strongili und Agía Déka zurück in den Norden (J/K 8–10).

Infos

- **Bus:** Stadtbuslinie 10 nach Gastoúri, Mo–Sa 6 x, So 4 x tgl.

Benítses K 8

Von Gastoúri aus führt die Straße zunächst noch leicht bergan bis zum Schloss Achíllion (s. S. 50). Dann windet sie sich kurvenreich hinab zur Küste, wo gleich rechts der besonders bei Briten beliebte Badeort Benítses beginnt. Eines seiner bestechendsten Merkmale ist das Missverhältnis zwischen Fremdenbetten und Strandfläche. So sonnt man sich hier zumeist auf Zement und hölzernen Stegen. Der Dorfplatz liegt auf der Landseite unmittelbar an der Inselrundstraße, gegenüber verstellen parkende Autos den Blick aufs Meer. Hier muss man nicht unbedingt Urlaub machen!

Römische Thermen

Naja. Hobby-Archäologen können sich die spärlichen Überreste der Thermalbadeanlage einer römischen Villa aus dem 2. Jh. ansehen, von der Teile der Außenmauern noch 4 m hoch stehen. Auch eins der Badebecken ist noch zu erkennen.

Am landseitigen Dorfrand, Weg an der Platía an der Inselrundstraße ausgeschildert, ständig frei einsehbar

Infos

- **Bus:** Stadtbuslinie 6 Mo–Fr 12 x tgl., Sa 9 x, So 6 x.

Moraítika und Messongí K 10

Meist direkt am Meer entlang führt die Inselrundstraße zum bedeutendsten Familienferienziel Süd-Korfus. Moraítika ist ein deutlich zweigeteilter Ort. Östlich der Inselrundstraße stehen Hotels und Pensionen im Hinterland eines langen Feinkiesstrandes, landeinwärts liegt das alte Dorf mit mehreren sehr guten Abendtavernen am Hang. Der schmale Unterlauf des Messongí-Baches trennt Moraítika von Messongí, einem kleinen Ferienort, dessen ältere Häuser fast alle unmittelbar am Strand stehen. Vorteil beider Strände: Sie werden von keiner Autostraße gesäumt.

Wer den Doppelort im Rahmen einer Inselrundfahrt passiert, braucht sich nur die Flussmündung anzuschauen. Hier liegen meist einige Fischer- und Ausflugsboote – ein romantischer Anblick (hinter der Brücke von Moraítika nach Messongí links abbiegen, in Strandnähe parken, nach links am Strand entlanggehen).

Schlafen

Zwischen Fluss und Meer

Sentido Apollo Palace: Weitläufige Hotelanlage mit zwei Pools im üppigen Garten, Liegewiesen mit Sonnenschirmen, Amphitheater, Tennis- und Volleyballplatz, Kinderclub. Die 235 Zimmer sind auf insgesamt 17 im Inselstil errichtete Gebäude verteilt.

Messongí, am Flussufer, T 26 61 07 54 33, www.sentidohotels.com, €€€

Acht Meter vom Meer

Hotel Christína Beach: Das Hotel mit 16 Zimmern liegt unmittelbar am schmalen Strand, die Hotelterrasse ist kaum 8 m vom Meer entfernt. Auf ihr ist meist auch der gut Deutsch sprechende Wirt Dímitri samt Familie zu finden. Die Zimmer der Kategorie A sind für Wasserratten die besten: Ihre Terrassen öffnen sich direkt zum Strand hin.

Am Strand von Messongí, T 26 61 07 67 71, www.hotelchristina.gr, Mindestaufenthalt 3 Nächte, €

Etwas außerhalb

75 Steps: Sechs sehr geräumige Studios für bis zu drei Personen in einem sehr ruhig an einem grünen Hang gelegenen Haus mit Bar und Restaurant auf der Panorama-Dachterrasse.

Strandleben in Moraítika

HOTEL MARGARÍTA BEACH

Das sehr familiär betriebene, schon etwas ältere, kürzlich modernisierte dreigeschossige Hotel liegt ruhig am Strand. Im Garten lädt ein Pool zum Eintauchen ein, die Beach Bar ist auch öffentlich zugänglich. Ein großer, teilweise überdachter Parkplatz ist vorhanden, ins Zentrum des alten Dorfes geht man zu Fuß etwa 10–15 Minuten. Der Strand vor dem Hotel fällt kleinkinderfreundlich flach ab (Moraítika, T 26 61 07 52 67, www.corfu-hotel-margarita.com, €–€€).

In Spíleo an der Straße von Messongí nach Chlomós, etwa 1800 m von der Flussbrücke, T 26 61 07 50 28, www.75steps.gr, €

Essen

Schöner Blick

Bella Vista: Freundliche Taverne, guter Service, prächtiger Ausblick.

Am oberen Rand des alten Dorfes Moraítika, tgl. ab 12 Uhr, €€

Leckere Saucen

Bacchus: Strandtaverne mit hervorragender Küche. Besonderes Plus: die leckeren Saucen. Gut sind auch die mit verschiedenen Käsesorten gefüllten Paprikaschoten. Gäste loben immer wieder die gefüllten Kalamares und die große Portion Miesmuscheln sowie die Freundlichkeit der gut Englisch sprechenden Wirtin.

Am südlichen Strandende von Messongí, tgl. ab 12 Uhr, €€

Für Strandtage

Golden Beach: Modern und strandgemäß gibt sich das Lokal mit großem Openair-Grill und Pizzaofen.

Moraítika, Strandpromenade, tgl. ab 9 Uhr, €

Ganz leger

Spíros on the Beach: Besonders empfehlenswert in dieser Strandtaverne sind das korfiotische Sofríto und die auch als Vorspeise geeignete Fischsuppe.

In Messongí an der Flussmündung, tgl. ab 11 Uhr, €

Die etwas feinere Art

Zak's: Zak ist die griechische Kurzform für Zacharias – und der war der Gründer des gepflegten Abendrestaurants mit weißen Tischdecken, in dem griechische und internationale Küche auf gutem Niveau zu angemessenen Preisen serviert wird. Manchmal gibt es sogar Fondue.

Moraítika, an der Hauptstraße, tgl. ab 18.30 Uhr, €€

Bewegen

Quad gefällig?

Nik Rent-A-Bike: Quads, Scooter und Motorräder.

In Messongí, T 26 61 07 59 77, und in Moraítika, T 26 61 07 55 20, www.nik-corfu.com

Mit und ohne Motor

Wassersportstation am Strand vor dem Hotel Messongí Beach: Tretboote, Seekajaks, Wasserski und Paragliding.

Ausgehen

Bühnenreife Show

Golden Beach Bar: Der vielsprachige Inhaber Chrístos ist zugleich Moderator und Animateur, tanzt griechisch mit seinen Gästen und heitert sie mit Spielchen auf. Zum bunten Programm gehören Elvis-Shows und Latino-Nächte, Quiz-Nächte und Tanzmusik. Dabei sitzt man im Freien unter angestrahlten Palmen direkt an der schmalen, autofreien Strandpromenade und genießt relativ preiswerte Getränke.

Traditionell unterwegs im Hinterland von Messongí

Am Strand von Moraítika, Programm tgl. ab ca. 21 Uhr

Chlomós

L 10

Das Dorf liegt auf und an einem Hügel oberhalb von Messongí und hat sich viel alte Bausubstanz bewahrt. Für Urlauber mit Standort Messongí oder Moraítika ist es ein gutes Ziel für einen längeren Spaziergang.

Essen

Schöner Meerblick

Balís: Von den Terrassen über einem grünen Hang grandioser Blick aufs Meer.

Am meerseitigen Dorfrand, tgl. ab 10 Uhr, €

Schöner Dorfblick

Sirtáki: Die Fassade ist mit Blumen geschmückt, die Aussichtsterrasse auf der Rückseite bietet einen schönen Blick über das ganze Dorf bis zum Festland hinüber. Das Essen ist allerdings in der Taverne Balís besser.

Am westlichen Dorfrand nahe dem Parkplatz, tgl. ab 10 Uhr, €

Boúkari

L 10

Von Messongí führt eine schmale asphaltierte Straße immer am Meer entlang ins 5 km entfernte Boukári, das nur aus einigen, teilweise sehr ursprünglich gebliebenen Fischtavernen direkt am Wasser und ein paar Häusern in einem grünen, landeinwärts führenden Tal besteht.

Essen

Fisch satt

Die Tavernen von Boúkari: An der schmalen Straße, die sich von Boúkari Richtung Messongí an der Küste entlang zieht, liegen in und nahe Boúkari zahlreiche Fischtavernen. Die älteste und renommierteste heißt **Boúkari** und wird auch viel von Einheimischen frequentiert. Das *bourdétto* hier ist ein Gedicht, allerdings sitzt man den Autos recht nahe, das ist nicht jedermanns Sache. Idyllischer gelegen sind die Tavernen weiter nördlich, insbesondere das **Potamáki.** Wer die Landesfarben Blau und Weiß um sich haben will, nimmt im **Spáros** Platz. Aber auch das **Akrogiáli** und das **Boúkari Beach** haben ihre Fans.

Petrití

L 10

Eine größtenteils asphaltierte, auf jeden Fall aber gut befahrbare kleine Straße verbindet Boúkari am Meer entlang mit dem 2 km entfernten Fischerhafen Petrití. Hier liegen nicht nur kleine Fischerboote, sondern auch größere Trawler mit griechischem Kapitän und zumeist ägyptischer Besatzung. Sie haben sich auf kleine Fische wie Sardinen und *gávros* spezialisiert. Der Ort erstreckt sich vom Hafen aus weit ins Hinterland hinein. Der Ortsstrand ist nicht besonders, aber zu Fuß kommt man zu schöneren Badeplätzen und in die Orte des noch sehr ursprünglich gebliebenen Hinterlandes, wo viele ältere Frauen noch die typisch korfiotischen Kopfbedeckungen tragen. An der Straße entlang des Hafens von Petrití gibt es mehrere Tavernen. Im Mittelpunkt des Angebots steht hier natürlich frischer Fisch.

Schlafen

Direkt am Hafen

Égrypos: Von dem gut Deutsch sprechenden jungen Inhaber Tóni Kourtésis umsichtig geführte Pension mit 17 Zimmern, Ferienwohnungen für bis zu vier Personen und seit 2014 einem modernen Ferienhaus. Die Ferienwohnungen können auch mit Halbpension gebucht werden. Entfernung zum Strand etwa 150 m. Großer Pool mit Pool-Bar, schattige Restauranterrasse, sehr kinderfreundlich.

Petrití, T 26 62 05 19 34, www.egrypos.gr, €–€€

Deutsche Gäste

Régina–Nína: Das von vielen deutschen Stammgästen geschätzte Hotel liegt sehr ruhig in ländlicher Umgebung und wird von der freundlichen, größtenteils Deutsch sprechenden Inhaberfamilie engagiert geführt. Die 16 Zimmer liegen in vier zweigeschossigen Gebäuden mit Ziegeldächern um den Pool. Zu den kleinen Stränden von Boúkari und Petrití läuft man etwa15–20 Minuten; Fahrradverleih im Haus. Der Hotelbus holt die Gäste kostenlos vom Flughafen ab und bringt sie ebenfalls kostenlos mehrmals täglich zu verschiedenen Stränden an der Westküste.

Zwischen Petrití und Vasilátika, T 26 62 05 21 32, www.regina-nina.com, €€

Lefkími

M 11

Lefkími ist eine richtige kleine Stadt mit 3500 Einwohnern und einer über 1 km langen Hauptstraße, mehreren Pfarrbezirken und zahlreichen traditionellen und modernen Geschäften. Der ladenartige Kiosk an der Hauptstraße ist rund um die

P

TAVERNE UND PENSION PANÓRAMA IN NÓTOS

Fahren Sie von Petrití ins kleine, sehr ursprünglich gebliebene Binnendorf **Ágios Nikólaos,** trinken Sie dort einen griechischen Kaffee und shoppen Sie ein wenig beim Dorfbäcker oder in der Gemischtwarenhandlung. Fahren Sie dann weiter nach **Nótos** und anschließend in Meeresnähe weiter über Kaliviótis nach **Perivóli.** In Nótos kommen Sie an der **Taverne Panórama** (📍 L 10) vorbei. Wirt Thanássis Vagiás und seine Frau Ína haben hier ein kleines Paradies geschaffen, in dem man gut einen ganzen Tag verbringen kann. Von der Terrasse des Lokals führt ein üppiger kleiner Garten hinunter ans Meer, wo ein paar Liegestühle und Hängematten zur kostenlosen Benutzung im Schatten von Bäumen und Bananenstauden einladen. Über einen winzigen Strandfleck kommt man leicht ins Wasser. Danach munden die Kochkünste Ínas besonders: zum Beispiel das hervorragend mit Zimt und Koriander gewürzte Rindfleisch-Stifádo oder der scharfe Ziegenkäse *tirokaftéri.* Wer mag, kann sich in einem kleinen, fernöstlich angehauchten Pavillon im Garten auch massieren lassen. 100 m von der Taverne entfernt vermieten die beiden 15 geräumige Apartments mitten im Olivenhain, alle mit Südbalkon und Moskitonetz. Ein Mietwagen sollte allerdings vor der Tür stehen, wenn man mehr als Petrití und Umgebung von der Insel sehen will. Zum Einkaufen kann man in etwa 20 Min. zu Fuß nach Ágios Nikólaos gelangen. Notós, tgl. ab 10 Uhr, T 26 63 05 18 46, www.panoramacorfu.gr, Taverne €€, Apartments €€.

Uhr geöffnet, wie es sich für eine traditionelle griechische Stadt gehört. Touristen gibt es kaum, im Ort werden nur wenige Fremdenzimmer vermietet.

In ganz Griechenland bekannt geworden ist Lefkími 2018 durch den Widerstand seiner Bürger gehen eine neue Restmülldeponie am Ortsrand. Müllautos mussten mit Polizeischutz dorthin eskortiert werden und oft unverrichteter Dinge wieder umkehren. Weil daraufhin Korfu ein großes Müllproblem hatte, wurde die Inselverwaltung 2019 sogar von der EU abgemahnt. Die Lekimnioten blieben hart. Im Mai 2020 gab das griechische Umweltministerium endlich nach: Die Deponie bei Lefkími wurde endgültig wieder geschlossen. Stattdessen wird nun am Bau einer Abfallbehandlungsanlage bei Templóni am Rande des Rópa-Tals begonnen, die jedoch frühestens 2023 fertig sein wird. Bis dahin wird die Insel weiterhin ein großes Müllproblem haben.

Die kleine, platzartige Straßenkreuzung am westlichen Ortsrand Lefkímis, dort wo die lange Dorfstraße einen Knick nach links macht, ist der Standort einiger Café-Bars. Hier trifft sich am frühen Abend die einheimische Männerwelt mit der einem Rosenkranz ähnlichen Spielkette *kombolói* in der Hand zu einem Bier oder Oúzo mit kleinen, vom Wirt auf den Tisch gestellten *mezedákia.* Über der Straße hängt das ganze Jahr über die weihnachtliche Lichterdekoration – wenn sie angestellt wird, ist wieder Advent. Stromzähler und Traueranzeigen schmücken die Hauswände. Eventuell bietet eine Bäuerin aus der Umgebung ihre frisch geernteten Artischocken direkt aus dem Kofferaum ihres Wagens an und bei einem Pickup winken beim Kartenspiel dicke Scheiben frischen Thunfischs – wenn man gewinnt.

Am Südrand der Stadt endet die Umgehungsstraße am großen, aber nahezu schiffsfreien Hafen, von dem mehrmals täglich Autofähren nach Igoumenítsa auslaufen. Idyllisches Zentrum des Ortes ist die Brücke über das Flüsschen Chímaros. Hier liegen Fischer- und Sportboote am Ufer vertäut. Einige alte Lagerhallen zeugen davon, dass Lefkími in straßenlosen Zeiten der Exporthafen für die landwirtschaftlichen Produkte des südlichen Korfu war. Folgt man der Straße am rechten Flussufer entlang bis zum Meer, findet man dort einen schönen Sandstrand mit Kafetéria. Von der Brücke aus führt die alte Dorfstraße bis zum westlichen Ortsrand, wo ein paar einfache Kafenía die Andeutung eines Dorfplatzes säumen.

Alikés

Alikés ist das griechische Wort für ›Salinen‹. Die Venezianer legten sie im 15. Jh. an, seit 1988 werden sie nicht mehr wirtschaftlich genutzt. Das Gebiet renaturiert sich und ist zum Stand- und Rastplatz von über 200 Vogelarten geworden. Zwischen Oktober und Anfang Mai sieht man hier häufig einige hundert Rosa Flamingos; im Mai 2011 wurden hier sogar über 3000 dieser schönen Vögel gezählt. Andere nachgewiesene Vogelarten hier sind u. a. Steinwälzer, Seidenreiher, Stelzenläufer, Sand- und Seeregenpfeifer. Ausgewiesene Wege gibt es nicht, aber zahlreiche Trampelpfade in dem 4 ha großen Areal. Ein von der EU finanziertes Besucherzentrum ist zwar vorhanden, wird aber in der Regel nur für angemeldete Schulklassen geöffnet.

Zwischen Brücke und westlichem Dorfplatz dem Wegweiser rechter Hand nach Convent of the Lady of Kokkináda folgen

Kloster Kirás ton Ángelon

In dem 1696 gegründeten kleinen Kloster gleich neben einem der Dorffriedhöfe

Mal nicht mit Komboloí in der Hand, sondern Musik im Ohr

leben heute nur noch zwei Nonnen. Sie begleiten Besucher meist in die Kirche und bewirten sie anschließend mit Wasser, Kaffee und manchmal ist auch ein Gläschen Oúzo drin. Kunsthistorisch Bedeutendes gibt es hier nichts zu sehen, die Atmosphäre lohnt einen kurzen Stopp.

An der Straße von Lefkími nach Alikés, tgl. 7.30 Uhr bis Sonnenuntergang, ausgeschildert auch als ›Convent of the Lady of Kokkináda‹

Strände

Der am rechten Ufer der Flussmündung beginnende Grobsand-/Feinkiesstrand ist der beste in Ortsnähe. Ein sehr langer, grobkiesiger Strand erstreckt sich entlang einer weiten Bucht zwischen Mólos mit dem Hotel Attika und den Salinen. Das Wasser fällt hier extrem flach ab, ist somit für Kleinkinder besser geeignet als für leidenschaftliche Schwimmer.

Schlafen

Weit weg vom Trubel

Attika: Die weitläufige, dreigeschossige Hotelanlage, die mit ihren Arkaden und Ziegeldächern ein wenig an orthodoxe Klosterarchitektur erinnert, liegt völlig ruhig und einsam in einem alten Olivenhain direkt am Meer, etwa 3 km von Lefkími entfernt. Am teilweise künstlich aufgeschütteten Strand spenden einige Eukalyptusbäume Schatten; Pool und Tennisplatz sind vorhanden. Der Hotelbus bringt Gäste mehrmals täglich nach Lefkími.

Mólos, T 26 62 02 39 90, www.attikahotel.gr, €€€

Für hartgesottene Träumer

Petrákis Beach: Neun ordentliche Zimmer über einer großen Taverne direkt am Strand, Zimmer 1 und 2 mit Balkon frontal zum Meer. Alle Zimmer wurden renoviert und etwas modernisiert. Wer Urigkeit modernem Luxus vorzieht, kann sich hier wohlfühlen. Liegestühle und Sonnenschirme stehen direkt vor der Taverne, im Frühsommer fliegen abends Glühwürmchen durch die Luft. Hört sich alles sehr gut an, aber mit etwas Schimmel im Badezimmer muss gerechnet werden. Erfahrene Griechenlandurlauber der alten Art schreckt das nicht – schließlich stimmt der Preis!

Alikés, am Strand, T 26 62 02 27 77, www.petrakis-beach.lefkimi.hotels-corfu.com, €

Studios: Studios und Zimmer im Ort vermieten die Wirte der Tavernen The River (T 26 62 02 29 58) und Cheeky Face (T 26 62 02 26 27) im Umfeld der Brücke. Alle €.

Essen

Für die Größe des Ortes gibt es erstaunlich wenig Tavernen. Sie konzentrieren sich auf die beiden Ufer um die Brücke über den Fluss.

Moderne Taverne

River: Taverne mit einigen wenigen Tischen draußen. Gekochtes und Gegrilltes.

Am rechten Ufer des Flusses etwa 100 m unterhalb der Brücke, tgl. ab 10 Uhr, ganzjährig, €

Alles hausgemacht

Cheeky Face: Hier kocht Muttern. Sie verwendet eigenes Olivenöl und selbst gemachten Essig, backt und kocht selbst angebaute Kartoffeln, rupft den Salat eigenhändig und lässt die Gäste noch gern in ihre Kochtöpfe schauen. Ob gekochte Fischgerichte oder Gemüse – alles ist äußerst schmackhaft und der Service durch Sohn oder Enkeltochter sehr herzlich.

Am linken Ufer des Flusses unmittelbar oberhalb der Brücke, tgl. ab 9 Uhr, ganzjährig, €

Bewegen

Tagesausflüge per Boot

Britannia Cruises: T 26 62 06 14 00, www.corfucruises.com. Während der Saison startet täglich um 9.45 Uhr ein Boot von Britannia Cruises zu einem neunstündigen Ausflug nach Páxos und Antípaxos (30 € inkl. Transfer vom und zum Hafen).

Feiern

- **Faschingssonntag:** Großer Karnevalsfestzug.
- **8. Juli:** Kirchweihfest des Ágios Prokópios.
- **14./15. August:** Kirchweihfest Mariä Entschlafung mit Musik und Tanz.

Kávos

N 12

Hinter Lefkími verläuft die Inselrundstraße wieder nahe der Küste, Tourismus prägt das Bild. Kávos, einst ein abgeschiedenes Bauernnest, ist heute berüchtigt für sein wildes Nachtleben. Neben Faliráki auf Rhodos und Argássi auf Zákinthos gehört Kávos zu den drei Lieblingsorten junger britischer Hooligans. Man sieht fast nur englische Aufschriften, zum Abendessen gibt's in vielen Lokalen britische Livemusik. Die meisten Bars zeigen schon vormittags Musikclips und setzen Videofilme für ein regelrechtes Kinoprogramm ein. Überall flimmern Sportveranstaltungen über Großbildschirme, zahlreiche Diskotheken und Music-Clubs buhlen nach Mitternacht mit Schaumpartys, Misswahlen und Gast-DJs aus dem Vereinigten Königreich ums selten nüchterne Publikum, am Strand stolpert man über Bierdosen und Kondome.

Wer früh am Morgen durch den Ort fährt, sollte sich vor orientierungslos gewordenen schwankenden Urlaubern und den vielen Glas- und Flaschenscherben auf der Straße in Acht nehmen! – Wer all das lieber nicht sieht, muss nur nach Kávos fahren, wenn er die romantisch nahe der Südspitze gelegene Klosterruine besuchen will.

Klosterruine Panagía Arkoudíla

Am Südrand von Kávos führt die schmaler werdende Straße in einen Olivenhain und endet an einigen Hotels an der Pantátika-Bucht. Zuvor zweigt zunächst eine Straße nach Sparterá und unmittelbar danach ein Feldweg (Wegweiser ›Horse Riding‹ und ›Monastery of the Blessed Virgin Mary 1700‹) zur etwa 3 km entfernten Klosterruine ab. Er ist Teil des Fernwanderwegs Corfu Trail, kann aber auch mit Jeeps befahren werden. Schön ist schon der Weg zum Ziel. Er führt durch nahezu unberührte Natur, im letzten Teil stellenweise fast direkt an der über 100 m hohen Steilküste entlang.

Die Scheiben der Klosterkirche sind zerbrochen, die Türen ausgehängt. Ikonen gibt es hier keine mehr. Ein letztes erhaltenes Marien-Fresko wurde von Vandalen zerstört. Von den übrigen Klostergebäuden stehen nur noch der Glockenträger und Außenmauern, Stufen führen ins Nichts.

Küste südlich von Lefkími

M 12

Wer viel Zeit hat und die Insel sehr gründlich kennenlernen will, kann von **Kávos** aus eine kleine Rundfahrt zu den wenig besuchten Stränden im äußersten Südwesten der Insel unternehmen. Dazu nimmt man zunächst die Straße nach **Sparterá** (N 12), die am Südrand von Kávos beginnt. Hinter dem Bergdorf mit drei guten Restaurants und mehreren kleinen Pensionen, die vor allem von Wanderern auf dem Corfu Trail für Zwischenübernachtungen genutzt werden, kann man dem Wegweiser zum **Katoulla Beach** folgen. Wo die schmale Asphaltstraße aufs Meer trifft, zweigt nach links eine Asphaltstraße am rötlichen Sandstrand entlang zu einem 800 m entfernten kleinen Fischereischutzhafen ab. Eine Zementstraße führt von hier noch 900 m weiter an der Küste entlang. Von ihrem Ende aus kann man in etwa 30 Minuten zum völlig einsamen **Arkoudíla Beach** wandern.

Nach rechts fahrend gelangt man nach 400 m zu einer großen Beach-Bar mit Parkplatz und einigen Sonnenschirmen auf dem Sandstrand. 300 m weiter wendet sich die Straße wieder landeinwärts und führt durch die stillen Bauerndörfer Paleochóri und Kritiká nach Lefkími zurück.

Strände von Perivóli und Marathiás L 11

An der Inselrundstraße liegt nördlich von Lefkími das 1400 Einwohner zählende Binnendorf **Perivóli,** das Dank einer Umgehungsstraße erfreulich verkehrsarm geworden ist. Von hier führen Stichstraßen zur Sommersiedlung **Agía Varvára** (auch: Santa Barbara, Malta oder Marta genannt) mit kurzem, breitem Sandstrand und in den noch ruhigeren Weiler **Gardénos** (M 11) mit langem Feinsandstrand, zwei Strandtavernen und mehreren Pensionen. Unterwegs weisen Schilder zu den selten besuchten Sandstränden Pérka und Megáli Lakiá.

Vom Binnendorf Marathiás aus gelangt man auf einer Stichstraße zum langen, rötlich schimmernden Sandstrand **Marathiás Beach,** der sich im Süden am anderen Ufer eines Bächleins im Strand von **Agía Varvára** fortsetzt.

Schlafen

Am Strand logieren

Santa Barbara Lákis Apartments: Eine sehr gut Deutsch sprechende Familie vermietet hier 7 jeweils 30 m^2 große, zweckmäßig möblierte Studios direkt über ihrer Taverne. Sie sind auch mit Frühstück oder Halbpension buchbar. Wer überwiegend baden will, ist hier gut aufgehoben. Fahrräder können geliehen werden.

Agía Varvára, T 69 46 54 36 39, www.booking.com (mit guten Fotos), www.santabarbaracorfu.com, €

Essen

Mitten im Olivenhain

Eliá: Moderne, 2017 eröffnete Gartentaverne mit traditioneller griechischer Küche. Weitläufige Rasenflächen, auch Spielgeräte für Kinder, sehr guter und herzlicher Service, gelegentlich Live-Musik.

Aía Varvára, 200 m vom Ufer an der Straße Richtung Perivóli, tgl. ab 10 Uhr, Facebook: tavernaeliamalta, €

Bewegen

Tauchen und Kajakfahren

Hercules Scuba: Iraklís Dimitriádis gibt Tauchunterricht auch schon für Kinder ab 8 Jahren, begleitet aber auch erfahrene Taucher in die Unterwasserwelt ums nahe Kap Megachóro herum. Er verleiht Kajaks verschiedener Größe und bietet auch geführte Schnorcheltouren an.

Agía Varvára, am Strand, T 69 72 32 40 60, www.hercules-scuba.gr

Ágios Geórgios Argirádon

K 11

Der bedeutendste Ferienort an der südlichen Westküste Korfus gehört zum großen Binnendorf Argirádes, daher der Name. Ausländer nennen ihn meist ›Ágios Geórgios South‹, um ihn von Ágios Geórgios Pagón an der Nordwestküste zu unterscheiden. Der weitläufige Küstenort erstreckt sich auf über 2 km Länge entlang einer Küstenstraße, die noch nicht lückenlos verbaut ist. An ihr liegen Restaurants und Café-Bars, reihen sich Lounges und Supermärkte. Etwa in der Mitte dieser Küstenstraße mündet als guter Orientierungspunkt die Zufahrtsstraße von der Inselrundstraße her ein.

DÜNEN- UND STRANDWANDERUNG

Nördlich von Ágios Geórgios Argirádon erstreckt sich ein weites Dünen-Areal zwischen dem Meer und dem **Korissión-See.** Die Dünen sind teilweise begrünt, überall gedeiht Wacholder. Auf manchen Dünen lagern Schichten von Sandsteinplatten, im Winterhalbjahr sind am und auf dem See zahlreiche Reiher zu sehen. Gehen Sie am besten von Ágios Geórgios aus zunächst bis zur einsamen Beach-Bar vor den Dünen und folgen Sie dann vom Parkplatz in den Dünen aus der Piste landeinwärts. 100 m vor Rouselis Food & Drinks biegt eine sandige Piste nach links ins Dünengelände am See ab. Ihr folgen Sie so weit sie mögen und gehen anschließend am Strand entlang nach Ágios Geórgios zurück.

Ágios Geórgios ist mit guten Stränden gesegnet. Fast am ganzen Ort entlang und weit über seine Südgrenze hinaus säumt feiner Sand das Ufer, am Nordrand der Siedlung beginnt der kilometerlange Dünenstrand, der bis an den Koríssion-See reicht. Außer Badeurlaubern lockt Ágios Geórgios insbesondere auch Windsurfer an. Mehrere Wassersportstationen entlang der Strände bieten u. a. Windsurfen und Paragliding an.

Schlafen

Außer einer sehr großen Hotelanlage im Norden des Ortes und einem kleinen Hotel in der Südhälfte gibt es nur einige wenige Pensionen und vor allem Ferienwohnungen.

Guter Standard

Golden Sands: Architektonisch einfallsloses, zweigeschossiges Hotel mit Pool. Überwiegend nette britische Urlauber, 78 Zimmer.

An der Uferstraße im südlichen Ortsteil, T 26 62 05 12 25, www.corfugoldensands.com, €€

Einfach und herzlich

Barbayánnis: Der Wirt der gleichnamigen Café-Bar vermietet im angrenzenden Haus fünf geräumige Zimmer mit Balkon und Meerblick sowie eine Ferienwohnung. Musik hört man in den Zimmern bis Mitternacht, daher nichts für Reisende mit Kindern.

An der Uferstraße im südlichen Ortsteil, T 26 62 05 21 10, Cheers_barbayiannis@yahoo.com.uk, €

Essen

Kochen aus Leidenschaft

O Kafé Sas: Wirt Ákis hat auf den Terrassen seines urigen Lokals, das in

Hellas zu den Kult-Tavernen zählt, schon Politprominenz, Show-Stars und Schönheitsköniginnen bewirtet, kümmert sich aber mit gleicher Inbrunst auch um alle anderen Gäste. Die Speisekarte dient hier nur dem Gesetz – man geht besser in die Küche und wählt. Von der gebratenen Sardine bis zur Languste reicht das Angebot. Mixed Pickles verschiedener Art sind eine Spezialität des Hauses. Lecker ist das korfiotische *bourdétto*, das hier mit Stachelrochen serviert wird.

An der Uferstraße im südlichen Ortsteil, tgl. ab 10 Uhr, ganzjährig, im Winter an Wochenenden geöffnet, €€–€€€

Auch mal bayerisch

Café Harley: Der Traveller- und Windsurfer-Treff mit dem verrücktesten Minigolfplatz Griechenlands gehört der Bayerin Anita, die auf Wunsch auch bayerisch kocht. Anita und ihr griechischer Mann Jánnis vermieten auch einige Ferienwohnungen etwas weiter landeinwärts (€).

An der Uferstraße im äußersten Norden des Ortes, tgl. ab 10 Uhr, www.korfu-ferienhaus.de, T 26 62 05 25 40, €

Bewegen

Sportpaket

Frosch Sportreisen: Das umfangreichste Sportangebot Korfus bietet der Frosch Sportclub des deutschen Unternehmens Frosch Sportreisen. Zum Programm gehören Windsurfen und Catsegeln, Fitness-Training, Beachvolleyball, Fußball, Mountainbiking und Wandern. Die Gäste können im schönsten Hotel des Ortes wohnen, dem San Georgio, das leider exklusiv an Frosch Sportreisen vergeben ist.

Gasselstiege 24, 48195 Münster, T 0251 927 88 10, www.frosch-sportreisen.de

Progressiv

Kite Club: Das Stationshaus des Kite-Clubs steht auf der Nehrung, die den Koríssion-See vom offenen Meer trennt. Hier sind die Bedingungen fürs Kiten besser als irgendwo sonst auf der ganzen Insel, der Untergrund ist sandig, die Stehtiefe reicht 50 m weit ins Ionische Meer hinaus. Stand-up-Paddler können Unterricht nehmen und Boards mieten. Wer möchte, kann auch an geführten Touren von 2–3 Stunden Dauer teilnehmen.

Kontakt via Café Harley (s. o.), T 69 77 14 56 14 und 69 45 76 92 80, www.kite-club-corfu.com, SUP-Verleih, Privatstunde 89 €

Ausgehen

Im Farbrausch

Mango: Farblich mutig gestaltete Beach-Bar, direkt am Meer. Gutes Möbeldesign, trendige Musik.

Nahe dem nördlichen Ende der Uferstraße, tgl. ab 21.30 Uhr

Gardíki und Chalikoúnas

J 10

Die Landschaft im Nordwesten des Korissión-Sees gleicht staubiger Steppe, die an besonders schöne, alte Olivenwälder grenzt. Eine direkte Fahrt von Ágios Geórgios aus am Meer entlang dorthin ist nicht möglich, denn auf etwa halber Höhe ist der See über einen etwa 120 m langen und 8 m breiten Kanal mit dem offenen Meer verbunden. Ihn überquert nur ein Fußgängersteg. Um in den Nordwesten des Sees zu gelangen, muss man also zunächst in Richtung Messongí zurückfahren und dann an der ausgeschilderten Abzweigung in Richtung Halikoúnas und Ágios Matthéos abbiegen.

ABSTECHER ZUM KLOSTER PANTOKRÁTORAS BEI ÁGIOS MATTHÉOS

Wenn man viel Zeit hat, lohnt der prächtigen Panoramen wegen eine Fahrt hinauf zum **›Monastery of Pantokrator‹** (Moní Pantokrátoras, J 9/10). Dazu fährt man zunächst in Richtung Ágios Matthéos und biegt dort am Ortsanfang (beschildert) auf eine schmale, später teilweise unbefestigte 2,5 km lange Stichstraße hinauf zum Kloster ab. Weil die Straße auch dem Brandschutz dient, hat die EU 60 000 € zu ihrer Verbesserung beigetragen. Das Kloster liegt auf fast 460 m Höhe, unterwegs genießt man immer wieder neue Aussichten auf Korfu, das Meer und das Festland. Das Kloster selbst wurde 2008 restauriert, Mönche oder Nonnen leben hier nicht mehr. An den Längswänden der Kirche sind einige Freskenreste erhalten. In typisch griechischer Unbefangenheit hat man große, billige Ikonen davorgestellt, auf denen die Heiligen wenigstens gut zu erkennen sind …

Festung Gardíki

Kurz hinter einer Straßengabelung, wo es geradeaus ins große Bergdorf Ágios Matthéos hinaufgeht, liegt rechter Hand, von der unmittelbar daran vorbei führenden Straße aus kaum zu erkennen, die frei zugängliche Burgruine Gardíki. Die achteckige Festung wurde im 13. Jh. von einem byzantinischen Lokalfürsten, dem Despoten Michaíl II. Angelo von Epiros, errichtet. Die Mauern und acht Türme sind noch gut erhalten. Nach typisch byzantinischer Art sind die Türme durch eingearbeitete Bänder aus Ziegelsteinen und Spolien antiker Bauten dekoriert.

Chalikoúnas Beach

Von der Burgruine aus führt die Straße durch Felder und an Gewächshäusern mit Schnittblumen vorbei an den Strand von Chalikoúnas, der sich mit fast 3 km Länge an einer Nehrung zwischen Korissión-See und dem Ionischen Meer entlang erstreckt. Parallel zum Strand verläuft eine gut befahrbare Piste. Sie endet am Kanal, der den See mit der See verbindet. Im Kanal stehen Fischfallen, die beiden roten und weißen Schuppen am Ufer gehören den Fischern. In zwei einfachen Buden am Strand werden Getränke verkauft, ansonsten ist der Strand völlig naturbelassen. Fische und Krabben aus dem See serviert die Taverne Alonáki. Im Corona-Jahr 2020 wurde dieser Strand von der durch die EU unterstützten Internet-Plattform ›European Best Destinations‹ (www.europeanbestdestinations.com) als fünftsicherster Strand Europas in Corona-Zeiten gekürt. Auf dem ersten Platz lag übrigens ein Strand ganz in der Nähe, den jeder passiert, wenn er auf der Straße von Igoumenítsa nach Léfkas reist: Der 22 km lange Monolíthi Beach von Préveza.

Schlafen, Essen

In der ganzen Region gibt es nur zwei kleine Apartmenthäuser, einige sehr einfache Privatzimmer und die äußerst empfehlenswerte Pension Alonáki. Zwei weitere Fischrestaurants liegen weiter nördlich am Meer nahe der Straße nach Paramónas.

Gartenparadies

Alonáki: Einer Idylle in der Steppe gleicht die kleine, ganz familiär geführte Pension mit einer der besten Tavernen Korfus in einem blütenreichen Garten. Vermietet werden 15 Zimmer und Apartments, die Küche ist echt korfiotisch. Auch ohne Vorbestellung gibt es hier täglich *bourdétto* mit Skorpionsfisch, die hervorragend abgeschmeckten Kohlrouladen *lachanodolmádes* und Kaninchen-Stifádo. Spezialitäten aus dem Chalikoúnas-See sind der Fisch *kefalópsari* und ganz kleine Krabben, *garída psilí*, die auch als Krabbenkroketten zubereitet werden. Wirtin Katína spricht sehr gut Deutsch, Tochter Angelikí Englisch. Insgesamt ein wahrhaft paradiesisches Fleckchen für alle, die ein paar ruhige Badetage weitab vom Massentourismus verbringen und vielleicht viel lesen wollen.

Am kleinen Hafen am nördlichen Ende des Chalikoúnas Beach, gut ausgeschildert, Taverne tgl. ab 8 Uhr, T 26 61 07 61 19, €

Einkaufen

Rustika

Weinkellerei Livadiótis: Sotíris Livadiótis war der erste Weinbauer Süd-Korfus, der Wein in etikettierte Flaschen abfüllte. Heute produziert er in seiner winzigen Kellerei etwa 20 000 Flaschen trockenen Rot- und Weißweine jährlich. Abgefüllt werden einfache Tafelweine, die außerhalb Korfus kaum zu finden sind. Bei einem Besuch des Weinguts können Besucher den Wein verkosten und, wenn's schmeckt, auch Flaschen erwerben.

Links der Straße von der Burg Gardíki zum Chalikoúnas Beach, meist 10–14 Uhr, am interessantesten zwischen Ende August und Oktober

Infos

Keine Linienbusverbindung nach Gardíki und Chalikoúnas.

Von Áno Messongí nach Agíi Déka

K 8–K 10

Eine besonders schöne Möglichkeit, vom Inselsüden zur Stadt Korfu oder in den Norden zurückzukehren, ist die Fahrt über die schmale Landstraße, die in **Áno Messongí** (K 10) von der Inselhauptstraße abzweigt. Man fährt durch ein üppig grünes Tal ganz ohne Meerblick, passiert kleine Dörfer und hat dann zum Schluss einen fantastischen Blick auf die Ostküste, das Schloss Achíllion und die Stadt Korfu. In **Agíi Déka** (K 8) gibt es dann sogar drei einfache Tavernen.

Essen

Der Terrasse wegen

Paradise: Einfache Taverne mit schöner Terrasse. Abgesehen von Salaten und Omelettes gibt es hier nur Gegrilltes.

Am südlichen Ortsanfang rechts der Straße aus Richtung Messongí, tgl. ab 10 Uhr, €

Die bessere Küche

Aréti's Place: Die Aussicht fehlt, dafür ist das Essen gut. Täglich wird frisch gekocht.

Im nördlichen Ortsteil an der Hauptstraße links, tgl. ab 10 Uhr, ganzjährig, €

Von Chalikoúnas nach Paramónas

J 9/10

Entlang der schmalen Straße zwischen den beiden Küstensiedlungen ist der

Olivenwald besonders alt und schön. Lichteinfall und Blätterdach erzeugen immer wieder neue Effekte, stellenweise fühlt man sich in einem Zauberwald. Stichstraßen führen zu winzigen, kaum besuchten Stränden und zwei Fischtavernen. Dann kommt man nach **Paramónas** (J 9), einem zu Ágios Mattheos gehörenden Weiler mit einigen wenigen Unterkünften und Tavernen sowie einem nie überlaufenen, etwa 300 m langen Sand-Kiesstrand.

Schlafen

Viele Stammgäste

Paramónas: Familiär geführtes Hotel 100 m vom Strand. Im sehr schönen Garten wachsen hohe Palmen. Die Zimmer haben riesige Balkone mit Meerblick. Hier wird sich garantiert wohlfühlen, wer größtmögliche Ruhe sucht und sich auch ohne Pool und viele Beach-Bars zu beschäftigen weiß.

Paramónas, 30 m vom Strand, T 26 61 07 65 95, www.paramonas-hotel.com, €€

Mit Familienanschluss

Skála: Pension und Restaurant mit 10 Studios in einem wunderschönen Garten, darin ein kleiner Pool. 80 m vom Strand entfernt. Sehr herzliche, familiäre Atmosphäre.

Paramónas, unterhalb der Straße aus Richtung Gardíki, T 26 61 07 50 32, €

Essen

Herzlich und schnell

Sun Set: Die Speisekarte liegt schon auf dem Tisch, bevor die Gäste Platz genommen haben, der Service ist auch ansonsten schnell und vor allem sehr herzlich. Vom Strand ist man eine Minute entfernt.

Am Ufer nördlicher Teil, unterhalb des Hotels Paramónas, €

Fisch am Meer

Plóri: Gute Fischgerichte, freundlicher Service. Keine Asphaltstraße zwischen Terrasse und Meer.

Schräg gegenüber von der Pension Skála, tgl. ab 11 Uhr, €

Ágios Górdis J 8

Mit der Bucht von **Ágios Górdis** beginnt der Reigen der schönen Sandstrände unter hohen Steilufern entlang der Westküste. Die lange Sandbucht dort wird im Süden vom Felsen Orthólithos (senkrecht stehender Stein) begrenzt, der wie der Hut eines Zauberers aus dem Meer aufragt. Der Ort besteht fast nur aus Tavernen, Bars, Souvenirgeschäften und Hotels, die sich teilweise entlang der Hauptstraße die Hänge hinaufziehen. Trotzdem hat er eine angenehme Atmosphäre, wenn man im Urlaub auch abends etwas Abwechslung sucht. Ein ursprünglich gebliebener Ort ist hingegen das weit oberhalb des Strandes gelegene Bergdorf **Pentáti,** zu dem man in etwa 20–30 Minuten hinauflaufen kann.

Schlafen

Österreichisch gut

Dandídis Seaside: Die Österreicherin Brigitte und ihr Mann Alékos Dandídis pflegen ihre Pension mit zwölf Zimmern, einem Studio und zwei Apartments österreichisch korrekt, haben sogar Türstopper eingebaut und halten Babybetten bereit. Die Terrasse des Hauses dient als öffentliches Restaurant, wo auch Frühstück, Pizza und Abendessen serviert werden.

Ágios Górdis, direkt am Strand nahe beim Strandparkplatz, T 26 61 05 32 32, www.dandidis.eu, €€

TOUR
Feel Greece – abseits der Touristenpfade

Kurzwanderung nach Pentáti

Infos

J 9

Start/Ziel: Ágios Górdis
Dauer: 30–50 Min. hin, 75–90 Min. über die Straße zurück
Einkehr: Chris' Place in Pentáti, (s. S. 68)

Wie eine Gams geht's in der grünen Steilwand über der Bucht hinauf ins stille Bergdorf und dann nach einer Panoramapause durch Olivenwälder zurück ans Meer.

Gut bei Puste sollten Sie sein, wenn Sie diese kleine Wanderung unternehmen wollen. Zuerst geht es nämlich recht steil bergan. Dafür werden Sie am Ziel, dem stillen Bergdorf Pentáti, mit einem köstlichen Mittagessen oder Kaffeetrinken belohnt und genießen ein grandioses Küstenpanorama. Zurück können Sie dann entspannt auf einer kleinen Straße durch dichte Olivenwälder nach Ágios Górdis zurückkehren. Ein Bad im Meer ist die zweite Belohnung.

Die Trittsicherheit erfordernde Wanderung beginnt in der äußersten südlichen Ecke des **Ágios Górdis Beach.** Von dort windet sich ein ausgeschilderter Fußweg den Steilhang nach Pentáti hinauf. Es ist erstaunlich, wie viele Bäume und Sträucher sich hier an den Berg klammern. Unfassbar schön ist der Blick entlang der Küste und hinaus aufs Ionische Meer. Den Weg verfehlen kann man nicht. Wo er auf einen Feldweg mündet, hält man sich links und kommt ans Ziel.

Von **Pentáti** aus folgt man der schmalen Straße durch Olivenhaine nach unten, die auf die Hauptstraße von Káto Pavlianá nach **Agios Górdis** mündet. An Mike's Dancing Pub wendet man sich nach links und kommt wieder zurück ans Meer.

Ferienwohnung über dem Strand von Ágios Górdis

Stylish

Sebastian's Family Hotel: Modern und hochwertig, aber zugleich auch verspielt und romantisch möblierte Zimmer und Apartments, etwa 200 m vom Strand entfernt. Die Betten stammen von der weltweit renommierten griechischen Firma Cocomat, Lärmschutzfenster machen die zentrale Lage wett.

An der Hauptstraße über der gleichnamigen Taverne, T 26 61 05 32 56 (nach Teresa fragen), www.sebastians-corfu.com, €

Essen

Chillig

ARK Beach Café: Gäste werden auch an den kostenlosen Strandliegen bedient. Ideal zum Relaxen beim Sonnenuntergang mit guten Day-Chill-Klängen.

Ágios Górdis, südliche Strandhälfte, tgl. ab 9 Uhr, €

Zwei Brüder, eine Frau

Theódoros: Die Brüder Fótis und Tássos sorgen für einen sehr herzlich-griechischen Service, Frau Hannah aus der Tschechei kocht in der Küche, was die Brüder frühmorgens auf dem Markt in der Stadt eingekauft haben.

Ágios Górdis, am südlichen Strandende, tgl. ab 10 Uhr, €

Mit Buchtblick

Chris' Place: Schlichte Taverne mit dem besten Blick auf die Bucht von Ágios Górdis und einem herzlichen Service. Hausgemachte korfiotische Küche, besonders leckeres, täglich frisch zubereitetes Moussaká, Terrasse und Dachterrasse.

Pentáti, an der Straße von Ágios Górdis her, tgl. ab 8 Uhr, €

Immer Bourdétto

Sebastian's: In der gepflegten Taverne gibt es täglich das korfiotische Fischgericht

bourdétto, aber auch *sofríto* und viel Pasta.
Ágios Górdis, oberer Teil der Straße zum Strand, tgl. ab 12 Uhr, €€

Ausgehen

Hochprofessionell

Madison Garden Cocktail Bar: Wer gern Gutes und Außergewöhnliches trinkt, kommt hier schon tagsüber auf seine Kosten – etwa mit Rosenlimonade oder Coffee Smoothies. Edle Spirituosen gibt es in reichlicher Auswahl, allein 18 Sorten Tequila, zwölf Sorten Gin und fünf Varianten Metaxá stehen auf der Karte. Die meisten Cocktails kosten unter 10 €.
An der Hauptstraße, tgl. ab 10 Uhr

Der Treff

Mike's Dancing Pub: Seit vielen Jahren der spätabendliche Treff aller Urlauber, die Musik hören und vielleicht sogar tanzen wollen.
Ágios Górdis, an der Hauptkreuzung, tgl. ab 22 Uhr

Sinarádes

J 8

Das große Bergdorf mit über 1000 Einwohnern ist einen kürzeren Aufenthalt und einen kleinen Spaziergang wert. An traditionellen Häusern entlang der Dorfstraße und an ihren Nebengassen ranken sich viele Blüten empor, die Geschäfte sind noch angenehm altmodisch, Hotels und Fremdenzimmer gibt es nicht.

Volkskundliches Museum

Hier kann man sehen, wie die Korfioten während des 19. und frühen 20. Jh. lebten und womit sie (recht mühsam) ihren Lebensunterhalt verdienten. Das traditionelle, zweigeschossige Haus war noch bis 1960 bewohnt. Alle Exponate sind auf Englisch und auch auf Deutsch gut erklärt.
Auto auf dem Dorfplatz parken, ca. 200 m in Richtung Ágios Górdis gehen, dann an der Kirche Wegweiser nach rechts oben folgen, Mai–Okt. Mo–Sa 9–14 Uhr, Eintritt 2 €, Fotografieren auch mit Blitz erlaubt

Essen

Herrlich altmodisch

Supermarkt Sinarádes: Wie früher überall in Griechenland üblich, ist diese Gemischtwarenhandlung zugleich auch Brotausgabestelle fürs bäckerlose Dorf und Kafeníon. Man sitzt draußen auf der überdachten Terrasse und schaut dem Treiben auf der Platía des Dorfes zu.
An der Platía, tgl. ab 8 Uhr

Pélekas

H 7

Das an einem Hügel in Sichtweite der Stadt Korfu gelegene Dorf ist der Treffpunkt der alternativen Urlauberszene. Der etwa zwei Straßenkilometer unterhalb des Ortes gelegene, sehr lange Sandstrand Kontogiálos Beach ist zwar inzwischen Standort eines Großhotels und vieler neuer Villen und Pensionen, Pélekas selbst ist aber recht ursprünglich geblieben. Wer hier übernachtet, sollte jedoch besser ein Mietfahrzeug zur Verfügung haben.

Schlafen

Wer auf der Suche nach einer guten Auswahl von Unterkünften in Pélekas und an seinen Stränden ist, findet sie unter www.pelekas.com.

P

PÉLEKAS COUNTRY CLUB

Die mit Abstand feinste Adresse auf Korfu bietet 10 Apartments auf einem venezianischen Landsitz aus dem 18. Jh. Kein Wegweiser führt hin, Gäste werden abgeholt. Die Apartments sind in ehemaligen Stallgebäuden und der Olivenpresse des Gutes angesiedelt. In der 150 m^2 großen, 8 Personen Platz bietenden Präsidentensuite im Gutshaus selbst haben auch schon François Mitterrand und Georgios Papandreou gewohnt. Dessen Erdgeschoss dient heute als Lobby mit stilvollem Billardtisch und Frühstücksraum mit langem Holztisch, an dem die Gäste ein grandioses Frühstück überwiegend mit hausgemachten regionalen Spezialitäten genießen. Die Anlage verfügt über einen großen von 10.30 bis 18.30 Uhr nutzbaren Pool und eine heimelige Bar. Zum Gutshof gehören 15 ha überwiegend von Ölbäumen bestandenes Land. Abseits der Straße von der Stadt nach Pélekas, nicht ausgeschildert, T 26 61 05 29 18, www.country-club.gr, €€€.

Auf dem Gipfel

Levant: Das 25-Zimmer-Hotel steht direkt am Sunset Point. Die Zimmer sind klassisch möbliert, im Garten gibt es einen kleinen Pool, das Hotelrestaurant genießt zu Recht einen guten Ruf, sogar eine Mini-Bibliothek ist vorhanden. Zu Fuß geht man nach Pélekas abwärts etwa 10 Minuten.

Auf dem Kaizer's Throne, T 26 61 09 42 30, www.levantcorfu.com, ganzjährig geöffnet, €–€€

Nahe am Strand

Bella Vista: Mit schönem Blick und nur fünf Minuten vom Strand entfernt wohnt man gut in den Zimmern und Apartments einer deutsch-griechischen Wirtsfamilie, die in der angeschlossenen Taverne auch gute korfiotische Hausmannskost bietet. Claudia Linge, die Deutsche in der Familie, kennt sich auf ganz Korfu gut aus, beantwortet gern Fragen und gibt gute Tipps (s. S. 279).

Kontogiálos Beach (südliche Zufahrt), www.bellavistacorfu.com, €

Direkt im Zentrum

Agnes Rent Rooms: Die kleine Pension direkt neben dem gleichnamigen Restaurant liegt absolut zentral, bietet Zimmer und Studios mit Kochgelegenheit. Außerdem wird ein altes Haus im historischen Zentrum von Pélekas vermietet.

Am Dorfplatz, T 26 61 09 44 27, www.agnespelekas.com, ganzjährig geöffnet, €

Mit Familienanschluss

Martíni: Vom deutsch-griechischen Wirtsehepaar Téllis und Brigitte und ihren Söhnen Spíros und Níkos sehr persönlich geführte Pension mit nur acht Zimmern. Man trinkt gern einen Oúzo oder Kaffee mit den Gästen und veranstaltet auch häufiger Grillabende mit ihnen. Wanderer auf dem Corfu Trail erhalten Tipps und Rabatt.

Im Ortszentrum rechts der Hauptstraße zur Platía, T 26 61 09 43 26, www.pensionmartini.com, €

Essen

Einfach und urig

Roúla: Einfache, von der auch Deutsch sprechenden Wirtin herzlich geführte Taverne mit Fasswein aus eigener Herstellung, griechische Tavernenkost, auch viel Auswahl für Vegetarier.

Im Ortszentrum rechts der Hauptstraße vom unteren Ortsanfang zur Platía, tgl. 10–16 und ab 17 Uhr, €

Lieblingsort

Des Kaisers Thron

Auf dem Hügel über **Pélekas,** früher als **›Kaizer's Throne‹,** heute eher bürgerlich als **Sunset Point** (📍 H 7) bezeichnet, ließ sich auch Deutschlands Kaiser Wilhelm II. gern nieder, um die Sonne untergehen zu sehen. Sie versinkt hier nicht im Meer, sondern rollt als feuerroter Ball einen der gegenüberliegenden Berghänge hinunter. Das macht den Sunset Point zu einem meiner Lieblingsorte. Auf der Café-Terrasse des Hotels auf dem Sunset Point hält man leider nicht die richtige Musik bereit – ich nehme daher meine eigenen Sonnenuntergangsklänge mit.

TOUR
Badestopp am Kloster

Rundwanderung zum Mirtiótissa Beach

Infos

H 7

Start/Ziel: Parkplatz vor Kokkinógia

Dauer: ca. 30–90 Min. je nach Abstechern

An der Straße von Vátos nach Pélekas steht kurz vor Kokkinógia ein kleiner Wegweiser zum Kloster und Strand Mirtiótissa. Hier lässt man sein Fahrzeug am besten gleich auf dem **Parkplatz** unter schattigen Bäumen stehen und folgt dem anfangs abschnittsweise zementierten Feldweg immer weiter hinab in Richtung Küste.

Er passiert eine einsam im Olivenhain gelegene Pension und erreicht eine **Taverne,** an der sich der Feldweg zum Meer hinunter zu senken beginnt. Er erreicht den leider meist zu stark frequentierten **Strand** und führt weiter zum **Kloster,** dessen Reiz die Lage am Meer und sein Blütenreichtum ausmachen. Kurz vor dem Kloster beginnt links neben dem großen Tor ein Pfad. Er erreicht nach etwa 10 Minuten einen Zaun, hinter dem er nach rechts bergan steigt. Weitere zehn Minuten später erreicht er das verlassene Dorf **Tríalos** mit stark einsturzgefährdeten Häusern und einer alten Olivenpresse.

Danach stößt der Pfad auf einen breiten Weg, auf dem man nach rechts weiter bergan steigt. Er erreicht zwei **Sendemasten,** von denen aus ein anderer Pfad nach links abbiegt. Nach etwa 20 Minuten biegt man auf einen Pfad nach rechts ab (geht man weiter geradeaus, kommt man nach knapp 10 Minuten zur **Gipfelkapelle Ágios Geórgios).**

Von hier sind es nun noch etwa 20 Minuten bergab bis ins Dorf **Vátos** hinein, von dem aus man über Asphalt wieder zu dem Parkplatz zurückkehrt, an dem die Wanderung begann.

Sunset Cinema

Nagual Beach Bar & Restaurant: Das hippe Lokal direkt am Kontogialós Beach verwöhnt seine Gäste mit guten Drinks. Dazu gehören auch 13 Signature Cocktails. Die Küche ist modern mediterran, verwendet aber viele regionale Zutaten. Die Hauptfarben hier sind Weiß und Sand. Ein besonderes Highlight im Hochsommer sind die wöchentlichen Kinoabende am Meer. Die Vorstellungen beginnen mit dem Sonnenuntergang, genaue Termine und Programm auf Facebook. 2020 liefen beispielsweise ›Bohemian Rhapsody‹ und ›Blade Runner‹.

In der Mitte der nördlichen Strandhälfte, T 69 71 74 06 65, www.nagual-corfu.com, tgl. 9–24 Uhr, €€

Bewegen

Strände

Pélekas Beach, auch Kontogiálos Beach: Zwei Asphaltstraßen führen zum Süd- bzw. Nordende, zu Fuß braucht man etwa 30–40 Min. An beiden Strandenden gibt es Tavernen, in der Strandmitte das Großhotel Pélekas Beach.

Glifáda Beach: nördlich vom Pélekas Beach gelegene Bucht mit etwa 700 m langem, breitem Sandstrand und zwei Großhotels. An beiden Stränden gibt es Wassersportstationen.

Weinprobe

Tríklino Vineyard: Die modernste der kleinen Weinkellereien Korfus bietet ein Besucherzentrum, zu dem ein Wein- und Olivenölmuseum und ein gutes Restaurant gehören. Man kann sich ein Kurzvideo über traditionelle Weinproduktion anschauen und einen Kurzrundgang durch die Weingärten unternehmen, in denen die traditionellen Rebsorten Kakotrígis, Skopelítiko und Moscháto gedeihen. Frau Vláchou gibt dazu auch Erklärungen auf Deutsch. Zur Weinprobe werden hausgemachte korfiotische Schmankerl gereicht.

Karoubítika, abseits km 6 der Straße Kérkira – Pélekas, T 69 32 15 88 88, www.ambelonas-corfu.gr

Ausgehen

Zentrum des Nachtlebens sind die Cafés und Bars am Dorfplatz:

Entspannend

Pélekas Café: Entspannter Treff für Einheimische und Traveller, auch der Dorfpriester kommt gern hierher. Man spielt Távli, diskutiert oder genießt ganz einfach den schönen Ausblick.

Kontaktfördernd

Zanzibar: Hier trifft man Griechen und andere Urlauber ab 21 Uhr bei einem guten Drink.

Infos

- **www.pelekas.com:** private Website.
- **Kirchweihfest:** 22./23. August. Mit Musik und Tanz auf dem Dorfplatz.
- **Bus:** Stadtbuslinie 11 in die Stadt Korfu Mo–Fr 7–20.30 Uhr 9 x tgl., Sa 7 x, So 10–21 Uhr 4 x, Tickets am Kiosk! Eventuell fährt ein Gemeindebus Juni–Sept. mehrmals tgl. kostenlos zum Glifáda Beach.

Mirtiótissa

H 7

An der Straße zwischen Pélekas und Érmones macht ein kleiner, unscheinbarer Wegweiser auf ein Sträßlein zum Strand und Kloster Mirtiótissa aufmerksam. Mirtiótissa ist ein kleines, inzwischen im Hochsommer aber gut gefülltes Paradies.

Es besteht aus besagtem Kloster, in dem nach längerer Unterbrechung wieder ein Mönch lebt, und mehreren kurzen, feinsandigen Sandstränden, an denen in der Vor- und Nachsaison zum Teil auch nackt gebadet wird. Schatten findet man unter zu mietenden Sonnenschirmen und hinter einigen großen Felsbrocken auf dem Sand.

Kloster Panagía Mirtiótissa

200 m vom textilarmen Badeleben entfernt steht das kunsthistorisch bedeutungslose, landschaftlich aber sehr schön gelegene Kloster zwischen Ölbäumen, Bananenstauden und blühenden Pflanzen. Seine Gründung im 14. Jh. geht der Legende nach auf einen Muslim zurück, der hier unter einem Myrtenstrauch eine wundertätige Marienikone fand und zum Christentum konvertierte. Die heutigen Gebäude stammen aus dem 19. Jh.

Besuche zwischen 13 und 17 Uhr sind unschicklich

Essen

Zwei Tavernen (€) stehen zur Auswahl: Eine moderne Taverne liegt oberhalb des Strandes, dort wo die Zementstraße sich steil zum Meer hin abzusenken beginnt. Hier sind die aktuellen Öffnungszeiten des Klosters auf einer Kreidetafel vermerkt. Eine zweite Taverne wird in der Hauptsaison in Strandnähe betrieben, sie ist aber modernisierungsbedürftig.

Érmones

H 7

Érmones ist nicht mehr schön. Anfangs zog sich nur eine terrassenförmige Hotelanlage, deren Bungalowebenen durch eine Standseilbahn mit Strand und Rezeption verbunden sind, einen steilen Hang hinauf. Dann hat man das ganze enge Tal mit Hotels vollgepfropft, dass einem fast die Luft zum Atmen fehlt. Da mag man gar nicht mehr daran denken, dass ausgerechnet hier Odysseus nach seiner zehnjährigen Irrfahrt an den Strand gespült und von der Königstochter Nausikaa gefunden wurde (s. S. 256).

Bewegen

Golfen

Corfu Golf Club: T 26 61 09 42 20, Fax 26 61 09 42 21, im Winter T 21 06 91 87 95, www.corfugolfclub.com. Länge 6183 m, Par 72, Green Fee 55 €/18 holes, 245 €/Wochenpass.

Ágios Ioánnis

J 7

Das große Dorf im Inselinneren ist vor allem wegen seines Water Park bekannt. Wer mag, kann hier werktags auch tagsüber die Manufaktur und Destillerie Vassilákis (s. S. 29) besichtigen. Schön ist der alte Ortskern abseits der Durchgangsstraße mit seiner Taverne und einem liebenswerten alten Hotel mit Hippie-Geschichte.

Schlafen

Früher das Cactus Hilton

Marída: Die 13-Zimmer-Pension ist in einem Landhaus von 1823 untergebracht, in dessen schönem Garten man auch sitzen kann, nur um einen Kaffee zu trinken. Wirt Kóstas hütet die Pension wie seinen Augapfel, pflegt die Antiquitäten und erzählt auf Englisch aus der Geschichte: Von 1960 bis 1980 war

AQUALAND WATER PARK

Der Wasserpark (J 7) ist ein weitläufiges Spaßbad beim Dorf Ágios Ioánnis, vor allem für Eltern mit Kindern ein attraktives Ausflugsziel. Man sonnt sich auf Liegewiesen zwischen mehreren Swimmingpools und Planschbecken, kann diverse Riesenrutschen hinabsausen, Fast Food für den britischen ›Geschmack‹ genießen und sich von mehr oder minder lauter Musik berieseln lassen. An der Hauptstraße in Richtung Paleokastrítsa, www.aqualand-corfu.com, Anfang Mai–Anfang Okt. tgl. 11–18 Uhr, Eintritt vor 15 Uhr 30 €, danach 22 €, Kinder von 4–12 Jahren und Senioren ab 65 Jahren 21 € bzw. 16 €.

die Pension eine Art Jugendherberge, um die herum wild gezeltet wurde. Die Stammgäste von damals nannten sie ›Cactus Hilton‹. Manchmal lassen sich Passagiere von Kreuzfahrtschiffen mit dem Taxi hierher fahren, weil sie hier vor Jahrzehnten eine wunderbare Zeit als Teilzeit-Hippies verbrachten.

An der Platía im historischen Ortskern, T 26 61 05 24 10, €

Bewegen

Radeln und Wandern

Ionian Bike & Hike: Die Niederländer Daniella Dirkse und Waldo de Bruin bieten 8- und 15-tägige Touren mit vorgebuchten Unterkünften an sowie Bike & Fly-Programme nur mit vorgebuchter erster und letzter Nacht. Sie vermieten auch E-Bikes und Mountainbikes, Mindestmietdauer 4 Tage.

T 69 09 75 98 17, www.ionian bike-hike.nl

Liapádes

G 6

Das Binnendorf Liapádes besitzt einen der schönsten Dorfplätze der Insel. Er ist kaum größer als ein Tennisplatz, wird von Kaffeehäusern und der Dorfkirche begrenzt. Man sitzt leicht erhöht auf Terrassen und hat so das Geschehen im Blick. Leider ist er auch häufig vollgeparkt. Um nicht dazu beizutragen, lässt man sein Auto besser im unteren Teil des Dorfes stehen und folgt der Dorfstraße zur Platía.

Der touristische Teil des Ortes zieht sich vom unteren Dorfrand entlang einer Stichstraße bis zum Liapádes Beach hinunter. Ihn säumen kleinere Hotels und Tavernen sowie Reisebüros. Trotz der vielen Urlaubsgäste fühlt man sich hier nicht dem Massentourismus anheimgegeben. Im Gegenteil: Liapádes ist ein angenehmer Urlaubsort für Individualreisende, die einem lebendigen Umfeld aber durchaus nicht ganz abgeneigt sind.

Schlafen

Direkt am Strand

Blue Princess: Das einzige Hotel weit und breit unmittelbar am Strand, zwei Pools, alle 120 Zimmer irgendwie mit Meerblick.

Liapádes Beach, T 26 63 04 14 55, www.blueprincesscorfu.com, €€€

Die Traditionsadresse

Liapádes Beach: Einfaches, sehr locker und familiär geführtes Hotel im Olivenhain, nur 100 m vom Strand. Mit Swimmingpool, 1500 m von Ort und Bushaltestelle entfernt. Kostenloser Flughafen-Transfer.

An der Straße zum Strand, T 26 63 04 11 15, www.liapadesbeachhotel.gr, €€

Essen

Nicht nur für Cricket-Fans

The Cricketer: Traditioneller Treff der korfiotischen Cricketteams und ihrer internationalen Gäste. Sehr gute Küche, gute Weine, viele Cocktails. Wöchentliche Folklore-Abende.

An der Straße zum Strand auf dem Gelände des Hotels Liapádes Beach, tgl. ab 9 Uhr, €€

Bewegen

Motorboot mieten: Am Strand, ohne Führerschein, für Fahrten in die vielen nur von See aus zugänglichen Buchten der Umgebung.

B

BEE PARK SKIADÉNA – IMKEREI HAMBURG

Sofia Pagiáti und ihr Mann Georg gehören zu den liebenswertesten Menschen auf Korfu. Sie hat lange in Hamburg gearbeitet und spricht fließend Deutsch. Ihr Mann ist lange zur See gefahren. Jetzt ist Sofia ökologische Bienenzüchterin mit Leib und Seele, baut nebenbei Oliven und Gemüse an, kocht Marmeladen, legt Obst in Sirup ein und stellt auch Käse selber her.
In einem alten Olivenhain haben beide ein einzigartig kinderfreundliches Erholungsareal geschaffen. Alles hier hat Georg selbst gebaut, geschweißt und gezimmert. Sofia erzählt viel Erstaunliches über ihre summenden Lieblinge. Man kann ihren Honig verkosten und kaufen (s. S. 285).
An der Straße zwischen Liapádes und Mármaro, T 69 79 50 84 44, tagsüber geöffnet.

Paleokastrítsa 

G 6

Paleokastrítsa gilt vielen Korfioten als der schönste Ort zumindest auf der Insel. Diesem Superlativ muss man nicht zustimmen, aber landschaftlich besonders schön gelegen ist Paleokastrítsa auf jeden Fall. Das im Winter fast menschenleere Dorf liegt an zwei zerlappten Buchten zwischen eindrucksvollen Steilküsten vor einer Kulisse mäßig steil ansteigender Berghänge, die dicht mit Oliven und Zypressen bestanden sind. Der eigentliche Ortskern unten am Wasser ist winzig. Die meisten Häuser stehen locker abseits der über 2 km langen Hauptstraße in den Olivenhainen verstreut und stören das Landschaftserlebnis nur wenig. Aus Mangel an Häusern in Strandnähe hat die Gemeindeverwaltung den Händlern erlaubt, ihre Verkaufsstände unter freiem Himmel aufzuschlagen, sodass in Wassernähe im Sommer tagsüber Marktatmosphäre herrscht. Parkplätze sind außer direkt am Hafen knapp, freie Fleckchen am Strand im Juli und August ebenfalls.

Kloster Panagià Theotókou

Das Kloster der allheiligen Gottesgebärerin mit seinen Bauten aus dem 18. Jh. steht auf einer grünen, steil zum Meer hin abfallenden Halbinsel. Etwa zehn Mönche leben noch hier. Mit seinen weißen Mauern, seinem von Stützbögen überspannten Laubengang, dem Blumenreichtum und dem blitzsauberen Zellentrakt rund um den Klosterhof mit der Kirche ist es ohne Zweifel Korfus schönster Konvent.

In der Kirche mit einer bemalten Flachdecke sind zwei Ikonen im Stil der Ionischen Schule aus dem Jahr 1713 besonders bemerkenswert. Sie stellen in je vier Feldern Szenen aus der

M

MITTAGESSEN IN DOUKÁDES

Zwischen Liapádes und Paleokastrítsa liegt das Binnendorf Doukádes mit seinem kleinen, historischen Ortskern. Das Auto können Sie am unteren Dorfrand auf einem Parkplatz abstellen und dann etwa 200 m weit die Straße weitergehen bis zum Dorfplatz. Hier erwartet Sie täglich ab 13 Uhr die sehr ländlich-herzlich gebliebene **Taverne Elizabeth** (G 5). Die alte Elizabeth, die das Lokal vor über 60 Jahren gründete, ist zwar hochbetagt gestorben, aber auf Fotos noch immer präsent. Ihre gut Englisch und etwas Deutsch sprechende Enkelin Elizabeth kümmert sich jetzt um die Bestellungen. In den Regalen verstauben uralte Metaxa-Zweiliterflaschen und Weine, darunter auch eine Flasche 1979er aus Rheinhessen. Serviert werden Salate und korfiotische Spezialitäten wie *pastitsáda* und *sófrito* nach Omas Rezept, der rote Hauswein stammt aus dem eigenen Keller, wo die Trauben noch mit den Füßen gepresst werden. Ein Dessert und einen Kaffee spendiert die Wirtsfamilie. €

Schöpfungsgeschichte dar. Eine einzigartige Ikone aus dem Jahr 1653 hängt links vorn an der Seitenwand. Es zeigt drei der Kirchenväter. An ihrem Patronatstag im Jahr 1653 bewirkten sie in der Stadt Korfu ein vermeintliches Wunder, das auf der Ikone erzählend dargestellt ist. Als ein zu ihren Ehren entzündeter Feuerwerkskörper explodierte, stand eine Amme mit dem Kind vornehmer Herrschaften ganz in der Nähe. Das Kind blieb unverletzt, ›nur‹ die Amme sank blutüberströmt zu Boden und starb. Die vornehmen Eltern stifteten daraufhin zum Dank den Heiligen dieses Bild.

Das kleine **Klostermuseum** zeigt Ikonen des 17.–19. Jh., eine Bibel aus dem 13. Jh. und allerlei Dankesgaben von Gläubigen, deren Gebete von Maria erhört wurden. Ein Gästebuch ist auf der Seite aufgeschlagen, auf der sich Kaiser Wilhelm II. eintrug.

Am Ende der Dorfstraße, April–Okt. tgl. 7–13 und 15–20 Uhr, auf keinen Fall auf dem Busparkplatz parken!

Aquarium

Das private Aquarium zeigt in 18 kleinen und einem großen Aquarium Fische des Mittelmeers und in einem Extraraum exotische Reptilien. Bei einer Fahrt mit dem Glasbodenboot »Nautilus« kann man in freier Wildbahn nach Fischen Ausschau halten.

An der unteren Ampel neben der Klosterzufahrt, tgl. 10–18 Uhr, Eintritt 7 €, mit Glasbodenbootsfahrt 12,50 €

Schlafen

Aussichtsreich und sportlich

Akrotíri Beach: Weithin sichtbares, sehr gut geführtes Strandhotel auf einer Landzunge über einer der vielen Buchten von Paleokastrítsa. Zwei Pools, Tennis-Club, Wassersportzentrum, Mountainbike-Verleih. 127 Zimmer.

An der Hauptstraße gut ausgeschildert, T 26 63 04 12 75, Fax 26 63 04 12 77, www.akrotiri-beach.com, €€€

Mittendrin

Odysseus: Kein architektonisches Meisterwerk, aber schön gelegen und familiär geführt, nur drei Gehminuten vom Strand entfernt und nahe der Dorfstraße. Viele der 65 Zimmer und Poolterrasse mit Blick

Im Kloster Paleokastrítsa an Korfus nördlicher Westküste

aufs Meer. Einzelzimmer zur Landseite hin und ohne Balkon!

An der Hauptstraße, etwa 1 km vor der Auffahrt zum Kloster, T 26 63 04 12 09, Fax 26 63 04 13 42, www.odysseushotel.gr, €€

Bei Korfioten zu Gast

Villa Fioríta: Familiär geführte Pension mit zwölf Studios in zwei Häusern. Garten, nettes Café an der Hauptstraße, Gästeparkplätze.

20 m oberhalb der Hauptstraße, 100 m vom Meer, zwei Minuten zur Bushaltestelle, T 26 63 04 12 43, unter: booking.com, €

Essen

Fröhlich mit Aussicht

Belvedere: Restaurant und Cocktail-Bar mit Aussichtsterrasse. Drei Generationen der Familie sorgen nicht nur für guten, sondern meist auch sehr fröhlichen Service.

An der Hauptstraße gegenüber dem Hotel Odysseus, tgl. ab 12 Uhr, €€

Auch für Vegetarier

Nereïd: Große Auswahl, auch vegetarische Gerichte, keine Aussicht.

An der Hauptstraße, 200 m unterhalb vom Hotel Akrotíri Beach, tgl. ab 12 Uhr, €€–€€€

Ein Traum, die Kalamáres

Níkos: Die Strandtaverne serviert authentische korfiotische Küche. Besonders die gefüllten ganzen Kalamáres sind den kurzen Gang vom Parkplatz hierher wert!

Am Ágios Spirídonas Beach an der Landenge, tgl. ab 10 Uhr, €€

Bewegen

Motorboote können im Hafen und an der Landenge auf dem Weg zum Kloster geliehen werden.

Tauchen

Korfu Diving: Angelikí Korológou führt das älteste Tauchzentrum der Insel.

Ambeláki Bay (vor der Landenge rechts an der Küste entlang), T 26 63 04 16 04, www.korfudiving.com, sogar mit eigenem Büro in Hamburg

Aufs Wasser

Ski Club 105: Ob mit Motor oder Muskelkraft – Sie sehen das Kloster vom Wasser aus!

Am Ágios Pétros Beach an der Landenge, www.skiclub105.com, Wasserski 25 €/Runde, Tretboot 8 €/Std.

Ausgehen

Sehr originell

La Grotta Bar: Über Stufen erreichbare Café-Bar in einer künstlichen Grotte und auf Terrassen am Meer, von denen man auch nachts noch ins Wasser steigen kann.

Am Meer in einer Bucht unterhalb des Hotels Paleokastrítsa, Wegweiser an der Hauptstraße, tgl. ab 11 Uhr

Infos

- **Marienfest:** 14./15.August. Stark besuchter Gottesdienst am Abend des 14. und am Morgen des 15. August, jeweils anschließend fröhliche Feiern in verschiedenen Tavernen.
- **Bus:** Verbindungen mit Korfu-Stadt s. S. 45, mit Lákones und Makrádes 2 x tgl.

Lákones G 6

Der Blick vom lang gestreckten Bergdorf Lákones hinunter auf Paleokastrítsa mit seinen Buchten, auf das Kloster und die Steilküste ist nach Meinung vieler schöner als Paleokastrítsa selbst. So haben sich denn hier entlang der Durchgangsstraße zahlreiche Restaurants und ein kleines Hotel mit Panoramablick angesiedelt. Vom Ortszentrum führt ein gut gekennzeichneter Weg in einer halben Stunde durch Olivenhaine nach Paleokastrítsa hinunter.

Essen

Süße Aussicht

Dolce: Café und Konditorei mit Kuchen und Torten aus eigener Herstellung. Dazu der ortsübliche Panoramablick.

An der Straße Richtung Makrádes, tgl. ab 8 Uhr

Höher geht nicht

Castellino: Restaurant auf mehreren Etagen. Von hier aus teilweise auch Blick auf die Stadt und das Festland.

An der Straße Richtung Makrádes, tgl. ab 9 Uhr, €€

Makrádes F 5

Das Nachbardorf Makrádes ist ein Ort ohne Aussicht. Deswegen versuchen hier einige Bewohner, Vorbeifahrende durch wilde Gesten zum Anhalten zu bewegen. Man will ihnen getrocknete Kräuter und Ähnliches verkaufen. In Makrádes zweigt eine kleine Straße zur Burgruine Angelókastro ab. Dort hat man dann wieder eine fantastische Aussicht entlang der hier ganz wilden, grünen Küste.

Angelókastro

Die schon von den Byzantinern im 13. Jh. gegründete Burg war in venezianischer Zeit die zweitwichtigste Festung der Insel. Sie bot in Kriegszeiten bis zu 4000 Bewohnern aus der Umgebung Zuflucht. Erhalten geblieben sind mächtige Bastionen, mehrere Zisternen, einige Felsgräber, eine Höhlenkirche und eine Erzengelskirche aus dem Jahr 1784. Der Blick entlang der Küste ist fantastisch. Der Aufstieg vom Parkplatz unterhalb der Burg dauert keine zehn Minuten. Nach der Burgbesteigung lädt eine Taverne zur Rast ein.

Mai–Okt. Mi–Mo 10–17.30 Uhr, Eintritt 3 Euro, übrige Monate frei zugänglich

Essen

Wie im Museum

Colombo: Wie ein volkskundliches Museum eingerichtete Taverne mit traditioneller korfiotischer Küche und vielen Gerichten vom Holzkohlengrill. Besonders lecker ist das Stifádo vom Zicklein.

An der Hauptstraße im Zentrum von Makrádes, tgl. ab 9 Uhr, €

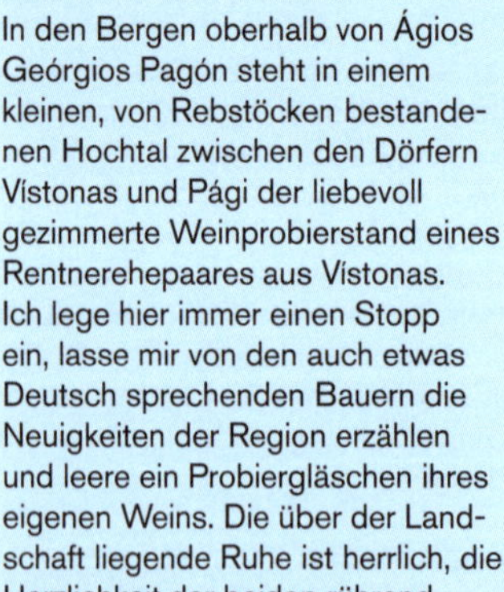

W

WEINPROBE IN HERZLICHER ATMOSPHÄRE

In den Bergen oberhalb von Ágios Geórgios Pagón steht in einem kleinen, von Rebstöcken bestandenen Hochtal zwischen den Dörfern Vístonas und Pági der liebevoll gezimmerte Weinprobierstand eines Rentnerehepaares aus Vístonas. Ich lege hier immer einen Stopp ein, lasse mir von den auch etwas Deutsch sprechenden Bauern die Neuigkeiten der Region erzählen und leere ein Probiergläschen ihres eigenen Weins. Die über der Landschaft liegende Ruhe ist herrlich, die Herzlichkeit der beiden rührend.

Lieber mit Meerblick?

Sunset: Wer doch lieber ein Päuschen mit Meerblick einlegen will, fährt vom Dorfplatz von Makrádes in Richtung Angelókastro weiter. Da liegt am Straßenrand die äußerlich unscheinbare Taverne mit schönem Blick aufs Meer und guter Hausmannskost. Am besten fragt man, was tagesaktuell zubereitet wurde. Vielleicht gibt es ja gerade gebackene Aubergine?

Kríni, tgl. ab 10 Uhr, €

Ágios Geórgios Pagón

F 5

Die Bucht des hl. Georg ist eine der markantesten ganz Korfus. Sie wird von einem über 3 km langen, sehr breiten Sandstrand gesäumt. Vom Strand aus erstrecken sich in lockerer Bebauung Ferienhäuser, kleine Pensionen und Apartmentanlagen ins nur sanft ansteigende zentrale Hinterland und an den Hängen nach Afiónas und Pági hinauf. Pági ist das Bergdorf, zu dem die Bucht gehört und in dem die meisten Bewohner der Küstensiedlung den Winter verbringen. Das Straßen- und Wegenetz in Ágios Geórgios ist chaotisch nach Bedarf gewachsen, es gibt noch nicht einmal eine durchgehende Uferstraße. Großhotels fehlen völlig. Hier macht Urlaub, wer viel baden, Wassersport treiben und in schönster Landschaft ohne viel Brimborium einfach nur entspannen will.

Bergdorf Pági

G 5

In dem großen, sehr ursprünglich gebliebenen Bergdorf wurden 1979 einige Szenen für den James Bond-Film »In tödlicher Mission – For your eyes only«

Wassersportzentrum am Strand von Ágios Geórgios Pagón

mit Roger Moore gedreht. Fotos von den Dreharbeiten haben die Wirtsleute vom Kafenío Spyros am Dorfplatz in ein Album geklebt, das sie Besuchern gern zeigen. Da erkennt man, dass die Szene im Film angeblich in Spanien spielt: Am Bus, der in eine wilde Verfolgungsjagd verwickelt wird, steht als Zielort Madrid, die Autos haben spanische Kennzeichen.

Schlafen

Man wohnt überwiegend in Apartments und Ferienhäusern. Zwei deutsche Korfu-Kenner haben sich auf deren Vermittlung spezialisiert:

Korfu Ferienwohnungen, Eichendorffstr. 23, 53227 Bonn, T 0228 410 14 55, www.korfu-apartments.de
Corfelios-Reisen, Mittlerer Kirchweg 1, 79410 Badenweiler, T 07632 82 45 55, www.corfelios.de

Essen

Urig und oft voll

Fisherman's Cabin: Idyllische Terrasse zwischen Blumen und Bäumen, neben einer großen Auswahl an Vorspeisen sind überwiegend frischer Fisch und Hummer im Angebot. Bei sehr großem Andrang wirkt der Service allerdings oft leicht überlastet, der Wirt wirkt manchmal missgelaunt.

Auf der Südseite der Bucht, über einen sehr schlechten Feldweg erreichbar oder nach einer kleinen Wanderung ab Ágios Geórgios Pagón immer der Küste entlang, tgl. ab 16 Uhr, €€€

Modern und qualitätsbewusst

Akrogiáli: Sehr gepflegtes, modernes Fischrestaurant am Meer, das auf Qualität achtet.

Auf der Südseite der Bucht, Sa/So und im Juli/Aug. tgl. ab 13 Uhr, sonst ab 17 Uhr, €€€

Einkaufen, Bewegen

Kreativen Schmuck kaufen oder auch selbst gestalten

Ílios: Aléxandros Pajátakis, Jahrgang 1970, hat seine Ausbildung an der Goldschmiedeschule in Pforzheim absolviert. Jetzt lädt er jährlich etwa zehn junge Goldschmiede aus ganz Europa in sein Atelier ein, um hier zu arbeiten. Jeder bekommt eine eigene Vitrine, in der er seine Werke zum Verkauf anbieten darf. Aléxandros selbst zeigt seine Kunst natürlich auch – darunter eine 12-teilige Serie von Münzen mit den Bildnissen der zwölf antiken Hauptgötter in limitierter Auflage. Außerdem kann man bei ihm exzellente Weine der korfiotischen Kellerei Nikoloúzou verkosten.

Aléxandros Pajatákis veranstaltet in seinem Atelier auch individuelle Schmuck- und Trauring-Seminare (15 €/ Std.). Außerdem kann man sich hier eigenhändig Olivenkerne, Sandkörner, Milchzähne und andere Kleinobjekte in Bronze, Silber oder Gold gießen und als Schmuckunikat mit nach Hause nehmen.

An der Straße nach Pági, 10 m vom Strand entfernt, T 26 63 09 60 43, www.ilios-living-art.com, Mo–Sa 10–14 und 17–21 Uhr

Afiónas

F 5

Hoch über Ágios Geórgios Págon thront, von unten kaum zu erkennen, das lang gezogene Bergdorf Afiónas auf einem Höhenrücken zwischen den Buchten von Ágios Geórgios und Aríllas. Es ist ein Opfer von Tripadvisor und anderen elektronischen Bucket Lists geworden. Während der Saison reihen sich entlang der schmalen, kilometerlangen Hauptstraße durchs einst so stille Dorf parkende Autos dicht an dicht. Noch mehr fahren die Hauptstraße bis ans Ende, wo man kaum wenden kann, und finden doch keine Parkmöglichkeit. Fürs schöne Dorf selbst haben die meisten keinen Blick: Alle wollen hinunter an den top gerankten Zwillingsstrand von **Pórto Timióni.** Den laufen zudem noch zahllose Badeboote von den Küstenorten Ágios Geóprgios Págon und Arillás aus an – besuchenswert ist er nun wirklich nicht mehr. Wer trotzdem hinabsteigen will, geht in Schuhen mit rutschfesten Sohlen vom Straßenende in Afiónas in etwa 20–30 Minuten hinunter – und später wieder steil hinauf. Ansonsten setzt man Afiónas am besten auf seine Zielliste für den nächsten Winterurlaub oder kommt abends, um in einer der guten Tavernen zu essen und bei Mondschein durchs dann wieder stille alte Dorf zu spazieren.

Schlafen

Aussichtsreich und günstig

Panórama: Vier 23–105 m^2 große Apartments für 2–6 Personen unterhalb der gleichnamigen Taverne, alle mit Terrasse und fantastischem Ausblick.

An der Hauptstraße, T 26 63 05 18 46, www.panoramacorfu.com, ganzjährig, €

Tolle Lage

Three Brothers: Drei einfache Studios für jeweils 2 Personen mit Blick aufs Meer, Frühstück inklusive, Taverne im Haus. Gut, wenn man Afiónas einen Abend lang genießen und nicht mehr Auto fahren will.

An der Hauptstraße, T 26 63 05 19 62, buchbar auch über www.korfu-studios.de, €

Essen

Perfekter Platz zum Sundown

Ánemos: Die Taverne mit der schönsten Aussicht und der besten Lage für die Zeit des Sonnenuntergangs. Man kann hier gut essen, aber auch einfach nur einen Kaffee oder einen Sundowner genießen. Wirt Spíros hat lange in Berlin gelebt und spricht perfekt Deutsch.

Am meerseitigen Rand des alten Ortskerns, 150 m vom oberen Straßenende, dort gut ausgeschildert, tgl. ab 10.30 Uhr, €€

Spitzenküche

Efdémon: Jánis und Evangelía betreiben ihre kleine, aussichtsreiche und sehr gepflegte Taverne mit viel Liebe zum Kochen jenseits von Grill und Friteuse. Viele Zutaten stammen aus der Region oder gar aus dem eigenen Garten, auch Vegetarier können hier in Genüssen schwelgen.

An der Dorfstraße, tgl. ab ca. 18.30 Uhr, €€

Sehr dörflich

Pérgola: Die Taverne der Einheimischen. Typisch griechische Tavernenkost, in die Töpfe gucken erlaubt. Auf gute Aussicht muss man jedoch verzichten.

An der Hauptstraße nahe dem Dorfplatz, tgl. ab 17 Uhr, €–€€

Urig-alternativ

Xeníchtis: Die ›Nachteule‹ ist die wohl urigste Abendtaverne der Insel. Sie wird von Níkos und seiner US-amerikanischen Frau Linda schwungvoll und unkonventionell geführt. Alles ist schlicht, fast familiär, die meisten Gäste sind leicht amerikanisierte Korfioten und in der Umgebung lebende Ausländer. Gegessen wird Gegrilltes oder das, was Linda gerade gekocht hat. Hier kann man seinen Hunger auch noch nach Mitternacht stillen.

An der Hauptstraße am Ortsrand Richtung Kavvadádes, tgl. ab ca. 18 Uhr, €€

Einkaufen

Gut verpackt

Oliven und mehr: Seit 2000 betreiben Heide und Rainer Kalkmann aus Baden-Württemberg den kleinen Laden. Sie bieten bestes korfiotisches Olivenöl in schön gestalteten Dosen und kleinen Kanistern, selbst eingelegte Oliven, schön verpackte Olivenölseife, selbst gemachten Weinessig, Tischdecken mit Olivenmoti-

G

ZU GAST BEI ZWEI GRIECHISCHEN BRÜDERN IN AFIÓNAS

Auf dem schönstgelegenen Grundstück von Afiónas am äußersten Ortsrand zwischen den Buchten von Aríllas und Ágios Geórgios stand bis 2006 nur ein Haus. Im Erdgeschoss betrieb Spíros die Taverne Dionýsos mit Panorama-Terrasse, im Obergeschoss vermietete sein Bruder Kóstas vier Zimmer. Dann trennten sich die beiden geschäftlich. Kóstas baute auf dem gleichen Grundstück eine zweite Taverne, der er den Namen Pórto Timióni gab, und richtete darüber drei weitere Studios ein. Außerdem behielt er natürlich die Zimmer über der Taverne seines Bruders. Spíros modernisierte seine Taverne, errichtete daneben einen Neubau mit sechs modernen, geräumigen Studios und zog eine Wand zwischen der Terrasse seiner Taverne und der seines Bruders. Wir wollen uns aus dem brüderlichen Konkurrenzkampf heraushalten: Beide Tavernen und Quartiere sind gleichermaßen gut, die Preise nahezu identisch.

Dionýsos: T 26 63 05 13 11, www.dionysoscorfu.com, €, Aircondition 5 €/ Tag extra.

Porto Timióni: T 26 63 05 20 51, www.korfu-appartments.com, €.

ven und so manches mehr – alles äußerst geschmackvoll ausgewählt und schön präsentiert. Darüber hinaus bietet Heide auch 4-stündige Acrylmalkurse an (60 €).
Am Dorfplatz von Afiónas, also dort, wo die Straße endet, So–Fr 10.30–14 und 15–21, Sa nur 15–21 Uhr

Bewegen

Massage zwischendurch

Corfu Physio: Torsten Tilmans bietet seit über 10 Jahren in einem alten Bauernhaus mit Garten im obersten Ortskern von Afiónas unterschiedliche Massagen und andere Wohlfühltherapien an. Er veranstaltet auch Yoga-Sitzungen an den Stränden der Umgebung und macht gern Hausbesuche in Ferienapartments und -häusern.
T 69 38 79 97 23, www.corfu-physio.com, einstündige Massage ca. 60 €

Feiern

- **Kirchweihfest zu Ehren des hl. Johannes:** 28./29. Juli. Musik und Tanz auf dem Dorfplatz.

Aríllas und Ágios Stéfanos Avliotón

F 4

Aríllas schließt sich jenseits von Afiónas an die Bucht von Ágios Geórgios an. Der Strand ist etwa 2,5 km lang, der Ort eine reine Sommersiedlung ohne jeglichen Flair. Etwas schöner ist dann wieder das benachbarte, nur im Sommerhalbjahr bewohnte Ágios Stéfanos Avliotón mit einem 3 km langen Sandstrand, an dem im nördlichen Abschnitt unter der Steilküste meist nackt gebadet wird. Ein gewachsenes Dorfzentrum gibt es jedoch auch hier nicht, dafür aber einen geschäftigen Hafen.

Schlafen

Sehr gut geführt

Horizon: Von den jungen Inhabern Marínos und seiner Schwester Daniela professionell und dennoch sehr persönlich geführtes Hotel mit 15 geräumigen Zimmern, alle mit Balkon und Meerblick. Mittelgroßer Pool mit integriertem Planschbecken. Gut sortierte Bar, WLAN kostenlos. Sehr gutes Preis-Leistungs-Verhältnis!
In Aríllas im südlichen Teil der Uferstraße, T 266 30-517 80, www.horizonhotel.gr, €€€

Schöne Strandlage

Athína: Zweigeschossiges, durch keine Straße vom Strand getrenntes Hotel, farblich und architektonisch gut in die Landschaft eingepasst. 44 helle, etwas in die Jahre gekommene Zimmer auf zwei Etagen. Dazu gibt es einen großen, einfallsreich geformten Swimmingpool zwischen Hotel und Strand – ideal auch für Familien. Leider können an Individualreisende nur fünf Zimmer (mit seitlichem Meerblick) vergeben werden, der Rest ist fest in der Hand eines britischen Reiseveranstalters.
In Ágios Stéfanos direkt am Strand, T 26 63 05 21 94, hotelathina.com, €€

Essen

Solide Küche

Gratséla: Einfach, aber mit eigener Küche, günstige Preise, schöner Blick auf die gegenüberliegende unbewohnte ›Dracheninsel‹.
Aríllas, Uferstr. nach Afiónas, tgl. ab 9 Uhr, €€

Etwas anders

Ta 2 Astéria: Die Tavernen in Ágios Stéfanos richten sich ausschließlich an

TOUR
Durch Olivenhaine mit Blick aufs Meer wandern

Wanderung durchs Hinterland von Aríllas

Infos

F 4

Start/Ziel: Aríllas

Strecke: 8,5 km

Corfu Brewery: neben der Tankstelle, Mo–Sa 9–15, Führungen Sa 10.30–12.30 Uhr, T 26 63 05 20 72, www.corfubeer.com

Die Blätter der Olivenbäume schillern in silbrigem Glanz, im Hintergrund strahlt immer wieder das Blau des Ionischen Meeres. Der Kulturverein von Aríllas hat zusammen mit freiwilligen Helfern einen schönen Rundweg durch das landwirtschaftlich intensiv genutzte Hinterland des Küstenortes geschaffen.

Verlaufen fällt schwer: Der Weg ist bestens mit roten Pfeilen auf weißem Grund markiert. Die Wanderung führt überwiegend über Feldwege und Pfade, zwischendurch manchmal auch über kleine, kaum befahrene Asphaltstraßen.

Der Wanderweg beginnt am **Ufer** zwischen den Tavernen Thálassa und Kóstas und folgt zunächst dem **Trockenbachbett** des Douviéris. Er mündet auf Asphalt und führt nun eine kleine Straße bergan. Kurz vor einer Kreuzung geht es wieder auf einen kleineren Weg nach rechts, der dann kurz vor **Magouládes** erneut ein Sträßlein erreicht. Hier wendet man sich nach links und folgt kurz darauf dem Wegweiser nach rechts auf einen Wanderweg. Er führt abwärts direkt zur kleinen Brauerei von Aríllas. Nach der Wanderung kommt ein Bier jetzt vielleicht gerade recht, bevor es auf der Asphaltstraße die restlichen 1200 m zurück zum Strand von Aríllas geht.

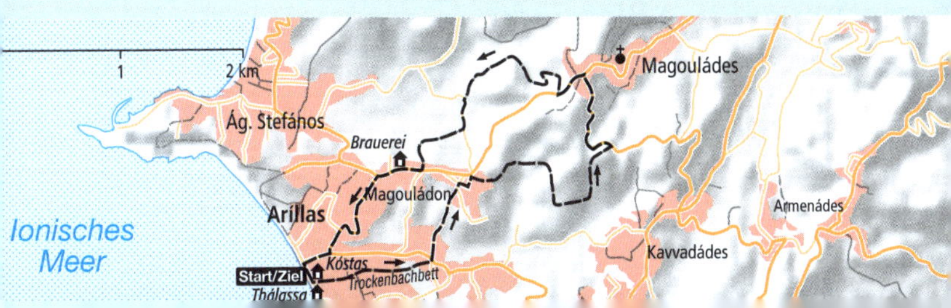

Lieblingsort

Farbrausch in Blau-Türkis

Am **Kap Drástis** (📍 F 3) spüre ich besonders deutlich, was Griechenland ausmacht. Die Harmonie von Farben und Formen, den deutlich amphibischen Charakter weiter Teile des Landes. Das Land im Rücken, die Berge des Festlands vor Augen. Und wie eine Aufforderung zum Weiterreisen die immer noch zu Hellas gehörenden Diapontischen Inseln. Das Meer unter mir sah Myriaden von Siedlern, die aufbrachen, fremde Küsten zu hellenisieren, später verlief hier der Hauptschifffahrtsweg zwischen Rom und der Ägäis.

B

BOOTSFAHRT NACH SIDÁRI

Zu den absoluten Höhepunkten eines Korfu-Urlaubs gehört eine Bootsfahrt von Ágios Stéfanos nach Sidári (s. S. 88) und zurück. Vom Meer aus erschließt sich die ganze Schönheit der hellen Steilküste zwischen den beiden Küstenorten. Das Boot fährt ganz dicht an ihr entlang, passiert Kap Drástis, kleine Felstore und Felsformationen, den neuen Canal d'Amour und einsame Strände, die nur mit dem Boot zu erreichen sind. Da keine organisierten Touren angeboten werden, müssen Sie sich allerdings nach kurzer Einweisung selbst ans Ruder begeben. Sie brauchen dafür nur Mut, aber keinerlei Bootsführerschein. Die Boote haben bis zu 30 PS und kosten etwa 55–120 €/Tag, Sprit geht extra. Vermittlung durch San Stefano Travel (s. u.).

ausländische Urlauber, bieten griechische Abende und viele Fernsehschirme, auf denen Sport, Modeschauen und Musikclips laufen. Auf Fernseher verzichtet auch Jánnis Tsoukánas nicht, doch schaltet er Tier- und Reisefilme an. ›Die zwei Sterne‹ heißt seine Taverne, weil er zwei Söhne hat. Einer ist Polizist, der andere arbeitet hier in der Taverne mit. Sein Tsípouro stammt aus seinem Dorf und wird nicht aus Maische, sondern aus Wein destilliert. Er steht nicht auf der Karte, ist aber verfügbar. Meist trinkt der Wirt ein Gläschen mit. Eine Vorspeise, die man auf jeden Fall probieren sollte, ist das *spetsofaí,* korfiotische Landwurst in einer scharfen roten Sauce.

Ágios Stéfanos, im Ortszentrum gegenüber dem Hotel Thomas Bay, T 22 63 05 21 08, tgl. ab 11 Uhr, €–€€

Bewegen

Bootsausflüge

San Stefano Travel: Das Reisebüro bietet tgl. außer Mo und Fr Bootsausflüge an. Di, Do und Sa geht es nach Paleokastrítsa, Mi und So über Sidári zur Insel Eríkoussa. Bevor Sie hinfahren, sollten Sie aber unbedingt telefonische Auskünfte über die Bootsausflüge einholen. Man spricht dort sehr gut Englisch. Auch Wanderungen stehen auf dem Programm.

Ágios Stéfanos, kurz hinter der Abzweigung zum Hafen, T 26 63 05 19 10, www.san-stefano.gr

Infos

- **Kirchweihfest zu Ehren des Propheten Ilías:** 19./20. Juli. Mit Musik und Tanz sowie Essen im nahen Binnendorf Kavvadádes.
- **Bus:** Linienverbindung ab Ágios Stéfanos 7 x, ab Aríllas 2 x tgl. mit der Stadt Korfu.
- **Boot:** Linienverkehr zu den Diapontischen Inseln Eríkoussa, Mathráki und Othoní 3–4 x Wo. mit MS Pigasos, Abfahrt ca. 9.15 Uhr, Hafenpolizei Paleokastrítsa T 26 63 04 12 97.

Perouládes und Kap Drástis

F 3

Perouládes ist ein kleines, touristisch noch nicht erschlossenes Dorf. Seine Attraktion sind die Sandstrände unterhalb der Steilküste, zu denen man über einen Treppenweg von der Café-Bar Panorama aus hinuntergehen kann. Einen der schönsten Aussichtspunkte Korfus wegen seines Blicks auf Kap Drástis (s. S. 86) erreicht man von hier in zehn Minuten zu Fuß oder schneller mit einem Fahrzeug. Vom Aussichtspunkt führt ein Fußweg auch direkt auf das Kap. Er durchquert allerdings privates Land. Dessen Inhaber und seine Frau kommen gelegentlich auf die Idee, für das Betreten ihres Landes eine Gebühr zu erheben – je nach Tagesform zwischen 1 und 5 €. Man sollte dann lieber auf den Spaziergang aufs Kap verzichten. Die raue Piste zum Kap endet an einer winzigen Bucht, wo man von den glatten weißen Klippen aus bei ruhiger See auch schwimmen kann. Maria und Michalis bieten von hier aus Motorbootfahrten für bis zu 5 Personen entlang der weißen Steilküste bis zum Canal d'Amour in Sidári an (T 69 92 78 53 52, facebook.com/drastis.grava.boat, tgl. 10–20 Uhr, 10 €/Pers.)

Schlafen

Außer dem nachfolgend genannten Hotel gibt es nur im Hochsommer einige weitere Zimmer.

Ein Hauch von Aristokratie

Villa de Loúlia: Stilvolles, von der Inhaberfamilie persönlich geführtes Hotel mit neun Zimmern in einem Gutshof aus dem Jahr 1803. Teilweise mit Antiquitäten eingerichtet, Garten mit Pool. Zum Strand geht man etwa 10 Min.; abends kein Tourismus im Dorf.

An der schmalen Ringstraße durchs Dorf, T 26 63 09 53 94, www.villadeloulia.gr, €€€

Essen

Der Tipp zum Sonnenuntergang

Panorama/7th Heaven: Direkt am Steilufer sitzt man schön auf einen Drink, etwas zurückgezogen im Restaurant bei guter griechischer Küche.

Am Steilufer, tgl. ab 10 Uhr, €€

Auch im Winter geöffnet

Yiánnis: Einfache Taverne mit Blick ins Grüne, Standard-Tavernenkost; im Winterhalbjahr nur kleine Mezedákia zum Oúzo.

An der Ringstraße am Dorfrand, tgl. ab 9 Uhr, ganzjährig, €

Infos

Es gibt keine Linienbusverbindung, aber Perouládes ist von Sidári aus in ca. 60 Min. zu Fuß zu erreichen.

Sidári

G 3

Als Urlaubsort ist Sidári fest in britischer Hand. An der parallel zum Ufer verlaufenden Hauptstraße reihen sich Restaurants und Souvenirgeschäfte, aus den Musik-Clubs dudelt es bis spät in der Nacht. Für Ausflügler ist Sidári aber trotzdem ein lohnendes Ziel. Seine Attraktion sind die weißen Klippen, die im Westen der Siedlung beginnen, sich um das Kap Drástis herumziehen und bis Perouládes reichen. Um sie zu besuchen, folgt man am besten der Ausschilderung zum ›Canal d'Amour‹. Auch wenn er etwas voll ist, zählt der Strand mit den skulpturenhaft ausgewaschenen Felsen doch zu den schönsten der Insel – jedenfalls, wenn er denn von Seetang und anderen winterlichen Anspülungen gereinigt worden ist. Nicht immer hat die Gemeinde dafür genügend Geld in der Kasse und manches Jahr verschläft sie auch einfach den Beginn der Touristensaison.

Canal d'Amour

Den Auftakt zur weißen Steilküste westlich von Sidári bilden einige niedrige Klippen um winzige Buchten, an deren innerem Ende einige Miniatur-Strände

Die Felsenküste von Sidári

zu finden sind. Eine der Klippen wurde bis zum Winter 2007/08 von einem Tunnel durchbrochen, den man bei ruhiger See durchschwimmen konnte: den ›Kanal der Liebe‹. Es hieß, dass Damen, die hindurchschwimmen und dabei an einen bestimmten Mann denken, diesen demnächst auch ehelichen werden. Passé. Die Chance gibt es nun nicht mehr. Die Tunneldecke ist eingestürzt, der Kanal in der Folge unpassierbar. Ob ein zweiter, eigentlich ähnlicher Tunnel etwas weiter seewärts die gleiche Funktion erfüllen kann, muss sich noch zeigen.
Wegweisern zum ›Canal d'Amour Village‹ folgen, dort Parkplatz, Klippen jederzeit frei zugänglich

Klippenküste

Die einst romantische, jetzt nur noch schöne Klippenküste wird landseitig von einem etwa 300 m langen Klippenweg gesäumt, an den sich Bars, Tavernen und Hotels drängen. Holztreppen führen zu Sandflecken hinunter, man sonnt sich auf den Klippen und auf den Liegewiesen der Lokale oder kraxelt auf den Klippen herum. Den meisten Rundreisenden reicht es, das alles einmal gesehen zu haben, zum Bleiben lädt der Trubel nicht ein. Und so baden sie angesichts der Kommerzialisierung der Naturschönheit lieber woanders.

Essen

Sonnenliegen kostenlos

Canal d'Amour: Serviert wird nicht nur im schön angelegten Garten auf den Klippen, sondern auch an den für Gäste kostenlosen Sonnenliegen im Grünen über dem Strand oder an der zentralen Open-air-Bar. Hier kann man Sidári durchaus als sehr angenehm empfinden, zumal auch die Musikbeschallung dezent bleibt.

Am östlichen Rand der Klippenküste, tgl. ab 8 Uhr, €–€€

Bewegen

Bootsausflüge: Vom Hafen aus Tagesausflüge nach Eríkoussa (20 €), Tickets bei Vlaseros Travel an der Hauptstraße gegenüber der Hafenzufahrt, T 26 63 09 56 95.
Bootsverleih: Am westlichen Strandrand werden Tret- und Motorboote verliehen, mit denen man am Canal d'Amour entlangfahren und auch an kleinen vorgelagerten Klippeninselchen anlegen kann.

Infos

- **Kirchweihfest:** Sonntag nach Ostern. Am Thomassonntag Kirchweihfest mit Musik und Tanz.
- **Bus:** Verbindung nach Korfu-Stadt s. S. 45, nach Róda, Acharávi und Kassiópi 4 x tgl.

Astrakéri

H 3

Der Weiler in Olivenhainen direkt am Meer liegt im touristischen Abseits und lohnt deshalb einen Besuch, wenn man ruhig baden und gut essen will.

Essen

Oase der Ruhe

Gregóris: Der gut Deutsch sprechende Wirt Vassílis ist Gelegenheitsfischer, der sich auf Sepia und Kolóchipa spezialisiert hat. Letzteres sind ›Langusten ohne Antenne‹, die speziell an diesen Küsten häufiger vorkommen, mit 60 €/kg billiger als echte Langusten sind und gegrillt oder gekocht serviert werden. Von der Terrasse seiner abseits allen Trubels gelegenen Taverne führt ein 50 m langer Fußweg direkt hinunter zum Strand.

In Astrakéri, kurz vor Erreichen des Hafens links abfahren (ausgeschildert), tgl. ab 11 Uhr, €€

Róda und Nímfes

H 3, H 4

Róda ist ein Allerweltsbadeort mit winzigem historischem Ortskern aus der Zeit, als es nur ein unbedeutendes Fischerdorf war. Von hier aus lohnt der kurze Abstecher ins Binnendorf **Nímfes,** dem Zentrum des korfiotischen Kumquat-Anbaus. Wer aufmerksam ist, wird schon auf dem Weg dorthin kleine Kumquat-Gärten entdecken. In Nímfes stehen die Zwergorangen im wasserreichen Tal unmittelbar am Dorfrand. Beherrschend ist aber auch in dieser Region der Olivenbaum.

Kirche Stavroménos in Nímfes

Die kleine Kirche in einem Olivenhain hat keine Parallelen in der byzantinischen Architektur, ist eins der eigenwilligsten Gotteshäuser des Landes. Ihre östliche Hälfte gleicht einer ceylonesisch-buddhistischen Dagoba, erinnert entfernt an eine Käseglocke. Sie wird ins 17./18. Jh. datiert. Wer sie stiftete, ist unbekannt; vielleicht war es ein Kapitän, der Sri Lanka bereist hatte.

An der Straße von Róda nach Nímfes links kurz vor dem Ortsanfang von Nímfes, meist verschlossen

Essen

Trendig chillen

La Luz: Restaurant und Beach Bar vor dem ältesten Haus im Ort liegen direkt am

R

SCHÖNE ROUTEN DURCH DEN NORDEN

Um an die Nordküste Korfus zu gelangen, muss man nicht unbedingt den Küstenstraßen folgen. Auch das gebirgige Binnenland wird von vielen, zumeist schmalen und wenig befahrenen Straßen durchzogen. Eine den Adrenalinausstoß fördernde Straße führt fast in Form einer Korkenzieherspirale von Áno Korakiána hinauf ins stille Sokráki. Fast ebenso serpentinenreich ist die Straße, die zwischen Ípsos und Barbáti beginnt und ins große Bergdorf Spartílas hinaufführt. Liebhaber schöner Landschaften und alter Olivenhaine fahren von hier weiter über Sgourádes, Zigós und Klimatiá nach Nímfes und Róda. Besonders schön ist das Teilstück zwischen Zigós und Klimatiá. Hier genießt man ausnahmsweise einmal keine der sonst auf Korfu normalen Panorama-Rundumblicke, sondern folgt einem Tal ohne Fernsicht durch extrem hohe, alte Olivenbäume, in dem noch viel Vogelgezwitscher zu hören ist (H/J 4/5).

Strand. Die junge griechische Küche ist exzellent, die Portionen sind groß. Hit der Beach Bar sind die genuin griechischen Cocktails, so z. B. mit Mastícha von der Insel Chíos oder mit korfiotischem Koum-Kouat.

An der Uferstraße im Ortszentrum, tgl. ab 8 Uhr, €€–€€€

Krasses Frühstück

Black Pudding: An der Uferstraße von Róda bieten zahlreiche Café-Bars echt englisches Frühstück an, zu dem für Hartgesottene auf Wunsch auch Black Pudding gereicht wird. Das ist keine leckere Süßspeise, sondern eine Art gebratene Blutwurst mit Innereien vom Schwein. Danach schmeckt manchem Briten auch das erste Bier des Tages wieder – zumal das Frühstück hier mindestens bis 13, manchmal sogar bis 17 Uhr serviert wird. €

Bewegen

Ausritte

Costas: Lust auf einen Ausritt durch die Olivenhaine?

Gleich hinter der Brücke Richtung Roda Beach Hotel, T 69 44 16 00 11, 15 €/2 Std.

Ausgehen

Cocktails zum Spartarif

Aléxandros: Sehr freundlich geführte Cocktail-Bar und Restaurant mit Dachterrasse, sehr günstige Preise. Im Sommer gelegentlich gute ›Greek Nights‹ mit Folklore.

An der Uferpromenade östlich des Ortskerns, tgl. ab 10 Uhr

Infos

- **Bus:** Verbindung mit Korfu-Stadt s. S. 45, mit Sidári und Kassiópi 4 x tgl.

Acharávi

H 3

Acharávi hat sich in den 1990er-Jahren von einem unbedeutenden Dorf zu einem großen Badeort gemausert, der vor allem von deutschsprachigen Urlaubern frequentiert wird. Der kleine alte Ortskern mit einigen wenigen historischen Häusern liegt an der alten Dorfstraße unmittelbar südlich der breiten Inselrundstraße. Geschäfte und Tavernen konzentrieren sich auf die Inselrundstraße und die kurze Promenade. Zwischen Ortskern und kilometerlangem Strand stehen überwiegend kleinere Hotels und Apartmenthäuser, mehrere neuere Großhotels ziehen sich vom Ortsrand ostwärts. Auch ohne eigenes Fahrzeug kann man problemlos zu Fuß oder mit dem Linienbus in die Nachbarorte und zu entlegeneren Stränden gelangen.

Römische Thermen

Wenn man schon einmal da ist, kann man einen kurzen Blick auf die spärlichen Überreste eines erst 1985 entdeckten römischen Thermalbades werfen. Zu erkennen sind die Hypokaustenpfeiler. Sie trugen den Fußboden und wurden von heißer Luft durchströmt – die römische Form der Fußbodenheizung. Auch gemauerte Heißluftschächte in den Wänden sind zu erkennen.

An der Straße Richtung Sidári, 650 m hinter dem Rondell landseitig, unter einem Schutzdach frei einsehbar

Über die Insel Agía Ekateríni

Fahren Sie zunächst mit dem Bus Richtung Kassiópi bis zur Haltestelle Ágios Spyrídon. Gehen Sie die kleine Straße durch Olivenhaine hinunter zum Meer, halten Sie sich dabei nach 700 m an der Gabelung beim Supermarkt geradeaus. Nach weiteren 900 m erreichen Sie den kleinen Strand vor der Kirche des Inselheiligen. Eine Brücke über den Abfluss des Antiniótissa-Sees führt Sie hinüber auf die weitgehend naturbelassene Insel Agía Ekateríni. 1100 m hinter der Brücke liegt links wildromantisch die Ruine eines alten Klosters. 200 m weiter erreichen Sie einen kleinen, etwa 100 m langen und völlig schattenlosen Strand. Noch einmal 350 m weiter bringt Sie eine reine Fußgänger- und Fahrradbrücke hinüber an den hier beginnenden

Ein schattiges Plätzchen unter Weinlaub in Paléo Períthia (s. S. 94)

Acharávi Beach. Von hier aus können Sie immer am Strand entlang nach Acharávi zurückwandern. Für Verpflegung ist gesorgt: Nach 800 m bietet die erste Taverne Erfrischung, nach etwa 3 km sind Sie zurück im Ort.

Schlafen

Schönes Strandhotel

Acharávi Beach: Die weitläufige Hotelanlage besteht aus fünf zweigeschossigen Gebäuden mit 125 modern und gut ausgestatteten Zimmern. Zum Hotel gehören ein Pool und ein sehr gutes Restaurant mit Beach Bar.

Am Strand, T 26 63 06 31 02, www.acharavi beach.com, €€–€€€

Umweltbewusst

Saint George's Bay Country Club: Das mit vielen Umweltpreisen ausgezeichnete Hotel unter deutscher Leitung wirkt mit seinen 70 Studios und Apartments (37–50 m^2) in zahlreichen zweigeschossigen, ganz unterschiedlich im Inselstil erbauten Häusern fast wie ein echtes Dorf. Am Rande des subtropischen Gartens liegt ein riesiger Süßwasser-Pool (450 m^2), zur Anlage gehören zwei Tennisplätze. Kinder sind gern gesehen, wenn sie ›sich zu benehmen wissen‹. Der Hotelier ist sehr aktiv in einem Kreis, der sich für die Ausschilderung von Wanderwegen in Nord-Korfu engagiert.

Zwischen Inselrundstraße und Strand östlich des Kreisverkehrs, T 26 63 06 32 03, www.country-club.cc, Mindestaufenthalt 7 Nächte, €€–€€€

Einfach und geräumig

Harry's: Harry betreibt seit 1981 mit viel Engagement den ältesten Pub im Dorf. Jetzt unterstützen ihn seine Tochter Angela und sein Sohn Philipp tatkräftig bei der Gästebetreuung. Nach hinten schließt sich daran ein Trakt mit zehn einfachen, aber geräumigen Studios und Apartments zu einem sehr günstigen Preis an. Strand ca. 1 km entfernt.

Im östlichen Teil der alten Dorfstraße, T 26 63 06 30 38, mobil 69 74 91 66 37, €

Essen

Lauter kleine Leckereien

Tsipourádiko Alegría: Was den Spaniern die Tapas, sind den Griechen die *mezedákia*. In diesem modernen Lokal kann man sie lecker und ganz traditionell von kleinen Tellern genießen. Am besten geht man zu Mehreren hin, um die ganze Vielfalt auskosten zu können.

Acharávi, Hauptstraße Richtung Sidári, 200 m westlich des Kreisverkehrs, tgl. ab 18 Uhr, €€

Ein Hauch von Vornehmheit

Pumphouse: Weiße Stofftischdecken, Teelichter im Salzstein und Musik im Hintergrund sorgen für eine angenehme Atmosphäre. Der Service ist ebenso gut wie das *sofríto* mit Backkartoffeln oder das als ›Tas Kebab‹ bezeichnete Gulasch mit Reis.

Am Kreisverkehr, tgl. ab 12 Uhr, ganzj., €€€

Bewegen

Mountainbikes

S-Bikes: Große Auswahl (ab ca. 10 €/Tag), auch viele geführte Touren (43 €), Verleih von Helmkameras und GPS.

Am westlichen Ortsrand von Acharávi an der Hauptstraße, T 26 63 06 41 15, www.cyclecorfu.com, tgl. 9–21 Uhr

Ausgehen

Eviva Mexico

Veggera: Originelle Beach-Bar im Lounge-Stil mit Terrasse direkt am Meer. Agaven und Kakteen sorgen für exotisches Feeling. Ideal für Sonnenunter-

gänge. Wintergarten für windige Tage, im Sommer Beach-Parties.
Am zentralen Strandabschnitt

Der Party-Spot

Yámas: Die kleine Musik-Bar mit dem bezeichnenden Namen ›Prost‹ ist der Treffpunkt junger Urlauber.
Am Kreisverkehr

Infos

- **Bus:** Verbindung mit Korfu-Stadt s. S. 45, Róda, Sidári und Kassiópi 4 x tgl.

PaléoUeríthia J 4

Zwischen der Stichstraße zum Beach von Ágios Spirídonas und Kassiópi zweigt nach links eine kleine Stichstraße in die Berge ab. Sie führt über Loútses bis hinauf nach Paléo Períthia in einem Hochtal zu Füßen des Pantokrátoras. Nach dem Zweiten Weltkrieg wurde das Dorf verlassen, seine Bewohner gründeten näher an der Küste Néa Períthia. Die alte venezianische Siedlung ohne hässliche Neubauten und ohne Straßen wurde nur noch gelegentlich von Bauern und Hirten aufgesucht, Schakale und Wildschweine streiften hier vor etwa 40 Jahren umher.

In den letzten Jahren ist wieder etwas Leben in das Geisterdorf eingekehrt. Inzwischen gibt es hier fünf Tavernen und zwei sehr simple Souvenir-Shops, zwei alte Männer leben wieder ständig hier. Besucher kommen inzwischen in Scharen und streifen durch den bildschönen Ort mit seiner Mixtur aus Ruinen und noch intakten Gebäuden. Besonders stattlich sind das Skordílis Mansion mit schönem Eingangstor und das Haus mit der alten Gemischtwarenhandlung *(grocery)* samt altem Brunnen.

Essen

Besonders freundlich

Fóros: Wirt Thomás hatte als erster die Idee, in Paléo Períthia wieder eine Taverne zu eröffnen. Die meisten Korfioten kehren darum bei ihm ein. Baklavá, Walnuss- und Apfelkuchen sind hausgemacht; Lamm, Zicklein, Hahn und Kaninchen auf dem Teller stammen aus der unmittelbaren Umgebung. Gästen, die länger bei ihm verweilen, zeichnet Thomás mitunter seine jeweils ganz individuelle Visitenkarte.
Tgl. ab 11 Uhr, im Winter an schönen Wochenenden, T 69 46 54 61 39, €

Kassiópi K 3

Kassiópi ist der bedeutendste Ort im Nordosten der Insel und führt auch noch im Winter ein gewisses Eigenleben. Die große Hafenbucht, auf einer Seite begrenzt von einer grünen Halbinsel mit venezianischer Burg, ist sein Mittelpunkt, in auch zu Fuß gut erreichbarer Entfernung liegen ganz unterschiedliche Strände. Trotz vieler – überwiegend britischer Urlauber – besitzt Kassiópi noch Lokalkolorit.

Burg

Über 2 Mio. Euro ließ sich die EU die Herrichtung der Burgruine kosten, die einen Großteil der Halbinsel auf der linken Seite des Hafens einnimmt. Mit diesem Geld hat man bisher das Haupttor restauriert und überall im weitläufigen Burggelände Hydranten installiert und Strahler aufgestellt. Den meisten Einheimischen wäre eine Investition in die Modernisierung des regionalen Gesundheitszentrums lieber gewesen.

Im Burginnern schaffen alte Olivenbäume und im Frühjahr zu Tausenden blühende Asfodelien, Gräser und Strauchwerk ein wildromantisches Ambiente. Von den Burgmauern der von den Venezianern 1386 über einer byzantinischen Festung errichteten Anlage blickt man auf Dorf und Meer.

Zugang über einen schmalen Weg, der an der Straße zum Hafen gegenüber vom Zugang zur Kirche liegt, stets frei zugänglich

Kirche Panagía Kassopítra

In der Antike wurde der Hafen von Kassiópi oft von römischen Fracht- und Kriegsschiffen angelaufen, bevor oder nachdem sie das Ionische Meer in oder aus Richtung Italien überquerten. Auch berühmte Römer wie Cicero und Nero machten hier Station. An der Stelle der heutigen Kirche aus dem Jahr 1590 stand damals wohl ein dem Jupiter geweihter Tempel. Die Kirche ist architektonisch ein Kuriosum: Über einem Teil von ihr wurde die Priesterwohnung erbaut. Im Innern haben sich wenige Freskenreste aus dem 17. Jh. erhalten. Beachtenswert ist eine Marienikone von 1670: Sie zeigt groß Maria mit dem Kind als Himmelskönigin, darunter, ihr quasi zum Schutz anbefohlen, die Kirche und die Burg von Kassiópi.

Rechts an der Straße zum Hafen, tgl. 9–14 Uhr

Strände

Der Hauptstrand von Kassiópi liegt im Westen des Dorfes. Direkt am Hafen sonnen sich Urlauber auf glatten Felsschollen. Der schönste Strand ist der etwa 500 m lange, noch weitgehend unverbaute Kiesstrand Avláki Beach 2 km südöstlich in der Region Erimítis. Im östlichen Teil dieser Bucht soll nun ab 2021 auf einem fast 500 000 m² großen Gelände ein weitläufiges Luxushotel mit eigener Marina entstehen. Dagegen kämpft die Bürgerinitiative ›Save Erimitis‹ (www.erimitis.gr). Gute Gründe dafür finden sich auf deren Website.

Schlafen

Abseits vom Trubel

Bella Mare: Familiär geführtes Hotel mit 21 Studios in unmittelbarer Strandnähe. Umgeben von sattem Grün, mit Pool und Planschbecken im großen Garten.

Avláki Beach, T 26 63 08 19 97, Fax 26 63 08 19 98, www.belmare.gr, €€€

Mittendrin

Oássis: Das knapp 100 m vom Hafen entfernte einfache Hotel mit 30 Zimmern nimmt im Gegensatz zu fast allen anderen Unterkünften im Ort auch Gäste für nur eine Nacht auf. Ein eigener Parkplatz ist hinter dem Haus. Man spricht Deutsch und Englisch.

An der einzigen Straße zum Hafen, T 26 63 08 12 10, www.oassiskassiopi.com, €

Letzter Schrei

Melina Bay: Das im Juli 2014 eröffnete Boutique-Hotel in bester Hafenlage verfügt über 22 von dem italienischen Designer Alberto Artuso gestaltete Zimmer. Zum Haus gehört ein modernes, sehr gutes Restaurant.

Am Hafen, T 26 63 08 10 30, www.melinabay.com, €€

Essen

Menüs zum Sonnenuntergang

Trilogía: Das Restaurant mit Sonnenuntergangsblick bietet abends als eines von ganz wenigen auf der Insel Vier-Gänge-Menüs für Feinschmecker an, wahlweise mit Fisch oder Fleisch. Außerdem gibt es eine spezielle Mittagskarte mit preisgünstigen Tellergerichten (€€).

Batería Beach, tgl. 12–16 und 19–23 Uhr, www.trilogiacorfu.com

TOUR
Unbekanntes Reiseland

Saranda und Butrint: Ein Tag in Albanien

Infos

M 4, nördlich von L 3

Organisierte Ausflüge: Mai–Sept. tgl., mit Butrint-Ausflug und Lunch ca. 70 €
Individuell: Tgl. mit Tragflügelboot (25 Min.) oder Fähre (80 Min.). Tickets bei Petrákis Lines am alten Fährterminal.

Einreise: Personalausweis genügt

Geld: Albanische Währung ist der Lek (1 € = 132 Lek). Euro werden überall akzeptiert

Auf dieser Tour erleben Sie ein modernes albanisches Städtchen und die hervorragend aufbereiteten Ausgrabungen einer antiken Stadt in schönster Parklage. Wer noch mehr sehen will, kann problemlos in Saranda übernachten.

Ankunft in Saranda

Aufgrund der hohen Berge in seinem Rücken war Saranda, das die Griechen Agíi Saránda, die Albaner Sarandë nennen, immer vom Hinterland abgeschnitten und dem Ionischen Meer zugewandt. Bis heute lebt dort eine griechisch sprechende Bevölkerung, die auch mehrere Schulen unterhält.

Bis 1990 durften Albaner den allzu grenznahen Ort nur mit Sondergenehmigung betreten. Es gab nur ein Touristenhotel und keinerlei Bootsverbindung mit Korfu. Heute ist der Tourismus – zumeist albanischer Badetourismus – der wichtigste Wirtschaftssektor, was zu einem Bauboom führte: Zahlreiche neue Hotels und vor allem Ferienwohnungen entstanden in den letzten Jahren im unmittelbaren Umland hinter dem Städtchen, das inzwischen etwa 30 000 feste Einwohner hat.

Kurzer Stadtrundgang

Gehen Sie vom Zollhafen zur Strandpromenade und folgen Sie ihr bis zum kleinen Bootshafen etwa in der Mitte der Strandbucht. Gehen Sie dann links am Hotel Porto Eda vorbei landeinwärts und biegen Sie nach wenigen Schritten am Postamt nach links ab.

Sie kommen zum Hauptplatz mit Springbrunnen, Taxistand und der Haltestelle der Linienbusse nach Butrint. Gegen-

Ruinen der antik-mittelalterlichen Stadt Butrint in schattigem Grün

über der Bushaltestelle liegen die frei zugänglichen Ausgrabungen der frühchristlichen **Basilika Hagioi Saranta,** die den Vierzig Märtyrern geweiht war und über einer älteren Synagoge errichtet wurde. Die zwischen Bushaltestelle und Ausgrabungen ansetzende Straße führt Sie am täglichen, erschreckend ärmlichen Wochenmarkt vorbei zurück zur Uferpromenade und zum Zollhafen.

Fahrt nach Butrint

Mit Taxi oder Linienbus kommen Sie zu den 14 km entfernten Ausgrabungen von Butrint. Die landschaftlich sehr schöne Fahrt führt nach den von Bauwut geprägten Außenbezirken Sarandas zunächst am See von Butrint mit seinen vielen Fischzuchtbetrieben entlang und dann wieder zum Meer. Sie passieren das Dorf **Ksamil** mit seiner Moschee und seiner orthodoxen Kirche und erreichen den Kanal von Vivarit, der den **See von Butrint** schon seit der Antike mit dem Ionischen Meer verbindet. Eine Seilfähre transportiert hier Mensch, Tier und Auto hinüber ans andere, auch noch albanische Ufer. Kurz vor dem Fähranleger liegt links der Eingang zu den Ausgrabungen (Eintritt 700 Lek, ca. 5,30 €).

Ein angenehmes, sauberes und preisgünstiges Hotel liegt gleich hinter der Zollhafenschranke rechts: das **Hotel Palma** (€). Gute Pizza serviert das **Limani Restaurant** am Bootshafen. An der Uferpromenade liegt das **Restaurant I Shqipones** mit südalbanischen Spezialitäten und albanischem Weinbrand Skënderbeu.

Achtung: In Albanien ist es ganzjährig eine Stunde früher als in Griechenland.

Besichtigung der Ausgrabungen

Die Überreste der antik-mittelalterlichen Stadt **Butrint** liegen in einem schattigen Park auf einer 30 m hohen Halbinsel zwischen dem See und dem Kanal und bieten neben Geschichte auch Natur und schöne Landschaft. Alles Sehenswerte wird durch Tafeln auf Englisch und mit Grundriss- und Rekonstruktionszeichnungen erklärt; zudem erhält jeder Besucher an der Kasse kostenlos eine kurze, aber gute Broschüre.

Butrint wurde um 1200 v. Chr. gegründet und war bis Ende der venezianischen Zeit stets bewohnt. Besonders eindrucksvoll sind die römischen Thermen und das römische Theater, die Stadttor- und Stadtmauern, das Baptisterium und die bis in Höhe des Daches erhaltenen Mauern einer frühchristlichen Basilika. In den sumpfigen Teilen des Geländes liegen oft Schildkröten in der Sonne.

S

STRANDTAG IN KAMINÁKI

Kamináki (K 5) ist ein winziger Küstenweiler unterhalb der Inselrundstraße, in den nur eine schmale, sehr steile Asphaltstraße hinunterführt. Viel los ist hier nie. Man kann am Strand liegen und baden, in einer der beiden Tavernen essen (das Kati Tha Vris hat die bessere Küche, das On the Rocks die schönere Lage) und direkt am Strand auch Kanus und Kajaks mieten, um damit Nachbarbuchten zu erkunden.

Touristisch und doch gut

Jánis: Auf der Terrasse direkt überm Strand sitzt man unter weiß blühenden Yucca-Palmen. Korfiotisch kann man hier ebenso gut essen wie englisch, alle Diätwünsche werden erfüllt.

An der Einmündung der Einbahnstraße auf die Inselrundstraße vom Hafen her, tgl. ab 12 Uhr, www.janisrestaurant.com, €€

Bewegen

Motorbootmiete

Filippos Boats: Verleih von führerscheinfreien Motorbooten bis 30 PS sowie Speedboats mit bis zu 400 PS. Schon 1980 gegründet und damit der älteste Bootsverleih auf der Insel!

Büro an der Südseite des Hafens, T 26 63 08 12 27, www.filippos-boats.com

Spazieren gehen

Auch Tagesausflügler sollten den halbstündigen Spaziergang rund um die Halbinsel unternehmen, auf der die Burg steht. Dabei passiert man den besonders schönen **Batería Beach:** gut für eine Badepause.

Tauchen

Corfu Divers: Kurse jeder Art vom Probetauchen im Pool bis zum Wracktauchen, stark um sehr persönliche Betreuung jedes einzelnen Tauchschülers bemüht.

An der Hauptstraße kurz vor dem Hafen, T 26 63 02 92 26, www.corfu-divers.com

Infos

- **Großes Kirchweihfest:** 14./15. August. Mit Livemusik und Folklore am Hafen.
- **Informationskiosk der Gemeinde:** während der Saison direkt am Hafen.
- **Bus:** Verbindung mit der Stadt Korfu s. S. 45, mit Acharávi, Róda und Sidári Mai–Sep. 4 x tgl.

Zwischen Kassiópi und Ípsos

K 3 – J 5

Zwischen Kassiópi und Ípsos führt die Inselrundstraße hoch am Hang entlang und passiert dabei mehrere Dörfer. Immer wieder gibt es schöne Aussichtspunkte mit Blick hinunter auf schöne Buchten, kleine Häfen und hinüber zum Festland. Gewundene Stichstraßen führen mehrfach ans Meer hinunter, immer wieder machen Wegweiser auf Fußpfade zu winzigen Strandbuchten aufmerksam. So viel Schönheit zieht vor allem Briten an: In **Kassiópi** verbringt vor allem der britische Mittelstand seine Ferien oder kauft sich gleich eins der vielen neu erbauten Häuser. Briten mit ausgeprägtem Hang zum Nightlife zieht es hingegen eher nach **Ípsos.**

Ágios Stéfanos Siniés K 4

Die winzige Siedlung ist der Albanien am nächsten gelegene Ort Korfus. Der Strand ist kurz, kieselig und völlig unattraktiv. Wegen der geschützten Bucht ankern hier abends oft Segler.

Essen

In einer alten Ölpresse

Eucalyptus: Dímitri und Níkos servieren gehobene mediterrane Küche in einer stilvoll eingerichteten alten Olivenmühle und unter ihren Vordächern mit Blick auf ankernde Jachten.

Ágios Stéfanos, in der Nordwestecke der Bucht, tgl. 12–17 und ab 19 Uhr, €€–€€€

Kouloúra und Kalámi K 4

Der Blick auf die Bucht von **Kouloúra** gehört zu den fotogensten der Insel. An einem kleinen, kringelförmigen Hafenbecken (*kouloúra* ist das griechische Wort für ›Kringel‹, z. B. auch für die zum Frühstück beliebten Sesamkringel) steht ein prächtiges venezianisches, leider immer noch in Privatbesitz befindliches und nicht zugängliches Landhaus. Hinunterfahren lohnt kaum, da man weit und breit kaum einen Parkplatz findet und nur mit viel Mühe wenden kann.

Für Verehrer des britischen Literaten Lawrence Durrell oder seines Bruders Gerald ist hingegen die Fahrt in den Nachbarweiler **Kalámi** von Interesse: Da steht direkt am Meer ein großes weißes Haus, in dem die Familie Durrell in den 1930er-Jahren lebte (s. Lesetipps, s. S. 235). Heute beherbergt es als ›White House‹ Ferienwohnungen und ein Restaurant.

Nissáki K 5

Bis vor zwei Jahrzehnten bestand Nissáki nur aus wenigen über den Hang des Pantokrátoras verstreuten Bauernhäusern. Heute gibt es hier über 1500 Fremdenbetten und zahlreiche Ferienhäuser. Ein eigentlicher Ortskern fehlt, die Inselrundstraße ist die Hauptschlagader des Ortes. Idyllisch ist allein der Bereich um den alten Fischerhafen. Dort gibt es außer einer Wassersportstation und drei guten Tavernen auch eine Reihe winziger Felsbuchten, die nur zu Fuß erreichbar sind.

Barbáti J 5

Barbáti hat von allen Orten im Norden Korfus sein Gesicht in den letzten zehn Jahren am stärksten verändert. Aus einer Streusiedlung im Grünen wurde ein dicht bebauter Ort voller meist leer stehender Eigentumswohnungen und nur gelegentlich bewohnten Villen. Da lohnt selbst der über 1 km lange Kieselsteinstrand mit viel Baumschatten kaum noch einen Stopp.

Ágios Márkos J 5

Abseits der Inselrundstraße steht am oberen Dorfrand von Ágios Márkos idyllisch im Olivenhain das Kirchlein **Pantokrátoras** aus dem 16. Jh. (Wegweiser 550 m nach dem unteren Ortsschild). Für große Liebhaber byzantinischer Architektur lohnt die kurze Fahrt zur winzigen, ganz schlichten Einraumkapelle **Ágios Merkoúrios** aus dem 11. Jh. (in Ípsos am Paradise Camping dem Wegweiser mit dem roten Kreuz folgen, dann nach 1,5 km im Olivenhain dem Weg-

Kleiner Bildstock am Pantokrátoras-Massiv

weiser zur Kapelle). Beide Kirchen sind meist verschlossen.

Pantokrátoras 

J 4

Auf Korfus mit 906 m höchsten Berg, der den Namen Christi als ›Allesbeherrscher‹ trägt, führt eine gute, asphaltierte Straße hinauf zum Kloster. Zwischen den vielen Antennenmasten auf dem Gipfel fristet das kleine **Moní Pantokrátoras** ein unwürdiges Dasein. Mönche leben hier längst nicht mehr, aber im Sommer ist stets ein Priester in dieser luftigen Höhe anwesend. Außerdem ist im Sommer immer Kóstas dort, der lange als Schulbusfahrer in Nürnberg gearbeitet hat und sich freut, auf Deutsch Auskünfte geben zu können. In der jüngst restaurierten Klosterkirche aus dem 17. Jh. sind Fresken aus der Erbauungszeit zu sehen. Der Ausblick ist fantastisch, reicht bis zu den Diapontischen Inseln und weit nach Albanien und ins griechische Festland hinein.

Dassía

J 6

Dassía ist ein guter Urlaubsort für alle, die sich einen langen Strand mit vielen Wassersportmöglichkeiten wünschen, aber auch mit dem Linienbus schnell in die Inselhauptstadt kommen möchten. Der Hauptstrand ist ca. 700 m lang und überwiegend kiesig. Übers Wasser gebaute Plattformen ergänzen das Angebot für Sonnenanbeter. Es gibt keine Uferstraße, also auch keinen

H

DEM STRAND AM NÄCHSTEN – HOTEL DASSÍA BEACH

Das älteste Hotel Dassías, 2007/08 vollständig renoviert und neu möbliert, steht keine 10 m vom Wasser entfernt. Solche Meeresnähe bietet kein anderes Urlaubsquartier auf der Insel. Die große Café- und Restaurantterrasse zum Meer hin wird von hohen, alten Bäumen beschattet, davor bietet eine übers Wasser gebaute Holzplattform Gelegenheit zum Sonnenbaden. Gastfreundschaft und Service in diesem familiengeführten Haus sind angenehm altmodisch, das Essen ist typisch griechische Tavernenkost. Die Hälfte der 54 Zimmer verwöhnt mit frontalem Meerblick. Am Hauptstrand, von der Inselrundstraße aus Richtung Stadt gleich nach dem Mountainbike-Verleih rechts abbiegen, T 26 61 09 32 24, www.dassiahotels.gr, Hotel €€, Taverne €€

Verkehrslärm am Strand. Ein weiterer, etwa 300 m langer Grobsand-/Feinkiesstrand ist der Ágios Nikólaos Beach auf der Südseite der weiten Bucht. Einen gewachsenen Ortskern gibt es nicht, Geschäfte, Tavernen und Abendlokale liegen überwiegend an der viel befahrenen Inselrundstraße.

Schlafen

Die meisten Gäste des Ortes wohnen in dessen drei Großhotels. Dazwischen liegt auch direkt am Strand ein älteres Hotel für Individualreisende. Außerdem werden zwischen Strand und Inselrundstraße Studios und Apartments in kleinen, inhabergeführten Anlagen vermietet.

Modern und stets pieksauber

Kaloúdis Studios: Familie Kaloúdis vermietet zehn modern eingerichtete, stets pieksaubere Studios und Apartments in einem zweigeschossigen Haus gleich neben ihrem eigenen. Zum Strand und zur Stadtbushaltestelle geht man etwa eine Minute, zur Inselrundstraße sind es 30 m.

An der Verbindungsstraße zwischen Inselrundstraße und Hotel Dassía Beach, aus Richtung Stadt kommend gleich hinter dem Mountainbike-Verleih rechts abbiegen, T 26 61 09 39 48, www.kaloudisstudios.gr, €€

Einfach und preiswert

Red Dragon: Simpel eingerichtete Zimmer mit Balkon und Kühlschrank über der gleichnamigen Cocktail-Bar, ca. 50 m vom Strand.

An der Straße zwischen den Hotels Eléa Beach und Dassía Beach, T 26 61 09 31 26, www.thereddragoncorfu.co.uk, €

Essen

Da die Gäste der Großhotels ihr Abendessen zumeist im Hotel einnehmen, hält sich das Angebot an Restaurants und Tavernen in Grenzen.

Griechische Spitzenklasse

Etrusco: Vom griechischen Feinschmeckerführer Alpha Guide stets als eins der besten Restaurants Griechenlands mit dem ›Goldenen Kochlöffel‹ ausgezeichnet, italienisch-mediterrane Küche in formvollendetem Ambiente. Am besten lässt man sich auf das gastronomische Menü *techna e contrasti,* eine Art Überraschungsmenü unter dem Motto ›Kunst und Kontraste‹, ein. Mit 70–100 €/Person allein fürs Essen sollte man aber rechnen.

Nach 500 m an der Straße von Dassía ins Binnendorf Káto Korakiána (Wegweiser an der Inselrundstraße schräg gegenüber der

EKO-Tankstelle), T 26 61 09 33 42, tgl. ab ca. 20 Uhr, Reservierung empfehlenswert, €€€

Typische Taverne

Karídia: Traditionelle Taverne mit Garten; große Auswahl an Salaten, gekochten und auf Holzkohle gegrillten Gerichten, korfiotische Spezialitäten.

Meerseitig an der Inselrundstraße am nördlichen Ortsende, tgl. ab 18 Uhr, Nov.–März nur Fr und Sa abends, €€

Im Winter das einzige

Leónidas: Das Ganzjahreslokal der Einheimischen, um Gegrilltes vom Spieß, Pommes und Salate entweder hier zu essen oder mit nach Hause zu nehmen. Günstige Preise.

Landseitig an der Inselrundstraße schräg gegenüber vom Mountainbike-Verleih, tgl. ab 17.30 Uhr, ganzjährig, €

Bewegen

Der Marktführer

The Mountain Bike Shop: Das Unternehmen bietet seine Dienste hauptsächlich über Reiseveranstalter auf ganz Korfu an. Wer direkt in Dassía wohnt, hat es jedoch quasi vor der Haustür. Wer mag, kann sich auch geführten Touren anschließen.

Meerseitig an der Inselrundstraße, T 26 61 09 33 44, www.mountainbikecorfu.gr

Wassersport

Mehrere Stationen direkt am Strand, die u. a. auch Wasserski und Paragliding anbieten.

Ausgehen

Cocktails und Events

Edem Beach Club: Events und leckere Cocktails, zum Teil in ausgehöhlten Früchten serviert, sind gute Gründe, diesen Beach Club zu besuchen. Das bunt gemischte Publikum schätzt besonders House, R & B und Latino, die Klänge sind auch noch beim nächtlichen Mondscheinbad im Meer zu hören. Die Party geht bis tief in die Nacht.

Nördliche Strandhälfte (hinterm Mountain Bike Shop rechts zur Küste abbiegen, dort links), tgl. 11–4 Uhr, www.edemclub.com, Cocktails ab 7 €

Exotische Lounge

Tartaya: Meerseitig an der Inselrundstraße nördlich der Chandrís-Hotels, tgl. ab 18 Uhr. Exotisch gestaltete Lounge-Bar mit Hängematten, Spiegeln, abends angestrahlten Palmen, vielfältigen Sitzmöbeln und kommunikationsförderndem Bartresen. Ideal zum Chill-out, an Wochenenden auch zum Tanzen.

Infos

- **Bus:** Stadtbuslinie 7 ab Platía Sarocco. Mo–Fr 7–19 Uhr alle 20 Min., zwischen 20 und 22 Uhr stdl. Sa Nachmittag und So eingeschränkter Verkehr. Linienbusse nach Pirgí und Kassiópi halten auch in Dassía.

Halbinsel Komméno

J 6

Auf der hügeligen, dicht begrünten Halbinsel zwischen Gouviá und Dassía gibt es keinen eigentlichen Ort, sondern nur locker in der Landschaft verstreute Hotels und Apartmenthäuser. Hier wohnt man sehr ruhig, hat zumeist einen prächtigen Blick auf die Küste und das Meer – muss aber häufig auch 10–15 Minuten bergab zu den Stränden oder zur Bushaltestelle gehen und später wieder hinauf.

Kirche Ipapánti

Die sehr viel unbekanntere Kapelle ist das mindestens ebenso schön gelegene Pendant zum berühmten Vlachérna-Kloster vor Kanóni. Ein kurzer Damm führt auf ein Inselchen, in dessen Mitte die Kapelle aus dem Jahr 1713 zwischen Palmen, Agaven und Kakteen steht. Steht man davor, fühlt man sich wie auf einem großen, ringsum von üppigem Grün umgebenen Binnensee. Kein Wunder, dass die Kapelle von Griechen und Ausländern gern für Hochzeiten gebucht wird. Ansonsten wird hier nur noch einmal monatlich die Liturgie gefeiert.

Zufahrt von der Inselrundstraße aus vor dem Südufer der Halbinsel, meist nur an Wochenenden geöffnet

Schlafen

Sportlich und luxuriös

Grecotel Daphnila Bay Thalasso: Ideal für einen luxuriösen, sportlichen Badeurlaub. Die ehemals als ›Robinson Club‹ konzipierte Anlage liegt inmitten alten Baumbestands und erstreckt sich bis an den Strand. Zum großen Sportangebot gehören ein Tennisclub und eine Tauchschule.

T 26 61 03 20 22, www.grecotel.com, €€€

Kleines Privathotel

Neféli: Von den deutsch-griechischen Inhabern familiär und engagiert geführtes Hotel in einem üppigen Garten mit Pool, auf einem Hügel, 800 m von Strand und Bushaltestelle entfernt. 45 geräumige Zimmer in drei villenartigen Gebäuden. Nach und nach sollen alle Zimmer unter bestimmten Motti stehen. Schon fertig sind u. a. ein Sissi- und ein Venedig-Zimmer. Die Sporteinrichtungen des nahen Grecotels Daphnila Bay Thalasso (s. o.) können mitbenutzt werden.

T 26 61 09 10 33, www.hotelnefeli.com, €€

Gouviá

J 6

Das Ortszentrum erstreckt sich über mehr als 1 km zwischen Schnellstraße und Meer. Seine Hauptachse ist die alte Dorfstraße. Einen großen wirtschaftlichen Aufschwung hat dem Dorf seit Anfang des Jahrtausends die neue Marina gebracht, die zu den größten Griechenlands zählt (www.corfumarina.com). Sie bietet bis zu 960 Segel- und Motorjachten Platz, war außerdem der Start- und Landeplatz der Wasserflugzeuge von AirSea Lines. Neben allen Einrichtungen für Bootsleute gibt es auch einen Pool, einen eigenen Kindergarten, einen Cricket- und einen Crocket-Platz. Auch wer dort kein Boot liegen hat, darf in der Marina herumspazieren und natürlich die Cafés und Restaurants besuchen. Wegen der Marina ist Gouviá einer der wenigen Küstenorte Korfus, in denen auch im Winterhalbjahr einige Pubs und Tavernen geöffnet sind. Gebadet wird an zwei teilweise künstlich aufgeschütteten Kieselsteinstränden; der Hauptstrand ist etwa 300 m lang und 40 m breit.

Venezianische Schiffshallen

Kurz vor dem Untergang der Serenissima ließen die Venezianer im späten 18. Jh. noch einige Hallen in Meeresnähe errichten, in denen sie ihre Schiffe bauen, reparieren und den Winter über einlagern konnten. Sie stehen heute dach- und türenlos auf im Frühling grüner Wiese.

Am Rand der Marina, Zufahrt von der Dorfstraße aus ausgeschildert, frei zugänglich

Schlafen

All inclusive

Louis Corcyra Beach: 1963 erbautes, modernisiertes Hotel mit 252 Zimmern di-

In der Werft bei Gouviá reparierten die Venezianer im 18. Jh. ihre Schiffe.

rekt am Strand. Auch all-inclusive möglich. Fünf kleine Strände, zwei Pools, Wassersportzentrum, Tennisplatz, Mindestaufenthalt 5 Nächte.

Am Strand, T 26 61 09 01 96, www.louishotels.com, €€€

Essen

Riesige Portionen

The Best: In diesem Grillrestaurant sind die Portionen riesig und die Preise außerordentlich günstig. Viele Gäste nehmen die Reste mit nach Hause.

Im nördlichen Teil der Dorfstraße, tgl. ab 12 Uhr, €

Infos

- **Blaue Stadtbusse:** s. Dassía, S. 102

Kontokáli

J 6

Kontokáli ist der letzte Ferienort zwischen Ípsos und Korfu-Stadt entlang der korfiotischen ›Costa Turistica‹. Hier steht mit dem Kontokáli Bay nur ein Großhotel. Es liegt auf der kleinen Halbinsel Toúrka, wo sich sogar auf der Seite des Jachthafens noch einige alte Häuser aus dem 18. und 19. Jh. finden lassen. Der Verkehr zieht auf der Schnellstraße unmittelbar an Kontokáli vorbei, sodass die alte Dorfstraße noch eher ländlichen Charakter besitzt, zumal an ihr nur wenige Lokale und einige gute, ganzjährig geöffnete englische Pubs liegen. Mit dem Linienbus kommt man schnell in die Stadt. Um zu Fuß dort hinzugehen, ist der Weg jedoch zu öde und verkehrsreich.

Schlafen

Stadtnahes Strandhotel

Kontokáli Bay: 259 Zimmer, großer Pool, dicht mit Sonnenschirmen (kostenlos) bestandener Strand. Tennisplatz, Wassersport- und Mountainbike-Zentrum, Hallenbad und Hamam (kostenlos), Spa mit neun Behandlungsräumen.

Toúrka, T 26 61 09 90 00, www.kontokalibay.com, €€€

Ideal für Segler

Telesilla: Eigentlich ein typisches Touristenhotel mit 35 Zimmern, griechischen Folklore-Abenden und Animation auf der Poolterrasse. Ideal für Segler, die zwischendurch mal an Land schlafen wollen.

An der Dorfstraße nahe Einfahrt Marina, T 26 61 09 18 20, www.hoteltelesilla.com, €€

Ungewöhnliche Lage

Aléxandros: Die kleine Apartmentanlage liegt etwas abseits vom Trubel auf der Toúrka-Halbinsel mit Blick aufs Meer oder den Jachthafen. Zum Strand sind es 200 m. Alle Apartments bieten zwei Schlafzimmer und eine Küchenzeile.

T 26 61 09 13 18, www.booking.com, €

Essen

Unprätentiös, aber ambitioniert

Roúla: Eine der renommiertesten Fischtavernen der Insel, unmittelbar am Jachthafen, aber außerhalb seiner Umzäunung gelegen. Die Einrichtung ist schlicht, der Stil familiär. Gerade das hat schon viel Prominenz angezogen, darunter sogar Michail Gorbatschow und Nana Mouskouri.

Toúrka, tgl. ab 12 Uhr, ganzjährig. Zufahrt: Den Schildern zum Hotel Kontokáli Bay folgen, nach Passieren des Hotels links halten. €€–€€€

Kreativ und dörflich

Tákis: In der über 100 Jahre alten Taverne kocht der gut Englisch sprechende Wirt Dimítri selbst. Tomaten werden bei ihm nicht wie üblich mit Reis gefüllt, sondern mit Auberginen-, Zucchini- und Paprikastückchen. Lecker sind die Muscheln in Weißweinsauce und das selbst kreierte Gericht ›Poseidon‹, ein Potpourri aus Zwiebeln, Nudeln, Oktopus, Kalamar, Muscheln und Scampi in einer gut gewürzten Sauce. Auch die von ihm selbst geräucherten Forellen sind erstklassig!

An der alten Dorfstraße, tgl. ab 9 Uhr, Juli/Aug. meist 14–18 Uhr geschl., €€

Gehobene Küche

Bistro Boileau: Viele Jachtbesitzer, deren Boot in der nahen Marina von Gouviá liegen, kommen gern hierher, um Steaks, Langusten oder Chateaubriand zu essen. Ebenso gut, aber origineller sind die ausgefallenen griechischen Spezialitäten wie das mit Rosinen und Trockenpflaumen gefüllte Schweinefilet.

Nördlicher Teil der Dorfstraße, www.bistroboileau.com, Sommer tgl. ab 19 Uhr, Winter Di–Sa ab 18 Uhr, €€€

Infos

- **Bus:** Blauer Stadtbus Nr. 7, S. 102.

H

KORFU FÜR HÖHLENFORSCHER

Touristisch erschlossene Höhlen gibt es auf Korfu nicht, Hobby-Spileologen aber sehr wohl. Ihre Plattform ist www.speleocorfu.com. Da erfährt man auf Englisch viel über die Grotten und Höhlen der Insel und kann sich auch über Termine bevorstehender Höhlen-Erkundungen informieren.

Diapontische Inseln und Páxos

N

Nordwestlich von Korfu liegen die drei Inseln **Othoní, Eríkoussa** und **Mathráki** einsam im Ionischen Meer. Auf allen drei Inselzwergen zusammen sind zwar offiziell über 1600 Einwohner registriert, doch ein Großteil von ihnen lebt bestenfalls im Sommer dort. 98 % der Insulaner sind heimgekehrte Emigranten.

Vor 40 Jahren schienen sich die Inseln der völligen Entvölkerung zu nähern. Die meisten Familien waren nach Korfu, Athen oder Nordamerika abgewandert. Jetzt ist die Zukunft der Inseln wieder gesichert. Viele Emigranten investieren ihre anderswo erlangten Gelder in neue Sommerhäuser auf den Inseln, viele Jachten legen auf dem Weg zwischen Italien und Griechenland hier an, ein paar Touristen bleiben gar über Nacht.

Hotels gibt es aber bis heute nur auf Eríkoussa. Ansonsten wohnt man hier und auf den anderen beiden Inseln in einigen wenigen kleinen Apartmenthäusern und Pensionen. Tavernen gibt es auf allen drei Inseln.

Auf Páxos, südlich von Korfu gelegen, macht man nicht nur Urlaub an Land, sondern auch auf dem Wasser. In allen drei Küstensiedlungen kann man Bootstaxis und Motorboote mieten, mit denen sich sonst unzugängliche Strandbuchten sowie die Höhlen an der Westküste ansteuern lassen. Manche von ihnen sind so groß, dass selbst Ausflugsdampfer hineinfahren können. Mit kleineren Booten kommt man auch in Grotten mit kleinen Stränden vor ihren Einfahrten.

Historische Zeugnisse oder archäologische Stätten hat Páxos kaum zu bieten. Immerhin sollen Antonius und Kleopatra vor der Schlacht von Actium hier ihr Hauptquartier eingerichtet haben. Seit dem Mittelalter gehörte die Insel verwaltungsmäßig zu Korfu, mit dem sie Höhen und Tiefen der Zeitläufte teilte.

ORIENTIERUNG

Infos im Internet:
www.erikousa.gr
www.diapontia.gr
www.mathraki.net
www.paxos-greece.com

Anreise: s. S. 108,, 113

Verkehr: Einen Linienbus, eine Moped- und Autovermietung sowie Taxis gibt es nur auf Páxos. Dort können auch Motorboote gemietet werden.

Aktivitäten: Baden, Wandern, Lesen, Nichtstun. Wassersportangebote gibt es nur auf Páxos.

Othoní, Eríkoussa und Mathráki

B–E 1–4

Othoní (10 km², 663 Ew.) ist die gebirgigste der drei Inseln. Ihr höchster Gipfel, der Fáno, erreicht eine Höhe von 393 m. Auf Mathráki (3,1 km², 297 Ew.) steigt der Samothráki nur 155 m hoch, der Merlerá auf Eríkoussa (4,5 km², 698 Ew.) erreicht gerade einmal 130 m. Sandstrände gibt es auf allen drei Inseln. Auf Mathráki und Eríkoussa liegen sie leicht erreichbar in unmittelbarer Nähe der Fähranleger, auf Othoní erreicht man sie nur nach einer Wanderung oder per Boot. Dafür hat Othoní einen langen Kieselsteinstrand unmittelbar am Ort zu bieten. Außerdem kann man hier Motorboote und Mopeds mieten, um das Inselinnere zu erkunden (Ilías, T 26 63 07 21 44). Historische Sehenswürdigkeiten gibt es auf keiner der Inseln. Erwähnenswert ist allenfalls der 1872 erbaute Leuchtturm von Othoní. Obwohl so abgelegen, spielt der Tourismus für alle drei Inselzwerge eine bedeutende Rolle. Hierher bringen vor allem die vielen Segler Geld, die zwischen Italien und Griechenland unterwegs sind und abends hier anlegen.

Das wichtigste Landwirtschaftsgut auf allen drei Inseln sind heute die Olivenbäume. Sie bilden dichte, uralte Haine, in denen sich ein Großteil der alten Häuser verstecken. Alte gepflasterte Pfade führen hindurch; Wanderwegweiser hat die EU finanziert. Vereinzelt stehen Feigenbäume in der Landschaft, verbreitet sind Brombeerbüsche, die niemand aberntet. Verfallene, kreisrunde Dreschplätze zeugen davon, dass früher auf den Inseln auch Getreide angebaut wurde. Heute beziehen

Sonnenuntergang auf den Diapontischen Inseln

Othoní und Mathráki ihr Brot aus Korfu, nur auf Eríkoussa gibt es seit einigen Jahren wieder einen Bäcker.

Auf jeder der Inseln kommt man auf Englisch gut mit den Menschen ins Gespräch, die auf allen Inseln stationierten Ärzte sprechen mitunter auch Deutsch. Zeit sollte man auf jeden Fall mitbringen, denn die Fähren können ihre Fahrpläne manchmal wegen schlechten Wetters nicht einhalten, sodass ein Zwangsaufenthalt von mehreren Tagen notwendig wird.

Schlafen

Engagierter Wirt

Hotel Eríkoussa: Wirt Geórgios Katéchis ist der Motor der Insel. Das Hotel mit nur 19 Zimmern steht direkt an Strand und Hauptgasse. Geórgios kümmert sich intensiv ums Gästewohl, hilft bei der Anreiseplanung, vermittelt auch Zimmer auf den anderen beiden Inseln, verteilt kostenlos eine Wanderkarte und weiß fast alles über seine Insel. Taverne und Bar des Hotels sind exzellent.

Eríkoussa, T 69 44 60 84 72, www.hotelerikousa.gr, €€

Geschmacksache

Acantha: Von Italienern betriebenes, sehr teures Edelhotel mit fünf Suiten. Wer mag, kann auch gleich das ganze Hotel buchen. Das Hotelrestaurant ist öffentlich, um Reservierung wird jedoch gebeten. Eine hoteleigene Segeljacht kann für Ein- und Mehrtagestörns gechartert werden, Schnorchel- und SUP-Touren werden organisiert.

Eríkoussa, T 69 45 22 71 96, www.acanthahotel.com, €€€

Auf Mathráki

Wer auf der Insel ein Zimmer sucht, wendet sich am Hafen an die ganzjährig geöffnete **Taverne Delfínia.** Die Wirtsleute halten die Telefonnummern von allen sieben Zimmer- und Apartmentvermietern bereit und wissen, ob sie schon oder noch auf der Insel sind. Zwischen Ende September und Ende Mai ist das kaum der Fall (€).

Auf Othoní B 2

Größere Pensionen sind das **Calípso** (T 26 63 07 15 78, €), und die **Locanda dei Sogni** mit sehr gutem, von Italienern geführtem Restaurant (T 69 78 91 17 64, www.othoni.com, €–€€). Als Zimmervermittler fungiert ansonsten der gut Englisch sprechende Wirt der Taverne New York (T 69 75 71 23 23).

Infos

- **Ab Stadt Korfu:** Die kleine Autofähre Evdókia verbindet im Sommerhalbjahr die Inselhauptstadt 3–4 x wöchentlich mit den drei Inseln. Abfahrt ist jeweils um 6.30 Uhr, Rückkehr um 14.30 Uhr. Das Schiff liegt vor dem großen Hafencafé am alten internationalen Anleger zwischen Altem Hafen und Fährhafen. Tickets gibt es dort und bei Kerkyra Lines, Tel. 26 61 08 18 08, www.kerkyralines.com. Fahrplan auch auf www.othonimmobiliare.com/dovesiamo und www.diapontia.gr.
- **Ab Ágios Stéfanos Avliotón:** Die winzige Personenfähre ›Pígasos‹ fährt zwischen Mai und September je 3 x wöchentlich nach Erikoussa und über Mathráki nach Othoní. T 69 32 44 53 95, www.aspiotislines.gr
- **Ab Ágios Stéfanos Avliotón und Sidári:** Das kleine Motorschiff ›Neárchos‹ fährt Mi, Sa und So um 9.15 Uhr nach Erikoússa und nachmittags zurück. Fr legt sie um 9.30 Uhr zu Tagesausflüge (bei genügend Nachfrage) nach Mathráki und Othoní ab. Informationen zu beiden Fähren stets aktuell: San Stefano Travel, Ágios Stéfanos, an der Abzweigung zum Hafen, T 26 63 05 19 10, www.san-stefano.gr.

Páxos

N/O 15/16

Páxos ist die kleinste der ›Sieben Inseln‹: Nur 10 km lang und maximal 3,5 km breit. Die höchste Erhebung ist mit gerade einmal 231 m vermessen. Hier leben ganzjährig etwa 2500 Griechen und 800 arbeitsame Albaner. Die Insel ist dicht mit über 250 000 alten Olivenbäumen bewaldet, die oft bis unmittelbar ans Meer oder die vielen Steilufer heranreichen. Die ganze Westküste ist ein einziges Steilufer mit vielen großen Meeresgrotten, auch die übrigen Küsten fallen weithin schroff zum Wasser ab. Die Strände sind meist nur winzig, kieselig und nur vom Wasser aus zu erreichen. Im Sommer wird Páxos überwiegend von britischen und italienischen Urlaubern bevölkert, zu denen sich tagsüber zahlreiche Ausflügler von Korfu gesellen. Die lebhaftesten Inselorte sind Gáios und Lákka, viel ruhiger geht es in Longós zu. Außer in diesen drei Küstensiedlungen leben die Paxier in winzigen Weilern und Einzelhäusern, die über die ganze Insel verstreut sind.

Gáios

O 16

Der Hauptort von Páxos (560 Ew.) liegt einer kleinen, unbewohnten und dicht mit Kiefern bestandenen Insel gegenüber, von der er nur durch einen wenige Meter breiten, sanft geschwungenen Meeresarm getrennt wird. Dadurch wirkt der gut geschützte, gern von Seglern aufgesuchte Hafen des Ortes wie ein Flusshafen, der nur Richtung Südosten durch einen künstlichen Wellenbrecher zusätzlich gesichert ist. Gleich im Zentrum des Hafens öffnet sich die kleine, rund um ein Kirchlein von Tischen und Stühlen bestandene Platía mit bescheidenen Bürgerhäusern dahinter.

AUSFLUG NACH ANTÍPAXOS

Ausflugsboote und Bootstaxis steuern von Páxos aus das nur 2 km entfernte Antípaxos (P 17) an. Dort leben im Sommer etwa 70 Menschen, auf gepflegten Terrassen wird etwas Wein angebaut, der auf der Insel selbst konsumiert wird. Zwei Buchten im Nordosten sind feinsandig, ihr Wasser schimmert in allen erdenklichen Blau- und Türkistönen.

Das größte Haus an der Uferpromenade, inzwischen dringend renovierungsbedürftig, diente einst dem britischen Gouverneur als Residenz. Ein Denkmal am südlichen Ende der Uferpromenade ist Geórgios Anemogioánnis gewidmet, der während des griechischen Freiheitskampfes ein türkisches Schiff im Hafen von Páxos in Brand setzte. Zwischen diesem Denkmal und der Platía dient ein 1906 als Schule errichtetes klassizistisches Gebäude als **Heimatmuseum**. Besonders stolz ist der örtliche Kulturverein, der das Museum betreibt, auf ein Buch, das der österreichische Erzherzog Ludwig Salvator 1884–85 über das Inselchen schrieb (tgl. 11–13 und 19.30–22 Uhr, Eintritt 2 €).

Von Gáios aus blickt man auf die Insel **Ágios Nikólaos,** wo die Reste einer 1423 von den Venezianern erbauten und vor etwa 200 Jahren von den Franzosen erneuerten Festung und einer gleichaltrigen Windmühle erhalten sind. Die Insel darf wegen Waldbrandgefahr aber nur im Rahmen organisierter Führungen betreten werden. Auf dem dahinter liegenden, noch kleineren Inselchen stehen ein Leuchtturm und, von einer schneeweißen Mauer umgeben, die **Wallfahrtskirche der Panagía.** Sie wird alljährlich am 14./15. August von zahlreichen Booten angelaufen. An diesen beiden Tagen wird in Gáios die Entschlafung Mariens groß gefeiert.

Lákka

N 15

Das Dorf **Lákka** im Inselnorden schmiegt sich in eine schöne Bucht, an deren Ufer sich mehrere kleine Kiesstrände finden. Man kann nett am Hafen sitzen, Sehenswürdigkeiten gibt es nicht. Im Dorf ist die Zufahrt zu einem kleinen Leuchtturm ausgeschildert.

Longós

O 15

Der kleinste der drei Küstenorte, **Longós,** wirkt recht idyllisch, weil an seinem Rand noch die gut erhaltene Ruine einer alten Olivenpresse und Seifenfabrik steht. Direkt davor kann man an einem kurzen Kiesstrand baden.

Magaziá

O 15

Die Häuser des größten Weilers im Inselinnern sind weitgehend gut im Olivenwald versteckt. Direkt an der Durchgangsstraße wirbt ein Bäcker auf Deutsch für sein ›Bäuerlich Brot‹, es gibt ein uriges Kafenío und zwei Tavernen, eine Feuerwehrstation, eine Schule und eine Tankstelle.

An ihr zweigt ein Sträßlein ab, an dem ein brauner Wegweiser mit der Aufschrift ›Stone carved cisterns‹ steht. Das Sträßlein passiert die sehr spärlichen Überreste einiger antiker Gräber. Die **Zisternen** erreicht man nach etwa 200 m Fußweg: mitten im Olivenhain sind kleine Kanäle in den Fels gehauen, die wohl schon seit dem Mittelalter Regenwasser in eine Zisterne leiten. Die Zisternenschächte sind – anderswo in Griechenland kaum noch zu sehen – in uralten Steinhäuschen versteckt, die man betreten kann.

Ein kleines privates **Museum** an der Straße Richtung Lákka will zeigen, wie Olivenöl gewonnen wird – ist aber aufgrund der gesalzenen 5 € Eintritt eigentlich keinerlei Beachtung wert (unregelmäßige Öffnungszeiten).

Schlafen

Schöne Aussicht

Ángelos Village: Studios, Apartments und Maisonette-Wohnungen in verschiedenen kleinen Gebäuden. Gut eingerichtete Küchen, Pool.

Lákka, T 26 62 03 12 29, www.lakka-villas.com, €€€

Komfort im Olivenhain

Páxos Club: Das familiengeführte Hotel mit Stil versteht sich als komfortable Oase für Paare und Familien, die außer der Naturnähe auch einen schönen Pool, ein Hotelrestaurant und eine gemütliche Bar zu schätzen wissen. 26 moderne Apartments sind auf mehrere zweigeschossige, villenartige Gebäude verteilt, die Umgangssprache ist Englisch.

1,5 km außerhalb von Gáios, gut ausgeschildert, T 26 62 03 24 50, www.paxosclub.gr, €€€

In der Nähe des Sandstrands

Paxos Beach: Älteres, aber gut in Schuss gehaltenes Hotel mit schönem Garten direkt am Meer, Pool, Tennisplatz, kleiner Privatstrand, eigener Bootsanleger mit Motorbootvermietung.

Zwischen Gáios und Mogonísi, T 26 62 03 22 11, www.paxosbeachhotel.gr, €€€

Fischerboot in Longós auf Páxos

Am Kieselsteinstrand

Glyfáda Beach Villas: Angeboten werden Studios, aber auch ganze Villen für bis zu 6 Personen, dazu gibt es einen Pool und einen Tennisplatz; das alles ist wie ein kleines Dorf angelegt.

Manadéndri Beach/Longós, T 26 62 03 13 41, www.paxos-glyfadabeach.com, €€–€€€

Fürs ganze Jahr

San Giorgio: Sechs Zimmer und Studios, zum Teil mit schönem Blick über den Flusshafen. Einfach, gut für einen Kurzbesuch.

Gáios, zwischen Zentrum und Fähranleger, T 26 62 03 22 23, €

Essen

Eine Zeitung als Speisekarte

O Vassílis: Eine der ältesten Inseltavernen ist auch eine der besten. Wirt Kóstas Andreadákis hat seinen eigenen Stil, er integriert die Speisekarte zum Beispiel in den Reprint einer paxiotischen Zeitung aus dem Jahr 1972. Man kocht griechisch, verschließt sich aber nicht den Anregungen der internationalen Küche. So gibt es Fisch-Carpaccio mit Orangengelee und Chili oder marinierte Anchovies als Vorspeisen und zum Dessert Käsekuchen aus dem griechischen Hartkäse Anthótiro.

Longós, am Ufer, tgl. 13–15 und ab 18 Uhr, T 26 62 03 15 87, www.vassilisrestaurant.com, €€

Schöner Garten

Dódos: Die Taverne kommt farbenfroh zwischen Blumen, Öl- und Orangenbäumen daher, man spielt griechische Musik und serviert dazu griechische und auch anglisierte Küche.

Gáios, 100 m vom Ufer auf Höhe des Denkmals, tgl. ab 18 Uhr, €€

W

WEBSITES VOLLER HÄUSER

Fast jedes Haus und Apartment, das irgendwo auf Páxos oder auch Antípaxos vermietet wird, ist auf der Website einer der vielen auf Páxos spezialisierten Reisebüros zu finden:
www.fougarostravel.com
www.paxossun.com
www.paxos-travel.gr
www.paxos-thalassatravel.com
www.paxos-holidays.gr u. a. m.

Bourdétto mal anders

Carnáyo: Das gut gestylte, moderne Restaurant interpretiert traditionelle Gerichte der Ionischen Inseln oft neu und serviert sie auch optisch äußerst ansprechend. Besonders originell ist die Fischsuppe *bourdétto,* die hier mit Oktopus, Gambas, Kalamar und Fischfilet zubereitet wird. Auf ein Dessert sollte man hier nicht verzichten. Freitags gibt es ein Buffet.

Gáios, 150 m von der Platía bei der BP-Tankstelle, tgl. 12–2 Uhr, T 69 74 15 88 14, www.carnayopaxos.gr, €€–€€€

Einkaufen

Die Supermärkte in Gáios und Lákka haben alles Nötige, was man zum Leben auf der Insel braucht. Einige Schmuck- und Kunstgewerbegeschäfte sorgen in Gáios für ein kleines Souvenirangebot.

Bewegen

Für Freizeitkapitäne

Motorboote werden in allen Küstenorten vermietet. Je nach Saison Boot mit 15 PS 60–100 €/Tag, mit 25 PS 70–120 €/Tag, mit 30 PS 80–130 €/Tag, Sprit wird extra berechnet.

I need vitamin Sea

Monodéndri Beach: Der vielleicht schönste Kieselsteinstrand der Insel ist etwa 100 m lang und an der Straße zwischen Magaziá und Lákka gut ausgeschildert. Er bietet etwas Baumschatten, aber natürlich in der Saison auch Liegestühle und Sonnenschirme, Beach-Bar (WLAN kostenlos), Kajak- und Kanuverleih.

Badeinsel

Mogonísi: Der einzige Sandstrand der Insel liegt auf einem Inselchen im Südosten von Páxos, etwa 3 km von Gáios entfernt. Eine Straße führt über einen Damm hinüber. Der Strand ist etwa 50 m lang und 10 m breit, gleich dahinter liegt eine große, schattige Taverne.

Wanderungen

Paxos Magic Holidays: In Gáios und Lákka, T 26 62 03 22 69, www.paxosmagic.com. An drei bis vier Tagen pro Woche geführte Wanderungen auf Páxos und Antípaxos.

Ausgehen

Zum Sundowner

Erimítis Sunset Bar & Restaurant: Openair-Bar mit Lounge-Möblierung auf mehreren Terrassen an der Steilküste. Weltabgeschiedener kann man in Griechenland kaum bei guter Musik und guten Drinks sitzen.

An der Tankstelle in Magaziá zunächst dem Wegweiser zu den ›stone carved cisterns‹, dann denen zur Bar folgen, Juni–Sept. tgl. 16–24 Uhr, T 69 77 75 34 99, www.erimitis.com

Echt griechisch

Paxos by night: Nahe dem Platz mit der Bushaltestelle, Fr/Sa ab 0.30 Uhr. Griechische Livemusik, zu der die Gäste meist auch tanzen.

Beinahe romantisch und wie ein antikes Erbe erscheint das Portal der alten Olivenölfabrik auf Páxos.

Mainstream

Phoenix: Sommerliche Allerwelts-Diskothek am Anleger.

Feiern

- **Páxos Festival:** Zwischen März und Oktober ist auf Páxos kulturell sehr viel mehr los als auf dem deutlich größeren Korfu. Eine Gruppe griechischer und internationaler Kultur-Enthusiasten organisiert eine Vielzahl von Aktivitäten. Live-Konzerte aller Art stehen im Vordergrund, sogar einen jährlich wechselnden ›composer in residence‹ gönnt man sich. Hinzu kommen Kunstausstellungen, moderner Tanz und geführte Wanderungen zu historischen Stätten. 2020 waren dabei die Zisternen und Brunnen der Insel das Hauptthema.
www.paxosfestival.com

Infos

- **Hafenpolizei:** T 26 62 03 22 59
- **Bus:** Ein kleiner Linienbus verbindet die drei Küstenorte mit Magaziá im Inselinnern je nach Saison 2–5 x tgl. miteinander, Fahrpreis 2,50 €/Strecke, T Bouas Tours, 26 62 03 24 01.
- **Mietwagen und Taxis:** Auf der Insel verkehren ganze fünf Taxis. Zahlreiche Unternehmen bieten Mietwagen und -motorroller an.
- **Schiffe:** Im Sommerhalbjahr pendeln das Tragflügelboot Iliada II sowie die Passagierfähren Azimut, Zanadu und Kamelia zwischen der Stadt Korfu und Gáios sowie eine Autofähre zwischen Igoumenítsa auf dem Festland und Gáios. Fahrpläne online auf www.paxos-thalassatravel.com, www.kamelialines.gr und www.corfuferries.gr mit aktuellen Infos zu finden.

Léfkas

Fähre überflüssig — Eine urige Bootsbrücke führt hinüber nach Léfkas. Die Inselhauptstadt gibt sich volksnah statt aristokratisch, die schönsten Sandstrände ziehen sich kilometerweit unterhalb hoher Steilküsten entlang.

Seite 125

Milos Beach Resort

Bei Lefkáda dreht sich bei Tag und Nacht alles um Surfen und Kiten.

Seite 126

Kloster Faneroménis

Ein schöner Garten, ein Mini-Zoo und jeden Mittwoch ein Abendgottesdienst.

Seite 127

Halbinsel Lefkáta ✪

Der Stoff aus dem Urlaubsträume sind: weiße Klippen, kilometerlange Strände. Von Massentourismus keine Spur.

Die alten Kirchen der Hauptstadt sind meist nur abends geöffnet.

Eintauchen

Seite 126

Cubana, Kalamítsi

Ein Hauch von Havanna hängt in der Luft: Salsa, Mojito, Rum und kubanische Zigarren entführen die Gäste in eine karibische Nacht unter Griechen. Wer anschließend schnell ins Bett will: Ein Hotel gehört auch zum Lokal.

Seite 131

Nidrí

Von Nidrí aus können Sie viele Inseln auf Tagestouren erkunden – mit Fähren und Ausflugsschiffen, Motorbooten, Pedalo und Kanu. Und mit dem Linienbus gelangen Sie schnell und preisgünstig in die Stadt.

Seite 125

Bootsbar Pirátes

Auch wer nicht mit der Jacht durch die Wellen des Ionischen Meers gleitet, hat in Lefkáda die Gelegenheit sich von der sanften Dünung in die sternenklare Sommernacht wiegen zu lassen. Dabei nippt man an einem Cocktail, wippt zu moderner Musik und zählt die Lichter des Hafens.

Seite 129

Taverne Oásis bei Pórto Katsíki

Fleisch und Käse direkt vom Bauern mitten im Pinienwald. Mit Glück hört man Ziegenglocken beim Genuss der ländlichen Küche.

Seite 133

Ergon in Nidrí

Im Ergon Greek Deli kommt nur Griechisches auf die Tische. Im Shop gibt's Wurst, Käse, Weine und mehr fürs Picknick. Wer sich einen Vorrat anlegen will, kann sich die Produkte nach Hause bestellen.

Seite 130

Nachmittags in Sívota

Ab 16 Uhr laufen Jachten am laufenden Band in die Sívota Bay ein. Ihren Kurs kann am besten von der Jacht-Bar aus verfolgen.

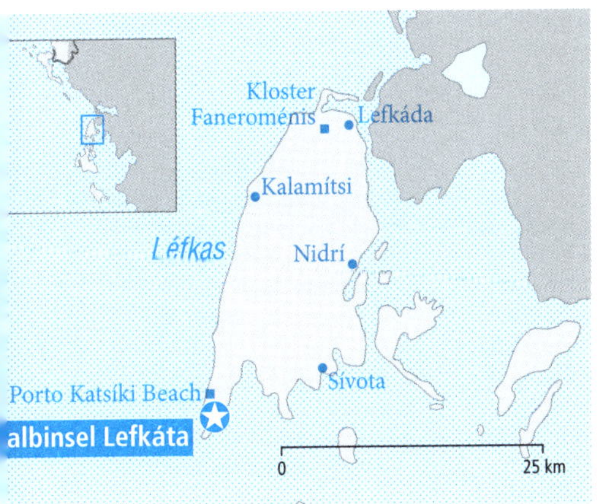

Aristoteles Onássis steht als Bronzeskulptur am Hafen von Nidrí.

Männerhäme: Schon in der Antike kam das Gerücht auf, die lesbische Sappho habe sich aus Liebeskummer eines Mannes wegen vom Kap Lefkáta ins Meer gestürzt.

Eine Insel mit Brücke

L

Léfkas erreicht man über eine Autofähre, die nicht fährt. Sie liegt fest vertäut quer in dem schmalen Kanal, der die Insel seit der Antike vom Festland trennt, und dreht nur bei, wenn Sport- und Fischerboote zu festgesetzten Zeiten den Kanal passieren dürfen. Ansonsten sind ihre Auffahrtsrampen immer heruntergeklappt, sodass Fahrzeuge und Fußgänger sie wie eine Brücke benutzen können.

Zwei Straßen führen von der Brücke in die Inselhauptstadt Lefkáda an der Nordostspitze der Insel: Die eine über einen von den Briten angelegten Damm, die andere über eine langgestreckte Nehrung, deren teilweise mit kleinen Dünen besetzter Strand an Dänemarks Nordseeküste erinnert. Die Nehrung trennt eine flache Lagune vom offenen Meer. Die Stadt Lefkáda liegt teilweise an dieser Lagune, teilweise an einem schmalen Sund zwischen Insel und Festland. Sund und Lagune tragen zum Reiz von Lefkáda erheblich bei. Geht man auf den Uferstraßen spazieren, wähnt man sich am Rande eines oberitalienischen Sees.

Auf einer Inselrundfahrt offenbart Léfkas seine landschaftliche Vielfalt. Wo das Festlandsufer auf der Höhe von Ligiá zurücktritt, öffnet sich ein kleines ›Binnenmeer‹, das die gesamte übrige Ostküste der Insel säumt. Nach Süden hin wird es durch die bewohnten Inseln

O

ORIENTIERUNG

Infos im Internet
www.e-lefkas.net, www.lefkasgreece.com

Ankommen und Weiterkommen:
Der Busbahnhof liegt auf Höhe der Marina an der breiten Uferstraße, ca. 800 m vom Zentrum Lefkádas, T 26 45 02 23 64. Aktuelle Fahrpläne im Internet (www.ktel-lefkadas.gr), dort auch Ticketreservierung möglich. Hier der ungefähre Fahrplan für die Vor- und Nachsaison ohne Gewähr. Abfahrten im Hochsommer eventuell öfter, im Winter seltener. Sa und So weniger Abfahrten, So werden einige Strecken gar nicht bedient. Rückfahrt meist direkt nach Ankunft am Zielort.

Von Lefkáda nach:
Ágios Nikítas: 2 x, 6.40 und 14.15 Uhr;
Nidrí und Vlichó: 15 x, 5.30–19.30 Uhr;
Vasilikí: 4 x, 6.30–19.30 Uhr;
Préveza/Festland: 6 x, 7.30–18.45 Uhr

Meganísi und Kálamos abgeschlossen; in ihm liegen kleinere Inseln verstreut, von denen eine einst Herrn Onássis gehörte. Mit Zypressen gespickte Olivenhaine reichen an schöne Buchten heran, in denen abends Myriaden von Segeljachten liegen.

Im Inselinneren ragt ein wenig gegliedertes Bergmassiv auf, das mit dem Minimáti auf 1157 m ansteigt und nur dünn besiedelt ist. Auch an der Süd- und Westküste liegen so gut wie keine größeren Siedlungen. Die Westküste fällt auf 34 km Länge nahezu überall so schroff ab, dass man bis vor Kurzem noch nirgends ans Meer gelangte. Die teilweise bis zu 200 m hohen hellen Klippen gaben der Insel Léfkas (›Die Weiße‹) ihren Namen.

Im äußersten Südwesten von Léfkas springt die Halbinsel Lefkáta mit den Leukadischen Felsen weit bis zum Kap Doukáto ins Meer vor. Sie wird von einigen der schönsten Sandstrände Griechenlands gesäumt.

Lefkáda

T 1

Lefkáda verströmt keinerlei aristokratisches Flair wie die Inselhauptstädte von Korfu oder Zákinthos. Einfachheit ist hier Trumpf – insbesondere wenn man die Augen nicht auf die Geschäfte, sondern auch auf das Geschoss darüber richtet.

Das historische Zentrum der Inselhauptstadt (7000 Ew.) liegt auf einer Halbinsel zwischen der Lagune und dem Sund – genau dort, wo der von der Brücke her kommende Straßendamm auf einem Platz endet, der überwiegend von Hotels gesäumt wird. Hier beginnt auch schon die Hauptflaniermeile des Ortes, eine von den Einheimischen schlicht *agorá* genannte Fußgängerzone. Offiziell ist sie in ihrem vorderen Teil nach dem deutschen Archäologen Wilhelm Dörpfeld

Kafenío in der Inselhauptstadt Lefkáda

Lefkáda

Ansehen

1. Kirche Ágios Minás
2. Archäologisches Museum
3. Festungen Santa Maura und Tékla

Schlafen

1. Ionion Star
2. Pension Pirofáni
3. Léfkas
4. Casa Campos

Essen

1. Lighthouse
2. Náftilos
3. Pai kaíros
4. Kafeneíon Vasiéra

Einkaufen

1. Destillerie Fragoúlis
2. Polychronópoulos
3. Stavrákas

Bewegen

1. Milos Beach Resort

Ausgehen

1. Kárma
2. Pirátes
3. Cubana/Mávros Lágos

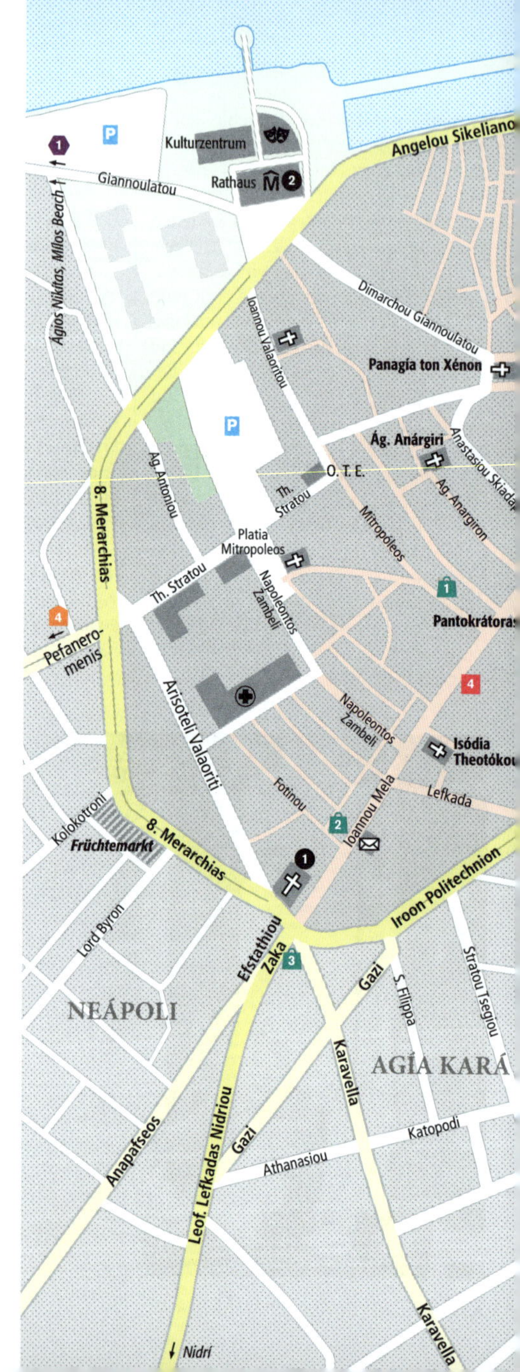

Damm zum Festland
0
70
140 m
Fußgänger-brücke
Angelou Sikelianou
Taxi
Platia Sikelianos
Panagouli
Petrou Filipa Panagou
Stefanitsi
Sapfous
Derpfeld
Ag. Paraskevis
Pan. Stavraka
Ág. Ioánnis Pródromos
Spirou Gazi
Sp. Gazi
Ág. Paraskeví
D. Verioti
Ág. Spiridón
Vonitsis
MÁRKAS
Filarmonikis
Platia Ethnikis Antistaseos
Ventoura
Doxara
Kon. Kalkani
Lefkadiou Cheri
Ioannou Mela
Kon. Kalkani
Kanari
Akarnanias
Ág. Charalabos
Ág. Geórgios
Ág. Ioánnis Theológos
Ág. Nikólaos
NÉOS MÍLOS
Taxi
Zambeliou
Platia Panou Giannouli
Panou Politi
Palerou
Ág. Dimítrios
Arch. Araklioti
Dimitriou Golemi
Georgiou Machara
Karousou Tsavala
Anatolikí Paralía
Pantokratora
Iroon Politechnion
Lefkada
Koutroumbi
Ant. Tzeveleki
MARINA LEFKÁDAS
Pros. Kaligoni
Busbahnhof
Stratou Tsegiou
Nidrí

TOUR
Ein Terrakottapüppchen als Spielkamerad

Archäologisches Museum Lefkáda

Infos

Cityplan: s. S. 118, Archäologisches Museum ❷

Öffnungszeiten: Di–So 8–15 Uhr, Eintritt 3 €. Vor Anreise Öffnungszeit unbedingt bestätigen lassen, T 26 45 02 16 35

Parken: Gebührenfreier Großparkplatz gleich neben dem Museum

Womit spielten die Kinder und wovon lebten die Familien? Wie machten Menschen damals Musik, womit zahlten und handelten sie? In Lefkáda gibt es Einblicke ins Leben des Altertums auf kleinem Raum, hervorragend illustriert und auf Englisch erklärt.

Klänge der Lyra und Flöte

Gleich an der Kasse zeigt schon die erste Vitrine, was die Stärke dieses kleinen **Museums ❷** ausmacht. Der Besucher wird nicht mit Fundobjekten allein gelassen, sondern bekommt sie bildhaft erklärt. Da liegen ein Schildkrötenpanzer und zwei aus Knochen gearbeitete Wirbel zum Spannen der Saiten. Daraus haben die Archäologen eine siebensaitige antike Lyra rekonstruiert. Außerdem steht da die kopflose Statuette eines Doppelflötenspielers aus hellenistischer Zeit. Tafeln zeigen Reproduktionen antiker Vasenmalereien, auf denen solche Instrumente dargestellt sind, eine Rekonstruktion der Doppelflöte liegt in der Vitrine. Ebenfalls zu sehen sind Terrakotta-Figurinen von fünf Nymphen, die um einen Flötenspieler tanzen: Die Instrumente spielten auch im religiösen Kult eine Rolle.

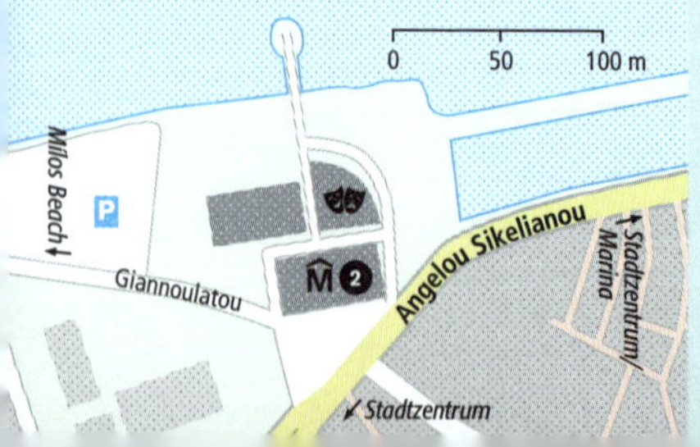

Weben seit Penelope

Das Weben war eine der Hauptbeschäftigungen vornehmer Frauen in der Antike. Auch Penelope, die Gattin des Odysseus, verbrachte viel Zeit damit. Umrunden Sie den Saal im Uhrzeigersinn, sehen Sie gleich links Webgewichte aus der Antike. Ebenfalls als Originale sind zwei Vasen mit Darstellungen spinnender Frauen zu sehen. Reproduktionen antiker Vasen-

malereien zeigen Frauen beim Weben und erklären, warum die Archäologen den antiken Webstuhl in dieser Vitrine originalgetreu rekonstruieren konnten.

In Poseidons Reich

Die Fischerei war eine wichtige Nahrungsquelle schon im Altertum. In der nächsten Vitrine sind bronzene Angelhaken und Netzgewichte aus Ton oder Blei zu sehen. Bronzenadeln dienten zum Flicken der Netze, Muscheln als Signalhörner zur Verständigung zwischen den Booten auf See. Darunter liegen vier kleine steinerne Anker. Ihre Funktionsweise erklären ohne sprachliche Hürden Abbildungen von Vasenmalereien.

Auf kleinem Raum ganz groß in Sachen Museumspädagogik

Eine Welt ohne Euro

Die Münzgeschichte von Léfkas ist in der nächsten Vitrine dokumentiert. Gold-, Silber- und Bronzemünzen stammen aus der Antike, aus Byzanz sowie aus venezianischer und neugriechischer Zeit. Außerdem sind auch viele Münzen anderer griechischer Stadt- und Inselstaaten aus verschiedenen Jahrhunderten zu sehen, die vielfältige Handelsbeziehungen ohne Einheitswährung belegen. Hauptexportprodukte von Léfkas waren Wein und Olivenöl, wie vom Meeresgrund geborgene Amphoren und Trinkgefäße belegen.

Getreide mahlen und wohnen

Eine letzte Vitrine präsentiert zwei verschiedene Arten von antiken Handgetreidemühlen, Zeichnungen erläutern ihre Funktionsweise.

Schließlich machen drei farbige Rekonstruktionszeichnungen antiker Wohnhäuser an der Wand deutlich, wie die Menschen im Altertum wohnten.

Kindsein in der Antike

Rührende Dokumente des antiken Kinderalltags sind im Saal links der Kasse gleich in der ersten Vitrine links oben zu sehen: vier Terrakottapüppchen, die im 5. Jh. einem verstorbenen Kind mit ins Grab gegeben wurden.

Beim Távli-Spiel in der Altstadt

benannt (dessen Name auf Griechisch ΝΤΕΡΠΦΑΙΛΤ geschrieben wird). In ihrem späteren Verlauf heißt sie dann Odós Ioánnou Mélou. Sie entlang zu bummeln und ab und zu einmal einen kurzen Abstecher in die engen Seitengassen zu unternehmen ist der wesentliche Teil jeder Stadtbesichtigung. Ansonsten muss man nur noch das Archäologische Museum gesehen haben.

Vom Platz an der Brücke bis zum Hauptplatz der Stadt, dem ›Platz des Nationalen Widerstands‹, Platia Ethnikís Antistáseos, führt die Odós Derpfeld mit leichtem Schwung. Fast alle Häuser an der **Agorá** sind nur zweigeschossig, klein und unscheinbar. Selbst das Regierungsgebäude, die Nomarchía am Hauptplatz, wirkt bescheiden. Früher waren alle Obergeschosse der Häuser mit Holz über Lehmwänden verkleidet. Diese aus türkischer Zeit stammende Bauweise hat wesentlich dazu beigetragen, dass das Erdbeben von 1953 auf Léfkas relativ wenig Schaden anrichtete. Nach dem Erdbeben wurden die ehemaligen Holzfronten häufig durch Wellblech ersetzt. Inzwischen hat man die Fronten mehrfach renoviert und in verschiedenen Farbtönen gestrichen. Das verleiht Lefkáda einen Hauch karibische Atmosphäre.

Die Straßen sind ebenfalls schön gepflastert worden, an den rissigen Kirchenfassaden aber nagt deutlich der Zahn der Zeit. Zu diesem Bild passen die Eisengerüste, an denen die Kirchenglocken hängen – nach dem Erdbeben hat man so die eingestürzten Glockentürme ersetzt. Aus den Provisorien ist eine Dauereinrichtung geworden.

Unprätentiös, dafür aber voller Leben gibt sich auch der relativ kleine Hauptplatz mit seinen Cafés und Speiselokalen. Sein einziger Schmuck ist die fünfarmige Laterne in der Mitte. Bis nach Mitternacht tollen hier die Kinder herum, schießen

Bälle gegen die nahe Kirchenwand, spielen Verstecken unter Tischen und Stühlen oder probieren die neuesten Elektro-Gefährte für Kiddys in den verrücktesten Formen aus. Unvergesslich bleibt ein etwa 5-jähriges Mädchen, das von den Eltern auf eine Kuh statt auf ein Pferd gesetzt wurde und laut protestierend auf dem umweltfreundlichen Milchvieh über die Platía rollte …

Kirche Ágios Minás

Die einzige regelmäßig geöffnete **Kirche Ágios Minás** ❶ an der Agorá, um 1700 erbaut, gibt mit ihrer Innenausstattung ein gutes Beispiel für den ionischen Barock ab. Die Deckengemälde stammen von Nikólaos Doxarás, einem der bedeutendsten Maler der Ionischen Schule in der Sakralmalerei. Er lebte von 1710–1755. Die Brüstung der Galerie bemalte Spíridon Vendoúras (1761–1835), ein einheimischer Maler aus Léfkas, der seine Lehrjahre in Venedig verbracht hatte.

Odós Ioánnou Méla/Ecke Odós 8is Merarchías, tgl. ca. 8–12 Uhr

Archäologisches Museum

Das **Archäologische Museum** ❷ präsentiert seine antiken Schätze in nur drei Räumen, die jedoch sehr ansprechend modern gestaltet sind. Die guten Erklärungen sind auf Griechisch und Englisch abgefasst. Der Mittelsaal illustriert antikes Leben, ein zweiter Saal den Tod in der Antike (s. S. 120). Ein dritter Raum ist den bronzezeitlichen Funden Wilhelm Dörpfelds vorbehalten, historische Fotos dokumentieren seine Grabungstätigkeit.

Odós Ang. Sikelianoú/Odós Svorónou (am nördlichen Ende der Uferstraße), Di–So 8–15 Uhr, Eintritt 3 €

Festungen Santa Maura und Tékla

Im Mittelalter lag die Inselhauptstadt nicht auf der Insel selbst, sondern an der Spitze der vom Festland herkommenden Nehrung – dort, wo sich heute an der Schiffsbrücke die **Festung Santa Maura** ❸ erhebt. Erbaut wurde die kleine Anlage um 1300, ihre heutige Form erhielt sie unter den Venezianern kurz vor 1700. Noch 1 km weiter auf dem Festland erhebt sich direkt an der Hauptstraße Richtung Flughafen die kleinere, von den Türken im 17. Jh. erbaute Festung **Tékla.** Zwischen beiden Festungen kann man mindestens bis in den Mai hinein und dann wieder ab Oktober Flamingos beobachten. In manchen Jahren bleiben sie auch den ganzen Sommer über.

Am Nordende des Kanals nahe der Brücke, Di–So 8–15 Uhr, Eintritt frei

Schlafen

Die Hotels und Pensionen der Stadt liegen am Platz, auf den der Damm vom Festland her mündet.

Bestes Haus am Platz

1 **Ionion Star:** Professionell geführt, von Geschäftsreisenden geschätzt, 2016 komplett modernisiert. 64 Zimmer, Pool.

Am Platz gegenüber vom Damm, T 26 45 02 47 62, www.ionion-star.gr, €€€

Exzellente Leistung fürs Geld

2 **Pension Pirofáni:** Kleines Hotel mit zehn Zimmern und acht Apartments. Hier wohnt man im Herzen der Stadt, kann von Zimmern mit Balkon an der Hauptgasse aus das Leben betrachten oder in den Zimmern auf der Rückseite zwar ohne besonderen Blick, dafür aber recht ruhig übernachten.

Odós Derpfeld, T 26 45 02 58 44, www.pirofanilefkada.com, €€

Groß und zentral

3 **Léfkas:** Auch das größte Hotel der Inselhauptstadt ist mit nur 93 Zimmern auf drei Etagen noch relativ klein. Es steht

gleich am Ansatz des Damms zum nahen Festland und damit auch direkt am Rande des historischen Ortszentrums. Bei der Buchung sollte man unbedingt ein Zimmer mit Meerblick wählen!
Odós Panagoú 2, T 26 45 02 39 16, www.hotel-lefkas.gr, €€

Mit Garten und Pool

4 **Casa Campos:** Vier Häuser in den typisch ionischen Farben bergen vier zweigeschossige Maisonette-Apartments mit jeweils voll eingerichteter Küche. Sie stehen in einem 5000 m^2 großer Garten mit alten Olivenbäumen und Pool am Stadtrand. In die Innenstadt geht man 10, zum Strand 15 Minuten. Eine nahe gelegene Lagune kann man laut Website des Vermieters »by cycling or joking« erkunden.
Südwestlich des Ortes, Zufahrt auf Homepage dargestellt, T 69 83 76 46 05, www.casacampos.gr, €€

Essen

Die meisten Tavernen liegen an der Agorá, also der Fußgängern vorbehaltenen Hauptgasse. Schilder machen auch auf alle Lokale aufmerksam, die wenige Schritte entfernt in Seitengassen liegen. Weitere Tavernen säumen die östliche Uferstraße gegenüber den dort festgemachten Jachten.

Nette Atmosphäre

1 **Lighthouse:** Wirt Sotíris Ventoúras und Sohn Vassílis servieren auf der schönsten Gartenterrasse der Stadt erstklassige Tavernenkost und offenen Wein aus der Kellerei der Familie, Mutter Georgía bereitet einen echten Salat (kein Pürée) aus geräucherten Auberginen zu. Vielleicht angenehm: Hier spielt keinerlei Musik.
Odós Filarmonikís 14, tgl. ab 16 Uhr, €€

Pizza hausgemacht

2 **Náftilos:** Ungewöhnlich ideenreich wird hier die griechische Kost serviert: Die Fleischspieße über einem Holzbrett, die Weintrauben als Dessert zwischen Eiswürfeln. Balsamico und Olivenöl stehen in kleinen, formschönen Ouzo-Flaschen auf dem Tisch, die Kellner sind flink und freundlich.
Platía Ethnikís Antistáseos, tgl. ab 12 Uhr, €

Cineastisch

3 **Pai kaíros:** Das ›Die Zeit vergeht‹ war zwar nie ein Kino, ist aber über und über mit Standfotos aus alten Filmen und alten Filmplakaten dekoriert. Toll sind auch die alten Fotos der Stadt Lefkáda an den Wänden. In diesem Ambiente genießt man leckere Kleinigkeiten zu Ouzo, Bier und Wein.
Odós Dim. Golémi, tgl. ab 12 Uhr, €

Superpreiswert

4 **Kafeneíon Vasiéra:** Volkstümliches Lokal: kleine Köstlichkeiten, also Mezedákia, kommen ungefragt zum Getränk, können aber auch separat bestellt werden. Der hier servierte Tsípouro kommt aus Thessalien.
Odós Ioánnou Méla 127, tgl. ab 10 Uhr, großes Bier mit kleinem Snack 3,50 €

Einkaufen

Haupteinkaufsstraßen der Stadt sind die Odós Derpfeld und ihre Verlängerung, die Odós Ioánnou Méla. Hier bieten auch mehrere Geschäfte die inseltypischen kulinarischen Souvenirs an.

Erst probieren, dann kaufen

1 **Destillerie Fragoúlis:** Das sich jeder Modernisierung verweigernde Geschäft der ältesten Inseldestille verkauft immer noch selbst produzierte Liköre, Brandy und Oúzo vom Fass. Sehr lecker sind der milde Kräuterlikör *rozolí* und der *mastícha,* ein mit dem Harz des Mastix-Strauchs aromatisierter Likör. Er wird pur – mit oder ohne Eis – vor allem vor

und nach dem Essen getrunken, weil er den Magen beruhigt. Neuerdings wird er auch für Cocktails verwendet, denen er einen originär griechischen Touch verleiht.
Odós Mitropóleos 4

Es geht um die Wurst

2 Polychronópoulos: Die luftgetrocknete Schweine-Salami aus Léfkas ist im ganzen Land berühmt. Hier kaufen Sie sie – vielleicht fürs nächste Picknick – direkt beim Produzenten.
Odós Ioánnou Méla 180

Für Süßmäulchen

3 Stavrákas: Schon seit etwa 60 Jahren stellt der moderne Familienbetrieb allerlei süße lefkadische Spezialitäten und eigene Schokoladen her, die auch in kleineren Verpackungsgrößen erhältlich sind. Viele von ihnen kann man hier in der Konditorei auch verkosten, bevor man größere Mengen einkauft.
Kreuzung Odós 8is Merarchías/Odós Ioánnou Méla, tgl. 8.30–23 Uhr, www.stavrakas sweets.gr

Bewegen

Kiten und Windsurfen

1 Milos Beach Resort: Für passionierte Kiter und Windsurfer gibt es auf den gesamten Ionischen Inseln kein besseres Zentrum als dieses griechisch-österreichische Resort. Es bietet nicht nur vielfältige Kurse und Materialverleih, sondern umfasst auch Zimmer und Studios, die nur an Wassersportler und deren Begleitung vermietet werden, sowie eine Bar und eine Taverne, wo sich die Gespräche überwiegend um Waves und Winde drehen. Zwischen April und September finden Vollmondpartys statt, jeden Abend werden im Heimkino Fotos und Videos von den Tagesaktivitäten der Surfer und Kiter gezeigt.
Mílos Beach (auf der Nehrung zw. Stadt u. Brücke), T 26 45 02 13 32, www.milosbeach.gr

RADELN MIT EXPERTEN

Simon und sein Team von **Get active** bieten täglich wechselnde Mountainbike-Touren auf Léfkas und sogar nach Meganísi an. Ausgangspunkt ist meist Nidrí. Außerdem bieten sie einwöchige Touren mit dem Katamaran an, wobei Mountainbikes mit an Bord sind. Gebucht werden können über diesen Veranstalter auch Yoga Sessions, SUP-Touren, unterschiedliche Bootsausflüge, Wind- und Kitesurfen und sogar Sternbeobachtungen. (T 69 89 45 64 45, www.getactivelefkas.com, Touren von 20 € (2 Std.) – 35 € (5 Std.)).

Ausgehen

Die schicken Music-Clubs und Café-Bars, in denen sich die jüngeren Einheimischen tummeln, reihen sich entlang der Uferstraße unmittelbar nördlich des Damms zum Festland aneinander.

Keineswegs ruhig

1 Kárma: Ruhig geht es im Kárma nun wirklich nicht zu. Schon am Tag trifft sich hier das jüngere Léfkas auf einen Frappé, innen startet abends der DJ sein Programm. Türsteher sorgen dafür, dass nicht jeder hereinkommt.
Odós Derpfeld/Odós Ang. Sikelianoú

Auf dem Wasser

2 Pirátes: Die Café-Bar auf den beiden Decks eines urigen Schiffchens ist ein schöner Platz, um die Abenddämmerung mit Blick auf die Marina zu genießen. Die Preise sind moderat, jeden Donnerstag findet abends eine House-Lounge-Party statt.
Dimitriou Golemi, auf dem Wasser, tgl. 8–1 Uhr

Salsa und Mojito

Cubana/Mávros Lágos: Mehrere kleine Gebäude und ein Innenhof bilden mitten in der Altstadt ein äußerlich unscheinbares Konglomerat, in dem es heiß hergeht. Jeden Abend werden Salsa-Partys gefeiert, häufig erklingt dabei die Musik live. Zehn verschiedene Mojitos und viele edle Rumsorten stehen auf der Karte, kubanische Zigarren liegen im Humidor. In der integrierten Weinbar **Der schwarze Hase** stehen hingegen über 100 griechische Flaschenweine im Mittelpunkt des Trinkinteresses. Wer weiß, dass er sehr kräftig feiern wird, kann auch gleich ein Zimmer im direkt angrenzenden Boutique-Hotel **The Aigli 1800** buchen (www.theaigli.gr).

Odós Verióti 6/Odós Pinélopi 4, tgl. ab 18 Uhr

Infos

- **EOT Tourist Information:** Marína, T 23 45 02 30 00.
- **Hafenpolizei:** T 26 45 02 21 76.
- **Touristenpolizei:** T 26 45 02 93 79.

Kloster Faneroménis

T 1

Das einzige noch bewohnte Kloster der Insel liegt 4 km außerhalb der Stadt hoch oben am Berghang. Kunsthistorisch ist es unbedeutend, doch bezaubert es durch seinen schönen Garten mit einigen Vogelvolieren. Jeden Mittwochabend von 20.15–0.45 Uhr findet hier ein gut besuchter Abendgottesdienst statt, dem man auch bestens vom Garten aus folgen kann.

An der Straße Lefkáda – Ágios Nikítas, tgl. 8–14 und 16 Uhr bis Sonnenuntergang (Mi bis Ende des Gottesdienstes)

Ágios Nikítas

S 1

Das einstige Fischerdorf an der Westküste kann die Touristen heute kaum mehr verkraften, die hier massenweise Ruhe, Einsamkeit und Idylle suchen. Der Ort hat seinen Reiz verloren, der örtliche Strand war noch nie gut. Zum Baden sehr viel besser geeignet sind die Strände 1–3 km nördlich des Dorfes sowie südlich der jenseits einer Landzunge gelegene, 1500 m lange Sandstrand von Káthisma, der im Hochsommer allerdings auch von Zelten und Wohnmobilen überschwemmt wird.

Kalamítsi

S 2

Hinter Ágios Nikítas teilt sich die Straße und hält für die Weiterfahrt zwei Alternativen bereit. Die Strecke über Drimónas und Exánthia bietet fotogene Blicke auf diese traditionellen Dörfer. Fährt man über Kalamítsi, lernt man einen kleinen Urlaubsort hoch über dem Meer kennen, der herrlich chaotisch-ursprünglich geblieben ist. Hunde, Hühner, Ziegen und sogar Esel stellen hier den Großteil der Bevölkerung; man wohnt in kleinen Apartmenthäusern mit fantastischem Ausblick.

Schlafen

Berechtigter Name

Fantástico: Acht Studios und Apartments für zwei bis fünf Personen mit fantastischem Ausblick, aber nur für motorisierte Urlauber geeignet. Grill und Gemeinschaftsküche, schöner Garten.

Am Dorfrand, ab Hauptstraße ausgeschildert, T 26 45 09 93 90, www.fantastico.gr, €€

Die Steilklippen auf der Lefkáta-Halbinsel am Abend

Halbinsel Lefkáta

Die Fahrt über die Lefkáta-Halbinsel beginnt beim Weiler Komíli und endet nach 22 km am Leuchtturm hoch oben auf dem Kap Doukáto. Am Weg liegen nur zwei Dörfer, Stichstraßen führen zu völlig unverbauten Stränden hinab. Auf dem letzten Teil der Strecke sind immer wieder sowohl die Bucht von Vasilikí als auch das offene Meer zu sehen, zu dem die Küste in hellen Kalksteinklippen abfällt. Trotz zunehmender Bebauung mit Sommerhäusern ist die raue Landschaft noch immer einsam und sehr naturbelassen.

Der niedrige Leuchtturm an der Südspitze der Halbinsel weist Autofähren, Frachtern und Jachten den Weg aus dem Ionischen Meer in den Golf von Korinth. An seiner Stelle stand in der Antike ein Apollon-Tempel. Strabo, ein griechischer Geograf aus der Zeit um Christi Geburt, erzählt von einem dort üblichen Brauch: Alljährlich wurde am Festtag des Gottes ein zum Tode verurteilter Verbrecher von den Klippen am Tempel in die Tiefe gestürzt. Man band ihm jedoch Federschwingen und sogar lebende Vögel an den Leib, die den Sturz mildern sollten. Unten warteten Boote. Überlebte der Verurteilte den Sturz, nahmen sie ihn auf und brachten ihn außer Landes ins Exil.

Egrémni (Grémni) Beach S 3

Der oft als Traumstrand eingestufte, völlig unverbaute und kilometerlange Strand besteht aus Kies und kleinen Kieselsteinen, im Meer aber ist er weitgehend weißsandig, daher erscheint das Wasser oft türkis (s. S. 128). Die serpentinenreiche Straße hinunter ist nur

Lieblingsort

Ganz weg, aber ganz nah am Wasser

Mir sind die griechischen Strände die liebsten, an denen ich keine Autos sehen kann – viele gibt es nicht mehr. Darum schätze ich den **Egrémni Beach** (S 3) ganz besonders. Nach 325, im untersten Teil recht wackligen Stufen umfängt mich fast nur noch Natur: Hinter mir der grüne Steilhang, unter mir der lange, helle Strand, begrenzt von Steilufern, und vor mir das weite Meer – hier ganz ohne andere Inseln am Horizont.

sehr vorsichtig zu befahren; am Ende warten dann noch 296 Stufen. Eine Alternative ist die Fahrt mit Ausflugsschiffen ab Nidrí oder Vassilikí dorthin.

Gialós Beach S 3

Gleich hinter Drágano führt eine 5 km lange, serpentinenreiche Straße zu diesem langen Sand-Kies-Strand hinunter. Eine Handvoll Kantinas sorgt für Souvláki und andere Snacks, einige wenige Liegestühle werden vermietet.

Pórto Katsíki S 4

Poster und Postkarten mit dem Anblick des ›Ziegenhafen-Strandes‹, einem schmalen Sandband unter hoher, heller Steilküste sind überall in Griechenland zu finden. Allerdings ist das kleine Plateau oberhalb des Strandes inzwischen zum größten Parkplatz der Insel geworden, der Strand in der Hauptsaison restlos überfüllt, der Abstieg über viele, viele Stufen lohnt deshalb wohl nur in der Nebensaison.

Schlafen

Unterkünfte sind auf der Lefkáta-Halbinsel noch knapp. Übernachten sollte hier ohnehin nur, wer motorisiert ist.

Schickes Häuschen

Casa Varóll: Kíka Mélas offeriort in ihrer Pension 10 Betten in einem kleinen, zweigeschossigen Haus, das so gemütlich ist, wie es aussieht.

Aus Richtung Athaní kurz vor der Abzweigung nach Pórto Katsíki, €€

Essen

Preiswerter geht es kaum

Sésula: Wirtin Georgía bereitet täglich zwei bis drei Gerichte frisch zu: Pastítsio oder Moussaká, gefüllte Tomaten und Paprika oder Weinblätter. Die sollte man dann auch bestellen. Außerdem gibt es täglich hausgemachte *tirópitta.* Zum Tee bekommen Sie hier zum Eintunken Zwieback mit Anisgeschmack.

Drágano, an der Hauptstraße, tgl. ab 9 Uhr, €

Wald mit Aussicht

Oásis: Tische und Stühle der Taverne stehen in einem Kiefernwäldchen, eine Café-Terrasse bietet auf der anderen Seite der Straße einen schönen Blick entlang der Küstenlinie. Serviert werden vor allem Lamm und Zicklein sowie Schafsmilchjoghurt und Käse aus lokaler Produktion. Für die Kleinen ist ein Spielplatz vorhanden.

An der Abzweigung nach Pórto Katsíki, tgl. ab 10 Uhr, €

Vasilikí S 3

Vasilikí ist die Perle des Inselsüdens. Der kleine, historische Ortskern mit seinen ziegelgedeckten Häusern, deren Obergeschosse mit Holz verkleidet sind, sorgt für eine anheimelnde Atmosphäre; am Hafenbecken sitzt man unter Eukalyptusbäumen vor kleinen Fischerbooten und manchmal auch zwischen Fischernetzen in Cafés, Bars und Tavernen recht romantisch.

Ein fast 2 km langer, am Ufer feinkiesiger und im Wasser sandiger Strand beginnt unmittelbar am Ortsrand und reicht bis in den benachbarten Weiler Póndi. Am Strand sind zwischen Mai und September mehrere große Wassersportstationen aktiv, die hauptsächlich von Briten frequentiert werden. Im Hintergrund bildet die weite Küstenebene vor hohen, kahlen Bergen eine schöne Kulisse. Von Vasilikí aus fahren zudem Badeboote an versteckte Strände

S

ZWEI BARS IN SÍVOTA

Am besten können Sie das Einlaufen der Segeljachten von der kleinen, wie ein Schiff angelegten Terrasse der **Jacht-Bar** am Ostufer der Sívota Bay aus verfolgen. Zunächst sieht man nur die Masten über die Landzunge dahingleiten, die die Bucht vom offenen Meer abschirmt. Ein paar Minuten später tauchen dann die Boote auf, nehmen mit einer Linkskurve Kurs auf ihren Liege- oder Ankerplatz. Einige machen auch am Ponton direkt vor der Jacht-Bar fest. Abends sitzen Sie jedoch viel schöner genau gegenüber auf der anderen Hafenseite im **Liotrívi Café,** einer gut restaurierten alten Olivenmühle. Da können Sie auch den griechischen Zimt-Nelken-Likör *tentoúra* oder den mit Mastix-Baumharz aromatisierten Mastícha-Likör von der Insel Chíos bestellen.

an den Ufern der großen Bucht; mit der Fähre sind bequem und problemlos Tagesausflüge in den Norden Itháhis oder Kefalloniás möglich.

Schlafen

Am Puls der Zeit

Odéon: Das Boutique-Hotel mit 19 Zimmern wird familiär geführt. Die indonesischen Batiken in den Räumen stammen aus der Privatsammlung der Inhaber, auch die Bambusmöbel auf der Terrasse versetzen einen nach Fernost. Zum Hotel gehört ein hübscher Pool, die Standardzimmer sind 22–25 m² groß, es gibt auch Family Suites.

Pónti, etwa 100 m vom Strand, T 26 45 03 19 18, www.vassiliki.com, €€

Grüezi

Villa Delfíni: Ruhig gelegene Pension einer griechisch-schweizerischen Familie mit vier kleinen Zimmern und einem Studio, große Gemeinschaftsküche. 40 m unterhalb der Pension liegt ein kleiner Kiesstrand, zu den Cafés am Hafen geht man drei Minuten.

Auf der Rückseite des Hafens, ca. 100 m vom Anleger, T 26 45 03 15 84, Mob. 69 74 11 89 40, www.vasiliki.eu, €

Infos

- **Kleine Autofähren:** Captain Aristídis nach Fríkes/Itháki und Fiskárdo/Kefalloniá, www.westferry.gr; Ionion Pélagos nach Pisoaétos/Itháki und Sámi/Kefalloniá, T 26 45 03 15 20, www.ionionpelagos.com.

Sívota

T 3

Die beste Zeit für den kurzen Abstecher in die völlig windgeschützte und weitgehend strandlose Sívota Bay ist der Nachmittag ab 16 Uhr. Dann laufen hier viele Dutzend Segeljachten ein. Der Weiler selbst besteht fast nur aus Tavernen, Souvenirläden und Geschäften für den Seglerbedarf.

Einkaufen

Weinkellerei

Lefkadítiki Gí: Moderne, im Jahr 2000 von Dimítris Robótas gegründete Weinkellerei mit Wein- und Olivenölmuseum. Besichtigung der Kellerei und Weinprobe möglich.

An der Inselrundstraße Richtung Vlichó kurz vor der Abzweigung ins Bergdorf Sívros auf der linken Straßenseite, Mai, Juni, 15.9.–15.10. Mo–Sa 10–15, Juli–14.9. tgl. 10–20 Uhr, T 26 45 09 52 00, www.lefkaditikigi.gr

Póros Beach/ Mikrós Gialós ⚲ T 3

Die Bucht vier kurvenreiche Kilometer unterhalb des stillen Bergdorfes Póros hat in der Vor- und Nachsaison eine Reihe treuer Stammgäste, die die Ruhe und den alteingesessenen Campingplatz schätzen. Der etwa 200 m lange, bis zu 25 m breite Kieselsteinstrand geht am Ufersaum in Kies über. Einige kleine, moderne Hotels und mehrere familiäre Tavernen sind in den letzten Jahren hinzugekommen – aber überlaufen ist der Póros Beach nur im Juli/August. Zahlreich sind abends allerdings die Jachten, die hier vor Anker gehen: Von über 100 Booten pro Abend berichten die Tavernenwirte.

Schlafen

Fast direkt am Strand

Roúda Bay: Kleines Hotel im lefkadischen Stil, leicht von der Uferstraße zurückversetzt. Gebäude aus Holz und Stein, Ziegeldächer, schöner Garten. 25 Studios.

Am Strand, T 26 45 09 56 34, www.rouda bay.gr, €€€

Camping ohne Zelt

Póros Beach Camping & Bungalows: Wohnen mit der Laissez-faire-Atmosphäre eines Campingurlaubs. 40 2003/04 erbaute Studios für zwei bis fünf Personen mit Balkon oder Terrasse stehen in Hanglage nahe dem Strand, Self-Service-Waschsalon und Pool des sehr guten Platzes können selbstverständlich mitgenutzt werden. Ideal insbesondere für junge Familien.

T 26 45 09 54 52, www.porosbeach.com.gr, €–€€

Nidrí ⚲ T 2

Wenige Minuten hinter der Abzweigung nach Póros wartet die Inselrundstraße mit einem der schönsten Inselpanoramen auf. Der Blick reicht über den seeartigen Golf von Vlichó bis zum Inselmeer zwischen Nidrí und dem Festland. Im Golf von Vlichó liegen Myriaden von Segeljachten, vom Kai von Nidrí starten täglich zahlreiche Ausflugsboote zu Tageskreuzfahrten. Nidrí, bedeutendster Urlaubsort der Insel, wird von einem langen, schmalen Kiesstrand gesäumt, an dem viele kleine Hotels stehen; Großhotels fehlen.

Gräber aus der Bronzezeit

Die Inselrundstraße durchschneidet an dieser Stelle ein Gelände, in dem der

WIE ODYSSEUS KREUZEN

Das originellste aller im Nidrí-Hafen liegenden Ausflugsboote heißt Odysseía und soll aussehen wie das Schiff des sagenhaften Odysseus. Sein Kapitän Gerássimos (Gerry) Ktėnas ist davon überzeugt, dass schon Odysseus Amerika entdeckt hat, und belegt das auf Wunsch mit einem engagierten Vortrag auf Englisch. Mit an Bord ist seine französische Frau Mariedo, die gern Erklärungen zu den besuchten Inseln und ihren Bewohnern gibt und ausführlich über Onássis und seine Freunde erzählt. Manchmal sind auch weitere Familienmitglieder mit dabei, vor allem Sohn Dimítris und dessen 2019 geborener Sohn Jason-Gerásimos. Infos abends an Bord oder unter www.odysseia-lefkada.eu.).

B

VIER STUNDEN IN DEN BERGEN

Das Inselinnere von Léfkas hat keine weltbewegenden Sehenswürdigkeiten zu bieten. Doch die Landschaft ist schön, der Ausblick von der Straße zwischen dem Bergdorf **Vafkerí** (T 2) und dem Küstenort Nidrí gehört zu den schönsten der ionischen Inselwelt. Am besten fahren Sie gegen 14 Uhr in Lefkáda los und legen in Kariá auf der schattigen Platía eine erste Kaffeepause ein. Über einen Besuch in seinem privaten volkskundlichen Museum am oberen Dorfrand freut sich der erzählfreudige Besitzer (tgl. 9–21 Uhr, Eintritt ca. 3 €). Dann folgen Sie zunächst dem Wegweiser Richtung Englouví, kurz darauf dem nach Vafkerí. Unmittelbar vor dem Ortsanfang von Vafkéri liegt rechts der Straße in einer Linkskurve eine große, alte Brunnenanlage. Folgen Sie hier dem braunen Wegweiser zum ›Monastery of the Taxiarches‹, gelangen Sie über ein 1 km langes, schattiges Asphaltsträßlein zur völlig einsam gelegenen, frei zugänglichen Ruine eines großen Klosterkomplexes aus dem 17. Jh. Nur die Kirche ist intakt, aber viele Mauern der Klostergebäude sind meterhoch erhalten, Torbögen führen ins Nichts. Man fühlt sich hier wie in den Ruinen einer ans Mittelmeer versetzten nordenglischen Abbey. An diesem wildromantischen Plätzchen lässt es sich hervorragend und meist völlig ungestört picknicken.
In Vafkéri sind dann ein Kafenío und die unmittelbar benachbarte, sehr gute Taverne Plátanos tis Ólgas der Dorfmittelpunkt. Danach geht es auf einer Panoramastraße wieder an die Küste hinab; der Blick auf die Bucht von Vlichó und die Inselwelt zwischen Nidrí und dem Festland ist einzigartig schön.

deutsche Archäologe Wilhelm Dörpfeld zwischen 1908 und 1913 eine Nekropole mit 33 Gräbern aus der frühen und frühen mittleren Bronzezeit (ca. 3000–1600 v. Chr.) freilegte. Eigentlich suchte er nach dem Palast des legendären Troja-Helden Odysseus, um seine These zu untermauern, die Insel Léfkas sei das homerische Itháka. Heute sind von den Grabhügeln nur noch vier relativ gut zu erkennen. Sie wurden über der Verbrennungsstätte der Toten errichtet. Nachdem der Scheiterhaufen mit Wein gelöscht worden war, mauerte man darüber bis zu 1 m hohe, kreisförmige Gräber aus Kalksteinplatten und Kieseln aus dem nahen Bach auf, überdeckt von einem kegelförmigen Erdhügel.

Am südlichen Ortsende von Nidrí, braunes Hinweisschild (Early Bronze Age Tumuli) direkt an der Inselrundstraße, frei einsehbar

Onássis-Denkmal

Der Reeder und Multimilliardär Aristotélis Onássis war mit seiner Privatinsel Skórpios für die Nidrioten ein Wohltäter. Ab den späten 1960er-Jahren schuf er nicht nur Arbeitsplätze, sondern versorgte auch örtliche Handwerker und Händler mit Aufträgen. Deswegen errichtete man ihm vor einigen Jahren eine lebensgroße Bronzestatue als Denkmal. Hier lassen sich die Griechen jetzt gern mit dem Gatten von Jackie Kennedy und Liebhaber von Maria Callas fotografieren.

Am Hafen von Nidrí

Wasserfall

Tosende Wassermassen darf man von den ›Waterfalls‹ nicht erwarten. Schön aber ist der Weg zu den etwa 6 m hohen Katarakten. Er beginnt am Ende der Zufahrtsstraße am einfachen Café

Plátanos und führt knapp 400 m weit durch ein grünes Tal, durch das ein kleiner Wildbach munter plätschert. Bachstelzen und Frösche sind zu hören und zu sehen.

3 km außerhalb des Ortes, Zufahrt vielfach gut ausgeschildert

Schlafen

Einfach, herzlich, direkt am Strand

Nýdrion Beach: Die Barterrasse, auf der auch das Frühstücksbuffet eingenommen wird, grenzt an den schmalen Strand, über den man in wenigen Minuten zur Hafenpromenade gelangt. Einige der einfach möblierten Zimmer haben Balkone zum Meer hin.

Ca. 200 m nördlich des Hafens, T 26 45 09 24 00, www.nydrionbeach.gr, €€

Beim Bäcker wohnen

Eva Beach: Die kleine Anlage mit 30 Zimmern und 14 Apartments liegt zwischen der Uferstraße und dem Strand. Sie gehört dem Dorfbäcker; entsprechend abwechslungsreich sind Brot und Kuchen auf dem Frühstücksbuffet.

Ca. 250 m nördlich des Hafens, T 26 45 09 25 45, www.evabeach.gr, €€

Essen

Griechisches Füllhorn

Ergon Greek Deli: s. o.

Moderne Alternative

Pipéri: Wohltuend schnörkellos-modern eingerichtet, Spezialitäten auch aus anderen griechischen Regionen sowie 16 Pizze und das der Bruschetta ähnliche Dákos stehen auf der Karte.

Hafenpromenade, ca. 20 m südlich des Anlegers der Meganísi-Fähre, tgl. ab 10 Uhr, €€–€€€

ALLES NUR GRIECHISCH

Zwischen der Hauptdurchgangsstraße von Nidrí und seinem Hafen stehen auf einem lang gestreckten Rasengrundstück unter schattigen Bäumen die Tische und Stühle von **Ergon Greek Deli & Cuisine.** Im Geschäft und im Restaurant sind nur griechische Produkte erhältlich, darunter besonders viel Käse, Wurst, Schinken und Wein. Man kann fürs Apartment einkaufen, aber auch vor Ort genießen, was die verschiedenen Inseln und Regionen Griechenlands zu bieten haben.
Nidrí, Odós Derpfeld, T 26 45 09 90 20, www.ergonfoods.com, Mitte Mai–Mitte Sept. tgl. ab 12 Uhr

Bewegen

Viele miteinander konkurrierende Ausflugsboote liegen im **Hafen von Nidrí.** Sie bieten ein- bis zehnstündige Törns an. Zwei Tageskreuzfahrten sind besonders erwähnenswert: 1. Nidrí–Pórto Katsíki/Léfkas–Fiskárdo/Kefalloniá–Kióni (Itháki)–Papanikoláou-Höhle/Meganísi–Skórpios–Nidrí; 2. Nidrí–Papanikoláou Höhle/Meganísi–Kástos–Kálamos– Skórpios Beide kosten inkl. Mittagessen und Tischwein ca. 50 €.

Alles da

Dennis Watersports: Wasserski, Wake Board, Fallschirmsegeln, Kanu oder Tretboot mieten.

Am nördlichen Strandende, T 69 32 15 46 25

Inseln erforschen

Léfkas Motorboats: Am Fähranleger, T 69 44 62 83 38. Motorboote zur Erkundung der Inseln in der Bucht auf eigene Faust (ab 50 €/3 Std.).

M

DIE SCHÖNSTEN STRÄNDE AUF MEGANÍSI

Ágios Ioánnis: Auf der westlichen Seite von Meganísi, Richtung Léfkas. Ein weißer Kieselstrand (ca. 40 m lang) mit wenigen Liegestühlen und Sonnenschirmen sowie einer kleinen Bootsanlegestelle. Eine sympatische, einfache Taverne serviert bei Loungemusik Getränke und kleinere Speisen (Mitte Mai bis Mitte Sept.). Zum Strand kommt man auch mit dem Auto.
Viglía: Dieser unorganisierte Strand (ca. 180 m lang) befindet sich auf der Westseite von Meganísi, gegenüber der kleinen Insel Thilía, und bildet eine kleine Bucht ins Meer hinaus. Ein weißer Kieselstrand mit herrlich kristallklarem Wasser und tollem Ausblick auf Léfkas. Mit dem Auto erreichbar.
Karnágio: Eine kleine Bucht mit dunklem Sandstrand (ca. 50 m lang) und sauberem Wasser, direkt neben dem Hafenstädtchen Vathí. Es gibt einige Liegestühle und Sonnenschirme sowie eine kleine Taverne am Strand (Mai–Sept.).
Fanari Bay: Ein kleiner brauner Kieselstrand (ca. 170 m lang) mit wenigen Liegestühlen und Sonnenschirmen und einer kleinen Bar (Mai–Sept.) am Strand, auf der Ostseite von Meganísi beim Leuchtturm. Der Strand bietet einen schönen Ausblick auf die ganze Bucht und ist mit dem Auto erreichbar.
Loutrolímni: Ein unorganisierter Kieselstrand im Osten der Insel. Erreichbar ist er über einen kleinen Feldweg, ansonsten besser mit Booten.
Linonári Bay: Ein langer, sehr schöner weißer Kieselstrand (ca. 300 m lang), organisiert mit Liegestühlen und Sonnenschirmen. Mit dem Auto erreichbar.
Tipps von Yvonne Walser

Infos

- **Fähre:** Nach Meganísi mind. 4 x tgl. Tickets bei Borsalino Travel am Hafen und an der Hauptstraße, T 26 45 09 25 28, www.borsalinotravel.gr.
- **Busse:** Aktuelle Busfahrpläne hängen zur Ansicht im Büro von Borsalino Travel aus, dem vermutlich besten Reisebüro in Nidrí.

Inseln bei Lefkás

Skórpios

U 2/3

Die grüne Insel dicht vor Nidrí gehörte von 1963 bis zu seinem Tod im Jahr 1975 dem griechischen Großreeder Aristotéles Onássis. 2013 verleasten seine Erben das Eiland an die Tochter des russischen Milliardärs Dmitri Rybolowlew. Seitdem ist es ruhig um Skórpios geworden, das zu Onássis Lebzeiten ein Treffpunkt internationaler Prominenz war. Bis zu 600 Bedienstete kümmerten sich hier zeitweise um das Wohl des Eigentümers, seiner Gäste und um den Park, der mit über 200 verschiedenen Baumarten die nur 85 ha kleine Insel bedeckt. Onassis und seine Tochter Christina sind auf Skórpios beigesetzt, die Asche von Maria Callas wurde vor der Insel im Meer verstreut. Die berühmte Operndiva war lange die Geliebte des Reeders gewesen.

Skórpios zu betreten ist verboten. Zahlreiche Bootsausflüge von Nidrí aus führen jedoch dicht an der Küste entlang.

Meganísi

U 3

Obwohl die Fähre von Nidrí auf Léfkas bis zur Insel Meganísi nur 45 min. unterwegs ist und mindestens viermal täglich verkehrt, kennt kaum ein Lefkadier die ›Große Insel‹ – so die Übersetzung ihres Namens. Sie ist zwar nur 18 km^2 groß, aber die größte einer Reihe von kleinen, meist unbewohnten Inseln zwischen Léfkas, Itháki und dem Festland.

Auf dem Eiland leben im Winter etwa 500 Griechen und einige Albaner, im Sommer steigt die Zahl der Griechen auf über 1500. Es gibt zwar zwei gute Hotels mit Pool, aber die meisten Besucher kommen mit Jachten und bleiben am Wasser. Die Bewohner verteilen sich auf drei einfache Dörfer, von denen nur Vathí am Meer liegt. Sein Hafen hat eine kleine Marina erhalten.

Die Insel ist überwiegend sanft hügelig, die höchste Kuppe erreicht eine Höhe von 267 m. Auffällig ist bei einem Blick auf die Karte die eigenartige Form von Meganísi, von der ein schmaler Keil wie ein Griff gen Südosten ins Meer hinausragt. Hier gibt es mehrere Strände, die allerdings nur zu Fuß oder mit dem Boot erreichbar sind. Baden kann man auch unterhalb der Binnendörfer Spartochóri und Katoméri an kleinen Kies- und Kieselsteinstränden.

Die Entfernungen zwischen den Orten sind gering – von Pórto Spiliá nach Spartochóri geht man etwa 20 Min., von dort nach Katoméri ca. 60 Min., von dort nach Vathí nur etwa 15 Min. Die Dörfer der Insel beeindrucken nicht durch Schönheit, sondern durch Einfachheit. Wegen der abends einlaufenden Jachten ist **Vathí** schon etwas moderner und schicker, **Katoméri** und **Spartochóri** haben sich viel Ländlichkeit bewahrt. Die Ortsdurchfahrten sind manchmal so eng, dass der Minibus die Hauswände schrammt. Ob Meganísi bleibt wie es ist, steht in den Sternen. Anfang des letzten Jahrzehnts hat der britische Baker Lord Charles Jacob Rothschild Teile der Insel erworben, um sie zu einem Resort für Superreiche zu entwickeln. Prince Charles, Roman Abramovich, Nicole Kidman, die spanische Königsfamilie und Pávlos, Sohn des letzten griechischen Königs, sollen schon Interesse bekundet haben, sich dort einzukaufen. Viel zu sehen ist von dem ganzen Projekt aber bisher noch nicht.

Schlafen

So richtig im Dorf

Rooms Stathoúlas: Acht sehr gepflegte Studios in einem Garten, neben dem Wohnhaus der Familie. Stathoúla und Argíris sprechen zwar kaum Englisch – aber beide sind so typisch griechisch und gastfreundlich, dass sich ein Aufenthalt hier schon allein deswegen lohnt.

Spartochóri, T 26 45 05 15 02, www.booking.com, €

Familiär und traditionell

Hotel Meganísi: Das von Dímitris und Christína Polítis sowie der gesamten Familie sehr persönlich geführte Haus mit 35 Zimmern und Pool war jahrzehntelang das einzige Hotel der Insel. Die vielen Stammgäste stammen überwiegend aus Großbritannien.

Am Ortsrand Katoméris, T 26 45 05 12 40, www.hotelmeganisi.gr, €€

Mit Hafenblick

Vathí Studios: Die acht in ruhigen Farben eigerichteten Studios sehr gastfreundlicher Vermieter bieten wahlweise 2 oder 4 Personen Platz. Sie liegen nahe dem kleinen Hafen leicht erhöht, Frühstück kann dazugebucht werden.

Vathí, T 26 45 05 17 00, www.vathystudios.gr, €–€€

Beschauliche Idylle im kleinen Hafen von Kálamos

Essen

Große Portionen

Marináta: In der Taverne direkt am Hafen sind die Teller groß, die Küche eher rustikal.

Vathi, tgl. 10–23.30 Uhr, €€

Der Lokalmatador

Rose Garden: Die schöne Gartentaverne nahe der Platía des Ortes bietet gute griechische Hausmannskost, darunter täglich auch mehrere gekochte oder gebackene Gerichte.

Vathí, nahe Platía, tgl. ab 9 Uhr, €

Bewegen

Fahrzeuge und Internet

Wave Travel: Vathí, an der Hafenpromenade, T 26 45 05 10 11. Hier kann man Motorroller und -boote ausleihen. Außerdem bietet es Internet-Service.

Infos

- **Kirchweihfest Ágios Konstantínos ke Agía Eléni:** 20./21. Mai in Katoméri.
- **Marienfest:** 14./15. Aug. in Katoméri.
- **Kirchweihfest Agía Vissarióna:** 14./15. Sept. in Vathí.
- **Fähre:** Meganísi besucht man am besten auf eigene Faust mit der Autofähre, die in Spartochóri und Vathí anlegt. Infos und Tickets in Nidrí bei Borsalíno Travel.

Kástos und Kálamos V 3/4

Auf die beiden Inseln zwischen Léfkas und dem Festland kommt man per Fähre nur vom Festlandshafen Mitíkas aus. Auch einige Tageskreuzfahrten von Nidrí aus laufen eine oder beide Inseln an. Yvonne Walser kennt beide Inseln sehr gut, denn sie besucht sie mehrmals jährlich auf ihren Seekajaktouren von Kefalloniá aus (s. S. 164). Sie beschreibt sie so:

Kástos

Kástos ist nur 7,5 km lang und maximal 900 m breit. Die Insel hat nur 30 ständige Bewohner. Bis zum Erdbeben 1953 war auch ein Weiler namens Kefáli im Inselsüden bewohnt. Im Winter ist fast alles geschlossen! Ein Mini-Markt am Hafen ist auch in manchen Wintern geöffnet. Auf Kástos gibt es keine organisierten Strände, nur verschiedene kleine Buchten mit Kiesstrand, die nur mit Booten zu erreichen sind, da auf Kástos Autoverbot herrscht. Die Strände selbst sind nicht sehr besonders, aber die ganze Küstenlänge hat ihren Charme durch imposante, kalkhaltige Felsformationen.

Essen

Die Taverne **Belos** liegt direkt am Hafen und ist ganzjährig geöffnet. Auf der östlichen Seite des Hafens befindet sich neben einer alten Windmühle ein Café, das auch kleine Speisen anbietet. Drei weitere Tavernen werden saisonal betrieben.

Infos

- **Gemeinde:** T 26 46 09 14 84.
- **Fähren:** Von Mitíkas 2–4 x tgl. außer Mo. Fahrtdauer ca. 1 Std., www.lefkada.gr.

Kálamos

Kálamos hat ca. 600 ständige Bewohner. Sie leben überwiegend im Hauptort an der Ostküste, einige wenige auch im Weiler Episkopí im Nordwesten des Inselchens. Es gibt keine organisierten Strände, Autos sind nicht erlaubt. Die ganze Nordwest- und Nordostseite ist stark bewaldet und hat kleine Buchten mit kristallklarem Wasser. Im Dorf Kálamos befinden sich zwei Mini-Märkte.

Essen

Im Dorf Kálamos gibt es eine Taverne, **Georgie's** (€€), die vor allem bei Seglern beliebt ist und ein sehr gutes und reichhaltiges Menü bietet (von Mai bis Oktober geöffnet). Außerdem gibt es im Dorf noch mehrere Kafenía, einen Bäcker und zwei Mini-Märkte.

Bewegen

Strände

Mirtia: Ein fantastischer weißer, langer Kieselstrand (ca. 500 m lang) mit Pinienwald direkt bis ans Meer, gleich neben Kálamos. Ideal zum Schnorcheln! Nur mit dem Boot zu erreichen. Ca. 25 Min. zu Fuß bis ins Dorf.
Porto Leone: Einer der beliebtesten Strände in Kálamos, besonders für Segler. Am weißen Kieselstrand, der ca. 100 m lang ist, finden sich noch einige Ruinen der durch das Erdbeben von 1953 zerstörten Häuser.
Agrapidia: Ein weißer Kieselstrand (ca. 300 m lang), östlich vom Dorf Kálamos, neben alten Windmühlen.
Milos: Weißer Kieselstrand (ca. 200 m lang) und nicht organisiert.

Infos

- **Fähre nach Mitíkas/Festland:** 4 x tgl., Fahrtdauer ca. 20 Min. Aktuelle Fahrpläne auf www.lefkada.gr.

Kefalloniá

Vier Inseln in einer — Kefalloniá wirkt, als sei es aus vier ganz verschiedenen Inseln zusammengesetzt. Drei Städtchen, ein über 1600 m hohes Gebirge, stille Hochebenen und traumhafte Strände erwarten Sie hier.

Seite 166

Mykenisches Grab in Tzanáta

Das besterhaltene mykenische Kuppelgrab der Ionischen Inseln bei Póros haben seine Wärterinnen mit einem liebevoll gestalteten Garten umgeben.

Seite 161

Kástro

Das Dorf unter der venezianischen Burg wirkt wie eine Einladung zum Müßiggang. Ein paar kleine Galerien, eine Taverne mit üppiger Blütenpracht, eine kriegerische Festung, ein heute nun mehr friedlicher Park – was braucht man mehr für ein paar schöne Stunden.

Mehr Weinkellereien als hier gibt's auf keiner Ionischen Insel.

Seite 153, 157

Wandern

Die besten Wanderreviere mit Pfaden, die gut gepflegt und im Frühsommer freigeschnitten werden, finden Sie bei Fiskárdo im Norden und bei Sámi im Osten.

Seite 147

Kianí Aktí

Ouzerí in Argostóli auf Pfeilern überm Wasser mit exzellenten Meeresfrüchten.

Seite 157

Alt-Sáme

Was von der antiken Stadt bei Sámi noch zu sehen ist, steht einsam in schönster Landschaft.

Seite 150

Spiaggia

Der ausgeflippteste Beach Club der Insel, an einem halbmondförmigen Sandstrand bei Vatsá gelegen. Hier werden Hippieträume wahr.

Seite 161

Kloster Ágios Andréas

Das Klostermuseum gehört zu den am besten gestalteten des Archipels, vielleicht ganz Griechenlands. Zu ihm gehören auch die Fresken in der schönen alten Klosterkirche.

Seite 152

Fiskárdo ✪

Ein Hauch von St. Tropez liegt in der Luft. Luxusjachten dümpeln an den Kais und in der Bilderbuchbucht. Bunte Häuser reihen sich an den Ufern, Restaurants servieren Gerichte auf hohem Niveau. Wer es sich leisten will, wohnt im Emelisse Art Hotel einer stilvollen Oase für Genießer.

Seite 150

Ásos 

Trotz Erdbeben 1953 und Erdrutsch 2020 ein schönes, winziges Dorf in wahrhaft idyllischer Lage. Erst Burg, dann Bad in einer traumhaften Bucht. Ach ja, gut essen kann man hier auch.

Kefalloniá ist etwa so groß wie das Bundesland Hamburg.

Die perfekte Urlaubslektüre: »Corellis Mandoline« von Louis de Berniéres aus dem Jahr 1994. Ein großes Maß deutscher Grausamkeiten muss man dabei allerdings ertragen können.

Eine abwechslungsreiche Insel

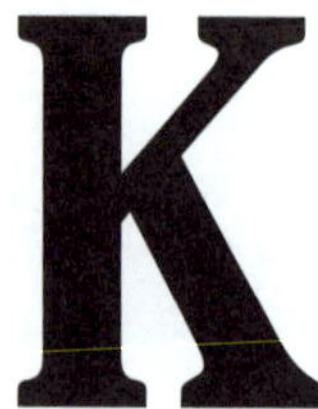

Kefalloniá ist die größte und vielfältigste aller Ionischen Inseln. Wer ihre landschaftlich so verschiedenen Halbinseln und das gebirgige Landesinnere ganz kennenlernen will, braucht mindestens fünf Tage Zeit.

Kefalloniá, auch Cephalonia, Kefalliniá und anders geschrieben, ist wie ein Puzzle aus ganz unterschiedlichen Teilen zusammengesetzt. Da gibt es dunkle Tannenwälder an den Hängen des 1628 m hohen Énos (auch: Ainos). Da breitet sich eine steppen-, teilweise sogar wüstenartige Landschaft mit flachen Tafelbergen aus hartem Lehm mit unzähligen Erosionstälern im Südwesten von Lixoúri aus. Im Norden erinnern sanfte und dicht von Olivenhainen bestandene Hügel, aus denen hundertfach schlanke Zypressen aufragen, an Italien. Im Süden verweisen von langen Stränden gesäumte Küstenebenen auf den nahen Peloponnes. Zu Kefalloniá gehören faszinierende Tropfsteinhöhlen und Klöster, venezianische Burgen und wilde Steilufer.

Dem eigentlichen Inselkörper sind drei Halbinseln angefügt, die für eine schwer überschaubare Gestalt von Buchten und Uferlinien sorgen. Im Norden erstreckt sich parallel zur Nachbarinsel Itháki die Halbinsel Erissós, deren stille Dörfer überwiegend in den Bergen liegen. Nur eine weniger als 3 km brei-

ORIENTIERUNG

O

Infos im Internet
www.poros-kefalonia.gr
www.kefalonia.net.gr
www.ionion.com

Ankommen und Weiterkommen
Linienbusse ab Busbahnhof, ca. 200 m südlich des Damms über den Golf an der Uferstraße, T 26 71 02 22 81, www.ktelkefalonias.gr. Zum Badeort Lássi 9–19.30 Uhr stdl.; Fiskárdo 2 x tgl., Póros und Skála 2 x tgl., Sámi 2 x tgl. (nicht auf die Fähren abgestimmt), Kloster Ágios Gerásimos 3 x tgl.
Fähren nach Lixoúri im Winterhalbjahr stdl., im Sommer halbstdl. zwischen etwa 7 und 0.30 Uhr, Fahrzeit ca. 20 Min., 2,60 €/Person, 5,30 €/Pkw inkl. Fahrer (www.ionianseaferries.gr).
Fähren nach Killíni/Peloponnes ganzjährig ab Póros (www.ionionferries.gr).
Andere Fähren: Nach Léfkas 1–2 x tgl. von Fiskárdo nach Nidrí oder Vassilikí, nach Itháki S. 170.

te Meerenge trennt sie von Itháki. Die Halbinsel Palíki mit Lixoúri als Zentrum bildet auf viele Kilometer einen Kontrapunkt zum Westufer des Inselkörpers. Dadurch entsteht ein tief ins Land vordringender Golf, auf dem Fähren zwischen den beiden Inselstädten Lixoúri und Argostóli hin und her pendeln.

Die Inselhauptstadt Argostóli liegt am Ansatz der kleinen Lássi-Halbinsel, die eine Bucht innerhalb des Golfs von Argostóli umfasst. An ihrem Westufer liegt Lássi als Haupttouristenzentrum der Insel, dem allerdings Skála im Inselsüden langsam den Rang abläuft.

Die Entfernungen auf Kefalloniá sind groß, die Linienbusverbindungen leider fast nur auf die Bedürfnisse der Einheimischen abgestimmt. Von Póros im Süden bis Fiskárdo im Norden sind es 96 kurvenreiche Straßenkilometer, von Sámi im Osten bis Lixoúri im Westen fährt man 44 km. Da lohnt es sich, ein Auto oder Motorrad zu mieten – es sei denn, man will die Insel lieber mit dem Seekajak oder der Segeljacht umrunden.

Argostóli

R 8

Die größte Stadt der Insel (9000 Ew.) putzt sich für Fremde nicht heraus. Es ist eine Stadt der Einheimischen. Das zeigen schon die biederen Geschäfte und trendigen Cafés an der Lithóstrato, der ›Steinstraße‹. Sie war wohl im 19. Jh. die einzige Straße, die schon gepflastert war, und ist heute die Fußgängern vorbehaltene Flaniermeile. Argostóli hat keine venezianische Bausubstanz. Die Stadt wurde erst 1757 gegründet und beim Erdbeben 1953 schwer beschädigt. In der Umgebung des täglichen Marktes direkt am Ufer des Golfs geht es noch

Chill-out auf der Kaimauer von Argostóli

Lixourí
Al. Daiza
Rizopaston
Antoni Tritsi
Dim. Dafi
Spiridonos
Ilia Tsetseli
Solomou
Ios. Momferatou
Mapinony
Harokopu
Mapinony
Malaki
Tzavella
21. Maiou
Platia Valianou
Taxi
Lavraka
Ag. Gerássimou
Georgiou Vergoti
P. Valianou
St. Metaxá
Epifani
Dellaporta
Ilia Zervou
Mazaraki
Lassis
O.T.E.
R. Vergoti
Ioannou Tsigante
Karantinou
Lithóstrato
Anninou
Ithakis
A. Evagelatou
A. Evagelatou
Minoos
Ilia Zervou
Ithakis
Odisseos
Bampi Anninou
Kontomichalou
Tzavella
Pan. Kavadia
Vyronos
Kritis
Zakinthou
Kerkiras
Ioannou Metaxa
Markthalle
D. Momfertou
Platonos
A. Choida
Evripidi
Vyronos
G. Chida
Basia
Chorafa
Mesolora
Markesini
Georgiou Vergoti
Ioannou Tsigante
Tsimara
Mantzavinou
Kathedrale
Sotiros
Lithóstrato
Vandorou
Drakopoulou
Solomou
Pl. Kambanas
Theogeni
P. Chida
Mazaraki
Damoudou
Vourvachi
Sitemboron
Andrea Metaxa
Mik. Avelichou
Germanou Kalliga
P. Vergoti
Mar. Korialenia
Livieratou
Loukatou
Geraki
Souidias
Melissinou
Elef. Venizelou
Lassis
Andrea Metaxa
Pol. Mavrogianni
Skiada
Lithóstrato
Kefalou
Antinoros
Fot. Panna
Kefalou
Pan. Panna
Souidias
St. Pilarinou
Fot. Panna
Devosetou
Kefallinias
Flughafen, Makrís Gialós, Lassí

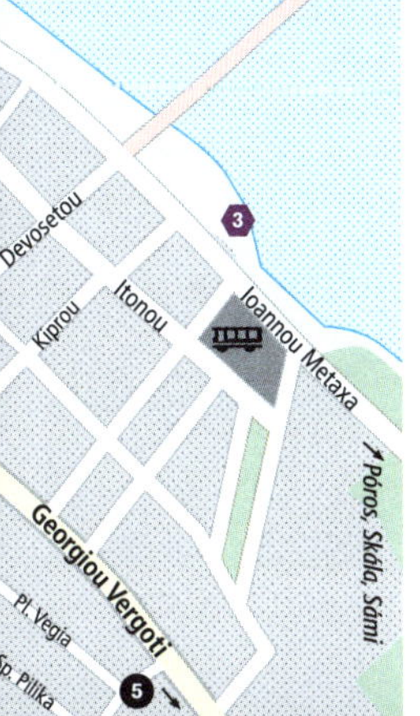

Argostóli

Ansehen

1. Archäologisches Museum
2. Korgialénios-Bibliothek
3. Kirche Ágios Spirídonas
4. Napier's Park
5. Cephalonia Botanica
6. Meerwassermühlen
7. Rundtempel
8. Monumento Caduti

Schlafen

1. White Rocks
2. Ionian Plaza
3. Turist

Essen

1. Casa Grec
2. Captain's Table
3. Vináries
4. Ouzerí Kianí Aktí
5. Vaskopoúla

Bewegen

1. Podilátis 2008
2. Aínos
3. Lagoon Activities

Ausgehen

1. Cajablanca
2. Café Libretto
3. Kathavóthres

fast so zu wie in den 1950er-Jahren, die Marktgebäude sind urig-einfach. Die Tankstelle ist zwischen rauchenden Passanten und Snack-Bar-Besuchern auf dem Bürgersteig angesiedelt, an den Grillspießen der Tavernen drehen sich schon morgens Hühner und Fleisch. Einen Hauch von Eleganz zeigt bestenfalls die bei Sonnenlicht viel zu groß und kahl erscheinende Platía Valianoú, Zentrum der *vólta,* also des Abendflanierens.

Die Stadt erstreckt sich über 2 km entlang des Ostufers der Halbinsel Lássi. Uniforme Stahlbetonbauten und einige ältere Häuser mit roten Ziegeldächern steigen den sanften, niedrigen Hügel an, auf dessen anderer Seite die Feriensiedlungen und Strände von Lássi liegen. Den langen, schmalen Golf, der die Halbinsel vom Inselkern trennt und der Argostóli wie an einem See gelegen erscheinen lässt, durchquert der von den Briten 1812 geschaffene **Drapáno-Damm.** Seit 2016 ist er dank neuer Pflasterung und Aufstellung vieler verspielter Laternen zu einer abendlichen Flaniermeile und zum Angelrevier der Insulaner geworden. Für Autos ist er vollständig gesperrt.

Archäologisches Museum

Das kleine **Archäologische Museum** ❶ zeigt Werkzeuge aus der Steinzeit, Reste von mykenischen Grabbeigaben, römische Porträtköpfe und Münzen sowie ein kleines römisches Fußbodenmosaik aus einer antiken Villa auf der Halbinsel Palíki. Am interessantesten ist die Vitrine an der linken Wand des letzten der drei Säle mit Funden aus dem hellenistischen Pan-Heiligtum in der Höhle von Melissáni (s. S. 159). Besonders schön ist eine runde Tonplatte mit einem Relief. Es zeigt sechs Frauen, die um den gehörnten, Flöte spielenden Hirtengott Pan tanzen. In derselben Vitrine sieht man auch die Statuette eines sitzenden

Blick auf Argostóli vom Obelisken am Drápano-Damm

Pan, den man gut an seinen Ziegenbockbeinen, dem gewaltigen Bart und den Hörnern erkennt. Vor seiner Brust hält er ein Trinkgefäß für Wein.

Odós Rókon Vergóti, bis auf Weiteres geschlossen

Korgialénios-Bibliothek

Die **Korgialénios-Bibliothek** ❷, Stiftung eines 1920 verstorbenen wohlhabenden Einheimischen, präsentiert auf eher hausbackene Art in ihrem Untergeschoss neben Ikonen aus dem 17. bis 19. Jh., Trachten, Möbeln, Haushalts- und landwirtschaftlichen Geräten auch Fotos, die Kefalloniá vor dem großen Beben von 1953 zeigen.

Odós Ilía Zérvou, Mo–Sa 9–15 Uhr, Eintritt 4 €

Kirche Ágios Spirídonas

Die kleine Hauptkirche der Stadt **Ágios Spirídonas** ❸ ist innen vollständig im traditionellen Stil ausgemalt. Einen besonderen Blick lohnt das Stifterbildnis innen über dem Eingang. Wie bei manchen mittelalterlichen Kirchen haben sich hier die Geldgeber demütig verewigen lassen. Das Bildfeld zeigt ein modern gekleidetes Ehepaar und einen Priester. Alle drei zusammen überreichen dem hl. Spirídonas symbolisch ein Kirchenmodell.

Odós Lithóstrato, tagsüber geöffnet

Napier's Park

Der kleine **Napier's Park** ❹, im 19. Jh. erstmals angelegt, ist eine Oase im Stadtzentrum. Tafeln erklären auf Griechisch und Englisch die Geschichte des Parks.

Odós Kalípsous, frei zugänglich

Meerwassermühlen

Verlässt man Argostóli auf der Uferstraße in nördlicher Richtung, kommt man an zwei **Meerwassermühlen** ❻ vorbei. Die erste kurz hinter der Taverne Vináries verfällt und ist kaum noch einen Stopp wert. Die zweite jedoch beherbergt heute das Lounge-Restaurant Kathavóthres, hier sind die Außenanlagen jetzt parkähnlich gestaltet und geben Aufschluss über die Funktionsweise der Mühlen. Anders als auf den ersten Blick zu vermuten, wurden diese Wasserräder nicht von einem hier ins Meer fließenden Bach angetrieben, sondern vom landeinwärts strömenden Meer.

Schon lange floss an diesen Stellen das Meerwasser durch natürliche Rinnen im Gestein landeinwärts und versickerte in Schlucklöchern, in der Fachsprache ›Ponoren‹ oder ›Kathavothren‹ genannt. Während der britischen Kolonialzeit meißelte man die Rinnen zu Kanälen aus und stellte die Wasserräder auf, deren Mühlsteine noch bis zum Erdbeben 1953 das in der Umgebung angebaute Getreide mahlten.

B

BOTANISCHER GARTEN

Der von einer Stiftung geführte kleine **Cephalonia Botanica** ❺ ist noch ein echter Geheimtipp. Meist spaziert der Besucher hier allein über die Wege, lauscht dem Plätschern eines Bachs und kann auf Tafeln, die in Griechisch, Englisch und Latein beschriftet sind, lesen, welche heimischen Pflanzen er sieht. Am südlichen Stadtrand gegenüber der Polizeistation, an der Straße um den Golf ausgeschildert, Mai–Okt. Mo–Sa 9–14 Uhr, Eintritt 5 €.

Leuchtfeuer

Der einem antiken **Rundtempel** ❼ nachempfundene Bau an der Spitze der Halbinsel wurde 1920 vom ersten britischen Gouverneur der Ionischen Inseln, Charles Napier, gestiftet. Nach dem schweren Erdbeben bauten ihn die Griechen vereinfacht wieder auf. Hier trifft man sich gern in der Abenddämmerung.

Monumento Caduti

Folgt man der Küstenstraße 800 m weiter, zweigt nach links eine ausgeschilderte Asphaltstraße zum Gefallenendenkmal **Monumento Caduti** 8 ab. Direkt an der Abzweigung wurden 1943 in der jetzt ›La Fossa‹ genannten Grube 136 italienische Offiziere von deutschen Gebirgsjägern erbarmungslos niedergemetzelt, obwohl sie sich ihnen bereits ergeben hatten. Das 700 m entfernte schlicht gehaltene Denkmal hält die Erinnerung an alle italienischen Opfer des deutschen Massakers wach (s. S. 266).

Makrís Gialós und Platís Gialós

Südlich von Argostóli durchquert die Straße zum Flughafen die Lássi genannte Ansammlung gesichtsloser Supermärkte, Tavernen und Unterkünfte, das Haupttouristenzentrum der Insel. Vorgelagert liegen zwei sehr gute Strände. Der sandige **Makrís Gialós Beach** ist etwa 300 m lang, 10–30 m breit und in den Monaten Juli und August meist überfüllt. Er ist gut organisiert mit (extrem) vielen Liegestühlen und Sonnenschirmen, Beach Bars und einem großen Wassersportangebot. Der kleinere, ebenfalls feinsandige **Platís Gialós Beach** ist etwa 100 m lang und 20 m breit. Er wird von Pinien begrenzt.

Imposant ist die Küstenzunge **Tourkopodéro** (›türkischer Fuß‹) gleich nebenan, die aber nur durch das Hotel White Rocks erreichbar ist. Sonnenschirme und Liegestühle, kleine Kantína mit diversen Snacks für den Hunger zwischendurch, Umkleidekabinen, WC und Duschen. Einheimische spielen hier gern Beach Volleyball, ein Wassersportangebot gibt es nicht.

Schlafen

Das Strandhotel

1 **White Rocks:** Das erste große Strandhotel der Insel ist in einen Kiefernwald direkt am Meer eingebettet. 102 Zimmer stehen im Haupthaus zur Verfügung, dazu noch 60 Bungalows. Außer dem nur vom Hotelgelände aus zugänglichen Sandstrand Tourkopodéro erreicht man von ihm aus auch direkt den Platís Gialós Beach und nur per hoteleigenem Motorboot einige kleine weißsandige Buchten.

Platís Gialós Beach, T 26 71 02 83 32, www.whiterocks.gr, €€€

Der moderne Klassiker

2 **Ionian Plaza:** Zentral, modern, mit Privatparkplatz, gutes Preis-Leistungs-Verhältnis, besonders schön die Zimmer im Dachgeschoss.

Platía Valianoú, T 26 71 02 55 81, www.ionianplaza.gr, €€–€€€

Freundlich und funktional

3 **Turist:** Zentral, schlicht eingerichtet, freundlich-leger.

Odós Ant. Trítsi 109 (Uferstraße), T 26 71 02 25 10, www.hoteltourist-kefalonia.gr, ganzjährig, €€

Essen

Griechisch-kanadisch

1 **Casa Grec:** Vicky aus Kanada und ihr bärtiger Mann Kóstas versehen die griechische Küche mit internationalen Akzenten.

Odós Stavrou Metaxá 12, tgl. ab 19.30 Uhr, €€

Vielseitig

2 **Captain's Table:** Modernes Restaurant mit beständig guter Qualität und stets besonders freundlichem Service. Eine Seite in der Speisekarte nur mit Ange-

O

OUZERÍ KIANÍ AKTÍ AM CRUISE TERMINAL

Im Sommer sitzen die Gäste der traditionsreichen **Ouzerí Kianí Aktí** 4 auf Planken, zwischen denen das Meer durchschimmert, direkt über dem Wasser. Gleich nebenan liegen manchmal große Kreuzfahrtschiffe am Kai. Muscheln und Seeigel stehen in wassergefüllten Eimern und Schüsseln direkt vor dem Lokal, ebenso frisch ist auch stets der offerierte Fisch. In ähnlicher Form wurde diese Ouzerí bereits 1953 gleich nach dem großen Erdbeben gegründet, 1971 wurde sie dann wegen Baufälligkeit geschlossen. Bis Ende der 1960er-Jahre grenzte ein Strandbad für vornehmere Kefallinioten gleich ans Lokal. 1993 hat die Gemeinde die hölzernen Plattformen wieder errichtet, auf der jetzt 30 Tische zum Essen oder auch nur zu einem Kaffee einladen. Der Service ist exzellent, die Preise sind gehoben, aber der Frische der Ware angemessen: Sehr zu empfehlen sind der Stockfisch mit Knoblauch-Kartoffel-Püree *skordaljá,* Seeigelsalat, Chórta-Salat. Eine selten offerierte Spezialität ist Räucheraal vom Grill. Am Cruise Terminal, T 26 71 02 66 80, tgl. ab 10 Uhr.

boten für Vegetarier, neben griechischer Küche auch Pizza, Pasta und Steaks.
Odós Rizopaston, tgl. ab 12 Uhr, €€

Fisch und Meeresfrüchte

3 **Vináries:** Chice Taverne am Meer unter schattigen Bäumen, frische Meerestiere, freundliche Atmosphäre.
An der Straße zum Leuchtturm, tgl. ab 10 Uhr, €€

Am Cruise Terminal

4 **Ouzerí Kianí Aktí:** s. o.

Auf die Hand

5 **Voskopoúla:** In der gläsernen Bäckerei werden Kefalloniás traditionelle Spezialitäten wie *mándoles, pastélli* und **komfétto** sowie allerlei weiteres für Süßmäulchen gebacken und verkauft.
Odós Lithóstrato 41, www.voskopouliu.gr, Mo–Fr 8–20, Sa 9–16 Uhr

Bewegen

Mountainbikes

Podilátis 2008 1 und **Ainos** 2: Nicht unbedingt für professionelle Ansprüche geeignete Fahrradverleihe, aber für Touristen, die sich im Urlaub mal aufs Mountainbike schwingen wollen, bestens. Beide bieten auch Reparaturen und Ersatzteilservice.
Lithóstrato 13, T 26 71 02 50 29, www.podilatis2008.gr, und Odós Sitémporon 63, T 69 87 12 39 94, www.ainosbicycles.gr. MTB ab 10 €/Tag

Boot fahren

3 **Lagoon Activities:** Die Lagune zwischen Drápano-Damm und innerem Buchtende ist Landschaftsschutzgebiet. Hier können Sie Elektroboot (22–25 €/45 Min.) oder Tretboot (12–15 €) fahren.
Gegenüber vom Fernbusbahnhof, www.kefalonia-activities.com, tgl. 9–21 Uhr

Ausgehen

Unter Griechen

1 **Cajablanca:** Griechische und internationale Mainstream-Musik
Odós Panagí Valiánou 11, T 26 71 02 50 20, im Juli/Aug. tgl. von 1–7 Uhr, im Winter nur Fr–So. Eintritt außer bei Special Events frei.

Alternativ

2 Café Libretto: Im sehr bunt und künstlerisch gestalteten Café direkt am Platz mit dem Uhrturm trifft sich die eher alternative Szene der Stadt, abends gibt es öfters moderne griechische Live-Musik.

Platia Kambánas, tgl. ab 8 Uhr

Mainstream

3 Katavóthres: Im supermodern gestalteten Areal einer alten Meerwassermühle mit Blick hinüber auf die Lixoúri-Halbinsel sitzen abends vor allem die, die auf keinen Fall griechische Musik hören wollen. Hier wird internationaler Mainstream gespielt, präsentiert von Gast-DJs aus dem In- und Ausland.

An der Spitze der Lássi-Halbinsel, nur Mitte Mai–Mitte Sept. tgl. ab 12 Uhr

Infos

- **Internationales Musikfestival:** Aug. Klassische und moderne Musik, Chöre und Tanzensembles.
- **Städtische Tourist-Info:** Im Kreuzfahrtterminal, Mo–Fr 8.30–15.30 Uhr und während der Liegezeiten von Kreuzfahrtschiffen.
- **Hafenpolizei:** Am Fähranleger, T 26 71 02 22 24.

Lixoúri und Halbinsel Palíki

R 8

Lixoúri ist die zweitgrößte Stadt der Insel, früher der wichtigste Hafen und Sitz der venezianischen Kommandantur. Durch Zuzug heimkehrender Emigranten und auch etlicher Studenten ist Lixoúri moderner geworden. Nicht zuletzt durch EU-Finanzierung wurde viel neu gebaut.

Im Februar 2014 erschütterten schwere Erdstöße mehrere Tage lang Lixoúri und seine Umgebung. Opfer waren nicht zu beklagen, aber zahlreiche Dächer stürzten ein, Straßen wurden teilweise schwer beschädigt. Die Schäden sind inzwischen zumeist behoben, aber der Schrecken sitzt vielen der Bewohner, die tagelang nur in ihren Autos nächtigten, noch lange in den Knochen.

Zentrum ist die modern gepflasterte Platía mit dem mächtigen Gummibaum am neuen Theatergebäude. Mit dem Auto kann man die Palíki-Halbinsel erkunden, erst zu den Stränden im Süden und dann über die Berge zur Steilküste im Westen mit dem Kloster Kipouríon fahren.

Museum Iakovátos in Lixoúri

Das Museum ist in einer ehemaligen klassizistischen Villa aus dem späten 19. Jh. untergebracht, in der die Stifterfamilie einst wohnte. Alte Holzdecken und Wandmalereien zeugen vom Wohnstandard der Wohlhabenden jener Zeit, eine 7000 Buchbände umfassende Bibliothek von ihrer Bildungsbeflissenheit. Im Museum ausgestellt sind auch einige Ikonen und Fotoalben der Familie; auf Wunsch wird man auf Englisch durchs Haus geführt.

Odós Ekaterínis Toul 1, Di–Fr 9–13, Sa 9.30–12.30 Uhr, Eintritt frei

Xi Beach

R 9

Von Lixoúri durch das Dorf Mantzavináta fahren, dann gut beschildert. Der etwa 3 km lange, rötliche feine Sandstrand ist 10–20 m breit. Die Tonerde der 20–30 m hohen Klippen an seinem Rand wird von Griechen auch für kosmetische Gesichtsmasken genutzt. Der Strand ist kinderfreundlich flach abfallend. Bis hin nach Kounópetra säumen weitere kleine Sandstrände die Südküste.

Kirche Ágios Spirídonas am Athéras Beach auf der Palíki-Halbinsel

Vatsá Beach Q 9

Folgt man von Mantzavináta aus dem Wegweiser nach Akrotíri und dann dem nach Vatsá, gelangt man zum etwa 200 m langen und 12 m breiten, halbkreisförmigen Sandstrand, neben dem ein kleiner Fluss ins Meer mündet, der von Fischer- und Sportbooten als winziger Hafen genutzt wird. Hier steht die wohl exotischste Fischtaverne der Insel, die vier Chalets und sechs Villen für Strand-Robinsonaden vermietet (s. S. 150).

Platiá Ámmos Beach und Kloster Kipoúria Q 8

Über Havriáta fährt man zur Westküste. Auf der Passhöhe verändert sich die Landschaft, Frygana und Macchia dominieren jetzt. Dann taucht das über 100 m hohe Steilufer auf, an dem einsam das Kloster hoch über dem Meer thront. Nur noch ein Mönch lebt hier. Einige Meter hinter Kipoúrion führen Stufen (ca. 400!) zum **Platiá Ámmos Beach** hinunter. An dem 600 m langen und 30 m breiten Kieselstrand mit imposanten Klippen als Hintergrund gibt es noch keinen Schirmverleih und auch keine Tavernen in Gehnähe.

Tgl. ca. 8–12 und 17–19 Uhr

Livádi Beach R 7

Nördlich von Lixoúri passiert man hinter Livádi einen schmalen, unansehnlichen Strand. Darauf steht die Ruine eines Flachbaus, der bei näherem Hinsehen wie ein Gefängnis wirkt. In der Tat wurden hier während der Militärherrschaft 1967–74 Gefangene inhaftiert. Keine noch so kleine Plakette erinnert daran.

Petaní Beach Q 7

Vor dem Livádi-Strand geht es links zum Petaní Beach (beschildert): ein schöner Sand-Kies-Strand, ca. 300 m lang und 30 m breit. Es gibt Liegestühle, Sonnenschirme, eine Strandbar und eine Taverne.

Schlafen

Resort & Spa-Hotel

Apollónion: Das 2010 eröffnete Hotel liegt direkt oberhalb des langen, roten Xi-Strandes, 127 Zimmer mit Blick auf die Gartenanlage. Die Nutzung des Wellnessbereichs ist für Gäste kostenlos. Pool, Tennis, Fitness-Club.

Xi Beach, T 26 71 09 44 00, www.apollonion-hotel.gr, €€

Traumhaftes Hideaway

Vatsá Club: Vier Chalets und zwei Villen mit zwei modern-farbintensiv möblierten Doppelzimmern und Küche am Fluss, etwa 30 m von der Taverne entfernt. Seine Angel kann man fast vom Balkon aus auswerfen, zum Strand in Badebekleidung gehen. Das Logo des Clubs ist ein römisches Delfin-Mosaik, das der Vater der Wirtin 1934 auf dem Grundstück entdeckte.

Vatsá, T 69 77 63 10 53, Chalet für 4 Pers. €€€

Essen

Ein Hauch von Robinson

Spiaggia: Wirtin Evrópi (= Europa) Antonellou, die auch den Vatsá Club betreibt und auf ihrem Landbesitz an der Bucht gern Wohnmobilisten und Camper kostenlos logieren lässt, führt ein nostalgisches Paradies wie aus Hippiezeiten, das ihr Vater schon vor über 20 Jahren geschaffen hat. Tische und Stühle stehen auf Sand, Energiesparbirnen sorgen abends für Licht.

Vatsá, Mai–Sept. tgl. ab 10 Uhr, €€€

Infos

- **Linienbusse:** 2 x tgl. zum Xi Beach an der Brücke gegenüber dem Fähranleger, T 26 71 09 32 00.

Ásos

Hinter dem Bergdorf Divaráta am Ansatz der Érissos-Halbinsel windet sich die Straße hoch am Hang entlang. Voraus ist tief unten die kleine Halbinsel von Ásos (sprich: Ássos) zu sehen. Eine Stichstraße führt durch zahllose, mit jungen Zypressen bepflanzte Terrassen hinunter, die von der einst intensiven landwirtschaftlichen Nutzung der Insel zeugen.

Die gesamte Halbinsel war von den Venezianern im späten 16. Jh. ummauert worden, um den Einwohnern der Region bei feindlichen Angriffen als Schutzburg zu dienen. Der Halbinsel gegenüber träumt das kleine Dorf Ásos am Ende einer schmalen Bucht vor sich hin. Der Strand hier ist jedoch kurz und steinig; man kommt eher, um die Atmosphäre zu genießen, und sitzt in den hübschen Cafés und Tavernen am ›Pariser Platz‹. Der heißt so, weil die Stadt Paris den Bewohnern des 1953 vom Erdbeben fast völlig zerstörten Ortes tatkräftige Hilfe leistete. Bei einem Bummel durchs Dorf sieht man noch viele alte Hausruinen.

Burg

Das Innere der Burg ist stark verwildert. Auf ihrem höchsten Punkt stehen die Überreste der Zitadelle, im weitläufigen Gelände verstreut die Ruinen eines bis 1953 genutzten Gefängnisses, mehrere Häuser und eine dem hl. Markus geweihte Kapelle. Von oben hat man einen schönen Blick über das Hafenidyll von Ásos und die Küste der Erissós Halbinsel.

Tagsüber frei zugänglich, über einen streckenweise nur einspurigen, 1800 m langen Waldweg auch per Auto erreichbar

Kalós Óros — S 6–7

Die kleine Hochebene (Oropédio) weit oberhalb von Ásos ist eine stille, schöne Welt für sich, in der noch viele Ziegen

Sich zur Erfrischung in die schäumenden Wellen am Mírtos Beach stürzen

und Schafe weiden. Hier bekommt man ein ganz anderes Bild von der Insel als bei Fahrten auf der Küstenstraße. Um sie zu erleben, fährt man von Divaráta nach Kariá und von dort dann wieder zurück zur Küstenstraße und weiter nach Ásos oder Fiskárdo. In Kariá lohnt auf jeden Fall eine relaxte Pause in **Rosie's Kitchen Bar Café** (tgl. ab 9 Uhr), wo die gut Deutsch sprechende Wirtin ihren Gästen einen Salbei-, Thymian- oder Melissentee aus der French Press kredenzt (3,30 €) oder Omelettes aus eigenen Bio-Eiern zubereitet.

Mírtos Beach

S 6

Der 1 km lange und etwa 100 m breite Grobsand-, Kies- und Kieselsteinstrand, begrenzt von hoher Steilküste, ist noch völlig unverbaut. Nur ein paar einfache Bretterbuden und Wohnwagen stehen dort im Sommer als Kantinas, werden jedoch jeden Herbst abgebaut und im Mai neu aufgebaut. Vom Dorf Divaráta aus führt eine kurvenreiche, gut asphaltierte Straße hinunter. Vorsicht beim Schwimmen: Das Wasser wird sehr schnell tief, wegen Unterströmungen sollte man in Ufernähe bleiben. Man sollte sich auch nicht links unter die kleinen Höhlen setzen, da Gefahr durch Steinschlag besteht, den Ziegen verursachen. Liegestühle/Schirme und Dusche sind vorhanden.

Schlafen

Im Geranienmeer

Gerània: Die kleine Pension, 300 m vom Meer entfernt, liegt ruhig in einem alten Garten mit üppig blühenden Geranien. Einige Zimmer mit Blick auf Burg und Bucht.

Unterhalb der Zufahrtsstraße, T 26 74 05 15 26, www.pensiongerania.gr, €–€€

Essen

In der zweiten Reihe sitzt man besser

Plátanos: Nicht direkt am Wasser, dafür aber weniger touristisch und familiärer als die anderen Tavernen im Ort. Empfehlenswert neben dem kefalloniotischen Nationalgericht *kreatópitta* (Gulasch in Strudelteig) sind das Kaninchen-Stifádo, das Spanferkel sowie das Gemüse-Ratatouille *briám*. Gut sind auch die verschiedenen kefalliniotischen Käsesorten und die Zicklein-Leber. Als Softdrink die Kirschlimonade Vissináda probieren.

Am Pariser Platz, tgl. ab 9 Uhr, €€

Fiskárdo

S 5

Vom Erdbeben 1953 weitgehend verschont geblieben, ist Fiskárdo der wohl idyllischste Ort der Insel. Inzwischen haben ihm die vielen Jachten, die hier im Sommer festmachen, zu Wohlstand verholfen, alle Häuser sind farbenfroh frisch herausgeputzt. Pinien, Ölbäume und Zypressen umranden Fiskárdo, die Hafenpromenade ist autofrei. Hier reihen sich Tavernen und Café-Bars aneinander, abends flackern romantisch auf nahezu allen Tischen Windlichter. Gebadet wird entweder von den Felsplatten an der Hafenbucht aus oder ganz in der Nähe an den Kiesstränden zweier, in etwa 20 Minuten auch zu Fuß erreichbarer Nachbarbuchten.

Der Ortsname wird vom Normannenführer Robert Guiscard abgeleitet, der im 11. Jh. Raubzüge auf den Ionischen Inseln unternahm und hier im Jahr 1085 an der Pest starb. Räuberisch veranlagt sind auch manche Geschäftsleute hier: Das Preisniveau in Fiskárdo ist recht hoch.

Normannische Ruinen

An der Spitze der Halbinsel stehen in der Wildnis die spärlichen Überreste einer wohl im 11. Jh. – vielleicht als Grabeskirche für Guiscard – erbauten Kirche und zweier Wehrtürme sowie ein kleiner venezianischer Leuchtturm. An der Bucht beginnt unterhalb der weithin sichtbaren Taverne Nicólas ein etwa 850 m langer Rundweg zu diesen Stätten. Auf den Wegweisern werden die normannischen Ruinen jedoch als ›Early Christian Basilica‹ bezeichnet. Davon ist aber für den Laien praktisch nichts mehr zu erkennen, da über ihr die normannische Kirche erbaut wurde.

Frei zugänglich, auf der die Bucht nördlich begrenzenden Halbinsel, 15 Gehminuten ab Hafen

Dafnoúdi Beach — S 5

Beim Dorf Markandonáta biegt man gegenüber der alten Kirche links ab (ausgeschildert), kurz vor dem Ende der Straße steht auf der rechten Seite eine Tafel (nicht sehr leicht sichtbar), von da ab geht ein schöner Wanderweg (ca. 10 Min.) durch den Wald zum Strand hinunter. Dafnoúdi ist ein kleiner, sehr schöner, heller Kieselstrand. Sehr sauberes, klares Wasser mit kleiner Höhle auf rechter Seite. In dieser Höhle nisten auch die Kegelrobben Monachus Monachus (wobei es fast unmöglich ist, sie zu Gesicht zu bekommen). Kein organisierter Schirmverleih.

Schlafen

Natürlich elegant

Emelisse Art Hotel: Die weitläufige Hotelanlage im Grünen nahe einem etwa 80 m kurzen, hellen Kiesstrand zählt zu den besten Häusern der Ionischen Inseln.

TOUR
Strand-Hopping

Wandern bei Fiskárdo

Infos

S 5

Start/Ziel: Fiskárdo
Strecke: 10 km

Ausstattung: Festes Schuhwerk und lange Hosen gehören ebenso wie eine Flasche Wasser zur Standardausrüstung. Durch Badepausen können Sie den Ausflug gut zu einer Ganztageswanderung ausbauen.

Diese Rundwanderung führt Sie zu kleinen Stränden, in stille Dörfer, zu Gefechtsstellungen aus dem Zweiten Weltkrieg und vor allem hinaus in schönste Natur.

Von der **Taverne Nicólas** aus gehen Sie zunächst zu der **normannischen Ruine** (›Early Christian Basilica‹) und von dort dann nicht zum venezianischen Leuchtturm, sondern in die andere Richtung. Sie stoßen auf eine kleine Straße, der Sie landeinwärts folgen, bis Sie auf den Wanderwegweiser zum **Emplísi Beach** stoßen. Er führt Sie zum Hotel Emelisse und an den Strand. Von hier folgen Sie den Wegweisern zum **Kimília Beach** und von dort zum **Dafnoúdi Beach.** Von dort führt Sie dann ein Wegweiser weiter ins Dorf **Frapáta.** Hier folgen Sie der kleinen Straße zur Inselhauptstraße, die Sie sogleich in **Markantonáta** erreichen. Auf der anderen Seite der Hauptstraße geht es weiter nach **Psilithriás** (1 km) und zurück nach **Fiskárdo** (2,4 km).

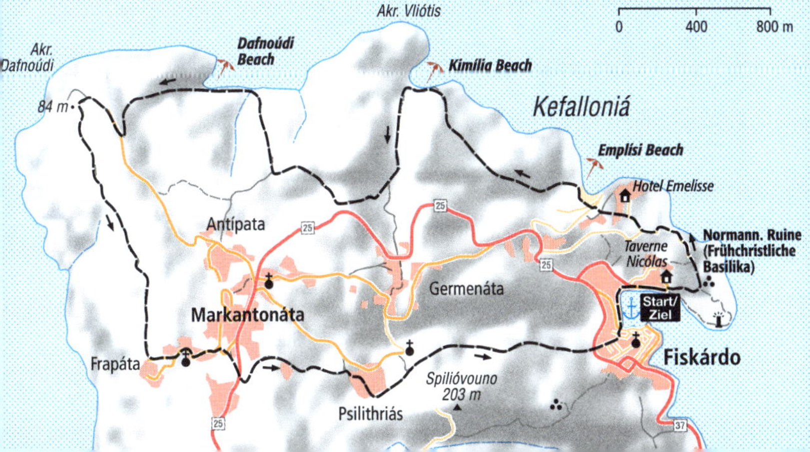

Lieblingsort

Ein Hafen wie aus dem Bilderbuch

Der **Hafen von Fiskárdo** (S 5) ist wie die Kulisse für ein Sommermärchen. Kleine Häuser in zarten Pastelltönen säumen den Kai, der zugleich Flaniermeile voller Cafés und Tavernen ist. Davor liegen Segel- und Motorjachten dicht an dicht. Das offene Meer ist nicht zu sehen, die Bucht wirkt wie ein stiller See. Man trinkt Cocktails und gute Weine, genießt Hummer und Langusten. Alltag und rauer Winter sind fern, Fiskárdo ist Urlaub total.

Den Gästen der 65 Zimmer und Suiten, alle mit Naturmaterialien eingerichtet und in Erdtönen gehalten, stehen zwei Pools zur Verfügung, dazu zwei Bars und Restaurants, ein Tennisplatz, ein Fitnesszentrum und lauschige Plätze, an denen man auf Lounge-Möbeln entspannen kann.
Emblísi Bay (1 km außerhalb), T 26 74 04 12 00, Fax 26 74 04 10 26, www.emelissehotel.com, ganzjährig, €€€

Eher preiswert

Kíki: Studios für 2–4 Pers. Ruhige Anlage mit Pool und Meerblick. Inhaberin Kéti ist sehr hilfsbereit.
Hinter dem Parkplatz am oberen Dorfrand, T 69 44 52 16 58, www.kiki-apartments.gr, €€€

Essen

Bei der Kochbuchautorin essen

Tassía: Hummer und Langusten sind bei Tassía Dendrinoú immer frisch. Aber die Autorin eines kefalloniotischen Kochbuchs, das auch in englischer Übersetzung vorliegt, zeigt gern, dass sie noch weit mehr kann, nicht nur in Bezug auf Meerestiere.
An der Hafenpromenade Richtung Fähranleger, tgl. ab 17 Uhr, €€€

Bewegen

Zu anderen Inseln

Odysseas: Täglich um 9.30 Uhr startet das 2015 erbaute Motorschiff zu Tagestörns, nach Ásos und Mírtos oder nach Fríkes und Kióni auf Itháki.
35 €, mit Lunch 50 €

Motorboot mieten und tauchen

Pama Travel: Für Freizeitkapitäne ohne Bootsführerschein und alle, die die Ionische Inselwelt auch unter Wasser erkunden möchten.

NICÓLAS STUDIOS & TAVERNA

Über 30 Jahre lang betrieb der stets gut gelaunte Nicolas seine Taverne über der Bucht von Fiskárdo. Jetzt haben seine beiden Söhne Aléxandros und Raffaíl das Geschäft übernommen. Die Studios wurden modernisiert. Der Fisch in der Taverne ist wie gehabt stets frisch, jeden Freitag ist in der Taverne Greek Night mit Musik und Tanz angesagt. Die Zimmer sind einfach möbliert, bieten aber alle einen Balkon, von dem man den vollen Hafenblick genießt. Gut sichtbar auf der Nordseite der Hafenbucht, T 26 74 04 13 07, www.nicolasrooms.com, €–€€.

Hafenpromenade, T 26 74 50 80 33, www.pamatravel.com, 25 PS 45–55 €/Tag, 30 PS 80–90 €/Tag, 3 Std. Schnupperkurs (ab 10 Jahren) 50 €, www.fiskardo-divers.com

Ausgehen

Von oben

Theodora's Café: Theodora bietet eine kleine Terrasse im 1. Stock ihres Hauses direkt am Hafen. Dort serviert sie neben allen üblichen Drinks auch Säfte, Crêpes, Jogurt und Eis.
In der Mitte der Hafenpromenade, tgl. ab 15 Uhr. Longdrinks 6,50 €

Infos

- **Autofähre:** nach Fríkes auf Itháki und Vassilikí auf Kefalloniá im Sommer tgl., Informationen und Tickets bei Nautilus Travel an der Hafenpromenade, T 26 74 04 14 40.

TOUR
Zwischen Ruinen wandern

Nach Alt-Sáme und zum Andísamos Beach

Infos

T 7/8

Start/Ziel: Sámi (Postamt)
Dauer: Variante ohne Strand 2,5–3 Std.; mit Beach (zu Fuß hinunter und wieder hinauf) ca. 4–5 Std.

Einkehrmöglichkeit: am Andísamos Beach

Der abgesehen vom Beginn gut markierte Wanderweg führt aus Sámi zu den antiken Ruinen von Alt-Sáme hinauf, berührt alle antiken Ruinen und kehrt dann nach Sámi zurück. Wer mag, kann von Alt-Sáme auch noch zum Andísamos Beach hinabwandern.

Ausgangspunkt der Wanderung ist das **Postamt** an der Straße Richtung Argostóli. Ihm gegenüber setzt neben Rent-a-car Karavómilos die kurze Odós Dílou an. Sie mündet nach 50 m in einem kleinen Platz mit großer Platane, an dem unter einem Schutzdach die spärlichen Überreste einer römischen Therme stehen (weitere Überreste 20 m weiter links). Hält man sich nun vom Postamt kommend vor der Platane links und nimmt sofort die nächste Straße nach rechts hinauf, steht nach 50 m an der nächsten Ecke eine alte, turmlose **Kirche.** Hier wendet man sich nach links und sieht nach 100 m rechts eine Tafel, die auf den Wanderpfad aufmerksam macht.

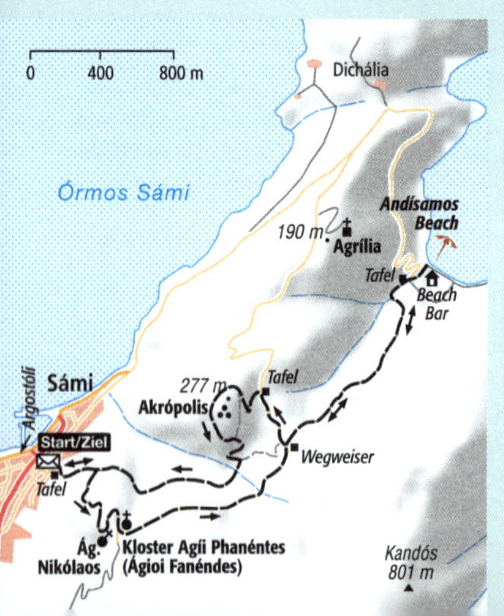

Er führt Sie hinauf zur **Kirchenruine Ágios Nikólaos** und zum ehemaligen **Kloster Ágíi Phanéntes** (auch: Ágioi Fanéndes). Von hier aus geht es nach links auf der Fahrstraße weiter, auf der man mit dem Auto hier heraufkommen würde. Nach 15 Minuten Gehzeit zweigt gut markiert der Weg hinunter zum **Andísamos Beach** ab. Gehen Sie auf der Fahrstraße weiter, stehen Sie nach 5 Minuten am Fuß des antiken **Akrópolis-Hügels.** Hier führt Sie eine große Tafel auf einen Wanderpfad, der Sie über den Akrópolis-Hügel wieder zum Ausgangspunkt der Wanderung bringt.

Sámi

T 8

Sámi ist der bedeutendste Hafenort der Insel, zum Urlaubsort prädestiniert ihn jedoch nichts. Wegen seines Campingplatzes und eines langen Kiesstrandes wird er dennoch von vielen – zumeist jüngeren – Urlaubern aufgesucht. Die Sehenswürdigkeiten in seiner Umgebung machen ihn aber auch für Rundreisende interessant.

Antikes Sáme

Von der schmalen Straße, die sich über den Höhenzug hinter dem modernen Sámi schlängelt, sind an den rechter Hand gelegenen Berghängen gut die mächtigen Überreste der **antiken Stadtmauer** zu sehen. Auf dem nördlichen der beiden Hügel lag die antike **Akropolis,** die man von der kleinen Hochebene aus in 10 bis 15 Min. bequem zu Fuß erreichen kann. Wo die Straße endet, steht die moderne **Kapelle Ágii Phanéntes** über alten Gemäuern. Gleich daneben führt ein mittelalterliches Tor in eine kaum noch als solche zu erkennende **Klosterkirche** hinein und wenige Schritte weiter an die bis zu 5 m hoch erhaltenen Außenwände eines antiken **Wachtturms,** der aus sorgfältig behauenen Quadern aufgemauert ist.

Von hier aus sind es nur etwa 2 Min. zu Fuß zur dachlosen Ruine der mittelalterlichen **Kirche Ágios Nikólaos.** Die Apsis des Gotteshauses steht noch in Originalhöhe. Noch vor 20 Jahren waren ihre Fresken gut erhalten; heute sind sie verblichen und auch das Schutzdach, das Wind und Wetter abhalten sollte, bricht fast selbst schon wieder ein.

Ein anderer Pfad führt vom Straßenende an uralten Ölbäumen vorbei in zwei Minuten zu einer gefassten Quelle in schönster Natur. Überhaupt ist das Naturerlebnis in dieser Einsamkeit hier oben deutlich beeindruckender als das, was die Geschichte hinterließ.

Vom Hafen aus Richtung Sámi Beach fahren, nach 2,1 km Wegweiser nach rechts zur ›Acropolis of Ancient Same‹, jederzeit frei zugänglich; Wanderung zum antiken Sáme und zum Andísamos Beach (s. S. 156)

Andísamos Beach

T 7

Der 700 m lange, nahezu unverbaute und von viel Grün umrahmte Kiesstrand 5 km nordöstlich gehört zu den schönsten der Insel. Hier wurden viele Szenen des Films ›Corellis Mandoline‹ gedreht s. S. 266.

Drongaráti-Höhle

T 8

In der 44 m tiefen Tropfsteinhöhle hat Míkis Theodorákis einst ein Konzert gegeben. Wegen dieses Nimbus wird sie noch immer besucht – wer Tropfsteinhöhlen kennt, muss aber nicht unbedingt hin.

Juni–Sept. tgl. 9–16 Uhr, Eintritt 5 €

Melissáni-Höhle

S 7

Durch die Höhle von Melissáni werden die Besucher gerudert. Ein kurzer Tunnel führt hinunter an das Ufer des Höhlensees, dessen Decke zum Teil eingestürzt ist und den Blick in den Himmel freigibt. Der See ist etwa 60 x 40 m groß und bis zu 13 m tief, das Wasser stets 10 °C kühl. Die Ruderer belegen verschiedene Tropfsteingebilde mit Tiernamen und zeigen auch den Ort eines antiken Pan-Heiligtums, zu dem sich die Gläubigen durch das Loch in der Höhlendecke an Seilen herunterlassen mussten. Die Funde aus diesem Heiligtum sind im Archäologischen Museum von Kefalloniá ausgestellt.

Der See ist übrigens unterirdisch mit den Meerwassermühlen von Argostóli verbunden, wie Versuche österreichischer Geologen ergaben. Sie hatten das bei Argostóli in den Karstlöchern versickernde Wasser eingefärbt – hier trat es nach einigen Tagen wieder aus.

3 km nördlich von Sámi abseits der Straße nach Agía Efímia am Ortsrand von Karavómilos, gut ausgeschildert, Mai–Okt. tgl. 9–16 Uhr, Eintritt inkl. Bootsfahrt 7 €

Mit Liebe zum Detail T 8

Schifffahrtsmuseum: Sotíris Markétos erschafft leidenschaftlich gern große Schiffsmodelle. 22 davon zeigt er in seinem kleinen privaten Museum, auch die Titanic gehört dazu. Gern führt er Besucher persönlich herum und gibt Erklärungen auf Englisch.

Am Ortsende an der Straße Richtung Argostóli, www.nmsamis.gr, tgl. 10–14 und 17–19 Uhr, Eintritt 4 €

Schlafen

Hafennah

Thodóra: Sehr geräumige Studios mit Balkon in einem der ersten Hotels von Sámi.

An der Parallelstraße zur Uferstraße auf der Höhe des Anlegers der Itháki-Fähren, T 26 74 02 26 50, www.thodorahotel.gr, ganzjährig, €

Essen

An Meer und Ententeich

Karavómilos: Große Taverne mit guter Auswahl und einer angenehm schattigen Terrasse am Meer neben einem Teich, an dem sich ein Wasserrad dreht. Ein Fußweg führt in 5–10 Minuten um ihn herum. Die Enten hier dürfen gern gefüttert werden, der Wirt serviert sie nicht. Seine Spezialitäten sind Kaninchen und Schwertfisch. Auf den Terrassen stehen auch ein paar Liegestühle, einige Hängematten schaukeln zwischen den Bäumen. Ein Kiesstrand ist der Taverne unmittelbar vorgelagert.

Zwischen Hauptstraße und Meer am Ortsausgang aus Fahrtrichtung Sámi, tgl. ab 11 Uhr, €€

Bewegen

Grisella und Wioletta

Kleines Esel-Trekking: Katharina Fehring ist auf einem Bauernhof in NRW groß geworden und hat jetzt ihre Liebe zu Eseln entdeckt. Mit ihren vier Eseldamen bietet sie Trekking-Touren an. Aufsitzen dürfen aber nur Kinder, für Erwachsene über 50 kg dienen die Eselinnen nur als Handgepäcktransporter und Bar.

Grizáta 1, T 69 80 05 96 30, www.donkeytrekkingkefalonia.com, 1. Esel 25 €/Std., 2. Esel 20 €/Std.

Reiten

Bavarian Horses Riding Stables: Die aus Bayern stammende Cornelia Schimpfky hat die wohl professionellste Reitschule auf den Ionischen Inseln etabliert. Sie hält Haflinger und bayerische Warmblüter, bietet ganzjährig Unterricht im Dressur- und Springreiten an. Mit ihr kann man auch kurze Ausritte und mehrtägige Insel-Trails unternehmen.

100 m abseits der Straße von Sámi nach Póros zwischen Zerváta und Koulouráta, T 69 77 53 32 03, www.kephalonia.com

Infos

- **Fährverbindung:** mehrmals tgl. mit Piso Aétos/Itháki (Fahrtzeit 30 Min.), mindestens 1 x tgl. mit Astakós/Festland. Auskunft: www.ionionpelagos.com, T 26 74 02 21 11 40.

Kloster Ágios Gerassímos S 9

Das Nonnenkloster des Ágios Gerássimos, des Schutzheiligen der Insel, liegt

Lieblingsort

Hades im Zauberlicht

Die beiden griechischen Tropfsteinhöhlen auf dem Peloponnes, die Flüsse durchströmen, sind mir die liebsten Orte in der Unterwelt. Als dritter gesellt sich die **Höhle von Melissáni** (S 7) hinzu. Hier erhellt der Tag den Hades. Immer wieder anders fällt das Licht durch das große Loch in der Decke auf den See, manchmal gar ein Sonnenstrahl. Das Zwielicht fordert die Fantasie heraus: Was mögen die Menschen der Antike empfunden haben, wenn sie hier so nah dem Schattenreich der Toten ihrem erdverbundenen Hirtengott Pan huldigten? (Höhle vom Melissáni: s. S. 157)

Ein Fischer repariert sein Netz im Hafen von Samí.

am Rande der 400 m hohen, ringsum von Bergen gerahmten Omalón-Ebene. Hier wird Wein angebaut. Der Leichnam des hl. Gerássimos ist eins der bedeutendsten Pilgerziele auf den Ionischen Inseln.

Eine an normalen Tagen viel zu breite Allee führt schnurgerade auf das Kloster zu, das der Inselheilige selbst in der Mitte des 16. Jh. gründete. Die Keimzelle war eine kleine Höhle, über der die Klosterkirche erbaut wurde. Gläubige können in sie hinab steigen. In der alten Klosterkirche ruht der unverweste Leichnam des Heiligen in einem silbernen Schrein. Pilger kommen nicht nur an Festtagen. Sie schreiben ihren Namen und ihre Gebet auf einen Zettel, den sie beim stets anwesenden Priester abgeben. Regelmäßig öffnet er zwei Klappen am Sarg, damit die Pilger die Reliquie durch einen Kuss ehren können. Dabei spricht er laut die ihm auf Zetteln eingereichten Gebete.

Die Wandmalereien an der Decke stellen Szenen aus dem Neuen Testament dar. Links sind – von hinten nach vorn – Jesu Taufe im Jordan, Jesu Geburt in einer Höhle, Mariä Verkündigung und Christi Himmelfahrt zu sehen. Rechts sieht man das Heilige Abendmahl, die Kreuzigung, Christi Abstieg in die Unterwelt und das Pfingstwunder. An der rechten Seitenwand ist die Entschlafung des hl. Gerássimos dargestellt: Christus steht an seinem Sterbebett und hält bereits die Seele des Toten in Gestalt eines in Windeln gewickelten Kindes im Arm.

Nur wenige Meter vom alten Kloster entfernt wurde in den 1980er-Jahren eine prächtige Kirche erbaut, finanziert einzig und allein aus Spenden. In der Regel ist sie nur zu Gottesdiensten geöffnet. Bischofsthron und Ikonostase sind aus purem Marmor gefertigt, die riesigen Decken- und Wandflächen wurden mit erstklassigen Malereien im traditionellen byzantinischen Stil geschmückt.

April–Okt. tgl. 3.30–13 und 15.30–20 Uhr, sonst 4–13 und 15–19 Uhr

Kástro

S 9

Kástro ist trotz seiner Schönheit ein stiller Ort geblieben. Er zieht sich auf einem Hügelrücken über der Livátho-Ebene bis zu einer venezianischen Burg aus dem 16. Jh., die schon von Argostóli aus zu sehen ist. Die Häuser sind klein, alt und bescheiden, aber gut in Schuss. Hier wohnen noch Einheimische, nicht zugezogene Schickeria.

Festung Ágios Geórgios

Bis Argostóli 1757 Inselhauptstadt wurde, war die Festung Sitz der venezianischen Inselverwaltung. Ihre Größe fällt erst ins Auge, wenn man hineingeht. Vor allem im Frühjahr sprießen hier Tausende Wildblumen, eindrucksvoll sind auch die alten Pinien innerhalb der zinnenbekrönten Mauern. Sicherheitsabsperrungen gibt es nirgends – Vorsicht vor überwucherten Zisternenschächten ist angebracht.

Mai–Okt. tgl. 8.30 Uhr, in den übrigen Monaten meist geschlossen, Eintritt frei

Essen

Idylle pur

Kástro: Auf blumen- und schattenreichen kleinen Terrassen serviert Wirt Gerássimos die ausschließlich hausgemachten Köstlichkeiten, darunter auch viele Kuchen und Desserts. Das preisgünstige Tagesangebot listet eine Kreidetafel auf.

Direkt am Zugang zur Burg, tgl. 9.30–18 Uhr, €

Einkaufen

Ein Farbtupfer

Volente Voltera: Schmuck und Accessoires griechischer Designer, Modisches und Tand.

An der Hauptgasse

Livátho

R/S 9

Ein besonders fruchtbarer Landstrich Kefalloniás ist die Küstenlandschaft des Livátho mit ihren 25 gepflegten und blumenreichen Dörfern wie Metaxáta, Svoronáta, Dómata, Kourkoumeláta und Miniá.

Kloster Ágios Andréas Milapídias

Das 1579 gegründete Nonnenkloster ist ein Wallfahrtsziel, weil hier in der neuen Kirche ein Fuß des Apostels Andréas als Reliquie verehrt wird. Schöner ist die alte Klosterkirche aus der Zeit um 1600, heute Teil des Klostermuseums. In ihr hängen aus anderen Kirchen Kefalloniás gerettete Ikonen und Freskenreste, einige Fresken gehören auch zur Klosterkirche selbst.

Die Kirche wird vom Wärter des modernen Ikonenmuseums geöffnet, das zu den schönsten Museen Griechenlands gehört. Auf zwei Etagen sind Ikonen und Holzschnitzereien, sogar ganze Ikonostasen effektvoll aufgestellt und gehängt, die Innenräume selbst erwecken den Eindruck eines kleinen Palastes.

Museum Mo–Sa 8–14 Uhr, Eintritt 3 €; Kloster tgl. 8–14 und 17–20.30 Uhr

Mykenische Gräber von Mazakaráta (Tafí Mazarakáton)

S 9

Auf dem verwilderten und von Frygana überwucherten Gelände sind zahlreiche

TOUR
Weinprobe im Kräutergarten

Geschmackserlebnisse bei den Winzern der Insel

Infos

R/S 8/9

Start: Argostóli
Kellereien: Gentilini, in Miniá rechts der Hauptstraße von Argostóli nach Svoronáta, Mai–Okt. tgl. 10–14, 17–20 Uhr, Führungen nach Absprache, T 69 32 71 87 30, www.gentilini.gr;
Divíno: im Zentrum von Pesáda, nach Anmeldung, T 26 71 06 91 90;
Robóla: beim Kloster Ágios Gerássimos, April–Okt. tgl. 7–20 Uhr, T 26 71 02 94 00, www.robola.gr

Fünf Kellereien füllen auf Kefalloniá Flaschenweine ab. Bei dieser 42 km langen Rundfahrt ab Argostóli lernen Sie drei von ihnen kennen. Jede hat ihren ganz eigenen Charakter – und die urigste von ihnen produziert außer Wein sogar einen einzigartigen Essig. Überall sind Sie herzlich willkommen.

Recht vornehm

Das **Weingut Gentilini** im Dorf Miniá hat Stil, gleicht architektonisch eher einem vornehmen italienischen Landgut als einer Weinkellerei. Die Inhaberfamilie Cosmetátos hat ihre Wurzeln im italienischen Padua, ist aber schon seit 1593 auf Kefalloniá und seit den 1780er-Jahren auf diesem Land ansässig. Gentilini-Gründer Spíros Cosmetátos, in England aufgewachsen und in Kalifornien und Australien zum Weinkenner ausgebildet, hat hier 1978 seinen ersten Rebstock gepflanzt. Seit 1984 sind Gentilini-Weine auf dem Markt, jährlich werden rund 50 000 Flaschen produziert. Cosmetátos gehörte zu den ersten griechischen Winzern, die auf Qualität statt auf Masse setzten und einheimische Rebsorten mit ausländischen wie Syrah und Chardonnay zu neuen Geschmackserlebnissen verbanden. Dabei half und hilft ihm die britische Önologin Gabrielle Beamish. Sie oder Mitglieder der Familie, allen voran Gründertochter Mariánna Cosmetátos und ihr Mann Pétros, führen Gäste im Juli und August durch die Kellerei, die anschließende Weinprobe wird im Kräutergarten kredenzt.

Göttlich chaotisch

Die ländlich-urige **Weinkellerei Divíno** von Gerássimos Hartouláris mitten im Dorf Pesáda ist ein echter Kontrast zur

Vornehmheit Gentilinis. Das Hauptgebäude stammt in seinem Kern aus dem 17. Jh. und wurde vom Inhaber teilweise eigenhändig restauriert. Seine Vorliebe gilt süßen und halbtrockenen Weinen, sogar Retsína wird hergestellt. Neuerdings baut Herr Hartouláris auch byzantinische Rosen an. Deren Blüten trocknen ein bis zwei Monate lang in der Sonne, danach wird ihr Öl für die Aromatisierung von Essig extrahiert. Herr Hartouláris empfiehlt diesen Essig nicht nur für Salat, sondern auch für Marinaden – insbesondere Kaninchen-Marinade. Die Weine kann man im Ausstellungsraum oder auf der schattigen Terrasse davor verkosten, auf Wunsch werden dazu auch kleine griechische Köstlichkeiten serviert.

»Griechischer Wein, und die altvertrauten Lieder, schenk noch mal ein ...«, sang schon Udo Jürgens.

Bestens organisiert

Am besten auf Besucher eingestellt ist die **Winzerkooperative Robóla** in unmittelbarer Nähe des Klosters Ágios Gerassímos. Führungen in perfektem Englisch finden ganzjährig statt, Einzelbesuchern widmet man ebenso viel Aufmerksamkeit wie Busgruppen. Es gibt sogar einen Besucherpark mit Weinmuseum, in dessen Taverne Folkloreveranstaltungen stattfinden. Gleich daneben zeigt ein Schauweingarten die vielen Rebsorten, die inzwischen in diesem Hochtal und an seinen Hängen bis in 700 m Höhe angebaut werden. Die 1982 gegründete Kooperative hat etwa 309 Winzerfamilien als Mitglieder und wird sehr professionell geführt. Ein Schwergewicht liegt natürlich auf dem Robóla, der sogar in einer Bio-Variante offeriert wird, deren Auflage allerdings 3000 Flaschen noch nicht übersteigt. Darum kann er als einziger Wein der Kooperative hier auch nicht verkostet, sondern nur gekauft werden (15 €). Außer reinen Robóla-Weinen gibt es auch den ›Brillante‹, eine Kreation aus der Robóla- und der süßen Muskattraube sowie Weine aus anderen kefalloniotischen Rebsorten wie z. B. den ›Melambus‹ aus den Varietäten Tsaoúsi und Vostilídi. In dieser Kellerei werden jährlich bis zu 500 000 Flaschen abgefüllt und weltweit exportiert.

K

KAJAK UND MASSAGE

Nahe dem Trapezáki Beach liegt die Basis von Yvonne Walsers ›**Seakayaking Kefalonia** (T 69 34 01 04 00, www.seakayakingkefalonia-greece.com). Sie und über zehn Mitarbeiter bieten Tagestouren in alle Richtungen und auch Mehrtagestouren, z. T. zu anderen Inseln, an. Wer lieber passiv bleibt, kann sich von einem englischen Paar im **Kefalonia Natural Health Retreat** in Svoronáta (an der Kreuzung, T 26 71 04 23 26) massieren lassen.

in den Fels gehauene Grabkammern zu erkennen, zu denen jeweils ein für die mykenische Zeit (1600–1200 v. Chr.) typischer Drómos führt: hier eine bis zu 8 m lange, etwa 1 m breite, zum Grab hin abfallende Zuwegung.

Eingezäunt, aber durch Zaunlücken zugänglich, Vorsicht vor Schlangen!

Pórto Héli Beach — S 9

Bis zum Dorf Svoronáta fahren, an der Kreuzung mit dem Friedhof scharf rechts abbiegen. Eine Treppe führt hinunter zum 150 m langen und 30 m breiten, schönen, feinen Sandstrand. Am Ende der Bucht in westlicher Richtung gibt es eine imposante Höhle mit kleinem Sandstrand, man kann hineinschwimmen. Es gibt eine Kantine, Liegestühle, Sonnenschirme, Duschen; Kanus und Tretboote werden vermietet.

Ávithos Beach — S 9

In Svoronáta an der Kreuzung mit dem Friedhof rechts abbiegen (beschildert). Schöner, langer Sandstrand, 10–20 m breit. Zusammen mit Ligiá ist der eher ruhige Familienstrand ca. 1200 m lang. Liegestühle, Sonnenschirme und Duschen sind vorhanden. Gleich oberhalb des Strandes betreibt der gelernte Sommelier Pános zusammen mit seiner Mutter Àngela die Taverne Ávithos Preview, die viele Feinschmecker für die beste der ganzen Insel halten. Beide haben zusammen das Kochbuch »Tastes of Kefalonia« verfasst, bauen eigenen Wein und eigene Oliven an (www.avithospreview.gr, €€).

Ligiá Beach — S 9

Zu diesem weitläufigen Sandstrand fährt man über Svoronáta Richtung Ávithos Beach, parkt dort und geht am Ávithos-Strand entlang Richtung Süden. Die Strände sind miteinander verbunden. Kein Strandservice.

Trapezáki Beach — S 9

Man fährt bis nach Mousáta, im Dorf ist die Abzweigung zum Strand beschildert. Der Strand ist auf der linken Seite ca. 200 m lang und 20 m breit, auf rechter Seite bis Lourdá ca. 3 km lang und 30 m breit. Schöner Sand mit grünem Wäldchen als Hintergrund. Man kann am Meer entlang bis zum Lourdá Beach gehen. Es gibt hier einen kleinen künstlichen Hafen, hinterm Strand die Taverne Denis. Ansonsten eine Kantina und Sonnenliegenverleih.

Skála — U 10

Das nach 1953 neu aufgebaute Skála ist ein vor allem bei Briten beliebter Urlaubsort mit langem Sandstrand, einigen Dünen und einem schattigen Kiefernwäldchen am Ufer. Von antiker Besiedlung zeugen die Überreste einer römischen Villa.

Römische Villa

Zwischen den Grundmauern der Villa aus dem 2. Jh. sind einige Bodenmosaike erhalten. Das eine zeigt die Opferung

IM ORANGENHAIN

Die Schweizerin Susan Fisch-Dimitrátos und ihr griechischer Mann Vangélis führen die Pension in einem alten Orangenhain ca. 300 m vom langen Strand von Loúrda entfernt. In der hauseigenen **Taverne Thalassinó Trífilli** (T 9) wird ausschließlich Olivenöl von eigenen Bäumen verwendet. Die vielen regionalen Gerichte werden nur aus frischen Zutaten zubereitet, das Gemüse stammt zum Teil aus eigenem Anbau. Für Pensionsgäste können Diätwünsche, z. B. für Allergiker, erfüllt werden. Die Inhaber sind in einheimischen Umweltschutzgruppen engagiert und informieren gern über umwelt- und sozialverträgliche Wanderungen. Zimmer und Studios, Seminarraum. Lourdáta, an der Straße zum Strand, T 26 71 03 11 14, www.pension-trifilli.com, €.

von drei Tieren, das andere einen Jüngling, der den Neid personifiziert. Er wird gerade von wilden Tieren zerfleischt.

Im Ort gut ausgeschildert, tgl. 9–15 Uhr, Eintritt frei

Kamínia Beach — U 10

Beim Nachbardorf Ratzaklí zweigt eine Straße nach Kamínia ab (ausgeschildert). Der feine weitläufige Sandstrand, ca. 2 km lang und 30 km breit, ist ein geschützter Strand der Karettschildkröten. Sonnenschirme und Liegestühle.

Koróni Beach — T 10

Man fährt Richtung Argostóli bis zum Dorf Valerianós, dann Richtung Thiramóna, beschildert ab Valerianó. Das letzte Stück ist Schotterstraße. Auch an diesem herrlichen, ca. 300 m langen und 30 m breiten Sandstrand findet man Tonerde, die für kosmetische Gesichtsmasken benutzbar ist! Es gibt eine Kantine, Sonnenschirme und Liegestühle werden verliehen.

Schlafen

Okay für eine Nacht

Skála: Das älteste Hotel am Ort hat meist eins seiner kleinen Zimmer mit großem Balkon frei und liegt jeweils nur 150 m vom Ortszentrum und vom Strand entfernt.

Gegenüber der Villa Romana, T 26 71 02 77, €

Essen

Mit viel Gemüse

Old Times Tavern: Das moderne Familienrestaurant am Meer ist stolz auf seine gehobene Küche. Neben internationalen Gerichten und Fisch, der auf Wunsch am Tisch filetiert wird, liegt ein Schwerpunkt auf regionaler Küche möglichst mit Gemüsen und Salaten aus dem eigenen Garten. Auch Vegetarier und Veganer gefällt's hier.

Uferstraße Richtung Póros, tgl. ab 13 Uhr, €€–€€€

Póros — U 9

Der zwischen einem langen Kiesstrand und einem kleinen Fährhafen über 2 km sich erstreckende Ort ist im Gegensatz zu Skála ruhig und noch nicht überlaufen, besitzt aber auch keinerlei besondere Reize.

Kloster Theotókou Atroú U 9

Das älteste Inselkloster, schon 1264 urkundlich erwähnt, steht einsam 500 m hoch über dem Meer. Ein etwa 10 m hoher Turm zeugt von einstiger Wehrhaftigkeit. Sind die beiden Mönche anwesend, kredenzen sie Besuchern Mokka oder Oúzo, ein Glas Wasser und etwas Süßes. Ein Eintrag ins Gästebuch ist ebenso erwünscht wie eine kleine Spende.

Die Stichstraße zum Kloster zweigt am Ausgang der Schlucht von der Straße nach Sámi ab, dann 4,5 km weitgehend befestigter Weg. Klosterhof frei zugänglich

Mykenisches Grab in Tzanáta (Tafi Tzanáton) U 9

Das besterhaltene mykenische Thólos-Grab der Ionischen Inseln stammt aus der Zeit um 1350 v. Chr. und ist vom gleichen Typ wie die von Heinrich Schliemann gefundenen Gräber in Mykene, nur sehr viel einfacher. Typisch für diese auch als Thólos bezeichneten Kammergräber sind die Kuppel und der Drómos. Die Kuppel wird durch sich überkragende Steinreihen konstruiert. Der Drómos ist ein langer Gang mit gemauerten Seitenwänden, der zur Grabkammer führt. Sie liegt unter dem im Ansatz erhaltenen Hügel und kann betreten werden.

Beachtenswert ist auch der kleine Steingarten, den die beiden Wärterinnen der Ausgrabung hier liebevoll angelegt haben. So vertreiben sie sich die Zeit, denn Besucher kommen nur wenige her.

Wegweiser an der Straße von Póros nach Sámi, Mi–Mo 8.30–15.30 Uhr, Eintritt 3 €

Schlafen

In Póros gibt es relativ wenige Hotels und Apartments; in der Hochsaison sind sie meist ausgebucht.

Ruhig und gut

Oceanis: Das beste Haus am Platz, 1500 m vom Zentrum. Ruhige Hanglage oberhalb des Hafens, schöner Blick, Swimmingpool.

Oberhalb des Südendes der Hafenbucht, an der Uferstraße ausgeschildert, T 26 74 07 25 81, www.hoteloceanis.gr, €€

Mit den Füßen im Sand

Regina dell Acqua: Mit nur 38 Zimmern und Suiten, aufgeteilt auf vier Gebäude, ist das Fünf-Sterne-Hotel angenehm klein. Es steht direkt am Sandstrand, besitzt trotzdem einen großen Süßwasserpool und ein Kinderbecken mit Wasserrutsche. Architektonisch gibt es sich modern, die Zimmer sind eher konservativ möbliert. Zum Ortszentrum geht man etwa 800 m.

Uferstraße Richtung Póros, T 26 71 08 33 90, www.regina-dell-acqua.com, €€–€€€

Essen

Ländlich-freundlich

O Agrapídos: Der Ausblick von hier ist grandios. Die Wirtsleute servieren Wein von eigenen Reben, selbst gebackenes Brot und Gemüse aus den eigenen Gärten. Fleisch und Fisch stammen aus der Umgebung.

Oberhalb des Hafens an der Straße nach Skála, tgl. ab 10 Uhr, €

Direkt am Wasser

Koráli: In der schlichten Taverne von Victoria Pagoulatou sitzen die Gäste am Meer, auf typisch griechische Art aber auch direkt an der Uferstraße nahe der Flussmündung. Gute griechische Hausmannskost, oft aufgepeppt mit zierendem Balsamico, häufig drehen sich auch ein Lamm oder Spanferkel am Spieß. Frischen Fisch darf natürlich auch nicht fehlen.

Odós Itháki 1, tgl. ab 12 Uhr, €€

Am Berg Énos sind mehr Ziegen als Autos auf der Straße.

Infos

- **Fährverkehr:** mit Killíni auf dem Peloponnes. Auskunft am Hafen bei den Reedereien Ionian Ferries, T 26 74 07 22 50, www.ionianferries.gr und Kefalonian Lines, T 21 09 51 51 00, www.kefalonian lines.com.

Berg Énos

T 9

Von der Straße zwischen Sámi und Argostóli zweigt eine Straße hinauf zum höchsten Inselberg, dem Óros Énos (1627 m) ab.

Asphaltiert, aber kurvenreich, führt sie 15 km weit bis zu einer Antennenanlage auf dem zweithöchsten Gipfel des Massivs (1613 m). Von dort oben überblickt man das benachbarte Zákinthos komplett und weite Teile von Kefalloniá. Auch die Flughäfen beider Insel sind deutlich zu erkennen, wenn die Sicht gut ist.

Wer mag, kann vom Parkplatz aus auf dem für den Autoverkehr gesperrten Waldweg noch etwa 15 Minuten weitergehen bis auf den höchsten Gipfel, auf dem sogar ein Gipfelbuch ausliegt. Außerdem kann man auf markierten Waldwegen eine etwa 6,2 km lange Rundwanderung durch den schon 1962 deklarierten, 2862 ha umfassenden Nationalpark unternehmen. Dabei sind insgesamt nur 244 Höhenmeter zu bewältigen. Auf jeden Fall lohnt es, ein kleines Picknick mit auf die Fahrt zu nehmen, denn entlang des Straßenrandes wurden mehrere schöne Picknickplätze angelegt. Da fühlt man sich fast wie in den Alpen – aber eben mit Meerblick.

Itháki

Das Zuhause des Odysseus — Die schroffe, strandarme Insel lebt vom Ruhm, den ihr Homers »Odyssee« schenkte. Und von Menschen, die auf der Suche nach der »Heimat ihrer Seele«, nach ihrem ganz persönlichen Ithaka sind.

Seite 179

Kirche der Panagía in Anógi

Auf der an historischen Bauten armen Insel ist die Dorfkirche ein bedeutendes Zeugnis alter Inselarchitektur.

Seite 182

Wandern um den Odysseus-Palast

Eine kurze Rundwanderung im Norden der Insel bei Platrithiás führt auf uralten Pfaden durch schönste Natur und zu sagenumwobenen historischen Stätten. Das geht auf eigene Faust, aber man kann die Tour auch mit Führung bei einer ortsansässigen Niederländerin buchen.

Mit Homer in der Hand macht die Insel noch mehr Spaß.

Eintauchen

Seite 183

Kióni ✪

Die pastellfarbenen und weißen Häuser des kleinen Dorfes umstehen das innere Ende einer grünen Bucht im Inselnorden. Die Uferpromenade ist autofrei, Jachten zaubern ein mediterranes Idyll. Wer baden möchte, findet fußläufig helle Kiesstrände mit glasklarem Wasser.

Seite 180

Mühlsteine von Koliéri

Aus vielen alten Mühlsteinen hat ein örtlicher Bildhauer den Bauern Nord-Ithákis bei Stavrós ein originelles Denkmal gesetzt.

Seite 183

Techníma

Auch für Konsumasketen ist ein Blick ins Schmuckatelier Techníma am Hafen von Kióni ein Genuss. Ein 500 Jahre altes Haus und die Werke des Künstlers verschmelzen hier zu einer gelungenen Einheit.

Seite 179

Kloster Kathará

Das Kloster ist unbedeutend, doch die Aussicht von hier oben über die Insel und das Meer ist ein Hochgenuss.

Seite 179

Odysseus-Büste in Stavrós

Niemand weiß mit Sicherheit, ob es jemals einen König Odysseus gab, geschweige denn, wie der kühne Abenteurer aussah. Wer für seine Odysseus-Büste Modell stand, hat der Bildhauer nicht verraten.

Seite 174

Perantzada 1811 Art Hotel

Wer es sich leisten kann, wohnt hier modern und luxuriös im schönsten Inselhotel in Vathí.

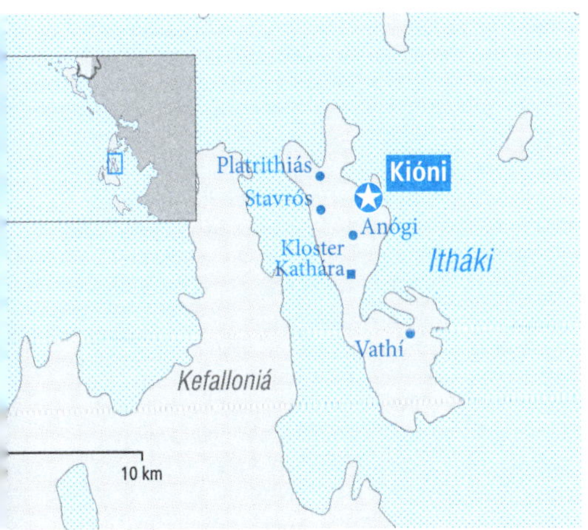

»Siehe, kein Wesen ist so eitel und unbestandig wie der Mensch.« (›Odyssee‹)

»Ithaka gab' Dir die schöne Reise. Ohne sie hättest Du Dich nicht auf den Weg gemacht.« (K. Kaváfis), heißt es in Hellas – »Der Weg ist das Ziel«, sagt Konfuzius.

Heimat des Odysseus

N

Nach Itháki kommt man nicht zum Baden. Hier wandelt man auf den Spuren des homerischen Epos und genießt die Ruhe einer Insel, die vom Pauschaltourismus nahezu unberührt ist. Dennoch gibt es eine ganze Reihe kleiner, grün eingefasster Kies- und Kieselsteinstrände vor glasklarem, meist in vielen Grün-, Blau- und Türkistönen schimmerndem Wasser. Viele von ihnen sind aber nur zu Fuß oder gar nur mit dem Boot zu erreichen. Jachturlauber haben sie oft ganz für sich allein.

Itháki, bei uns landläufig Ithaka, von den Griechen auch Thiáki genannt, gilt als Heimat des antiken Helden Odysseus, jenes listigen Abenteurers, der nach der Belagerung von Troja von den Launen der Götter getrieben, erst nach zehn Jahren den heimatlichen Hafen erreicht. Wo der Palast des Odysseus und seiner geduldigen Gemahlin Penelope gestanden haben soll, ist allerdings umstritten. Die einen verlegen ihn auf den Berg Aétos im Süden, die anderen plädieren für Pólis oder Stavrós im Norden der Insel. Manche behaupten gar ketzerisch, er sei nirgends zu lokalisieren, da Odysseus nur eine märchenhafte Gestalt der griechischen Mythologie sei.

ORIENTIERUNG

O

Infos im Internet

www.ithaki.gr: Homepage der Inselgemeinde, griechisch und englisch.

Film oder Hörbuch?

17 Stunden benötigen Sie, um sich die Odyssee von Christian Brückner in einer modernen Übersetzung vorlesen zu lassen (als MP3-Download oder auf DVD). 370 Minuten lang ist die 1968 von Franco Rossi gedrehte Verfilmung mit Irene Pappas und Bekim Fehmiu, die 2006 als DVD neu aufgelegt wurde.

Ankommen und Weiterkommen

Bus: Die Verbindungen auf der Insel sind kümmerlich. 2 x tgl. fährt ein Bus von der Platía in Vathí über die Westküstenstraße nach Stavrós, Fríkes und Kióni. Keine Busse zum Hafen Píso Aétos.

Schiff: 1–2 x tgl. mit Sámi, Póros und Fiskárdo/Kefalloniá sowie mit Vassilikí/Léfkas, Astakós/Festland und Kyllíni/Peloponnes.

Bootstaxi »Odysséas«: max. 12 Pers., T 69 74 42 09 50, www.sea-taxi.eu.

Als Erster besuchte Heinrich Schliemann 1868, also im selben Jahr, in dem er Troja entdeckte, mit der »Odyssee« in der Hand die Insel, las den Einheimischen daraus vor und setzte den Spaten an. Später kamen britische und griechische Archäologen. Handfeste Beweise für die historische Siedlung des Odysseus brachte freilich niemand ans Tageslicht. Die Einheimischen ficht das wenig an: Sie nutzen den Ruf der Insel, haben viele Schilder aufgestellt, die zu den angeblichen Schauplätzen der »Odyssee« weisen, und freuen sich, dass die 2800 Jahre alte Geschichte ihnen einige Touristen beschert.

Die nämlich haben sie bitter nötig. Ihre kleine Insel, die vor 200 Jahren noch 12 000 Bewohner zählte, hat bis in die 1960er-Jahre stark unter Auszehrung gelitten. Heute leben nur noch etwa 3200 Menschen auf Itháki, die übrigen haben inzwischen in der Hauptstadt Athen oder gar im fernen Australien, Südafrika oder Nordamerika ein neues Zuhause gefunden. Die wenigen Verbliebenen konzentrieren sich hauptsächlich auf zwei Siedlungszentren: die Inselhauptstadt Vathí im Süden und die Dörfer in der Umgebung von Stavrós weit im Norden der Insel.

Das nur 24 km lange und mit 94 km² vermessene Itháki ist deutlich zweigeteilt. An der Nahtstelle zwischen Süd und Nord wird es von einem lediglich 620 m breiten Isthmus zusammengehalten. Er ist ebenso gebirgig wie die beiden Hälften, die im Norden bis auf 796 m, im Süden bis auf 669 m Höhe ansteigen. Zum Meer hin fällt die Insel meist steil ab; die Küsten sind deshalb nur an wenigen Stellen besiedelt. Im Gegensatz zu den anderen Inseln des Archipels ist Itháki auch nur spärlich begrünt – selbst Olivenhaine gibt es hier nur in wenigen Regionen.

Kióni, das schönste Dorf auf Itháki, lädt mit seinem glasklaren Wasser zum Schnorcheln und Baden ein.

Vathí

Ansehen
1 Archäologisches Museum
2 Seefahrts- und Volkskundliches Museum
3 Villa Drakoúlis
4 Lazarétto

Essen
1 Sirínes
2 Kantoúni
3 Kalkánis Locals Kouzína
4 Trechantíri

Schlafen
1 Perantzada 1811 Art Hotel
2 Odyssey Apartments
3 Méntor

Bewegen
1 Motorbootverleih
2 Odyssey Outdoor
3 M/V Albatros
4 Mountainbikes

Den Reiz von Itháki machen weniger seine Orte als vielmehr die Landschaft der Insel selbst und der Blick auf Nachbarinseln und Festland aus. Diese Schönheit kann man auch gut im Verlauf einer eintägigen Inselrundfahrt erleben. Auf Perachóri kann man bei wenig Zeit getrost verzichten und stattdessen gleich von Vathí aus in Richtung Norden aufbrechen. Die Hauptstraße verläuft bis zur schmalsten Stelle der Insel in Meeresnähe. Dann teilt sie sich, um sich in Stavrós im Inselnorden wieder zu vereinigen. Wählt man für den Hinweg die Straße durchs Inselinnere, steigt man zunächst kurvenreich bis auf die Kammlinie der Insel an, fährt östlich an ihren bis zu 806 m hohen Gipfeln vorbei und passiert das stille Dorf Anógi, das in eine bizarre Felslandschaft gebettet ist. Im Inselnorden kann man gut ein paar Stunden verbringen und dann von Stavrós aus über die Westküstenstraße, die hoch über dem Meer verläuft, zum Isthmus und nach Vathí zurückkehren. Unterwegs bietet sich dabei auch die Möglichkeit zum Baden am besonders schönen Strand von Áspros Gialós.

Vathí

T 6

Vathí (1800 Ew.) liegt ausgesprochen malerisch am innersten Ende einer lang gezogenen, fjordartigen Bucht ohne Blick aufs offene Meer. Die Häuser der Inselhauptstadt sind fast alle nach dem Erdbeben von 1953 neu entstanden. Die Lage macht den Ort, der keine Strände besitzt, für einen Kurzaufenthalt attraktiv, nicht seine Bausubstanz. Mehrere gute Strände sind von Vathí aus in etwa 30–45 Minuten zu Fuß zu erreichen; in der Hochsaison fahren auch Boote dorthin.

Archäologisches Museum

Die meisten der im **Archäologischen Museum** 1 recht lieblos ausgestellten Objekte stammen aus einer von 1400 v. Chr. bis in die römische Zeit hinein bewohnten Siedlung am Isthmus von Aétos, wo auch jetzt gelegentlich Archäologen graben. Die Exponate waren zumeist Votivgaben für das dorische Apollo-Heiligtum von Alalkomenes. Sie beweisen, dass Itháki bis ins 7. Jh. v. Chr. ein bedeutendes Zentrum der Keramik-

produktion war, die jedoch nahezu zum Erliegen kam, als die Korinther, die selbst eine große Keramikindustrie besaßen, die Ionischen Inseln kolonisierten.

An der Parallelstraße zum Südostufer des Hafens, Di–So 8–14.30 Uhr, Eintritt frei

Seefahrts- und Volkskundliches Museum

Das **Seefahrts- und Volkskundliche Museum** ❷ zeigt historische Fotos und Dokumente, erzählt von den Reedern der Inseln und verwahrt Trachten aus dem 19. Jh. sowie ein Sammelsurium von Musikinstrumenten, Möbeln sowie land- und hauswirtschaftlichen Gerätschaften.

Von der Uferstraße in die Gasse rechts der Piraeus Bank hineingehen, Mai–Okt. Mo–Sa 9–13 Uhr, Eintritt 3 €

Villa Drakoúlis

Die markante klassizistische **Villa Drakoúlis** ❸ mit schönem Vorgarten direkt an der Uferstraße am inneren Ende der Bucht entstand im 19. Jh. nach den Plänen des deutschen Architekten Ernst Ziller, der die Architektur Griechenlands im 19. Jh. maßgeblich mitgeprägt hat. Sie wäre die ideale Location für ein gutes Café und Restaurant, wird aber trotz erfolgter Restaurierung bislang aus unerfindlichen Gründen leider nicht genutzt.

I

ITHAKAS SCHÖNSTE STRÄNDE

Tipps von Yvonne Walser (s. S. 164), die ganz Itháki schon mehrmals mit dem Seekajak umrundet hat.

Vathí, Loutsá Beach (T 6): Den stadtnächsten Strand erreichen Sie, wenn Sie von der Bootstankstelle aus der Straße entlang der fjordartigen Bucht immer weiter folgen. Nach 1,3 km sind Sie am Ziel: an einem etwa 20 m langen Kiesstrand.

Minimáta und Skínos (T 6): Von Vathí die Hafenstraße in nördlicher Richtung nehmen, dann nach ca. 400 m rechts abzweigen in Richtung Odyssey Apartments und der Straße bis zum Ende folgen. Sehr schöne helle Kieselstrände, aber leider nur sehr schmal. Skínos ist ca. 200 m lang, Minimáta ca. 100 m. Beide Strände liegen in einer Bucht, flankiert von einem herrlich grünen Wald. Das Wasser changiert in extrem schönen Farbtönen. Kein Strandservice.

Gidáki Beach (T 6): Nur mit Booten zu erreichen, von Vathí aus im Sommer tgl. Bootsservice (10 Uhr ab Vathí; ca. 16 Uhr zurück, 8 €). Ansonsten führt ein sehr schöner Wanderweg vom Strand Skínos aus nach Gidáki, ca. 1 Std. Herrlicher weißer Kieselstrand mit türkisfarbenem Wasser, ca. 700 m lang und 15–20 m breit. Im Sommer gibt es eine Strandbar.

Filiatró Beach (U 6): Von der Hafenstraße in Vathí die Straße hinter Hotel Méntor in östlicher Richtung nehmen. Nach ca. 2 km asphaltierter Straße erreicht man den Strand (beschildert). Filiatró ist eine der schönsten Buchten von Itháki, mit weißem Kieselstrand und extrem klarem Wasser, ideal zum Schnorcheln. Ca. 130 m lang und 15 m breit. Die ganze Bucht wird von Macchia und Olivenbäumen umgeben. Es gibt eine Strandbar (leider nicht sehr gepflegt), Liegestühle, Sonnenschirme.

Lazarétto

Nahe dem westlichen Hafenufer befindet sich auf dem winzigen Inselchen **Lazarétto** ❹ heute noch eine im Jahr 1668 erbaute Kapelle für den Erlöser. Der Inselname verweist jedoch auf die jüngere Geschichte: Die Briten hatten hier im 19. Jh. eine Quarantänestation eingerichtet. Nach dem Abzug der Briten diente sie bis 1912 als Gefängnis. Schließlich hat man die Ruine nach dem Erdbeben von 1953 abgetragen. Trotz ihrer wenig attraktiven Aufgabe wählten sowohl Dichter Lord Byron als auch Archäologe Heinrich Schliemann das Inselchen während ihres Aufenthalts auf Itháki als Ziel ihres morgendlichen Schwimmvergnügens.

Schlafen

Stilvoller Luxus

1 **Perantzada 1811 Art Hotel:** Das beste (und teuerste) Inselhotel in einer von Ernst Ziller geplanten Villa des 19. Jh. bietet zwölf Zimmer mit Meerblick. Moderne griechische Kunst und ein ostmediterraner Touch sorgen für ein exklusives Ambiente.

Odós Odysséa Androútsou (nahe dem Ostufer des Hafens), T 26 74 03 34 96, www.perantzadahotel.com, ganzjährig, €€€

Von oben herab

2 **Odyssey Apartments:** Modernes Haus in Hanglage, neun Apartments für zwei bis sechs Personen, alle mit

Meerblick, Pool und Kinderspielplatz im Garten. Etwa 15–20 Min. zu Fuß vom Zentrum.

An der Straße zum Skínos Beach, T 26 74 03 22 68, www.odysseyapartments.com, €€–€€€

Funktional und zentral

3 **Méntor:** 36 hochwertig möblierte Zimmer in einem dreigeschossigen Haus wohl aus den 1970ern, schöne Frühstücksterrasse und Meerblick (Zimmer 158, 160, 162, 278, 2890 und 282).

Direkt am Hafenkai, T 26 74 03 24 33, www.hotelmentor.gr, ganzjährig, €€

Essen

Schick und modern

1 **Sirínes:** Gehobenes Restaurant, in dem Níkos Kostópoulos am Herd steht. Er bereitet u. a. Lammhaxe mit Zitrone und Thymian *(araki sti glástra)* und Hähnchen in Weinsauce *(kokorás krasátos)* im Tontopf zu. Auch die korfiotische Spezialität *sofríto* kann man hier gut probieren.

Parallelgasse zur Uferstraße, Douríou Íppou/Laértou, T 26 74 03 30 01, www.sirines.eu, tgl. ab 12 Uhr, €€

Tische direkt am Meer

2 **Kantoúni:** Alteingesessene Taverne mit guter Fischsuppe (13 €) und betont freundlichem Service.

Am Südwestufer des Hafens zwischen Hafen-Platía und Fähranleger, tgl. ab 8 Uhr, €–€€

Mama's Küche

3 **Kalkánis Locals Kouzína:** Familiäre Atmosphäre, große Auswahl. Gekochte und gebackene Gerichte kann man im Schautresen auswählen, vieles vom Grill, z. B. auch im Sommer samstags *kokorétsi* (in Darm gewickelte Innereien von Lamm und Zicklein).

30 m südlich des Hauptplatzes, tgl. ab 17 Uhr, ganzjährig, €

Schön altmodisch

4 **Trechantíri:** Eine Art Markttaverne mit täglich frisch gekochten und überbackenen Speisen, Moussaká mit Artischocken statt den üblichen Auberginen und Bechamelsauce aus Ziegenmilch.

Parallelgasse zur Uferstraße auf Höhe der Post, tgl. ab 10 Uhr, €

Bewegen

Mit dem Boot zum Baden

1 **Motorbootverleih:** Uferstraße Westseite der Bucht, T 69 49 93 56 70, www.rentaboatithaca.com, Boote ab ca. 50 €/Tag plus Kraftstoff.

Vielseitig unterwegs

2 **Odyssey Outdoor:** Der promovierte Fachmann für erneuerbare Energien, George Lilas, und sein Partner Pános Valátsos sind Outdoor-Enthusiasten und gründeten 2013 die erste Tauchstation auf Itháki. Ihre Tauchtouren führen u. a. zu unbewohnten Inseln wie Arkoúdi und Átokos. Auf ihre Exkursionen nehmen sie auch Schnorchler mit. Inzwischen haben sie ihr Angebotsspektrum stark erweitert. Sie bieten geführte Wanderungen und SUP-Touren an, vermieten Motorboote und Jeeps, unternehmen mit Gästen 4x4-Touren im Mitsubishi-Pick-up und führen Seekajaktouren vor Ithákis Küsten und darüber hinaus. Im November 2019 ist George sogar von Sámos vor der türkischen Küste quer über die Ägäis und durch den Golf von Korinth bis nach Itháki gepaddelt – allerdings ohne zahlende Gäste.

Vathí, Lage am Wasser am Ortsausgang Richtung Stavrós, T 69 48 18 26 55, www.outdoorithaca.com

Chance für Inselsammler

3 **M/V Albatros:** Das kleine, direkt vor der großen Platía im Hafen von Vathí liegende Ausflugsschiff gibt Nisomanen die

TOUR
Homer im Gepäck

Auf den Spuren des Odysseus im Inselsüden

Infos

T/U 6/7

Start/Ziel: Vathí

Länge: 22 km

Ausrüstung: Lange Hosen und feste Schuhe sind wegen Dornen und Schlangen empfehlenswert, Einkehrmöglichkeiten bestehen unterwegs nur in Perachóri. Wasser mitnehmen!

Wenn Sie die »Odyssee« nicht gelesen, gehört oder gesehen haben, bietet Ihnen diese Tageswanderung vor allem Landschafts- und Naturgenuss. Mit Odysseus im Hinterkopf können Sie mit viel Fantasie einige sagenhafte Stätten seiner Geschichte vor Ihrem inneren Auge lebendig werden lassen.

Odysseus kehrt zurück …

Im 13. Gesang des homerischen Epos wird Odysseus von seinen korfiotischen Gastgebern, den Phäaken, schlafend am heutigen **Strand von Dexá** auf seiner Heimatinsel abgesetzt. Er erkennt sie nicht sogleich, stellt aber erfreut fest, dass all seine mitgeführten Schätze – bronzene Dreifüße, metallene Schüsseln und fein gewobene Gewänder – neben ihm liegen.

Heute nehmen Sonnenanbeter ihren Platz ein – von Odysseus keine Spur. Welchen Ölbaum Sie für einen Nachkommen desjenigen halten, den die Göttin Athena dem Odysseus zeigte, bleibt Ihnen überlassen.

… und versteckt seine Schätze

Die Göttin Athena rät Odysseus nun, seine Pretiosen in der Nymphengrotte zu verstecken, bis er seine Widersacher auf der Insel besiegt hat. Dort hat er den Nymphen schon viele Opfer dargebracht, bevor er nach Troja zog.

Zur ›**Cave of the Nymphs**‹ (Spíleo Nímfes) kommen Sie, wenn Sie zunächst 700 m zurück in Richtung Vathí gehen oder fahren und dann dem Wegweiser zur kleinen, unscheinbaren, noch 2 km entfernten Tropfsteinhöhle folgen. Sie steht offen, hineinzugehen ist aber le-

bensgefährlich. Mit einer Taschenlampe kann man hineinschauen. Ein Wegweiser führt auf einen Pfad, der am Hang des Neróvoulo entlang und durch die von Grün überwucherten, spärlichen Ruinen von **Paleochóra** (s. S. 178) nach **Perachóri** (s. S. 178) führt. Hier gehen Sie zunächst zur Platía und folgen dann der Straße hinunter ins Dorf. Die erste Straße, die nach rechts abzweigt, führt aus Perachóri hinaus und mündet nach 1,9 km auf eine Straße, die von Vathí kommt und nach rechts auf die Marathiás-Ebene führt.

Nach Heldentaten und Irrfahrten kehrte Odysseus schließlich auf seine Heimatinsel zurück. Ob er so aussah, wie der Bildhauer ihn hier dargestellt hat?

Eumäos tränkt die Schweine …

Zu Beginn des 14. Gesangs erzählt Homer, dass Eumäos, der treue Schweinehirt des Odysseus, 600 Borstenviecher hielt. Die Ithaker wissen, wo er sie tränkte: an einer **Quelle,** die die Nymphe Arethúsa bewohnte. Sie sprudelt heute in einem unzugänglichen Felsspalt, der schmale Wanderpfad dorthin ist jedoch einer der schönsten Wege, den Sie auf Itháki begehen können. Quellwasser können Sie mit Hilfe eines Eimers an einem Seil heraufziehen – trinken sollten Sie es besser nicht. Um hinzukommen, folgen Sie von der Straße aus dem Wegweiser zur Quelle.

… und trifft den als Bettler verkleideten König

Im 14. Gesang trifft Odysseus den Hirten in seinem Haus und erfährt von ihm, was während seiner über zehnjährigen Abwesenheit auf der Insel geschah. Der örtlichen Legende nach stand das Haus auf der heute kahlen **Marathiás-Hochebene** im Inselsüden.

Sie erreichen Marathiás, wenn Sie vom Beginn des Pfads zur Arethúsa-Quelle der schmalen Straße 900 m bis zu einer Geschützstellung aus dem Zweiten Weltkrieg folgen. Hier können Sie den 14. Gesang rezitieren, begleitet von Vogelgezwitscher. Ein abgebrochener Wegweiser zeigt den Weg zur **Eumäos-Grotte,** die man dem Schweinehirten Eumäos als Wohnstätte zugewiesen hat. Für den Rückweg nach **Vathí** folgen Sie der Straße, auf der Sie gekommen sind, immer geradeaus.

Möglichkeit, die unbewohnte Insel Átokos zu entdecken. Eine Zusteigemöglichkeit besteht auch in Fríkes im Inselnorden. Die Touren finden nur einmal wöchentlich statt, Abfahrt in Vathí 9 Uhr, Rückkehr um 17 Uhr, und kosten inklusive Wein, Bier, Erfrischungsgetränken, Nutzung von Sonnenschirmen und Schnorchelausrüstung 55 € (Kinder bis 12 J. 25 €).

T 69 73 46 79 77

Schweißtreibend

4 **Mountainbikes:** Vermietung durch Polyctor Tours gleich an der Hafen-Platía.

T 26 74 03 31 20, 10–12 €/Tag, 60–70 €/Woche.

Feiern

• **Theater- und Kulturfestival:** Ende Juni bis Mitte August. Ausstellungen, Konzerte, Theater, je nach finanzieller Situation der Gemeinde.

Perachóri

T 6

Das weitläufige Dorf in etwa 300–350 m Höhe über der Bucht von Vathí war in venezianischer Zeit die Inselhauptstadt. Heute leben hier nur noch etwa 300 Menschen, viele der Häuser wurden nach dem Erdbeben von 1953 nicht wieder aufgebaut. Vom kleinen Dorfplatz mit seinen nur im Sommer geöffneten Kafenía und Tavernen hat man einen schönen Blick auf Vathí und die Bucht, lecker ist ein Glas Wein von den Reben rund ums Dorf.

Campanile und Ruinen

Der venezianische Campanile gehört zur benachbarten Kirchenruine, in der einige wenige Fresken gerade noch erkennbar sind. Auf dem selben Grundstück erhebt sich auch die Ruine eines einst stattlichen venezianischen Gutshauses.

An der Straße von Vathí her am unteren Ortsanfang links, frei zugänglich

Kloster Taxiárchon

Das 1645 erbaute und einst den Erzengeln geweihte Kloster ist seit 1953 nur noch Ruine. Es liegt allerdings landschaftlich besonders schön auf einer kleinen Hochebene, die Fahrt dorthin führt durch nur noch teilweise gepflegte Weingärten, viel Kulturland ist bereits verwildert, die Steinmauern sind verfallen.

4 km außerhalb, ausgeschildert, frei zugänglich

Wanderung nach Paleochóra

Das Zentrum der venezianischen Inselhauptstadt lag etwa eine Wanderstunde vom heutigen Dorfkern entfernt. Die Wanderung ist hin und zurück etwa 2 km lang. Zunächst folgt man in Perachóri den Wegweisern zum ›Upper Village‹ und ›Cultural Centre‹. Oberhalb der Kirche beginnt der beschilderte, ziemlich steinige Weg nach Paleochóra. Man erreicht einen venezianischen Glockenturm, im Gelände verstreut stehen die Ruinen wehrhafter venezianischer Häuser mit sehr kleinen Fensteröffnungen und meist auch einer eigenen Zisterne. Von hier aus kann man weiter zur Nymphengrotte (s. S. 176) und zur Vathí-Bucht gehen.

S. Karte S. 176

Piso Aétos

T 6

Píso Aétos ist ein Parkplatz mit winzigem Kai. Weil er den Reedereien Zeit spart, hat er den sehr viel geschützteren Hafen von Vathí als Hauptfährhafen der Insel ersetzt. Hier müssen selbst die relativ großen Autofähren aus Kyllíni/Peloponnes anlegen – Chaos ist vorprogrammiert. Linienbusse kommen nicht hierher, Taxis und Mietwagen bestellt man besser im Voraus. Links der Passhöhe zwischen Piso Aétos und der Ostküste liegen direkt an der Straße die Ausgrabungen der antiken Siedlung Alalkomenes. Die Überreste sind minimal, eine Rundwanderung (wie auf der aufgestellten Tafel als Option angedeutet) ist nicht möglich.

Infos

- **Mietwagenvorbestellung:** AGS, T 26 74 03 27 02, www.agscars.com.
- **Taxivorbestellung:** Kostas Taxi Service, T 69 44 79 09 32.

Kloster Khatará

T 6

Das 1703 gegründete Kloster in 550 m Höhe war lange das spirituelle Zentrum der Insel. Heute wohnen hier nur noch eine Viehzüchterfamilie und ein Mönch. Die hoch verehrte Marienikone in der Kirche wurde örtlichem Glauben zufolge vom Evangelisten Lukas gemalt, der Maria ja noch persönlich kannte. Ein Bauer fand sie am Ende des 17. Jh. Ihr zu Ehren wurde zunächst eine Kapelle und dann das Kloster errichtet. Auch Maria Callas und Aristoteles Onássis waren einmal da und stifteten Maria einen prunkvollen Leuchter, den der Mönch stolz zeigt.

Über eine Stichstraße von der Straße Vathí–Anógi zu erreichen, 13–15 Uhr geschl.

Feiern

- **Kirchweihfest:** 8. September, im Kloster. Mit Musik und Tanz, Wein und gutem Essen.

Anógi

T 6

Das weltabgeschieden auf einer Hochebene in 500 m Höhe gelegene Dorf ist von bizarren Karstfelsbrocken umgeben. Der höchste von ihnen ist immerhin 8 m hoch, liegt an der ausgeschilderten Zufahrt zum Heliport und wird auch ›Fels des Herakles‹ genannt. Am Anfang des 20. Jh. lebten in Anógi noch über 1000 Menschen, heute sind es gerade einmal 60.

Kirche Panagía

Die 1670 geweihte Kirche mit dem typisch ionischen Campanile ist innen mit gut erhaltenen Fresken ausgestattet. Das Geländer der Empore, auf der früher die Frauen dem Gottesdienst beiwohnten, ziert eine mahnende Darstellung des Jüngsten Gerichts.

An der Durchgangsstraße im Dorfzentrum, Schlüssel bis 12 und ab 17 Uhr im benachbarten Kafenío erbitten

Feiern

- **Traditionelles Kirchweihfest:** Am 14./15. August in der und um die Dorfkirche.

Stavrós

T 5

Auf der zentralen Platía des Binnendorfes, die zugleich der Straßenknotenpunkt des Inselnordens ist, steht eine moderne Büste des Odysseus. Daneben illustriert eine große bunte Tafel die Route, die der Irrfahrer genommen haben könnte. Stavrós sieht sich als die Inselgemeinde an, in der einst der Palast des Odysseus stand. Wie der Palast des Odysseus ausgesehen

W

MIT ESTER WANDERN

Außer im Juli und August bietet die schon lange in Stavrós auf Itháki wohnende Niederländerin Ester van Zuylen nahezu täglich auf Englisch geführte Wanderungen in verschiedenen Regionen von Itháki an. Homer ist dabei immer ein Thema. Ester hält die Wanderpfade selbst ständig gut begehbar und sauber und ist auch gern bereit, für kleine Gruppen ab 4 Personen Sonderwünsche zu erfüllen. Die Wanderungen dauern ca. 3–5 Stunden und erfordern nur normale Kondition. Preis: 15–20 € ohne Transfers. T 69 44 99 04 58, www.islandwalks.com.

haben könnte, wenn er an der als ›Schule des Homer‹ bezeichneten Stelle gestanden hätte, will ein schönes Modell im Maßstab 1 : 50 zeigen, das seit 2013 auf der Platía in einer großen Vitrine unter einem Schutzdach steht. Sein Schöpfer ist der auf Itháki lebende Italiener Bruno Mazzali. Erklärungen dazu liefern Tafeln auf Englisch und Italienisch. Dass Odysseus hier schon im Altertum als Heroe verehrt wurde, beweisen im sehr bescheidenen Archäologischen Museum ausgestellte Objekte aus der Umgebung des zu Stavrós gehörenden Hafens Pólis.

Archäologisches Museum

Wissenschaftlich gesehen ist das unscheinbare Fragment einer tönernen Frauenmaske aus dem 2. oder 1. Jh. v. Chr. das bedeutendste Objekt der Ausstellung. Es wurde in der Louízos-Höhle nahe Pólis gefunden und trägt die Inschrift ΕΥΧΗΝ ΟΔΥΣΣΕΙ, was soviel bedeutet wie ›Dem Odysseus geweiht‹. Das darf als Beleg dafür gewertet werden, dass dort in Pólis der legendäre Held des homerischen Epos als Heroe verehrt wurde. Bronzene Dreifüße aus dem 7. Jh. v. Chr. sind ein Beweis für die in der Literatur erwähnten sportlichen Wettkämpfe zu Ehren des Helden Odysseus in der Küstenebene von Pólis. Sie waren vermutlich Trophäen für die Sieger.

Ausgeschildert an der Straße nach Exogí im Nachbarweiler Pelikáta, nur Mai–Okt. Di–So 10–13 Uhr oder nach Anmeldung unter T 69 45 84 00 55 (englischsprachig)

Bucht von Pólis — T 5

An der Bucht von Pólis (›Stadt‹) lag in der Antike wohl die Hauptsiedlung der Insel, heute gibt es nur noch einen Fischereischutzhafen ohne Wohnhäuser, aber mit einem etwa 250 m langen, schmalen Kiesstrand.

Auf dem Höhenzug gegenüber vom Hafen sind die Mauern einer antiken **Akropolis** als völlig überwucherte, gerade Linie zu erkennen. In einer 1953 eingestürzten Höhle, **Louízos Cave** genannt, entdeckten Archäologen in den 1930ern u. a. die im Archäologischen Museum ausgestellten Objekte. Spuren eines Stadions, das sich von Pólis aus in Richtung Stavrós erstreckte, wurden in dem kurzen Tal entdeckt. Zu sehen ist hier von alldem nichts mehr – es bleibt das Gefühl, an einem antiken, mit Odysseus verbundenen Ort zu stehen.

Stichstraße von Stavrós, 1,3 km

Áspros Gialós Beach — T 6

Bis zum Dorf Léfki fahren, in Léfki Abzweigung zum Dorf Ágios Ioánnis nehmen, im Dorf Abzweigung zum Strand beschildert. Am Ende führt ein Treppenweg zum Meer hinunter. Einer der bekanntesten Strände in Itháki, heller Kiesel-Sandstrand, ca. 200 m lang, kristallklares Wasser.

Mühlsteine von Koliéri — T 5

Am Ortsanfang von Koliéri hat der ithakische Künstler Efstáthios Raftó-

Blick über Exogí auf die Afáles Bay und die Marmáki-Halbinsel

poulos ein Denkmal für die Menschen errichtet, die jahrtausendelang das heute zumeist brach liegende Land der Umgebung bearbeiteten. Er hat hier auf einer Terrasse eine alte Olivenpresse und zwei hohe Obelisken aus aufeinander getürmten Mühlsteinen errichtet. Bronzeplastiken von ihm stehen ein paar Schritte weiter, u. a. Löwen, ein Pferd und eine Aphrodite.

2 km von der Platía in Stavrós entfernt, an der Straße Richtung Platrithiás, frei zugänglich

Schule des Homer T 5

Direkt neben einer Kirchenruine mit Grabplatten aus dem 19. Jh. sind Mauerreste aus dem 6./5. Jh. v. Chr. zu sehen. Auf der Felsterrasse unterhalb der Kapelle erkennt man nebeneinander zwei rechteckige Nischen, noch eine Terrasse tiefer einen Brunnen und einen antiken Sarkophag. Wiederum etwas tiefer, fast unmittelbar an einem Feldweg, steht noch die Ruine eines Brunnenhauses. Im 19. Jh. entwickelten Antikenschwärmer nicht nur die Idee, dass Homer hier einst gelehrt haben soll, sondern sogar die, dass er hier durch das Wasser aus dem Brunnenhaus sein Augenlicht wiedererlangte. Idyllisch ist der Fleck auf jeden Fall.

1,8 km von der Platía von Stavrós, durch Pelikáta Richtung Platrithiás fahren, nach 1100 m ausgeschildert als ›School of Homer‹

Afáles Beach T 5

Die Afáles-Bay im nördlichen Teil von Itháki besteht aus verschiedenen kleinen Buchten, die nur mit dem Boot zu erreichen sind (eine Bucht ist auch mit dem Auto erreichbar, aber nicht so schön). Die kleinen Strände bestehen aus weißem Kiesel-Sandstrand, die längste Bucht ist ca. 80 m lang und 50 m breit. Das Wasser hat sehr schöne Farben und

TOUR
Ich will zurück nach Itháki

Wandern rund um den Odysseus-Palast

Infos

T 5

Start/Ziel: Taverne Gefíra, Platrithiás

Gehzeit: ca. 1 Std. ohne Dorfrundgang in Exogí

Höhenmeter: ca. 180 m, feste Schuhe mit rutschfester Sohle und lange Hosen sind empfehlenswert.

Die 3,3 km lange Rundwanderung beginnt an der **Taverne Géfira** (nur Fr–So ab 18, im Hochsommer auch 11–15 Uhr) am Ortsrand von **Platrithiás** an der Straße von Stavrós nach Fríkes. Stehen Sie frontal vor der Taverne, sehen Sie unmittelbar links von ihr den Beginn eines schmalen Sträßleins. Von ihr zweigt nach ein paar Schritten ein alter, durch einen gelben Wegweiser markierter Eselspfad ab. Gelbe Punkte markieren den Pfad auch weiterhin. Wo sich der Pfad stark nach rechts wendet, sehen Sie geradeaus vor sich eine Felsplatte mit der **Quelle Melanýdros** und darüber rechts eine gleichnamige Kapelle.

Der Eselspfad kreuzt kurz darauf einen befahrbaren Feldweg und steigt noch steiler an. Bald darauf liegt rechter Hand die **Schule des Homer** (s. S. 181). Beim weiteren Anstieg kommen Sie an eine Betonsäule, an der ein anderer Pfad nach rechts abzweigt, den Sie später nehmen. Zunächst einmal gehen Sie aber weiter, bis Ihr Pfad auf eine Betonstraße mündet. Diese Straße führt Sie hinauf ins große, meist fast menschenlose Dorf Exogí.

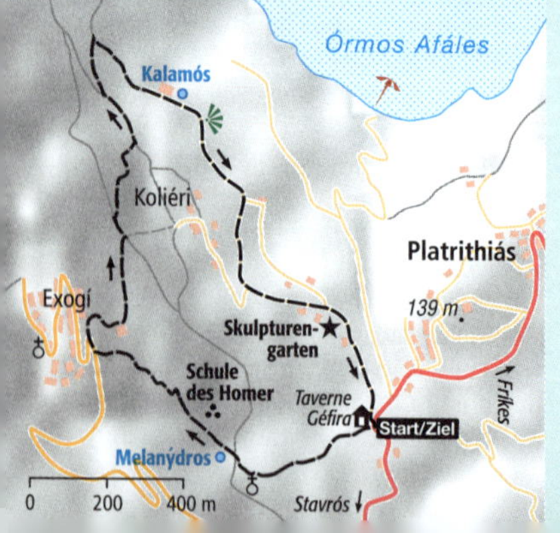

Zurück an der Betonsäule, folgen Sie dem blauen Wegweiser nach ›Exogí–Kalamós‹. Wenn Sie zu einer Pfadkreuzung gelangen, gehen Sie geradeaus. Unterhalb liegen die Häuser von Koliéri (s. S. 180). Der Pfad endet auf einem Feldweg, den Sie nach links einschlagen und dann dem Wegweiser nach ›Kalamós‹ folgen. Bald darauf gelangen Sie zu einem ehemaligen Hotel, neben dem aus einem Brunnen das Wasser der **Kalamós-Quelle** fließt. Angeblich kehrt nach Itháki zurück, wer hier seinen Durst gestillt hat. Der Feldweg führt Sie dann wieder zur Taverne Géfira.

ist ideal zum Tauchen. Achtung: Wegen Steinschlags (meist durch Ziegen) nicht zu nah an die Felsen legen! Kein Strandservice.

Feiern

• **Kirchweihfest:** 5./6. August. Das größte Kirchweihfest der Insel mit Musik und Tanz, Speis und Trank auf der Platía und in den Tavernen. Gefeiert wird in der Nacht vom 5. auf den 6. August.

Kióni

Über den kleinen Hafenort **Fríkes** (Fähren nach Fiskárdo/Kefalloniá und Vassilikí/Lefkás, s. S. 241) kommt man von Stavrós nach Kióni. Zwischen Fríkes und Kióni liegen direkt unterhalb der Küstenstraße die kleinen Badebuchten Kourvoília und Schinári mit Kiesstrand und glasklarem Wasser. Kióni gilt zu Recht als schönstes Dorf von Itháki. Die Häuser sind vom Erdbeben weitgehend verschont geblieben, pastellfarben oder weiß stehen sie entlang des grünen Ufers einer lang gestreckten Bucht. Deren Eingang säumen die Stümpfe dreier alter Windmühlen. Die Hafenpromenade ist für Autos gesperrt, die Tische und Stühle von Cafés und Tavernen stehen direkt am Wasser. Zwei Kiesstrände liegen etwa 20 Minuten vom Ortszentrum entfernt an der Südseite der Bucht.

Schlafen

Die meisten Zimmer und Studios in Kióni sind fest an britische Reiseveranstalter vergeben. Vor Ort findet man aber meist, außer im Juli und August, noch ein freies Zimmer für einige Tage.

Moderne Studios, ruhige Lage

Captain's Apartments: Einfach, aber nett möblierte Studios und Apartments in einem Haus mit Nebengebäuden am grünen Hang über dem Ort, etwa 200 m vom Ufer. Ganzjährig, Parkplatz am Haus.
Am Ortseingang, T 26 74 03 14 81, www.captains-apartments.gr, ganzjährig, €€

Zentral am Hafen

Kióni Apartments: Gepflegt, ideal gelegen, alle Apartments mit Meerblick.
Im Ortszentrum am Meer, T 26 74 03 12 02, unbedingt im Voraus reservieren! Nur Juni–Sept., €€

Essen

Kreativ griechisch

Mýloi/Mills: Das Restaurant ist nicht nur optisch das schönste in Kióni, sondern auch besonders gut. Man pflegt eine moderne, kreative griechische Küche.
Am Hafen, tgl. ab 11 Uhr, €€–€€€

Einkaufen

Schönstes Haus

Techníma: Demosthénis aus Patras hat in einem 500 Jahre alten Haus ein schön gestaltetes Schmuckgeschäfte etabliert. Außen sind die Blumen ein Blickfang, innen eine uralte Weinpresse. Kleine Schmuckobjekte gibt es bereits für 15–20 € – und wer Schmuck nicht mag, kann hier auch Lesebrillen in diversen Stärken erstehen.
Am Hafen, tgl. 9–15 und ab 18 Uhr, www.tehnima.com

Bewegen

In See stechen

Bootsverleih: ab 55 €/Tag plus Benzin.
Am Hafen, T 69 72 59 40 90 und 26 74 03 11 44

Zákinthos

›Blume der Levante‹ — so nannten die Venezianer diese liebliche, grüne Insel mit grandiosen Steilküsten und einer schmucken Stadt. Die Sandstrände sind nicht nur für uns Menschen attraktiv, Meeresschildkröten schätzen sie zur Eiablage.

Eintauchen

Seite 194

Spaziergang nach Bocháli

Wenn Sie zu Fuß vom Hafen in Zákinthos hinauf nach Bocháli gehen, erleben Sie die Stadt auf ungewöhnliche und sehr authentische Art. Auch nicht schlecht: Aussichtsreiche Cafés und Restaurants warten auf Sie.

Seite 194

Kirche Ágios Dionísios

Wallfahrtsziel und Bilderbuch orthodoxer Wandmalereien in Zákinthos-Stadt. Ein angedeuteter Kuss auf die Gebeine des Inselheiligen ist nicht zwingend vorgeschrieben.

Schützenswerter Meeresbewohner: Caretta caretta

Seite 209

Shipwreck Beach

Nur mit dem Boot kommen Sie an diesen goldenen Strand unter weißer Steilküste. So viele Türkistöne im Wasser wie hier haben Sie wohl noch nie gesehen.

Seite 198

Musiktaverne Varkaróla

Wenn Ihnen der Sinn nach griechischer Livemusik oder gar zakinthischen Kantádes steht, steuern Sie am besten die moderne Taverne am Hafen der Inselhauptstadt an. Da trällern häufig auch die einheimischen Gäste mit.

Seite 215

Fischtaverne Pórto Roúlis

In der sehr schlichten, heimelig familiären Taverne am Drósia Beach direkt am Meer scheint die Zeit stehen geblieben zu sein.

Seite 196

Café 34

Keine Spur von touristischem Gehabe entdecken Sie im Café 34 in der Inselhauptstadt. Hier trifft sich die griechische alternative Szene zu Musik und Spiel – vom Vormittag bis in den späten Abend hinein.

Seite 213

Xigiá Beach

Der Aufzug der Kantína hoch über dem Strand hat einen Preis für Öko-Kreativität verdient, schwefelhaltiges Quellwasser im Meer kommt der Gesundheit zugute. Man sollte gut schwimmen können und nicht allein unterwegs sein. Andernfalls belässt man es besser bei einem Fotostopp.

Seite 205

Kerí 

Eine Landschaft, wie man sie eher in Irland vermutet. Dazu ein Skywalk für Mutige und Meeresgrotten als Topattraktion für Taucher.

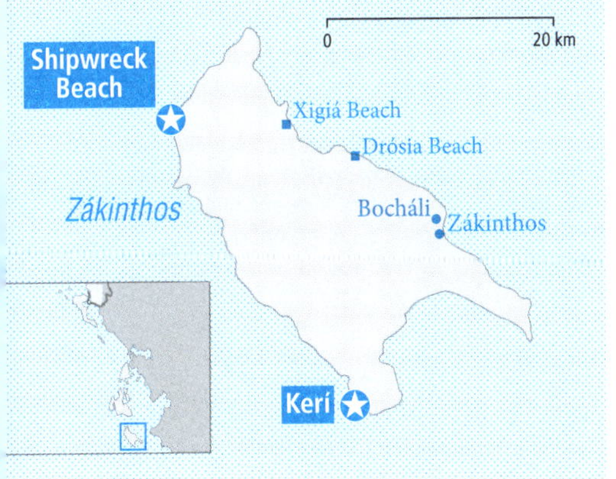

An der Westküste ist der Shipwreck Beach der einzige gute Badestrand.

Corona hat der Natur der Insel gut getan. An ihren Stränden legten Meeresschildkröten so viele Eier ab wie schon seit Jahrzehnten nicht mehr.

Die Blume der Levante

D

Die drittgrößte der Ionischen Inseln liegt weit im Süden vor der Küste des Peloponnes. Sie wirkt lieblich und lyrisch; die Landschaftsformen sind überwiegend sanft. Auf dem Lande stehen Bauernhäuser und Villen nicht wie anderswo in Hellas direkt an der Straße, sondern vornehm zurückgesetzt; mit ihren Pforten und geradlinigen Zufahrtswege schaffen sie eine toskanisch-venetisch anmutende Atmosphäre.

Die Inselhauptstadt Zákinthos mutet nicht weniger aristokratisch an, ist mit ihrem nach dem Erdbeben von 1953 im alten Stil wieder aufgebauten Stadtkern ein stark verkleinertes Spiegelbild Korfus. Optisch äußerst reizvoll zieht sie sich mehrere Kilometer zwischen dem Meer und dem Steilabfall eines Tafelbergs entlang. Zwischen den niedrigen Häusern ragen immer wieder Campanile auf. Adriatische Bilder werden wach. Nur die skurrile Felswarze des 492 m hohen Skopós im Hintergrund verweist auf die Inseln der Ägäis, auf der solche Formen häufig sind.

Zákinthos, von den Italienern einst Zante genannt und mit dem Beinamen ›Blume der Levante‹ geehrt, ist eine grüne Insel. In der weiten Ebene, die das 401

ORIENTIERUNG

O

Infos im Internet
www.gozakynthos.gr
www.zantehotels.gr
www.e-zakynthos.com
www.zakynthos-net.gr
www.zanteweb.gr
www.zakynthos.net.gr

Ankommen und Weiterkommen

Fähren zum Festland: 4–8 x tgl. Verbindung mit Killíni, Fahrzeit ca. 60 Min. Tickets am Fähranleger und in den Reisebüros an der Uferstraße, www.zanteferries.gr, www.levanteferries.com

Linienbusse: Busbahnhof in Zákinthos-Stadt an der Umgehungsstraße zum Krankenhaus, vom Zentrum geht man ca. 15 Min. zu Fuß, www.ktel-zakynthos.gr. Verbindungen nach Tsílivi Mai–Sept. Mo–Sa 12 x tgl., So 5 x; nach Laganás 15 x tgl., So 9 x; nach Kalamáki 8 x tgl., So 5 x; nach Argási 9 x tgl., Sa/So 5 x. Nach Alikés 5 x tgl., Sa/So 4 x; nach Vasilikós/Pórto Róma 4 x tgl., Sa/So 3 x; nach Ágios Nikólaos/Skinári Mo und Fr 6 und 14.30 Uhr, zurück 7.15 und 15.45 Uhr; nach Límni Kerioú Mo–Fr 10.30 und 14.20 Uhr, zurück 11 und 15 Uhr

km² große Eiland von Nordwesten nach Südosten durchzieht, wird zumeist Wein angebaut. Die Hänge der Hügelkette, die die Ostküste säumt, sind von Olivenhainen bedeckt. Im Westen der Ebene steigt ein Bergzug bis zu 756 m an, verleugnet aber durch sanfte Formen seine Höhe. Zum Meer hin fällt er jedoch entlang der gesamten Westküste so steil ab, dass es hier keine einzige Küstensiedlung gibt, die wenigen Strände sind nur mit dem Boot erreichbar.

Noch im 19. Jh. war Zákinthos eine wohlhabende Insel mit fast 45 000 Bewohnern. Man exportierte Korinthen, Wein, Öl, Salz, Seife sowie Seide und Baumwolle, produzierte in kleinen Manufakturen Teppiche, Seidenerzeugnisse, Leinwand und Liköre. Heute haben nur noch Wein und Öl Bedeutung – der Tourismus ist zur wichtigsten Einnahmequelle der Insulaner geworden.

Zentren des Massentourismus mit eher zweifelhaftem Ruf sind Argási und Laganás. Frei von britischen Hooligans ist hingegen das Laganás benachbarte Kalamáki. Alternative Urlaubsformen setzen sich zunehmend auf der Skopós-Halbinsel mit der Gemeinde Vasilikós als Zentrum durch. Viele Hotels stehen in der Nähe guter Strände in den modernen Badeorten Plános und Tsívili. Mehr Flair besitzt Alíkes weiter im Norden.

Zákinthos-Stadt

V 13

Äußerst fotogen erstreckt sich die Inselhauptstadt (11 200 Ew.) von Nord nach Süd entlang dem Meeresufer und einem

Erinnert an Venedig: der Campanile von Ágios Dionísios in Zákinthos-Stadt

Sarakinádo
Akrotíri, Tsílivi
Festung
Pikridiótissis
Filikon
Kapodistriou
Kolokotroni
Dionissiou Roma
Platia Agiou Markou
Platia Solomou
Rathaus
Káto Lomvardou
Fähren
Tebonera
Airport, Laganás, Kerí
Laganás, Kalamáki, Argási, Vasilikó
Macherádo
Stravopodi
0
100
200

Zákinthos

Ansehen
1. Zákinthos-Museum
2. Solomós-Museum
3. Kirche San Marcus
4. Mitrópolis
5. Kirche Kiría ton Ángelon
6. Synagoge
7. Kirche Ágios Dionísios
8. Bocháli

Schlafen
1. Palatíno
2. Hotel Diána
3. Hotel Plaza
4. Hotel Yría

Essen
1. Allotinó
2. Kómis Fish Taverna
3. Café 34
4. O Koúzis
5. Dodóni
6. Alesta
7. Avlí

Einkaufen
1. Ellinón Gefsís
2. Helmi

Bewegen
1. Podilatádiko

Ausgehen
1. Varkaróla
2. Bliss Art Café

--- Spaziergang nach Bocháli s. S. 194

Höhenzug, der nur wenige hundert Meter davon entfernt parallel zur Küste verläuft. Sein Steilabfall verhindert jedes Ausufern des Stadtkerns und bildet mit seinen teils bewaldeten, teils blendend weißen Hängen eine unverbaubare Naturkulisse. Nur im Süden der Stadt, wo das zumeist ausgetrocknete Bachbett des Charalámbos ins Ionische Meer mündet, zieht sich ein Tal gen Süden, das Platz für viele neue Häuser bot. So ist Zákinthos eine Stadt, in der Bummeln Spaß macht. Zwei parallel zueinander verlaufende Straßen laden – teilweise Fußgängern vorbehalten – zum Shoppen und Kaffee trinken ein, die Hafenstraße bildet eine versuchungsfreie Alternative.

Zákinthos-Museum
Das erst nach dem Erdbeben von 1953 erbaute **Zákinthos-Museum** ❶ zeigt im Erdgeschoss ein großes Modell der Stadt (1930–1950) im Maßstab 1 : 500. Auch Fotos vom alten Zákinthos und aus den Tagen nach dem Erdbeben sind zu sehen sowie Ikonen und Wandmalereien aus verschiedenen Inselkirchen und -klöstern. Wer mag, kann hier gut den Gegensatz zwischen traditioneller byzantinischer Malerei, kretischer und ionischer Schule unter die Lupe nehmen (s. S. 190).

Platía Solomoú, Di–So 8–15 Uhr, Eintritt 4 €

Solomós-Museum
Für griechische Touristen ist der Besuch des **Solomós-Museum** ❷ ein Muss, Ausländer können ihn sich bedenkenlos schenken. In einem fensterlosen Saal, Mausoleum genannt, sind die beiden Dichter Dionísios Solomós und Andréas Kálvos sowie dessen Frau

TOUR
Zeitgeist statt Ewigkeit

Im Zákinthos-Museum

Infos

Cityplan: s. S. 189

Adresse: Zákinthos-Museum ❶ im Stadtzentrum an der großen Platía am Hafen (Platía Solomoú).

Öffnungszeiten und Preise: Di–Sa 8.30–15 Uhr, in der Vor- und Nachsaison wegen Geldmangels oft geschlossen, Eintritt 4 €

Rundgang: Von der Kasse aus gegen den Uhrzeigersinn. Sie dürfen im Museum ohne Blitzlicht fotografieren.

Der Unterschied zwischen einer Ikone und einem Sakralbild westlicher Prägung war schon unserem Dichterfürsten Goethe unklar. Er machte sich sogar ein wenig lustig über Ikonen, die er in Venedig sah. Im Museum von Zákinthos wird deutlich, wie der streng definierte Begriff unter dem Einfluss Venedigs und der Renaissance auch auf den Ionischen Inseln verwässerte.

Was ist mit Marias Busen los?

Gleich im ersten Saal hängt links die Ikone der Panagía Galaktotróphousa, der ›Mit Milch nährenden Allheiligen‹. Im Westen nennt man das Motiv ›Maria lactans‹ und stellt Maria meist sehr naturalistisch wie eine liebende Mutter mit wohlgeformter, milchpraller Brust dar. Ganz anders auf dieser dem byzantinischen Kanon verpflichteten Darstellung. Die Brust sitzt nicht da, wo sie hingehört, ist nur winzig, erfüllt aber ihre Funktion: Zu zeigen, dass Gott in Jesus zum Menschen geworden ist, der wie alle Neugeborenen gestillt werden muss, und damit jenen auf dem Konzil von Chalcedon im Jahr 451 verdammten monophysitischen Ketzern zu widersprechen, die behaupteten, Jesus habe immer nur eine Natur besessen: eine göttliche und keine menschliche. In der Ikonenmalerei geht es nicht darum, das auf der Erde Seiende naturalistisch abzubilden, sondern theologische Wahrheiten zu verkünden.

Welche Putte welchen Jesus hält

Vier Schritte weiter steht der Besucher vor einer großen Ikonostase aus dem Jahr 1683. Ihre drei Türen sind bemalt. Auf der linken hält ein schon sehr westlich-puttenhaft aussehender Engel ein Tuch mit dem Antlitz Jesu: im Westen ist es als ›Schweißtuch der Veronika‹ bekannt, im Osten schlicht als ›Mandílion‹

(Tuch). Im Westen erfüllt es keine theologische Funktion, in der Ostkirche ist es eine der Rechtfertigungen für die im bürgerkriegsähnlichen Bilderstreit 726 bis 843 in Frage gestellte Berechtigung der Bilderverehrung: Wenn Christus selbst sein Antlitz in ein Tuch gedrückt hat, kann er kein Bilderfeind gewesen sein. Ein kleines Zugeständnis macht der Maler dieses Werks an den Westen: Christus trägt eine Dornenkrone. Die ist im Osten verpönt, denn auch der als Mensch Gestorbene soll göttliche Würde bewahren und wird nicht als ›Schmerzensmann‹ gezeigt.

In Ikonen sind die Heiligen auf mystische Weise präsent.

Die Eitelkeit des Malers

Links an der Ikonostase hängt eine Ikone der ›Metamórphosis‹, der Verklärung Christi auf dem Berg Tabor. Von dem ihn erstmals umgebenden göttlichen Licht geblendet, purzeln die drei mit ihm gegangenen Jünger erschrocken zu Boden. Ihre expressiv-bewegte Darstellung ist ebenso ein deutliches Ergebnis westlichen Einflusses wie die Signatur des Malers ›Victoros‹ links unten: Traditionelle byzantinische Ikonen waren nie signiert. Der Maler war ja nur bescheidener Handwerker im Dienste Gottes, gab keine eigenen Interpretationen des Themas, sondern hielt sich an die überlieferten Darstellungen. Die waren voller theologischer Wahrheiten und durften darum kaum verändert werden. Der Maler war unbedeutend, sein Name unwesentlich.

Päpste – des Mammons wegen?

Das krasseste Beispiel für die Aufweichung orthodoxer Doktrinen zeigt die Ikonostase an der Querwand desselben Saals: Auf ihr sind die römisch-katholischen Päpste Clemens, Silvester und Leon als orthodoxe Heilige dargestellt. Selbst für die meisten Griechen von heute sind die Päpste hingegen durch ihren Anspruch, Stellvertreter Gottes auf Erden zu sein, Werkzeuge des Satans. Wahrscheinlich war die Aufnahme der drei in die Gesamtkomposition ein Wunsch des – vielleicht sogar in einer Mischehe lebenden – Auftraggebers, dem sich der Maler beugte.

Der Flussgott flüchtet

Im Obergeschoss betreten Sie dann einen Raum, der ringsum Ende des 16. Jh. gemalte Fresken aus einer Klosterkirche trägt, die hierher transferiert wurden. Rechts oberhalb des Durchgangs in den nächsten Saal erkennen Sie Jesu Taufe im Jordan. Wie immer ist die Ikone beschriftet, wird benannt, was dargestellt ist. Im Fluss erkennen Sie einen kleinen, alten Mann mit einem Krug in der Hand, der resigniert flüchtet. Als Flussgott ist er ein Vertreter des Heidentums, das durch Jesu Taufe überwunden wird. Solche Bezüge zur Antike sind in der byzantinischen Malerei oft zu finden, liegen ihre Wurzeln doch im frühen Christentum – im Westen hingegen fehlen sie fast völlig. Schauen Sie hier auch einmal näher auf den Nimbus Jesu: In seinem Heiligenschein sind, gleich ob als Kind oder am Kreuz dargestellt, immer die drei Buchstaben OΩN zu lesen. Sie stehen für ›Der ewig Seiende‹.

Der Westen siegt

In den letzten beiden Sälen im Obergeschoss hängen Sakralbilder aus Kirchen der Ionischen Inseln, die man heute auch hier nicht mehr als Ikonen akzeptieren kann. Im Nimbus Jesu fehlen die drei Buchstaben. Auf keiner Ikone steht geschrieben, wer oder was dargestellt ist. Damit hat der Westen gesiegt. Man hat vergessen, dass in jeder Ikone Altes und Neues Testament zusammengeführt werden. Die Schrift steht für den Gott des ersten Bibelsatzes ›Am Anfang war das Wort‹. Das Bild steht für Gottsohn, denn mit ihm hat Gottvater ja selbst ein Bild von sich gegeben. Das Bild allein aber ist nichts ohne das Wort im Hintergrund.

Epilog: Wieder draußen

Wenn Sie nun wieder einmal in eine Kirche auf den Ionischen Inseln gehen, werden Sie bemerken, dass der Sieg des Westens nicht endgültig war. Nach der Eingliederung in den neugriechischen Staat haben sich die Maler auch hier wieder ganz dem traditionellen byzantinisch-orthodoxen Stil zugewandt. Die Ausmalung der Dionísios-Kirche in Zákinthos ist ein gutes Beispiel dafür. Die Ausmalungen und Heiligenbilder im Stil der westlich beeinflussten Ionischen Schule lässt man als Schmuck – gebetet aber wird vor wahren Ikonen. Denn nur die sorgen dafür, dass Gebete erhört werden.

beigesetzt. Solomós (1798–1857) ist von nationaler Bedeutung, weil er mit seinen Werken der griechischen Volkssprache zu literarischer Anerkennung verhalf. Zudem schrieb er den Text der griechischen Nationalhymne. Gezeigt werden Manuskripte der Autoren, persönliche Erinnerungsstücke und zahlreiche Porträts anderer zakinthischer Persönlichkeiten der letzten drei Jahrhunderte.

Platía Agíou Márkou, tgl. 9–14 Uhr, Eintritt 4 €, Mausoleum freier Eintritt

Kirche San Marcus

Im schmucklosen römisch-katholischen Gotteshaus **San Marcus** ❸ der Insel durchdringen sich orthodoxe Tradition und westlicher Katholizismus. Die Ikonen der heiligen Paraskeví ist ganz im traditionellen orthodoxen Stil gemalt, aber sowohl griechisch als auch lateinisch beschriftet. Das Gemälde über dem Altar wird Tizian oder zumindest seiner Schule zugeschrieben.

Platía Agíou Márkou, meist vormittags geöffnet, Messe So 19 Uhr

Mitrópolis

Wenige Schritte von der Platía Agíou Márkou entfernt ragt der Turm der orthodoxen Kathedrale **Mitrópolis** ❹ über die Häuser der Stadt empor, die dem hl. Nikolaus geweiht ist. Ihr Innenraum, der durch die Pracht seiner teilweise vergoldeten Ikonostase beeindruckt, wurde in den 1980er-Jahren vollständig mit klar erkennbaren Wandmalereien im traditionellen byzantinischen Stil ausgeschmückt. Über dem Westeingang ist Maria gerade entschlafen. Die Apostel haben sich um sie versammelt, Christus trägt ihre Seele in Gestalt eines Kleinkinds gen Himmel. Über der linken Seitentür ist der Tod des hl. Nikolaus, über der rechten die Geburt Johannes' des Täufers dargestellt. Das Tonnengewölbe zeigt rechts (von hinten nach vorn): den Einzug Jesu in Jerusalem am Palmsonntag, die Kreuzigung, die Kreuzabnahme und das sog. Pfingstwunder, also die Ausschüttung des Heiligen Geistes. Im Tonnengewölbe auf der linken Seite sind (wieder von hinten nach vorn) zu sehen: die Verklärung Jesu auf dem Berg Tabor, die Auferweckung des Lazarus, die Hades-Fahrt Christi in der Osternacht und Christi Himmelfahrt.

Das Zentrum des Gewölbes nimmt die Darstellung Christi als Pantokrator ein, als Allesbeherrscher, umgeben von den vier Evangelisten und einem Engelschor. Über die vergoldete Ikonostase hinweg erblickt man in der Apsiskonche Maria als Himmelskönigin und darüber das von zwei Engeln gehaltene Tuch, das *mandílion,* als Beleg für die Gottgefälligkeit von Ikonen und Wandmalereien (s. S. 190).

Südeingang an der Odós Kapodistríou, meist vormittags geöffnet

Kirche Kiría ton Ángelon

Die kleine **Kirche Kiría ton Ángelon** ❺ (›Herrin der Engel‹) liegt ein wenig unterhalb des heutigen Straßenniveaus. Die Gilde der Barbiere stiftete sie 1687. Besonders interessant sind die Reliefs über dem Hauptportal. Links erkennt man Sonne und Sterne, rechts Mond und Sterne und dazwischen ein Kreuz. Über dem von Meeresjungfrauen flankierten Kreuz wird über Blattwerk und der besonderen Engelsform der Seraphime die Gottesmutter mit dem Kind von zwei herbeischwebenden Engeln gekrönt. Über dem kleinen Portal links daneben befinden sich der byzantinische Doppeladler und darüber der Erzengel Michael.

Odós Louká Karrér

Synagoge

Auf dem schmalen Grundstück, auf dem bis zum Erdbeben 1953 die kleine **Synagoge** ❻ der 1489 gegründeten jüdischen Gemeinde stand, erinnern heute zwei Gedenksteine an den orthodoxen

Inselbischof und den Bürgermeister von Zákinthos zur Zeit der deutschen Inselbesetzung im Zweiten Weltkrieg. Sie widersetzten sich dem Befehl der Nazis, eine Liste mit den Namen ihrer jüdischen Mitbürger abzugeben, und retteten sie so vor dem Abtransport in deutsche Vernichtungslager.

Odós Tertséti 44, frei einsehbar

Kirche Ágios Dionísios

Die **Kirche Ágios Dionísios** ❼ mit ihrem frei stehenden Campanile ist das Wahrzeichen der Stadt. Sie ist dem Inselheiligen Ágios Dionísios geweiht. Seine Gebeine, in einem prächtigen Silbersarkophag in einer Kapelle rechts der Apsis verwahrt, sind täglich das Ziel zahlreicher Pilger, für die ein Kuss auf die Gebeine durch eine Klappe im Sarkophag den Höhepunkt ihrer Wallfahrt darstellt. Das Gebäude mit seinem schönen Mauerwerk, das nach byzantinischer Tradition mit fantasievollen Schmuckstreifen aus Ziegelsteinen durchsetzt ist, wurde erst nach dem Zweiten Weltkrieg erbaut und überstand das Erdbeben nahezu unversehrt.

In den 1980er-Jahren wurde die Kirche vollständig ausgemalt. Zahlreiche Fresken zeigen Szenen aus dem Leben des Heiligen, der 1547 auf Zákinthos geboren wurde und hier auch 1622 starb. Er war zunächst Abt eines bis heute erhaltenen Klosters auf den südlich von Zákinthos gelegenen, heute unbewohnten Strofaden-Inseln, dann Bischof der Insel Ägina vor der Küste Athens, dann Abt des Klosters Anafonítria auf Zákinthos und schließlich Bischof dieser Insel.

Die Westfassade der Kirche zieren moderne Mosaike mit den drei bedeutenden Schutzheiligen von Korfu (Spirídonas), Kefalloniá (Gerássimos) und Zákinthos. Das Tonnengewölbe der Kirche ist wie üblich mit Szenen aus dem Neuen Testament geschmückt. Besonders ansprechend auch für Bibelunkundige sind die Fresken an der Rückwand des Innenraums. Auf der einen Seite stellen sieben Szenen die Erschaffung der Welt dar, wobei dem Maler die Landschafts- und Tierdarstellungen besonders gut gelangen; auf der anderen Seite wird eindrucksvoll das Jüngste Gericht geschildert.

Káto Lomvárdou, tgl. 7.30–13 und 17–19 Uhr

Bocháli

Das kleine Dorf **Bocháli** ❽ auf dem lang gestreckten Höhenzug über der Stadt ist zwischen Mai und September das ideale Ausflugsziel am späten Nachmittag. Von der Stadt aus führt ein Fußweg hinauf (s. u.). Oben besucht man am besten zunächst die weitläufige venezianische Festung, die fast ganz von einem stattlichen Pinienwald eingenommen wird.

Die Außenmauern samt Toren sind gut erhalten, die Pulvermagazine, Zisternen und Kapellen jedoch nur als spärliche Ruinen erhalten. Vom Café auf dem höchsten Punkt aus überblickt man das ländliche Zákinthos bis hin zur Bucht von Laganás. 400 m von der Festung entfernt liegt der Dorfplatz direkt am Steilabfall des Höhenzugs. Hier haben sich mehrere Cafés und Bars etabliert. Der Blick hinunter auf die Stadt und übers Meer hin zum Peloponnes ist vor allem im weichen Abendlicht grandios.

Festung Di–So 8–14.30 Uhr, Eintritt 3 €

Spaziergang nach Bocháli

Der Spaziergang beginnt an der großen **Platía Solomoú** und führt zunächst zur **Platía Agíou Márkou.** Links neben der Alpha Bank führt von hier die Odós Mantzaroú, die bald in 39 Stufen übergeht, auf die Odós D. Therianá. Sie geht man wenige Meter nach links und folgt dann gleich nach rechts der Odós N.

Kourtsoúla, die am obersten Stadtrand entlang zur stattlichen **Kirche Pikridiótissis** führt. Am Weg liegen gut gepflegte Vorgärten und im Frühjahr blütenreiche Büsche und Bäume, den Wegesrand säumen Wildpflanzen. Links und rechts stehen einige Häuser, in denen man wohl gern wohnen würde. Andere hingegen erscheinen eher abbruchreif. Vom Kirchplatz mit seinen steinernen Bänken aus überblickt man die ganze Stadt. Von der (leider stets verschlossenen) Kirche aus geht es auf der Betonstraße Odós Dion. Anastasíou zwischen Oliven und Pinien weiter bergan nach Bocháli.

Insgesamt benötigt man für den Weg ohne Stopps etwa 30 Minuten. Oben kann man dann zunächst die Burg besichtigen, bevor man von einem der Cafés aus den Blick über die Stadt und das Meer zum Peloponnes genießt. Der Rückweg ist bis zur Kirche Pikridiótissis mit dem Hinweg identisch. Von der Kirche aus kann man die Odós Agías Ánnas nach rechts gehen und kommt so ins Zentrum zurück.

Schlafen

Die Hotels der Stadt sind alle rund ums Jahr geöffnet, gehören der Mittelklasse an und bieten maximal 112 Zimmer. Sie liegen an der Uferstraße oder dicht dahinter und sind ideal für Urlauber, die vor allem die Stadt genießen, nur gelegentlich baden und Ausflüge mit Mietwagen oder Linienbus unternehmen möchten.

Modern und sachlich

1 **Palatíno:** Vor allem für Geschäftsreisende mit eigenem, modernen Restaurant und Konferenzräumen.

Odós Kolokotróni 10, T 26 95 02 77 80, www.palatinohotelgr, €€

Am Markusplatz wohnen

2 **Hotel Diána:** Das sehr gepflegte Stadthotel unmittelbar vor der römisch-katholischen Kirche San Marco am kleinen Hauptplatz im Zentrum setzt auf traditionelle Gastlichkeit. Freundlicher als hier können Rezeptionistinnen kaum sein. Zur Standardausstattung der 51 gediegen eingerichteten Zimmer gehören Hosenbügler und gefüllte Mini-Bar. Ab der dritten Etage haben die meisten Zimmer Meerblick. Beim Frühstücksbuffet haben die Gäste sogar die Möglichkeit, sich ihren griechischen Mokka selbst im traditionellen *chóvoli* zuzubereiten: Man gibt Kaffeepulver, Zucker und schon fast kochend heißes Wasser ins Kupferkännchen *(bríka)* und dreht dieses dann so lange im durch eine Gasflamme aufgeheizten Sandbecken, bis der Kaffee schaumig aufwallt.

Platía Agíou Márkou, T 26 95 02 85 47, www.dianahotels.gr, ganzjährig, €€–€€€

Direkt am Strandbad

3 **Hotel Plaza:** Modernes Haus auf der Landseite der Uferstraße unmittelbar gegenüber des kleinen Stadtstrandes, alle Zimmer zumindest mit seitlichem Meerblick.

Odós Kolokotróni 2, T 26 95 04 57 33, www.plazazante.gr, €€

Kostenlos ins Internet

4 **Hotel Yría:** Zentrale Lage nahe der Uferstraße, untere Mittelklasse, kostenloser Internetanschluss für Laptops in jedem Zimmer.

Odós Kapodistríou 4, T 26 95 04 46 82, www.yriahotels.gr, €€

Essen

Restaurants finden sich gehäuft im Umkreis der Platía Agíou Márkou und auf dem lang gestreckten Platz vor der Kirche Ágios Dionísios. Sie liegen allerdings ebenso wenig wie die entlang der Uferstraße Káto Lomvárdou auf der Meeresseite.

Echt zakinthisch

1 **Allotinó:** Nettes Mezedopolío an einer Fußgängergasse abseits der Hauptgasse, engagiert geführt vom Ehepaar Giórgos und Pigí. Jeden Abend traditionelle griechische Musik.

Odós Iliakopoúlou 4, Ostern–Okt. tgl. ab 18 Uhr, €€

Direkt am Hafen

2 **Kómis Fish Taverna:** Eine Fischtaverne wie aus dem Bilderbuch. Urig-maritim, mit Terrasse am Wasser. Sehr freundlicher Service, exzellente Weinkarte, gehobenes Preisniveau. Wirt Yiánnis, Mitglied in der Slow-Food-Bewegung, serviert u. a. mit Knoblauch, Kapern, getrockneten Tomaten und Petersilie gefüllte Sardinen, Räucheraal, Seeigel und Fischsuppe; als Fleisch steht nur ein Filetsteak auf der Karte.

Am Ansatz des Fähranlegers, www.komistavern.gr, tgl. ab 11 Uhr, €€–€€€

Alternative Szene

3 **Café 34:** s. u.

Mittagstreff für Einheimische

4 **O Koúzis:** Einfache, nette und saubere Taverne für Marktbesucher, Rentner und die arbeitende Bevölkerung, täglich fünf bis sechs wechselnde Gerichte wie Bohnensuppe oder Gulasch mit Nudeln.

Odós Tertséti 54, Mo–Sa 11–1 Uhr

Eis in vielen Variationen

5 **Dodóni:** Das 1967 in Nordwestgriechenland gegründete und seit 2014 in russischem Besitz befindliche Unternehmen dominiert mit über 200 Filialen im ganzen Land den heiß umkämpften Eismarkt. Vom Eisbecher bis zur Eistorte, vom Millefeuille bis zu Brownies und Panacotta, von Smoothies bis zum ›Espresso Bitter Kick‹ gibt es hier Wasser-, Sahne- und Joghurteis in unglaublicher Vielfalt.

Platía Agíou Márkou/Odós 21st Maíou 4, tgl. ab 10 Uhr, www.dodoni.com.gr

Guter Italiener

6 **Alesta:** Außer guter Pitta werden hier auch hervorragende Salate und Nudelgerichte mit regionalen Zutaten serviert. Besonders lecker fanden wir den Salat aus Schwarzaugenbohnen *(black-eyed peas)* und die Gnocchi mit dem zakinthischem Räucherschinken *chiroméri.*

Platía Agíou Márkou 7, tgl. ab 12 Uhr, €€

Irgendwie britisch

7 **Avlí:** ›Yard of Taste‹ nennt sich dieses bunte Gartenlokal in geschlossenen Räumen. Regional, organisch, vegan und glutenfrei sind hier selbstverständliche Angebote. Unbedingt probieren: Zakinthischen Féta-Käse mit Haferflocken-Panade und hausgemachter Tomatenmarmelade! Tischreservierungen sind möglich. Die Wirtin hat einige Jahre in Deutschland verbracht und spricht deutsch.

Odós Rizospáston/Odós Desíla 15, www.avlizante.gr, T 26 95 02 98 15, tgl. ab 13 Uhr, nur Juni–Sept., €€

A

ALTERNATIVES BEISAMMENSEIN

Die Hausnummer gibt den Name des Lokals **Café 34** 3 vor, das sich in keine Kategorie einordnen lässt. Hier trifft sich die eher alternative Szene der Insel, spielt Karten, diskutiert über zeitgenössische Kunst, hört Jazz, Rock und moderne griechische Musik gelegentlich auch live. Gegessen werden Kleinigkeiten wie Nudelsalat, Ziegenkäse in Olivenöl oder Landwurst, alles wirkt angenehm unaufgeräumt und zwanglos. Odós Filíta 34, tgl. ab 8 Uhr, €

Im Hochsommer recht voll: Ob Ágios Nikólaos Beach oder Banana Beach – man befindet sich unter gleichgesinnten Sonnenanbetern.

Einkaufen

Die Haupteinkaufsstraßen der Einheimischen sind die Straßen 21st Maíou, Alex. Róma, Tertséti, Leon. Zoí und Fóskolo.

Märkte

Ein **Wochenmarkt** findet montags, donnerstags und samstags am Vormittag gleich neben dem Ansatz des Fähranlegers statt.

Kulinarische Souvenirs

Pastélli und Mandoláto kauft man an den **Ständen vor der Dionísios-Kirche** oder in den Herstellerläden in der Nordwestecke der Platía Solomoú.

Kulinarisches aus ganz Hellas

1 **Éllinon Géfsis:** Griechischer Geschmack ist die Übersetzung des angenehm nostalgischen Gemischtwarenladens, der auch ausgefallene Spezialitäten sowie Natur-Kosmetika aus ganz Griechenland führt. Griechische Liköre gibt es auch als Miniaturen, Gewürze und Kräuter sind zum Verschenken schön verpackt.
Odós Al. Romanou 13

Griechische Couture

2 **Helmi:** Junge Damenmode, Schuhe und Accessoires aus griechischen Ateliers.
Odós Al. Romanou 99, www.helmi.gr

Bewegen

Radfahren

1 **Podilatádiko:** Verleih von Fahrrädern, Mountainbikes und Kinderrädern. Der Inhaber ist in einer Fahrradhandlung groß geworden und seiner eigenen Einschätzung zufolge in Bezug auf seine

Fahrräder eher Holländer als Grieche. Mountainbikes werden von ihm ohne Aufpreis überall auf der Insel geliefert, auch bei der Tourenplanung ist man behilflich. Odós Koutouzi 88, T 69 47 18 09 28, www.podilatadiko.com

Ausgehen

Abends meistens Live-Musik

1 **Varkaróla:** Die Zakinther sind große Musikliebhaber. Opernarien schätzen sie ebenso wie griechische Unterhaltungsmusik. Am meisten lieben sie aber ihre eigenen, ganz typisch zakinthischen Volkslieder, die *kantádes.* Sie zeugen deutlich vom italienisch-venezianischen Einfluss auf die Insel, sind meist sanft, fröhlich und romantisch. In vielen zakinthischen Tavernen hängen Gitarren an den Wänden – die auch Gäste benutzen dürfen. Im Restaurant Varkaróla an der Hafenpromenade der Inselhauptstadt erklingen *kantádes* regelmäßig und das ganze Jahr über an fast jedem Abend ab etwa 21 Uhr, sodass man sie dort auch ohne Glück oder langes Suchen einmal hören kann. Lomvardou 30

Kunst und Musik

2 **Bliss Art Café:** Große Kunst darf man nicht erwarten, wohl aber ein von moderner Kunst inspiriertes Interieur und gute Musik von Jazz bis hin zu griechischen Liedermachern. Drinnen können etwa 30 Gäste sitzen, schöner ist es an den beiden Vierertischen auf dem winzigen Balkon. An mehreren Abenden pro Woche legt ein DJ auf, manchmal auch Live-Musik. Auch Karaoke steht auf dem Programm. Odos 21. Maiou 23, Gin Tonic 7 €

Infos

- **EOT Tourist Information:** Im Gebäude der Hafenpolizei am Fähranleger, nur sporadisch besetzt. Am Fähranleger auch ein nur in der Hauptsaison besetztes Büro der Vereinigung der Privatzimmervermieter.
- **Hafenpolizei:** T 26 95 02 81 17.

Halbinsel Skopós

Die Halbinsel im Süden der Inselhauptstadt ist üppig grün. Die Straße windet sich zumeist hoch über der Küste durch kleine Dörfer; Stichstraßen führen zu den vielen Stränden an der Ostküste hinunter. Die Westküste besitzt schönere Sandstrände, ist aber Teil des Meeresnationalparks. Die Straße endet in Vasilikós am Gerákas Beach. Ein Linienbus fährt im Sommer bis zum Pórto Róma Beach im Gebiet von Vasilikós. Über die Halbinsel Skopós führt auch ein Teil der Tour, s. S. 202.

Argási

V 13

Hier kann man die jungen britischen Urlauber getrost unter sich lassen. Bestenfalls sehenswert: Am Strand steht in Höhe des Hotels Xénos Kamára Beach (30 m südlich der Silk Oil-Tankstelle einbiegen) eine kleine dreibogige Brücke aus dem Jahr 1805.

Bewegen

Golfen

World Tour Crazy Golf: Origineller Minigolfplatz mit 2 x 18 Löchern. Vom Inhaber, der 17 Jahre in Frankfurt/Main lebte, selbst entwickelt. Mal schlägt man den Ball unter der Freiheitsstatue hindurch, mal über die Golden Gate Bridge. Ein Loch liegt inmitten des Großsteinkreises von Stonehenge, anderswo muss der Ball in Venedig, Pisa, Paris oder London versenkt werden.

D

PARADIESISCH GRÜN – DÁPHNES APARTMENTS

Dionýsis Tsilimígras, der einst in Athen die Deutsche Schule besuchte, und seine schwedische Ehefrau Maria vermieten sieben Apartments und vier Ferienhäuser auf einem 20 000 m² großen Gartengrundstück mit viel Rasen, Oleander, Geranien, Olivenbäumen und Lorbeersträuchern. Ans Grundstück grenzt der Rest eines alten Eichenwaldes. Obwohl nur etwa 100 m vom Strand Pórto Róma mit seiner Taverne entfernt, fühlt sich der Gast hier fernab der Welt. Zu allen Häusern und Apartments gehören Terrassen mit Liegen und Hängematten, alle Innenräume sind gekachelt und haben Holzdecken. Die Küchen sind schwedisch-gut eingerichtet, immer ist auch ein Backofen vorhanden. Zwischen den Olivenbäumen sind Taue und Schaukeln für die Kinder aufgehängt. Vier Mountainbikes stehen den Gästen nach Absprache kostenlos zur Verfügung, im Sommer fährt stündlich der Linienbus Richtung Stadt vorbei. Zum Traumstrand von Gerákas läuft man etwa 20–30 Min. Vasilikó, Pórto Róma,T 69 45 58 50 17, www.daphnes-zakynthos.com, €€.

Aus Richtung Stadt 200 m hinter dem Music Club Avalon 150 m rechts hoch, tgl. 10–2 Uhr, www.worldtourminigolf.com

Reiten

Nana's Horses: Inhaberin Nána Tsouráki ist vernarrt in Pferde. 55 Tiere stehen in ihren Stallungen. Geführte Ausritte führen auch am, aber nicht auf dem Strand entlang: Nána respektiert den Schildkrötenschutz. Auf Wunsch organisiert sie auch Sonnenauf- und -untergangsritte.

Abseits der Straße von Argási nach Kalamáki, sehr gut ausgeschildert, T 26 95 02 31 95, 69 44 52 05 19, tgl. ab 7 Uhr, kostenloser Transfer ab und bis Hotel, 22 €/1 Std., 40 €/2 Std.

Ausgehen

Ein Hauch von Kunst

Portokáli: Gerichte und Musik aus aller Welt, Foto- und Kunstausstellungen, Live-Konzerte. Mit seinem schönen Garten und dem lässigen Ambiente wirkt dieses Lokal wie eine Oase im Sumpf von Argási und lohnt einen Besuch auch, wenn man anderswo wohnt.

Nördlicher Ortsanfang, an der Hauptstraße, T 26 95 04 57 30, Di–Sa ab 19 Uhr, €€

Vasilikó — W 14

Die Gemeinde Vasilikó nimmt den gesamten Süden der Halbinsel Skopós ein. Das moderne Ortszentrum liegt an der Hauptstraße. Als Urlaubsregion ist Vasilikó beliebt, weil hier viele Strände zu finden sind. Man wohnt im Grünen in kleinen Hotels und ländlichen Ferienhäusern.

Banana Beach — W 14

Am schönsten und längsten Sandstrand auf dieser Seite der Halbinsel liegt die größte Beach Bar von Zákinthos, Banana Baya, im Sommer mit Live-Konzerten.

Schlafen, Essen

Auf dem Bauernhof

Lithiés: Néllo Giannoúlis und seine Frau Fotiní sind Landwirte. Auf 5,5 ha ernten sie Mandarinen und Orangen, Zitronen, Kartoffeln, Zwiebeln, Tomaten, Melonen,

Auf der Skopós-Halbinsel

Kirschen, Mispeln, Pfirsiche, Aprikosen, Feigen und Wein und brennen Tresterschnaps. Sie setzen Bienenkästen aus und züchten Kaninchen, halten Hühner. Die Taverne hat Néllo in zehnjähriger Arbeit fast allein gebaut. Alle fünf Häuser auf der Farm sind gut eingerichtet samt Küche und Waschmaschine. Gäste können auf dem Farmgelände frei herumstreifen und sich gern auch reife Früchte pflücken.

Vasilikó, an der Hauptstraße Richtung Gerákas Beach, T 26 95 03 52 90, www.lithieshouses.gr und www.guestinn.com, ganzjährig, €€

Frühstück am Pool

Valentíno: Nana Vardakastani und ihre Töchter Olga und Elisabeth vermieten sieben Apartments in fünf Häusern, die auf einem 4500 m² großen Gartengelände mit Olivenbäumen stehen. Zur weitläufigen, sehr kinderfreundlichen Anlage gehört ein kleiner Pool, an dem auch das Frühstück serviert wird. Auch Mittag- und Abendessen wird angeboten. Die Wohnungen sind 18–63 m² groß, der nächste Strand ist 300 m entfernt.

Vassilikó, T 26 95 03 51 29, www.valentinoapartments.gr, €–€€

Bewegen

Viele Arten von Wassersport

Vasilikos Watersports Centre: Fallschirmsegeln, Jet-Bikes und Wasserski, Kanus, SUP, Flyboard, Tretboote, Funrides. Kostenloser Transferbus ab Laganás, Kalamáki und Argási.

St. Nicholas Beach, T 26 95 03 53 24, www.zakynthoswatersports.gr

Selbst töpfern

Hanne Mi's Ceramic Art Studio: Die norwegische Keramik-Künstlerin Hanne Mi öffnet ihr Verkaufsatelier an zwei Tagen pro Woche für Urlauber, die sich ihr Souvenir selbst töpfern wollen. Der Preis von 40 € beinhaltet die Anleitung an der Töpferscheibe und das Brennen des eigenen Kunstwerks, für Familien gibt es Ermäßigung. Zweistündiger Privatunterricht nach Vereinbarung (60 €).

Vasilikó, an der Hauptstraße, T 26 95 03 50 12, www.ceramichannemi.com, Mai–Okt. Di und Fr 10–12 Uhr

Laganás

V 14

Wie Kalamáki weiter westlich ist **Laganás** eine reine Sommersiedlung und zudem Zentrum des jugendlichen Partytourismus aus Großbritannien. Im Winter wirkt es wie eine Geisterstadt, im Sommer aber bieten zahlreiche Bars, Discos und Shops Halli-Galli bis weit nach Mitternacht. Am langen Sandstrand, der badefreundlich sehr flach abfällt, reihen sich die Liegestühle und die Beach Bars aneinander. Da die meisten hier sowieso eher tagsüber am Strand schlafen, ist es auch kaum ein Problem, dass zwischen Laganás und Kalamáki Beach die Einflugschneise des Flughafens verläuft.

Límni Kerioú

U 14

›Der See von Kerí‹ im äußersten Südwesten der Bucht von Laganás hat viel Pech gehabt. In den Sümpfen des kleinen Tals hinter dem schmalen, von Tamarisken beschatteten Kieselsteinstrand trat die schwarze, klebrige Masse nämlich jahrtausendelang als zum Kalfatern von Schiffen begehrter Bodenschatz aus der Erde. Heute ist der Weiler mit zunehmend mehr Häusern am Ufer und in den Olivenhainen der Umgebung Basis für Tauchurlauber und Ausgangspunkt für Bootsfahrten zu den Meeresgrotten von Kerí.

Pechquelle

Im Quellbecken tritt außer Wasser auch das schwarze Pech aus dem Boden. Das Wasser fließt ab, das Pech bleibt als 10 cm dicke Schlammschicht und in Form kleiner Knollen auf dem Grund liegen. Mit Stöcken kann man es herausholen und die Redensart ›Mir klebt das Pech an den Fingern‹ per Kameraklick visualisieren.

40 m links der westlichen der beiden Zufahrtsstraßen, auf Wegweiser ›Herodoto's Spring‹ achten, ständig frei zugänglich

Meeresgrotten

Die Grotten sind das Pendant zu den Blue Caves im Inselnorden. Die Steilküste ist hier höher, die Besucherzahl niedriger. Dennoch: wer nur eine Grottenfahrt unternehmen will, sollte die nördliche Variante wählen.

Schlafen

Die zwei Tauchschulen (s. u.) vermitteln Zimmer und Ferienwohnungen im Umkreis des Hafens. Außerdem:

Mit Emus wohnen

Tsivoúli Park: Der Schweizer Hans Oberli und seine Frau haben auf ihrer Emu-Farm mitten in der Natur 7 Zimmer rustikal eingerichtet. Ein Omelett aus einem Emu-Ei zum Frühstück sättigt zwei Personen.

Zwischen Límni Kerioú und Lithákia, T 26 95 05 50 18, www.tsivouli.com, €

Bewegen

Bootstour

The Big Blue: Am Hafen von Límni Kerioú werden über 100 Motorboote an Selbstfahrer verliehen. Ein Bootsführerschein ist nicht erforderlich. Die Boote sind mit Dusche, Getränkekühler und Badeleiter ausgestattet. Besonders: In den Vollmondnächten werden auch begleitete

TOUR
Kinderstube der Meeresschildkröte

im Schongang durch den Meeresnationalpark

Infos

U–W 14

Nationalparkhaus: Juni–Okt. tgl. 10–14 Uhr, www.nmp-zak.org. Zufahrt an der Hauptstraße hinter Argási 250 m hinter der Windmill Tavern ausgeschildert. Eintritt frei

Bootsfahrten: Ab Laganás, einstündige Tour 10 €

Cameo Island Club: Wegweisern zum Pórto Ágios Sóstis folgen, tgl. von ca. 9–24 Uhr, www.cameoisland.gr, Eintritt 5 €

Im National Marine Park of Zakynthos stoßen die Interessen von Naturschützern und am Tourismus verdienenden Einheimischen hart aufeinander. Natürlich möchte ein Urlauber auch gern Meeresschildkröten sehen – aber das sollte auf möglichst sanfte und rücksichtsvolle Weise geschehen.

Nationalparkhaus

Das 2008 von der spanischen Königin Sofia offiziell eingeweihte Nationalparkhaus an der Straße zum Dafni Beach unterscheidet sich wohltuend von ähnlichen Einrichtungen an der deutschen Küste. Hier wird kein warnender Zeigefinger erhoben, macht keine Müllsammlung auf die Umweltverschmutzung durch den Menschen aufmerksam. Stattdessen wird in nur zwei Sälen die Schönheit der Natur gezeigt, die es zu schützen gilt.

Die norwegische Keramik-Künstlerin Hanne Mi Sauge (s. S. 200), die schon lange am Rande des Nationalparks lebt, hat die Vorgänge in der Schildkrötenwelt von der Eiablage bis zum Schlüpfen der Jungtiere und ihrem Streben zum Meer in Ton ästhetisch hervorragend dargestellt, zeigt aber auch andere Meerestiere wie

Quallen, Seeigel, Fische und Seesterne in ihrer ganzen Schönheit. Die Eier im Schildkrötennest sind allerdings Tischtennisbälle.

Große Fotos und Erklärungen in perfektem Deutsch machen darauf aufmerksam, dass der Nationalpark nicht nur für seine gepanzerten Bewohner geschaffen wurde. Den Parkmanagern geht es auch darum, seine geologischen Formen wie die Kalksteinkliffs von Kerí und die empfindlichen Sandsteinformationen von Gerákas zu erhalten, seine Biotope wie den Schilf- und Binsensumpf von Límni Kerioú zu bewahren, in dem schon seit Herodots Zeiten Pech aus dem Erdboden quillt. Sie machen im neuen Nationalparkhaus auch auf die Pflanzenwelt aufmerksam, zu der Dünen-Trichternarzissen und Schnepfen-Ragwurz, Pyramiden-Orchidee und Herbst-Drehwurz gehören. Für Kinder gibt es einen großen Raum, in dem sie malen können, was sie im Nationalparkhaus sehen. Das inzwischen obligatorische 12-Minuten-Video rundet das Angebot ab.

Wo das Weibchen der Meeresschildkröte geboren ist, dorthin kehrt es auch zur Eiablage zurück.

Gerákas Beach

Vor dem langen Feinsandstrand an der Nordostküste der Skopós-Halbinsel endet die Straße. Die private Naturschutzorganisation Earth Sea & Sky unterhält hier eine Ausstellung und hegt in diversen Becken verletzte Meeres- und Landschildkröten (tgl. 9–20 Uhr, Eintritt frei, www.earth-sea-sky-global.org). Nationalpark-Ranger informieren am Strandübergang noch einmal über korrektes Verhalten am Strand, an dem im Sommer etwa 100 Nester gezählt werden. Schön ist eine Strandwanderung bis zu den Kalksteinkliffs am südlichen Strandende (📍 W 14).

Dáfni Beach

Dieser Strand ist nur über holprige Pisten erreichbar. Er zeigt deutlich, welche Aufgaben die Nationalparkverwaltung noch vor sich hat: Sie muss erreichen, dass die beiden dortigen Tavernen mitsamt ihren Nebengebäuden abgerissen werden. Die Besitzerfamilien sind jedoch seit Jahrzehnten hier ansässig und wehren sich mit allen juristischen Mitteln. Unterstützung bekommen sie von den Meeresschildkröten selbst. Nach Jahren rückgängiger Nesterzahlen hat deren Zahl jetzt trotz der Tavernen wieder den früheren Stand guter Jahre erreicht – 2019 waren es etwa 1500. In den Corona-Jahren 2020/2021 waren es sogar der großen Ruhe wegen noch etliche mehr (V 14).

Crystal Beach

Am Crystal Beach in Kalamáki steht zwar ein Hotel direkt am Sandstrand, doch dank vernünftiger Urlauber nisten hier noch immer etwa ebenso viele Tiere wie auf der Insel Marathonísi draußen in der Bucht. 2019 wurden etwa 100 Nester gezählt (V 14).

Turtle Spotting ab Laganás

Auch die Nationalparkverwaltung weiß, dass man Naturliebhabern den Anblick schwimmender Meeresschildkröten nicht völlig verweigern kann. Ein Dorn im Auge sind ihr jedoch die großen Schiffe, die mit über 20 Passagieren durch die Bucht kreuzen. Sie empfiehlt, sich nur an Bord kleiner Boote zu begeben, wie sie im Zentrum von Laganás fast stündlich zu Turtle Spotting Tours von ein, zwei oder drei Stunden aufbrechen.

Die Führer dieser Boote halten sich an die von den Naturschützern aufgestellten Regeln und haben oft auch einen Ranger des Nationalparks an Bord. Auf den Fahrpreis schlagen sie immer eine Ein-Euro-Spende für den Meeresnationalpark drauf. Wichtigste Regel an Bord: Leise sein, wenn schwimmende Schildkröten in der Nähe sind!

Chill-out im Cameo Island Club

Zum Schluss noch einmal ein schöner Blick über die gesamte Bucht von einem Inselchen aus, zu dem eine lange Holzbrücke hinüberführt. Nach 38 Stufen ist die Bar erreicht, auf deren Terrassen Sie in wildem Grün sitzen und bis zum Gerákas Beach hinüberschauen können. 19 Stufen führen hinunter zur Beach Bar vor einem 2 x 10 m winzigen Kiesstrand, dem das Inselchen Marathonísi mit seinem Schildkrötenstrand gegenüberliegt.

Touren zum Mondaufgang angeboten.
T 26 95 04 30 72, www.zakynthosboatrentals.gr

Tauchen

Nero Sport wird von dem Deutschen Peter Mohr und Sohn Dennis geleitet (T 26 95 02 84 81, www.nero-sport.de) und bietet ein hochmodernes Schulungszentrum. Für Kinderbetreuung während der Tauchgänge ist gesorgt. Außerdem sind speziell ausgebildete Tauchlehrer für die Kleinen engagiert. So können schon 6-jährige an Schnorchel- und 8-jährige an Tauchkursen teilnehmen. Zum Zentrum gehören eine Snack-Bar nicht nur für Hausgäste (Currywurst, Schnitzel, Toasts und Pizza), ein Gästehaus mit 14 Apartments (ab 38–54 € plus Endreinigung) und drei Boote. Gäste können auch an Yoga, Aerobic und anderen Fitness-Angeboten teilnehmen. Das **Turtle Beach Diving Center** betreibt der perfekt Deutsch sprechende Timothéos Marmíris mit deutschen Partnern (T 26 95 04 94 24, www.diving-center-turtle-beach.com). Auch hier gehört ein Boot zur Grundausstattung.

Kerí

U 14

Das alte Dorf liegt am Rande einer kleinen, fruchtbaren Hochebene und nahe der Steilküste, auf der 2 km entfernt fotogen ein kleiner **Leuchtturm** steht. An der Stichstraße vom Dorf dorthin ragt seit 2007 ein in den Landesfarben Weiß und Blau gehaltener Aluminiummast 50 m in den Himmel. An ihm flattert im Sommer die größte griechische Flagge der Welt. Das Komitee des ›Guinness Book of Records‹ hat sie mit knapp 18 m Höhe und 37 m Länge vermessen. Für Initiator Stamátis Livéris, von Beruf Architekt, Tavernenwirt und Hotelier, stehen diese griechischen Nationalfarben für Kultur und Frieden – *politismó* und *iríni*. Darüber unterhält er sich mit seinen Gästen in seiner Taverne Lighthouse am liebsten, die die traditionelle zakinthische Küche pflegt.

Schlafen, Essen

Beim Bauern essen und wohnen

Apeláti: Das kleine bäuerliche Anwesen mit fünf sehr einfachen Fremdenzimmern, Taverne und Wohnhaus der Familie liegt am Rande der zu ihm gehörenden Weingärten in schönster Ländlichkeit ohne jeden Blick aufs Meer. Mutter Katarína kocht seit 50 Jahren gleichbleibend rustikal-gut, Tochter Dénia kümmert sich zusammen mit ihren beiden Kindern um die Gäste. Papa ist für die Landwirtschaft zuständig, zu der auch die Ziegen, die Kaninchen und die Gemüsebeete gehören, die wesentlich zur Speisekarte des Hauses beitragen. Gäste sollten allerdings motorisiert sein.
An der Straße zwischen Hafen und Dorf, dort wo die Straße nach Angalás abzweigt, T 26 95 04 33 24, Restaurant tgl. ab 12 Uhr, €

Agalás

U 14

Die 8 km lange Fahrt von Kerí nach Agalás führt durch schöne, einsame Berglandschaft. Im Zentrum weist ein braun-gelbes Schild den Weg zu den ›Andronio Venetian Wells‹, venezianischen Zisternenschächten aus dem 15. Jh. auf einem Feld zwischen Reben, Ölbäumen, Kiefern und Zypressen.

Macherádo

U 13

Macherádo ist ein großes, aber unscheinbares Dorf am Hang oberhalb der weiten

Uralter Olivenbaum bei Kerí

zakinthischen Ebene. Ein Besuch lohnt nur für Liebhaber von Kirchen und Klöstern. Im Dorfzentrum erhebt sich die alte **Wallfahrtskirche Agía Mávra.** Sie brannte 2005 innen fast völlig aus. Ihre Wandmalereien und Ikonen wurden dabei größtenteils vernichtet. Doch nahezu unversehrt blieb die wundertätige Ikone der hl. Mávra aus dem 16. Jh., die im 19. Jh. mit einem Oklad, einer reliefierten Bedeckung aus Silber, versehen wurde. Sie steht jetzt in einer Vitrine vor der Ikonostase, davor liegen versengte alte Votivgaben. In einer zweiten Vitrine sind weitere versengte Votivtäfelchen, Münzen und angesengte Euroscheine ausgestellt (meist vormittags geöffnet).

An der Straße zwischen Macherádo und Kilioméno steht dicht oberhalb von Macherádo direkt am Asphaltband das erst 1961 gegründete Nonnenkloster **Panagía i Eleftherótrio** (tgl. 8.30–12 und 16–19 Uhr). Es ist innen im traditionellen byzantinischen Stil ausgemalt. Einzigartig ist eine Steinsammlung in einem Raum auf der Westseite des linken Kirchenschiffs: Hier sind Steine in die Wand eingelassen, 36 Marmorplaketten benennen ihre Herkunft. Sie kommen alle aus dem Heiligen Land und wurden von der ersten Äbtissin persönlich von ihren Pilgerreisen nach Israel mitgebracht. Sie stammen von biblischen Stätten wie dem Haus des Abraham in Jericho, dem Tempel in Jerusalem, dem Haus Mariens in Nazareth, dem Berg Tabor, Golgatha und dem Tiberias-See. Sogar aus Damaskus hat die fromme Frau einen Stein mitgebracht.

Auf der Weiterfahrt Richtung Loúcha besteht in Lagopódi die Möglichkeit zur Besichtigung der Weinkellerei Grampsás (T 26 95 09 22 86, www.ktimagrampsa.gr, Mo–Sa 10–21 Uhr, So 10.30–14.30 Uhr, Weinprobe mit vier Weinen 5 €).

Loúcha und Gíri

T 13

Loúcha und Girí sind die beiden Inseldörfer, die beim großen Erdbeben von 1953 als Einzige weitgehend unversehrt blieben. Dementsprechend viel alte Bausubstanz ist erhalten.

Windmühlenstümpfe stehen auf den umliegenden Hügeln, zwischen den Feldern sind noch alte Dreschplätze. Es ist so still, dass man die Ruhe fast schon wieder hören kann.

Essen

Nomen est omen

The best view of the village: Olga, die Wirtin dieser ganz einfachen Gartenbar unter alten Ölbäumen, stammt aus dem kalten Sibirien. Mit ihrem griechischen Partner zusammen betreibt sie das stets improvisiert wirkende Lokal lässig und fröhlich. Ihre Gäste sitzen zum Teil unterm ältesten Olivenbaum weit und breit, genießen den schönen Blick aufs Dorf und lassen sich manchmal auch einen Tresterschnaps munden, der im Nachbardorf Girí gebrannt wird.

Am Ortseingang aus Richtung Inselrundstraße, tgl. ab 10 Uhr

B

BOSCHETTO HOLIDAY VILLAGE

Fünf Luxusvillen aus Naturstein für 4 Personen mit kostenlosem WLAN, offenem Kamin, großem Grill, eigenem Garten und Pool in völliger Einsamkeit bietet das ungewöhnlichste Feriendorf der Insel zwischen Loúcha und dem an der Inselrundstraße gelegenen Ágios Léon. Die nächste Taverne ist 700 m, eine Bushaltestelle 1 km entfernt, T 69 73 74 30 71, www.boschettovillage.gr.

Kambí

T 13

Vom Dorf Kambí in einem Tal, das unmittelbar an die weit über 100 m hohe Steilküste grenzt, führt eine Stichstraße hinauf zum weithin sichtbaren Kreuz von Kambí.

Kurz vor Erreichen des Ziels macht links der Straße ein Schild auf mehrere Gräber aus mykenischer Zeit aufmerksam, die unmittelbar unterhalb der Straße frei zugänglich sind. Sogar ihre Decksteine liegen noch an Ort und Stelle.

Kreuz von Kambí

Was das große Kreuz direkt oberhalb der Steilküste bedeutet, ist auch unter den Einheimischen umstritten. Manche behaupten, hier seien 1944 während des griechischen Bürgerkriegs zahlreiche linke Partisanen von bürgerlichen Truppen brutal ins Meer gestürzt worden. Andere stellen es umgekehrt dar. Eine neue Version behauptet, die Deutschen hätten hier Griechen ermordet. Eine vierte, vielleicht richtige, Version erzählte mir ein ehemaliger linker Partisan in einem Bergdorf. Nach seiner Meinung ist hier überhaupt nichts passiert. Lediglich aus Propaganda-Gründen sei das Kreuz während der Junta-Herrschaft (1967–74) aufgestellt worden. Die eigentliche Schande sei, dass man zwar die Plakette am Fuß des Kreuzes nach 1974 abgeschraubt, das Kreuz jedoch weiterhin stehen gelassen habe.

Schlafen

Erfolgsrezept oder Spleen

Mabely Grand Hotel: Das 2008 eröffnete Hotel wirkt in dieser ländlichen Umgebung wie ein Palast. Es bietet 108 Zimmer und Bungalows, viele davon mit eigenem Pool. Außerdem gibt es zwei große Gemeinschaftspools, einen Basket- und Volleyballplatz, zwei Restaurants, ein Fitness- und Wellnesscenter, Tennisplätze mit Flutlicht, Sauna und Dampfbad. In der Privatkirche kann man sich sogar trauen lassen. Die einsame Lage und der Ausblick sind fantastisch, aber die nächsten Strände sind mindestens 15 km entfernt, und außer schönen Tavernen hat Kambí nichts zu bieten.

Am oberen Dorfrand, T 26 95 04 13 02, www.mabely.com, €€€

Essen

Schiffsbug hoch über dem Meer

Taverne Stavrós/The Cross: Die Taverne auf dem höchsten Punkt von Kambí ist die schönste von mehreren Tavernen direkt auf dem Steilufer. Eine Terrasse hat die Form eines Schiffsbugs. Dort hat man das Gefühl, über dem Ionischen Meer zu schweben.

Direkt unterhalb des Kreuzes, tgl. ab 9 Uhr, ganzjährig, €–€€

Anafonítria

T 12

Am Rand dieses Dorfes steht, gut ausgeschildert, das kleine, nicht mehr bewohnte Kloster **Moní Anafonítrias** aus dem 15. Jh. An seinem Torturm ranken sich Kapernsträucher empor, die Klosterkirche mit Fresken aus dem 17. Jh. ist meist verschlossen. Auf dem Klosterhof kann man aber den alten Backofen und die Olivenpresse noch erkennen. Hier verbrachte der Inselheilige Dionísios im frühen 17. Jh. seine letzten Lebensjahre als Abt. In dieser Zeit erwies er sich als wahrhaft praktizierender Christ: Er bot dem Mörder seines Bruders im Kloster Asyl vor den Rächern (Kloster tagsüber frei zugänglich, Eintritt frei, Klosterkirche nur 9–13.30 Uhr geöffnet).

Ein Wegweiser im Dorfzentrum führt zu einem zweiten Kloster, **Moní Agíou Georgíou Kremnón.** Der wie eine Festung wirkende Bau aus dem 16. Jh. liegt inmitten eines Wäldchens. Im Innenhof erhebt sich ein Festungsturm, der einst als Fluchtburg diente. Im Sommer ist das verwaiste Kloster meist vormittags und am späten Nachmittag geöffnet. Blumenfreunde erfreuen hier die vielen wilden Kapern, die zahlreiche Mauern überziehen.

Pórto Vrómi

T 13

In der fjordähnlichen, zweiteiligen Bucht (auch Órmos Vrómi) ist der örtlichen Legende nach Maria Magdalena, die dem Evangelium zufolge als Erste konstatierte, dass Jesu Grab leer war, auf dem Weg nach Rom an Land gegangen. Spuren hat sie nicht hinterlassen. Zwei Straßen führen zu je einer Hälfte der Doppelbucht hinunter. Darunten findet man in der südlichen Bucht einen etwa 15 m langen Kiesstrand, in der nördlichen Bucht springt man von einem rostigen Sprungturm aus ins Wasser. An jeder der Buchten wird im Sommer eine *kantína* betrieben und Tretboote vermietet, mit denen man in kleine Meeresgrotten fahren kann (10 €/Std.). Außerdem fahren Ausflugsboote zum Shipwreck Beach (15 €).

Der berühmte Shipwreck Beach mit dem versandeten Wrack

Shipwreck Beach  S 12

200 m hinter der Zufahrt zum Kloster Kremnón zweigt eine Straße zur Küste ab, die nach 1200 m vor einem Restaurant endet. Dort ragt eine kleine Plattform über den Abgrund. Wer sich hinauf wagt, sieht tief unten den Schiffswrack-Strand, Motiv vieler Werbeposter für Griechenland und für Postkarten, die auf jeder griechischen Insel verkauft werden. Inzwischen versperrt jedoch Grünzeug den vollen Blick auf Wrack und Strand. Mutige gehen darum vom Skywalk aus auf engen Klippenpfaden etwa 5 Minuten weiter in nördlicher Richtung, um einen besseren Blick zu haben. Der von heller Steilküste eingerahmte Sandstrand ist nur vom Meer aus zugänglich. In seinem Zentrum wird das Wrack eines in den 1970er-Jahren hier gestrandeten, rostenden Frachters immer mehr vom Sand zugeweht. Das Wasser in der Bucht ist glasklar, wobei das ›Glas‹ allerdings in allen erdenklichen, oft milchig getönten Blau-, Grün- und Türkistönen schimmert.

Infos

- **Bootsausflüge:** Von allen Küstenorten fahren Boote zum Shipwreck Beach. Am kürzesten ist die Verbindung vom Kap Skinári aus (s. S. 213).

Volímes T 12

Die größte Gemeinde im Inselnorden besteht aus mehreren benachbarten

E

PRIVATES MUSEUM – ELIÉS PARK

An der Straße zwischen Volímes und Eliés liegt ein besonders skurriles Exemplar der in Griechenland so zahlreich vorhandenen privaten Museen: **Eliés Park** (T 12). Sein Gründer, Jánnis Gidítsis aus Volímes, ist ein Sammler aus Leidenschaft. In einem kleinen, von 1953 bis 1978 betriebenen Steinbruch rechts der Straße hat er alles Alte zusammengetragen, das er in Nordzákinthos unbeachtet in der Landschaft fand: Mühlsteine und Olivenpressen, Dreschplätze und Erntehütten, Autowracks und Steine, deren Form an Tiere erinnert, einen Asbestbrennofen und alte Pflüge zum Beispiel. Bei der Anlage seines ›Traditionellen Parks‹ kam ihm zu Gute, dass er Betreiber eines Bulldozers ist. Neueste Attraktion im Park, der bisher eintrittsfrei war, ist ›To Mikró Navágio‹, der kleine Schiffswrackstrand: Da liegt ein morsches kleines Fischerboot auf Sand vor einer niedrigen Steilwand des Steinbruchs. Seine Familie harrt nun im Sommerhalbjahr den ganzen Tag über in der Taverne auf Besucher, die kostenlos bei einem Rundgang durch das Freigelände begleitet werden. Geschäftstüchtig sind sie nicht im Geringsten – sie freuen sich schon über einen Gast, der nur ein Glas Wein mit Käse und Oliven zu sich nimmt oder einen Kaffee bei ihnen trinkt. Fremdsprachenkenntnisse haben die Wirtsleute zwar nicht, doch gleichen sie dies durch besonders große Herzlichkeit und Urigkeit mehr als aus.

Dörfern inmitten von Getreidefeldern und verfallenden Anbauterrassen. Früher wurden hier viele Handarbeiten hergestellt. Die entsprechenden Läden haben sich erhalten, die feilgebotene Ware stammt jedoch bestenfalls aus Manufakturen auf dem griechischen Festland, wenn nicht gar aus Fernost.

Kap Skinári und Blaue Grotten T 11

Am kleinen Kap an der Nordspitze der Insel erinnert die Landschaft an Nordeuropa. Das Land hier gehört größtenteils der Familie Potamítis, die es auf angenehme Weise touristisch entwickelt hat. Die Potamítis-Brüder betreiben die Boote, die vom Kap zu den Blauen Grotten und zum Shipwreck Beach fahren, sind an der Taverne ›Fáros‹ beteiligt und haben am Steilufer über den Blue Caves eine Kafetéria, ein Haus mit zwei Fremdenzimmern und zwei Ferienwohnungen geschaffen. Eigenhändig haben sie bei der Anlage der breiten Stufen hinunter zu einer Sonnenterrasse direkt am Meer mitgewirkt, deren Liegestühle kostenlos genutzt werden können.

Schlafen

Romantik pur

Mýlos: Zwei runde Ferienhäuser mit jeweils zwei Etagen: unten ein Wohnraum mit Kitchenette, oben ein Schlafraum mit Balkon. Die größere Mühle bietet sogar ein romantisches Himmeldoppelbett. Besonders beliebt ist es bei Koreanern, Japanern und Chinesen, die inzwischen 90 % der Gäste stellen. Zum Baden führt ein Stufenweg an die Küste gleich neben den Blauen Grotten hinunter.

Potamítis Brothers, T 26 95 03 11 32, Mob. 69 72 05 57 11, www.potamitisbros.gr, €–€€€

Lieblingsort

In Mühlen wohnen

Am **Kap Skinári** kann ich wohnen wie nirgends sonst: In einer von zwei Mühlen. Die **Studios Mylos** (📍 T 11) sind rund und zweigeschossig, unten kuschelt's, oben zieht mich der Blick aus dem Himmelbett auf Meer und Steilküste in den Bann. Hier abends auf dem Balkon zu sitzen, in die Sterne und ihr von der sanften Dünung eingefangenes Licht zu schauen, macht mich fit für den nächsten Tag (Studios Mýlos: s. s. S. 210).

Lieblingsort

Glücksgefühle

In der **Taverne Mikró Nisí** (T 12) unterm Tamariskendach zu sitzen, ist einfach traumhaft schön. Das Wasser in der winzigen Bucht, die dennoch ›Große Bucht‹, **Makrí Gialós,** heißt, ist glasklar, schimmert blau und türkis, die kleinen Boote scheinen auf dem Wasser zu schweben. Was aus der Küche kommt, ist gut und frisch, der Fisch stammt aus regionalen Gewässern. Wie seit eh und je kommen die Fische pur auf den Tisch, verfeinert nur durch die klassische Öl-Zitronensauce (€€). Wer mag, kann vom Anleger unterhalb der Taverne auch Fahrten zur **Blauen Grotte** unternehmen (Taverne Mikró Nisí: Mikró Nisí, www.mikronisi.com)

Bewegen

Bootsausflüge
Fahrten in die **Blauen Grotten** tgl. 8.30–19 Uhr, schon ab zwei Personen ist sofortige Abfahrt garantiert. Die Boote fahren in die Höhlen hinein. Außerdem mehrmals täglich Fahrten zum Shipwreck Beach, Fahrtdauer 12 Min., Mindestbadeaufenthalt dort eine Stunde, für längeren Aufenthalt Wasser und Sonnenschutz mitnehmen! Fahrt jeweils 10 € hin und zurück, www.potamitisbros.gr.

Ágios Nikólaos-Skinári T 12

Im neuen Hafen des Weilers machen die Sommerfähren nach Kefalloniá fest. Hier liegen auch die Boot, die Fahrten in die Blauen Grotten und zum Shipwreck Beach anbieten. Für nicht motorisierte Urlauber ist das eine gute Alternative zur Abfahrtstelle am Kap Skinári, weil bis Ágios Nikólaos der Linienbus aus der Stadt fährt.

Bewegen

Bootsausflüge
Blaue Grotten ca. 10 € (40–60 Min.), Shipwreck Beach ca. 50 € (2–3 Std.).

Mikró Nisí und Mákri Gialós T 12

Mikró Nísi, die ›Kleine Insel‹, ist eine winzige, felsige Halbinsel mit dem Überrest eines steinernen Wachhäuschens aus venezianischer Zeit. Es ist von etwa einem Dutzend einfacher Häuser und einer Taverne umgeben, Zimmer werden hier nicht vermietet. 650 m östlich lädt der helle, etwa 120 m lange Kieselsteinstrand Makrí Gialós zum Baden, außerdem gibt es mehrere winzige Strandflecken.

Xigiá Beach U 12

›Spa with sulphgur springs and collage‹ verspricht eine große Tafel am Straßenrand zwischen Makrís Gialós und Alíkes. Parken Sie neben der *kantína* und werfen Sie zunächst einen Blick von oben auf die Bucht. An der gegenüberliegenden Felswand erkennen Sie zwei sehr kleine Grotten, aus denen trübes, eiskaltes Wasser sprudelt. Es ist schwefelhaltig und breitet sich je nach Windrichtung entlang der Küste aus. Von der *kantína* gelangen Sie in zwei Minuten zum Strand, von dem aus Sie ins heilkräftige Wasser hineinschwimmen können. Fürs leibliche Wohl sorgt der Bestellposten der *kantína* am Strand: Was sie hier ordern, wird mit einem selbst sehr kreativ gebastelten Lastenaufzug herunter gebracht. Als Antrieb dienen mit der Hand zu bedienende Fahrradpedale.

Alíkes U 12

Die ehemaligen Salinen im Hinterland der Siedlung, die sich entlang eines schmalen, sehr langen Grobsandstrands erstreckt, haben dem Ort seinen Namen gegeben. Die Mündung eines kleinen Flusses, der von zwei mehrbogigen venezianischen Brücken überspannt wird, teilt Alíkes in zwei Hälften. Ent-

TAVERNE PÉTRINO UND APARTMENTS MÁKRIS GIALÓS

P

Obwohl landseitig an der Inselrundstraße gelegen, sind die Taverne und die Apartments der aus Basel stammenden Schweizerin Ivana und ihres zakinthischen Mannes Dionísios Pyromális eine erstklassige Adresse: Die drei geräumigen Apartments im Obergeschoss sind besonders hochwertig möbliert und sanitär bestens ausgestattet, die vier Apartments im Erdgeschoss sind etwas schlichter, haben dafür aber besonders große Terrassen. Dionísios geht mit seinem Vater, der einmal Leuchtturmwärter war, häufig fischen – alle Fische in der Taverne stammen aus eigenem Fang. Auch das in der Küche verwendete Olivenöl stammt natürlich von eigenen Bäumen. Zu verschiedenen kleinen Stränden sind es nur wenige Minuten zu Fuß, den Sonnenschirm gibt Ivana ihren Gästen kostenlos mit. Kinder finden im 2011 geborenen Sohn der beiden, Kyriákos, einen ortskundigen Spielgefährten. Wer's nicht lassen kann: Die Fernseher in den Zimmern empfangen auch KiKa und die ARD-Sportschau.

Makrís Gialós: T 26 95 03 15 58, www.makrisgialos.gr, €–€€

lang der Uferstraße haben sich einige Tavernen und Bars angesiedelt, kleine Hotels und Apartmentanlagen stehen am Meer und im Hinterland. Insgesamt ist – mir zumindest – Alíkes der angenehmste Urlaubsort der Insel, zumal die Linienbusverbindungen in die Stadt gut und hübsche Binnendörfer nah sind. Außerdem ist hier das Preisniveau relativ niedrig.

Pigadákia

U 13

Das Dorf im Hinterland von Alíkes, das man auch zu Fuß in etwa einer Stunde erreichen kann, besitzt ein kleines **Volkskundliches Museum** (tgl. 9–21 Uhr, Eintritt 3 €) und am Dorfplatz die interessante Kapelle **Ágios Fanoúrios:** In ihr entspringt unter dem Altar eine Quelle, deren Wasser als heilig gilt und Wunder wirken soll. Vielleicht hilft es auch nur bei Verstopfung.

Trináki – der Minizug

Täglich setzt sich von Alíkes aus ein Miniaturzug auf Gummirädern zu einer etwa zweistündigen Rundfahrt ins Hinterland in Bewegung. Durch das Dorf Katastári geht es in den Weiler Pigadákia, wo die Kapelle und das Museum (s. o.) besichtigt werden können. Außerdem gibt es hier in der Taverne des Zugbetreibers kostenlos ein Glas Wein oder einen Orangensaft, bevor es nach Alíkes zurück geht (13 €). Samstagabends findet in der Taverne ein Griechischer Abend mit Tanz und Folklore statt – auch dazu kann man natürlich mit dem Trainaki anreisen.

Schlafen

Sehr britisch

Astória: Von einst nach Kanada ausgewanderten Griechen geführt, fast nur von älteren Briten bewohnt (55 Zimmer). Man muss wohl ein Faible fürs Angelsächsische haben, um sich hier wirklich wohlzufühlen. Dann empfindet man auch die Atmosphäre als angenehm familiär und fühlt sich von den Wirtsleuten sehr gut betreut.

An der Uferstraße auf Höhe der Saline direkt am Strand, T 26 95 08 35 33, www.astoriazante.com, €€

Essen

Grundsolide

To Paradosiakó: Traditionelle griechische Küche mit großer Auswahl, Wein vom Fass. Gute Auswahl an Pizza und Pasta.

An der parallel zum Fluss verlaufenden Straße, Juni–Sept. tgl. ab 13 Uhr, www.paradosiako.com.gr, €–€€

Bewegen

Bis zum Shipwreck Beach

Valais: Mit den hier gemieteten Booten dürfen Sie selbst bis Makrís Giálos, zu den Blauen Grotten und zum Shipwreck Beach fahren.

Am Strand vorm Hafen, T 69 77 27 04 50, www.valaiswatersports.gr

Glow Night Tours

Paddle Surf Zante: SUP-Verleih und Touren sowie geführte Sonnenuntergangs- und Nachttouren.

Am Hauptstrand, T 26 95 08 40 48, www.paddlesurfzante.com

Mit Pferden baden

Yannis Horses: Kutschtouren für bis zu 5 Personen, geführte Ausritte, auf Wunsch auch mit Bad für Reiter und Pferd. Kostenloser Transfer von Alíkes aus.

Káto Gerakári, T 26 95 06 35 92

Ausgehen

Nicht lange allein

Jungle Bar: Die kleine Openair-Bar an der Hauptkreuzung im Ortszentrum ist der Anlaufpunkt für junge Leute und einsame Herzen. Der Wirt und seine Mitarbeiter sind sehr kommunikativ, auch mit anderen Gästen kommt man schnell in Kontakt.

Im Ortszentrum, tgl. ab 9 Uhr

Plános und Tsílivi

V 13

Die beiden ineinander übergehenden Küstensiedlungen sind als Badeorte eine gute Alternative zu Laganás und Kalamáki. Die Sandstrände hier sind zwar schmaler und kürzer, sind dafür aber auch kein Eiablageplatz der Meeresschildkröten. Beide Orte sind kaum mehr als moderne, dem Tourismus gewidmete Straßendörfer, ein besonders zakinthisches Flair darf man von ihnen nicht erwarten.

Schlafen

Wer auf eigene Faust reist, wird hier kaum wohnen wollen. Reiseveranstalter haben jedoch einige Hotels in der Region im Programm.

Essen

Einfach geblieben

Pórto Roúlis: Das älteste Fischrestaurant in dieser Inselregion ist noch immer ein reiner Familienbetrieb. Auf der Terrasse direkt am Meer finden etwa 100 Gäste Platz. Wem's in den Fingern juckt: Eine Gitarre liegt für alle, die sie spielen wollen, griffbereit. Wirt Dionísios, seine Frau Katína und die Tochter Dímitra servieren am liebsten frischen Fisch, halten aber täglich auch ein bis zwei gekochte oder gebackene Gerichte für ihre Gäste bereit. Übrigens: Den frischen Fisch landet zumindest zum Teil die zweite Tochter, Ioánna, an, die in die Fußstapfen ihres Vaters getreten ist.

Am Drosiá Beach, etwa 5 km nördlich von Plános, an der Küstenstraße ausgeschildert, tgl. ab 10 Uhr, €–€€

TOUR

Ein Olivenzweig-Kranz für den siegreichen Athleten

Zum Ursprungsort der Olympischen Spiele

Das antike Olympia ist ein magischer Ort. Je nach Jahreszeit erlebt man ihn anders. Im Frühjahr sprießen Wildblumen zwischen den Säulen und Gemäuern. Im Sommer wird es manchmal so unbarmherzig heiß, dass man während des Rundgangs leicht zwei Liter Wasser trinken kann, wenn man genug dabei hat. Im Herbst weht ein Hauch von Melancholie durch die Ruinen. Besonders schön sind die Morgenstunden leichter Frosttage, wenn eine dünne Schicht aus Raureif und Eis die Stätte in eine Zauberwelt verwandelt.

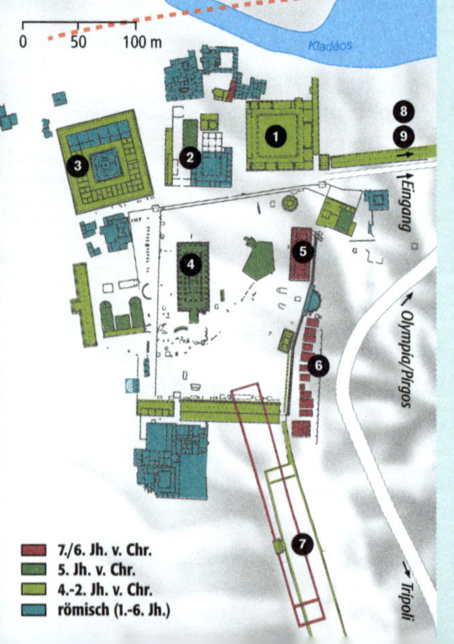

Von allen Ionischen Inseln liegt Zákinthos dem antiken Olympia am nächsten. Man schafft die Tour an einem Tag. Besser aber plant man eine Übernachtung mit ein. Das moderne Dorf Olympia ist zwar touristisch stark frequentiert, aber dennoch ein angenehmer Ort für einen späten Nachmittag und Abend. Es gibt viele Cafés und Restaurants, Juweliere und Souvenirgeschäfte, ein Museum der antiken Technologie direkt an der Hauptstraße und einen klassizistischen Bahnhof, der noch das Flair des 19. Jh. verströmt. Am nächsten Morgen kann man dann als erster in den Ausgrabungen sein, sich danach den Museen widmen. Am Ende hat man sogar noch etwas Zeit für einen Spaziergang in der sanft hügeligen Landschaft oder für ein erfrischendes Bad an den vielen Stränden zwischen Olympia und dem Fährhafen Killíni.

Die Geburtsstätte der Olympischen Spiele zählt heute zum UNESCO Welterbe.

Rundgang durch Olympia

Vom Zentrum des modernen Dorfes geht man am besten zu Fuß zu den gut ausgeschilderten Ausgrabungen. Das dauert maximal zehn Minuten. Gleich nach Passieren des Eingangs kommt man zur **Palästra** ❶, von der aus das Grabungsgelände schon gut zu überblicken ist. Was Sie vor sich sehen, ist keine Momentaufnahme. An diesem Ort fanden von 776 v. Chr. bis ins späte vierte christliche Jahrhundert hinein alle vier Jahre Olympische Spiele statt – also über 1150 Jahre lang. Und danach war Olympia noch mindestens 250 Jahre von frühen Christen bewohnt. Vor Ihnen liegen also 1400 Jahre Baugeschichte. In der Palästra aus dem 3. Jh. v. Chr. trugen Ring- und Faustkämpfer ihre Wettbewerbe aus, im angrenzenden Gymnasion trainierten die Läufer.

Die Spiele der Antike wurden zu Ehren von Göttervater Zeus veranstaltet. Ihm war der Haupttempel in Olympia geweiht. Darin stand seit 430 v. Chr. eine 12 m hohe Statue des Gottes, die später zu den sieben Weltwundern gezählt wurde. An diesem Meisterwerk aus Gold, Elfenbein und Edelsteinen arbeiteten der Bildhauer Phidias und seine Gehilfen hier vor Ort in der Werkstatt des **Phidias** ❷ zehn Jahre lang. Die frühen Christen machten später aus dieser Werkhalle eine kleine Basilika.

Auch in der Antike zogen die Olympischen Spiele viele Besucher an. Die vornehmsten von ihnen, vergleichbar vielleicht mit den heutigen Sponsoren, kamen seit dem 4. Jh. v. Chr. im **Leonidaion** ❸ unter, einer prächtigen Herberge mit 182 Säulen. Die Römer führten durch eine Garten- und Brunnenanlage im Innenhof ein zeitgemäßes Upgrade durch.

Zu Ehren von Zeus

Zahlreiche auf dem Boden liegende gigantische Säulentrommeln umrahmen den Unterbau des **Zeus-Tempels** ❹. Der 472–457 v. Chr. aus Muschelkalk errich-

Infos

Orientierung: s. Umschalgklappe vorne

Anfahrt: Organisierte Tagesausflüge zum Peloponnes werden von Reisebüros angeboten. Für Fahrten mit dem Mietwagen ist eine Erlaubnis des Vermieters erforderlich. Fähre nach Killíni (Peloponnes) hin und zurück 19 €, Pkw 59 €, www.zanteferries.gr und www.levanteferries.com

Entfernung: Killíni–Olympia 75 km

Öffnungszeiten: Ausgrabungen und Museen April–Okt. tgl. 8–20 Uhr bzw. Sonnenuntergang, Nov.–März tgl. 8–15 Uhr, Kombiticket für Museen und Ausgrabung April–Okt. 12 €, Nov.–März 6 €

Hotels: www.hotelpelops.gr, www.pensionposidon.gr, www.hoteleuropa.gr, www.olympionasty.gr

tete Bau war ursprünglich mit edlen Marmorplatten verkleidet und teilweise in grellen Farben angemalt. 34 dorische, je 10,53 m hohe Säulen bildeten die Ringhalle. Mit Fundament und Giebeldach erreichte der Tempel die gewaltige Höhe von 20 m. Das war den alten Griechen aber noch nicht genug an optischer Wirkung. Die oberen 1,5 m des insgesamt 2,5 m hohen Fundaments waren seitlich mit Erde bedeckt, um den Tempel so erscheinen zu lassen, als stünde er auf einer Anhöhe. Von diesem Fundament führten drei etwa einen halben Meter hohe Stufen hinauf auf den Stylobat, auf dem die Säulen standen. Im Innern der Cella standen nochmals je sieben dorische Säulen, die bis zu einem Architrav reichten, auf dem je sieben kleinere dorische Säulen standen. Zum Architrav führten Stufen hinauf, um eine bessere Betrachtung der hier aufgestellten Zeus-Statue zu ermöglichen. Es zeigte den thronenden Zeus mit einem Zepter in der linken und der Siegesgöttin Nike auf der rechten Hand. Glamour war also schon in klassischer Zeit mit Olympia verbunden.

Hera war die treue Gattin des ihr oft untreuen Zeus; vor dem **Hera-Tempel** ❺ wird jetzt alle vier Jahre die Olympische Flamme entzündet. Seine Säulen, zumeist aus dem 6. Jh. v. Chr., haben ganz unterschiedliche Formen: Ursprünglich war der Tempel zum größten Teil aus Holz errichtet worden. Im Lauf der Zeiten mussten immer wieder einzelne Holzsäulen und andere Bauglieder in Stein ersetzt werden. Dabei richtete man sich nach dem jeweiligen, gerade aktuellen Zeitgeschmack.

Für Stadt und Ruhm

Wie heute kämpften die Athleten nicht nur für ihren eigenen Ruhm, sondern vor allem auch für ihr Heimatland, sprich: ihren Stadtstaat oder ihre Provinz. Und die Staaten präsentierten sich in Olympia auch außerhalb des sportlichen Wettkampfs im besten Licht. Am Rande des Zeus-Heiligtums errichteten einige der mächtigsten von ihnen im 6. und 5. Jh. v. Chr. auf einer Terrasse repräsentative **Schatzhäuser** ❻. Darin präsentierten sie der Öffentlichkeit ihren Ru≠hm, obwohl die dort aufbewahrten Weihegaben – zumeist Beutestücke aus Kriegen – offiziell Göttervater Zeus geweiht waren.

Das **Stadion** ❼ war – anders als heute – eine simple Anlage. Es präsentiert sich heute in der Form des 4. Jh. v. Chr. Die Athleten betraten es durch einen gewölbten, teilweise erhaltenen Zugang. Sportkleidung war noch nicht als Werbeträger entdeckt, die Athleten waren nackt. Steinerne Sitzreihen gab es nicht. Die bis auf die Hera-Priesterin ausschließlich männlichen Zuschauer lagerten auf begrünten Erdwällen. Eine steinerne Loge gab es nur für die Kampfrichter.

Der Tempel als Bilderbuch

In den Giebeln des großen Zeus-Tempels erzählten Skulpturen die Geschichte von einem sagenhaften Wagenrennen und dem Kampf zwischen Lapithen und Kentauren. Die unter dem Tempeldach außen angebrachten Metopen berichteten von den zwölf Arbeiten des Herakles. Metopen und Giebelskulpturen sind im **Archäologischen Museum** ❽ gut erhalten zu sehen. Jeweils ein eigener Saal ist zwei der schönsten Skulpturen der Antike vorbehalten: der Siegesgöttin Nike des Paeonios und dem Hermes des Praxiteles, beide aus Marmor von der Insel Paros. Sie gehörten zu den zahlreichen im Heiligtum aufgestellten Weihegaben für Zeus. Ein bedeutendes Einzelobjekt ist der Becher des Phidias in Saal 4, der nahe seiner Werkstatt gefunden wurde, in der er seine Zeus-Statue schuf. Der Becher trägt seinen Namen. Besonders schön sind ein kleines Bronzepferd aus geometrischer Zeit in Saal 2 und in Saal 4 der Helm des Miltiades, den dieser in der Schlacht von Marathon 490 v. Chr. trug.

Die Ausstellung im Museum der **Olympischen Spiele** ❾, dem 1886 erbauten ersten archäologischen Museum Olympias, illustriert die antike Sportgeschichte, zeigt Sportgeräte und Darstellungen von Athleten auf Vasenmalereien. Ein Raum ist der Widerlegung eines Vorurteils gewidmet: Bei den Olympischen Spielen des Altertums traten zwar ausschließlich Männer an. Es gab aber ebenfalls alle vier Jahre am selben Ort, in Olympia auch Spiele zu Ehren von Zeus' Gattin Hera, bei denen sich nur Mädchen miteinander messen durften. An den Olympischen Spielen der Neuzeit nehmen Frauen seit 1900 (Paris) teil – in Athen 1896 waren sie noch ausgeschlossen.

Das Kleingedruckte

Der Antikenverehrung durch Elisabeth von Österreich geben die vielen Statuen im Achilleon auf Korfu Gestalt.

Anreise

... Per Flugzeug

Internationale Verkehrsflughäfen gibt es auf Korfu, Kefalloniá und Zákinthos; Léfkas ist über den nur 22 km entfernten Festlandsflughafen von Préveza gut zu erreichen. Alle vier Flughäfen sind ganzjährig mit Athen, Sitía auf Kreta und Thessaloníki verbunden.

Im Sommerhalbjahr gibt es außerdem zahlreiche Charterflüge aus den deutschsprachigen Ländern nach Korfu und – in etwas geringerem Umfang – nach Zákinthos, Kefalloniá und Préveza/Léfkas. Anbieter, Routen und Flugtage wechseln, preislich können günstige Linienfluge via Athen oft mit direkten Charterverbindungen konkurrieren. Ein Preisvergleich kann sich lohnen.

Webadressen griechischer Fluggesellschaften
www.aegeanair.com
www.skyexpress.gr

Webadressen im internationalen Verkehr
www.airtickets.gr
www.aua.com
www.easyjet.de
www.lufthansa.de
www.ryanair.com
www.swiss.com
www.tuifly.com

Von den Flughäfen in die Inselorte
Flughafenbusse gibt es für keinen der vier Flughäfen, auf Korfu verbindet die Stadtbuslinie 15 den Flughafen mit der Innenstadt, Fährhafen und Fernbusbahnhof (1,20 €, aktueller Fahrplan auf www.astikoktelkerkyras.gr).

Taxis warten bei Ankunft größerer Maschinen an allen Flughäfen, jedoch nicht unbedingt bei Ankünften von Fliegern der Airline Sky Express. Man kann sie dann von deren Büros aus rufen lassen.

Wer tagsüber ankommt, kann sich vom Taxi direkt zum Busbahnhof der jeweiligen Inselhauptorte bringen lassen, was aber eigentlich nur Sinn macht, wenn man die Busverbindung zum angestrebten Zielort zuvor telefonisch erfragt oder im Internet recherchiert hat (Telefonnummern der Busbahnhöfe bei den Inselbeschreibungen).

Der Flughafen von Korfu liegt am Stadtrand (Taxi ins Zentrum ca. 8–12 €), der Flughafen von Préveza ist 22 km von Lefkáda entfernt (Taxi ca. 32 €). Auf Zákinthos sind es 5 km ins Zentrum (Taxi ca. 18 €), auf Kefalloniá 8 km bis Argostóli (Taxi ca. 18 €).

FLIEGEN IN HELLAS

Für innergriechische Flugverbindungen sorgen zwei Fluggesellschaften. Einige bedienen auch die Ionischen Inseln, aber nur Sky Express ist mit seinen zweimotorigen schnellen und modernen Turboprops auch zuverlässig zwischen den Ionischen Inseln unterwegs. www.skyexpress.gr

... Per Auto und Fähre

Zahlreiche Autofähren verbinden die italienischen Adriahäfen Venedig (550 km ab München), Ancona (780 km), Bari (1230 km), Brindisi (1340 km) und Otranto (1420 km) mit Igoumenítsa in Nordwestgriechenland. Von dort fahren vielmals täglich Fähren nach Korfu. Einige laufen auf ihrem Weg von Italien nach Igoumenítsa Korfu auch direkt an.

Gute Webadressen
www.greekferries.gr
www.faehren.info
Darüber hinaus gibt es wahrscheinlich im Juli und August eine wöchentliche Verbin-

dung zwischen Bari und Kefalloniá (es ist jedes Jahr aufs Neue fraglich, ob sie auch im nächsten Jahr noch besteht). Im Sommer kommen weitere Verbindungen zwischen Brindisi und Páxos sowie zwischen Brindisi und Zákinthos hinzu. Sie sind alle unter www.greekferries.gr zu finden und zu buchen.

... Per Bahn plus Schiff

Alle italienischen Adriahäfen sind auch per Bahn zu erreichen. Auskunft in den Reisezentren der Deutschen Bahn oder unter www.bahn.de. Für Inhaber eines Eurorail-Tickets gewähren viele Fährlinien Ermäßigungen.

Bewegen und Entschleunigen

Die Ionischen Inseln sind vor allem ein gutes Ziel für Wanderer und ein ideales Revier für Segler, die hohe Windstärken nicht allzu sehr schätzen. Wassersport jeder Art kann zwar auf allen größeren Inseln ausgeübt werden, die Stationen öffnen jedoch frühestens Mitte Mai und schließen schon wieder Ende September. Für Taucher sind Korfu und Zákinthos die besten Adressen. Auf Korfu liegt der einzige Golfplatz der Ionischen Inseln (s. S. 74). Auf vielen Inseln können Urlauber auch ohne Bootsführerschein Boote mit bis zu 30 PS starken Motoren mieten und damit auf eigene Faust einsame Buchten und Strände ansteuern.

Baden

Auch die weiteste Anreise lohnen die jeweils vor imposanten Steilküsten gelegenen Strände Pórto Katsíki Beach auf Léfkas, Gerákas Beach und Shipwreck Beach auf Zákinthos sowie der Mírtos Beach auf Kefalloniá. Die schönsten Sandstrandbuchten der Inseln sind für mich die Bucht von Ágios Geórgios Pagón auf Korfu und der Gerákas Beach auf Zákinthos.

Kajak-Touren

Die Schweizerin Yvonne Walser und ihr griechischer Partner Pávlos Georgílas bieten mit ihren Seekajaks (Einer und Zweier) nicht nur geführte Tagestouren entlang der Küsten Kefalloniás und Zákinthos' an, sondern auch acht- und neuntägige Törns, bei denen Itháki, Kástos, Kálamos, Meganísi und Léfkas besucht werden. Die Touren eignen sich für jeden Urlauber, der fit ist. Auch Kinder ab etwa 8 Jahren können daran teilnehmen, das Durchschnittsalter der Teilnehmer liegt bei 50 Jahren. Ein Begleitboot ist immer dabei.

Seakayaking Kefalonia, Kefalloniá, Trapesáki, T 69 34 01 04 00, www.seakayakingkefalonia-greece.com

Mountainbiken

Mountainbikes können auf allen größeren Inseln für 5–30 €/Tag (je nach Radqualität) ausgeliehen werden. Das größte Programm offeriert **The Mountain Bike Shop** in Dassía auf Korfu (s. S. 102). Es werden Touren verschiedener Schwierigkeitsgrade offeriert. Geführte Touren, bei denen die Höhenunterschiede gering sind, sind auch auf Zákinthos (s. S. 197) und Léfkas (s. S. 125) im Programm.

Reiten

Die beiden professionell geführten und auch erfahrenen Reitern zu empfehlenden Reitställe sind **Trailriders,** Korfu, Áno Korakianá, T 26 63 02 30 90, www.trailriderscorfu.com und **Conny's Reiterferien,** Cornelia Schimpfky, Kefalloniá, Zerváta, T 69 77 53 32 03, www.kephalonia.com. Cornelia Schimpfky bietet ein breit gefächertes Programm, das auch Dressur- und Springreiten umfasst. Touristischere Ausritte werden auch bei Laganás auf Zákinthos angeboten (www.laganahorseriding.gr).

Segeln

Für Segler ist das Ionische Meer die sanfte Alternative zur Ägäis. Der Wind erreicht hier fast nie mehr als 4–6 Beaufort. Häfen und

Ankerbuchten gibt es in großer Zahl, alle größeren Inseln verfügen über moderne Marinas. Reizvoll ist auch die Möglichkeit zum Pendeln zwischen Festland und Inseln. Zahlreiche Vercharterer bieten ihre Dienste an, so z. B. auf Léfkas **Skorpios Charter,** Nidrí (am Hafen 200 m südlich des Fähranlegers), T 26 45 09 22 81, www.skorpioscharter.com, und auf Korfu das griechische Unternehmen **Odysseus Yachting,** Odós Nausíkas, Korfu-Stadt, T 26 61 03 61 07, Fax 26 61 03 69 44, www.odysseus.gr.

Ein- und zweiwöchige Törns auf Oldtimer-Schiffen mit Wellness- und Beauty-Angeboten an Bord organisiert der **Oldtimer Yachtclub,** Günter Bungartz, Im Vogelsang 24, 50321 Brühl, T 0171 973 17 74, www.brigantine-merlin.de.

Surfen

Die bevorzugte Insel guter Windsurfer ist Léfkas. Ein Revier für jedermann ist hier Vassilikí (s. S. 129). Vor allem für geübte Windsurfer und sogar für Kitesurfer ideal ist der Mílos Beach nahe der Inselhauptstadt Lefkáda (s. S. 125). Auf Korfu sind die Buchten von Gouviá und Dassía für Anfänger geeignet, während am langen Strand von Ágios Geórgios Argirádon kräftigere Winde wehen.

Tauchen

Korfu und Zákinthos sind seit Jahren etablierte Tauchreviere, Tauchschulen gibt es aber auch auf Léfkas und Kefaloniá. Unterwasserflora und -fauna sind eher dürftig, faszinierender sind die vielen Meeresgrotten und das Wracktauchen. Die besten Adressen sind **Korfu Diving** in Paleokastrítsa/Korfu (s. S. 76) und die beiden Tauchbasen in Límni Kerioú auf Zákinthos (s. S. 201). Alle drei sind deutschsprachig.

Wandern

Gut markiert sind die Wanderwege nur bei Fiskárdo und Sámi auf Kefaloniá sowie

Eine kurze Verschnaufpause mit Blick auf Ásos, dann kann die Erkundung Kefaloniás weitergehen.

teilweise auf Itháki. Nur hier ist Wandern auf eigene Faust problemlos möglich. Zudem geht man auch noch meist auf alten Pfaden, die ansonsten fast überall in Hellas zerstört oder durch Feldwege und Straßen überdeckt sind.

Auf vielen Inseln bieten lokale Veranstalter geführte Tageswanderungen an, die man auch spontan vor Ort buchen kann.
Korfu: www.servos-korfu.de
Páxos: www.paxosmagic.com
Léfkas: www.getactivelefkas.com
Itháki: www.islandwalks.com
Zákinthos: www.nefis-travel.com

Wer eine ganze Woche lang oder noch länger auf einer oder mehreren der Inseln wandern möchte, kann auch vorab ein Pauschalangebot buchen. Anbieter sind:
www.asi.at
www.baumeler.ch
www.imbach.ch

www.studiosus.com
www.wandern-natur.com
www.wikinger-reisen.de

Diplomatische Vertretungen

Deutsches Konsulat
Kapodistriou 23, Kérkira, 49100 Korfu
T 26 61 03 68 16, korfu@hk-diplo.de
Österreiches Konsulat
Leof. Aléxandras 4, T 26 61 02 19 43, H.K.Korfu@gmail.com
Schweizer Konsulat
Leof. Dimokratías 3, Kérkira, 49100 Korfu, T 26 61 05 67 98, korfu@honrep.ch

Einreisebestimmungen

Für die Einreise nach Griechenland genügt für Deutsche, Österreicher und Schweizer ein gültiger Personalausweis bzw. eine nationale Identitätskarte oder ein Reisepass. Kinder benötigen einen eigenen Ausweis.

DIE ZWEI BESTEN LOKALE 

Auch in Griechenland erschien vor Corona jährlich ein **Gourmetführer:** der Alpha Guide. Ihm kommt in Hellas die gleiche Bedeutung zu wie auf internationaler Ebene dem Guide Michelin. Leider wird er nur auf Griechisch publiziert. Statt Sterne vergibt er Kochlöffel an die besten Restaurants des Landes. Zuletzt wurden damit 32 Lokale ausgezeichnet, weit vorn landete das Etrusco bei Dassía auf Korfu (s. S. 101). Zu den 25 besten Fischtavernen in Griechenland zählte der Alpha Guide zudem die Taverne Fisherman's Cabin in Ágios Geórgios Pagón im Nordwesten Korfus (s. S. 81).

Bei Einreise mit dem eigenen Fahrzeug müssen der nationale Führerschein und der Kraftfahrzeugschein mitgeführt werden. Die Internationale Grüne Versicherungskarte ist nicht zwingend vorgeschrieben, aber ebenso wie der Auslandsschutzbrief empfehlenswert. Für Hunde nötig: der EU-Heimtierausweis.

Bei Einreise über Nicht-EU-Staaten gelten Vorschriften, über die die griechischen Botschaften Auskunft geben:

... in Deutschland
10119 Berlin,
Jägerstr. 54–55
T 030 20 62 60
Fax 030 20 62 64 44

... in Österreich
1040 Wien
Argentinier Str. 14
T 01 50 55 791
Fax 01 50 56 217

... in der Schweiz
3006 Bern
Laubeggstr. 18
T 03 13 56 11 11
Fax 03 13 68 12 72

Essen und Trinken

Essen gehen

Die meisten Speiselokale sind von ca. 11 Uhr bis Mitternacht geöffnet. Griechen gehen vor allem im Sommer spät essen: mittags oft erst gegen 14 Uhr, abends ab 21 Uhr. Einen Tisch im Voraus zu bestellen ist nur in der Edelgastronomie üblich oder wenn man mit einer größeren Gruppe kommt.

Zwei Nationen haben besonders großen Einfluss auf die gastronomische Szene der Inseln: Italien und Großbritannien. Die vielen britischen Urlauber haben dafür gesorgt, dass man fast überall auf den Inseln ein gutes englisches Frühstück serviert, zu dem es oft sogar gebratene Blutwurst und ähnliche Spezialitäten britischer Industriezentren gibt. Sie haben aber auch dafür gesorgt, dass zumindest in den großen Urlaubszentren chinesische und sehr gute indische Restaurants zumindest im Sommer vorhanden sind. Die Nähe zu Italien hat schließlich etliche italienische Köche zum Bleiben bewegt. Pizza und Pasta dominieren zwar ihre Speisekarten, aber auch exquisite italienische Küche ist auf fast allen Inseln zu finden.

Mesedákia statt Menü

Menüs in unserem Sinn sind in Griechenland nur in Touristenzentren oder in den wenigen Gourmetrestaurants erhältlich. Sie können natürlich versuchen, sich selbst eins zusammenzustellen – sollten aber nicht überrascht sein, wenn der Kellner alles Bestellte gleichzeitig oder in der falschen Reihenfolge auf den Tisch stellt. Und wer zum Fleisch zwei oder drei Gemüse bestellt hat, bekommt jedes Gemüse auf einem Extrateller. Statt eines Menüs schätzen die meisten Hellenen die sogenannten *mesedákia:* Das ist eine Vielzahl von Gerichten ganz unterschiedlicher Art, die fast gleichzeitig auf den Tisch kommen und bei denen jeder nach Belieben zulangen kann, der mit am Tisch sitzt.

Wenn Sie wie ein Grieche mit Paréa (s. S. 286) während einer Mahlzeit möglichst viel Verschiedenes genießen möchten, gehen Sie am besten in eine *ouzerí,* ein *tsipurádiko* oder in ein *mesedopolío.* Einen Partner brauchen Sie auf jeden Fall: Muße. Dann schauen Sie sich die in diesen Lokalen meist sehr umfangreiche Karte an und gehen in Richtung Küche, wo meist in einem Tresen schon einige der Gerichte ausgestellt sind. Die Portionen in dieser Art von Lokalen sind meist relativ klein, die Preise dementsprechend niedrig. So können Sie zunächst je nach Personenzahl zwei, drei, vier oder mehr Salate, vegetarische und tierische Leckereien bestellen, bei entsprechendem Appetit jederzeit nachbestellen und Neues probieren. Niemand erwartet hier von ihnen, dass sie auch ein üppiges Hauptgericht ordern. Nachtisch kommt meist auf Kosten des Hauses und gibt Gelegenheit, mit der süßen Seite der griechischen Küche bekannt zu werden. Mehr als 20 € pro Person geben Sie in der *ouzerí,* im *tsipourádiko* oder im *mesedopolío* selten aus, haben dafür aber urgriechisch gespeist.

Manchmal finden Sie in Lokalen dieses Typs, aber auch in Kaffeehäusern, Bars, Tavernen und Restaurants, *pikilía* auf der Karte, wahlweise für ein, zwei oder vier Personen. Dabei handelt es sich um eine Art gemischte Vorspeisenplatte. Die Qualität ist recht unterschiedlich, meist jedoch gering: In der Regel sind ein wenig Kartoffel- und Russischer Salat dabei, ein Eisegment, ein paar Cocktailwürstchen, Hackfleischbällchen, Saubohnen und kalte gefüllte Weinblätter, vielleicht garniert mit einigen Scampi und kleinen frittierten Fischen. Besser ist es, wenn Sie ein leider nur selten angebotenes *mesé* auf der Karte finden: eine Folge verschiedenster kalter und warmer Gerichte, auf kleinen Tellern serviert.

Ionische Besonderheiten

Die Küche auf den Ionischen Inseln unterscheidet sich nicht allzu sehr von der im übrigen Griechenland. Man isst mehr Nudeln, kennt ein paar mehr Saucen als im übrigen, sehr saucenarmen Hellas und würzt manche von ihnen auch etwas schärfer als üblich. Vor allem auf Léfkas und Kefalloniá ist der Einfluss des nordwestgriechischen Festlands spürbar. Hier isst man gern *kreatópitta,* eine Art Gulasch in Strudelteig. Nationalgerichte Korfus sind das *sofríto,* ein in Essig und Knoblauch marinierter, in Weinsauce geschmorter Rinderbraten, und *pastisáda,* Rind- oder Hühnerfleisch mit Nudeln und einer milden roten Sauce, die auch mit etwas Zimt abgeschmeckt sein kann.

S

VIELFALT DER SALATE

choriátiki – der allseits bekannte Bauernsalat mit Gurken, Tomaten, Zwiebeln, Oliven und Féta-Käse
chórta – Salat aus gekochten grünen Blättern von Wildpflanzen, meist Mangold, manchmal auch Huflattich oder Löwenzahn, mit Olivenöl und viel Zitrone ganzjährig im Angebot
glistrída – Salat aus jungen Blättern des Portulak, manchmal mit seinen wie Kapern verwendbaren Knospen
krítamalos – aus nur wild in Meeresnähe wachsendem Meerfenchel, im Mai oder Juni geerntet, frisch gegessen oder für den Winter in Salz eingelegt, mit Olivenöl und Zitronensaft serviert
láchanosaláta – Krautsalat à la nature, keineswegs säuerlich
maroúli – Römersalat, meist mit Frühlingszwiebeln
patsária – gekochte und wieder abgekühlte, nicht im geringsten säuerliche Rote Bete mitsamt Blättern, auf Wunsch mit skordaljá, einem Kartoffel-Knoblauch-Püree, serviert
vlíta – vom Getreideersatz Amaranth werden hier nicht die Samenkörner fürs Müsli verwendet, sondern die jungen Blätter für einen Salat

Weniger häufig zu finden sind *kounélli stifádo,* ein Kaninchenbraten in einer roten, mit Zimt gewürzten Tomatensauce mit Gemüsezwiebeln, und *bourdétto.* Dieses *bourdétto* ist immer ein Fischgericht, kann aber sehr unterschiedlich ausfallen. Manchmal gleicht es einer guten Bouillabaisse, manchmal auch nur einer Portion Filet vom Glatthai *galéos.* Wichtig ist auf jeden Fall die leichte Chili-Schärfe der Sauce oder des Fonds. Am besten schmeckt das *bourdétto* dort, wo man es nur auf Vorbestellung oder nach längerer Wartezeit erhält: Dann kann man auch den Fisch wählen, der die Grundlage des Gerichts bilden soll. Als besonders gut geeignet gelten der Skorpionsfisch *(skórpios)* und der Stachelrochen *(pastanáka).*

Desserts

Wie alle Griechen schätzen auch die Bewohner der Ionischen Inseln Süßes aller Art. Viele Tavernen und Restaurants servieren ihren Gästen kostenlos ein Dessert, auch bei Besuchen in Privatwohnungen und -häusern wird dem Gast stets als Erstes etwas Süßes angeboten. Beliebt sind orientalisch anmutende Blätterteig-Kuchen mit Mandeln oder Walnüssen und viel Zuckersirup wie *baklavá* und *kataífi,* die im Sommer oft warm mit Speiseeis serviert werden. Eine typische Süßspeise ist auch *chalwás,* dessen wesentliche Zutat Mandeln oder Sesam sind. Man kann es warm als Nachspeise oder Fastengericht erhalten oder in festem und lange haltbarem Zustand in Geschäften und auf Märkten als eine Art ›türkischer Honig‹ kaufen.

Besonders vielfältig ist die große Auswahl an *gliká tou koutalioú,* die oft in großen Gläsern auf Tresen und Regalen stehen. Es sind in Sirup eingelegte Früchte und junge Gemüse der verschiedensten Art von der Aubergine bis zur Bergamotte, von Pflaumen und Aprikosen bis zu kleinen Tomaten, unreif geernteten Walnüssen und Quitten. Man genießt sie meist zu einem griechischen Kaffee und einem Glas Wasser.

Korfus Markenzeichen: Koum Kouat

Die mittlerweile auch in Mitteleuropa erhältlichen Kumquats (gr.: Koum Kouat) sind dattel- bis pflaumengroße Zwergorangen, die ursprünglich in China beheimatet waren und erst durch die Briten im 19. Jh. auf Korfu eingeführt wurden. Die dünne Schale ist sehr würzig und darf grundsätzlich mitgegessen werden. Das Fruchtfleisch selbst schmeckt leicht säuerlich und ein wenig bitter. Aus

Kumquats werden auf Korfu Konfitüren und *Gliká tou koutoulióu* (sehr süßes Obstgelee) hergestellt, man bekommt sie kandiert und frisch. Sie werden auch zum Aromatisieren von Wein und zur Herstellung von Likör und Eau de Cologne verwendet. Angebaut werden sie fast ausschließlich in Nord-Korfu zwischen Nímfes und Róda, verkauft werden Produkte aus dieser Frucht überall auf der Insel. Gute Händler lassen Interessenten gern von ihren Spezialitäten probieren, bevor sie das Portemonnaie zücken.

Wasser, Wein und Whisky

Wasser *(neró)* ist für Griechen das wichtigste Getränk. Man trinkt es zum Essen, zu Kuchen und Süßspeisen ebenso wie zu Kaffee oder Oúzo und manchmal sogar zu Bier oder Wein. In trendigen Cafés und Bars bekommt man es eisgekühlt auf den Tisch gestellt, bevor die Bedienung die Bestellung aufnimmt, in Tavernen und Restaurants hingegen muss man es meist bestellen und extra bezahlen. Manchmal aber ist sogar dort noch eine Karaffe mit Quell- oder Leitungswasser erhältlich, wenn man nach *neró vríssis* fragt. Mineralwasser heißt *metallikó neró.* Mineralwasser mit Kohlensäure *(neró me anthrakikó)* ist nur selten erhältlich, ersatzweise bestellt man *sóda* (unbedingt mit scharfem ›s‹ aussprechen!).

Griechischer **Wein** *(krassí)* hatte unter Weinkennern noch bis in die frühen 1990er-Jahre hinein einen schlechten Ruf. Inzwischen gibt es jedoch eine ganze Reihe von Weinkellereien, die auf Qualität achten. Trockene Weine überwiegen; außer einheimischen Rebsorten werden auch viele Syrah- und Chardonnay-Trauben angebaut. Sogar Lagen- und Jahrgangsweine werden nun angeboten. Neben Flaschenweinen gibt es in den meisten Restaurants und allen Tavernen auch weiterhin offene Weine. Eine griechische Spezialität ist der *retsína,* ein mit dem Harz der Aleppo-Kiefer geharzter

WEINGÜTER IN DER REGION

Mit Ausnahme Kefalloniás produzieren die Ionischen Inseln keine Weine von hohem Renommée. Auf Korfu gibt es drei kleine Weinkellereien, auf Zákinthos und Léfkas je eine. Auf Kefalloniá hingegen produzieren sechs Kellereien Flaschenweine, die auch in Athen gern getrunken und in alle Welt exportiert werden (s. S. 162).
Gute Infos über griechische Weine allgemein im Web:
www.greekwinefederation.gr
www.griechenland-weine.de
www.the-winehouse.de
www.inofilos.de

Weißwein. Ihn gibt es inzwischen nicht nur als Billigversion in Halbliterflaschen, sondern auch als Edelversionen in den gängigen 0,7 l-Flaschen.

Drittes Nationalgetränk der Griechen ist der **Whisky.** Sein Konsum übersteigt den von Oúzo und Metaxá bei Weitem.

Die **Preise** auf den Getränkekarten gleichen den unseren – aber außerhalb der Großhotels werden keine 2 cl abgemessen, sondern großzügig nach Gutdünken des Wirts die Gläser gefüllt. Dabei fällt dann auf, dass das zweite Glas meist voller wird als das erste.

Tzizimbírra & Co.

Die Produktion von Erfrischungsgetränken ist auch in Griechenland fest in der Hand der beiden internationalen Cola-Konzerne. Nur auf Korfu gibt es noch eine Limonaden-Spezialität, die im übrigen Hellas gänzlich unbekannt ist: Tzizimbírra. Diese (alkoholfreie) Limonade wird aus frischem Zitronensaft, Wasser, Zucker und einer Spur Ingwer von einer einzigen kleinen Firma in Zentralkorfu hergestellt und nur im Frühjahr produziert, sodass sie im Winter kaum noch erhältlich ist. Ein Erlebnis ist allein schon, die Flaschen anzuschauen und zu öffnen: Die Füllhöhe ist vorindustriell unterschiedlich, beim Öffnen der Flasche entweicht manchmal die Hälfte des Inhalts explosionsartig. Deswegen sollte man sie auch nicht im Auto oder gar Flugzeug transportieren.

Frisch gepresste Säfte werden in Griechenland überraschend selten angeboten. Am ehesten erhält man noch Orangensaft, der hier aber keinesfalls billiger ist als in unseren Breiten.

Bier und Spirituosen

Bier *(bírra)* wird in Hellas in mehreren Brauereien gebraut. Die international bekannten Marken Amstel, Heineken und Henninger werden im Lande selbst gebraut. Daneben gibt es auch wieder genuin griechische Biere, z. B. Mýthos, Álfa und Fix. Fassbier wird vor allem im Sommerhalbjahr überall angeboten, sogar Weizenbiere werden inzwischen in Griechenland selbst hergestellt. Als bestes Bier gilt unter Kennern das leider nur selten erhältliche Craft, das als Lager, Weizen und Bitter angeboten wird. Seit 2008 ist in Arillás im Norden Korfus auch eine Mikrobrauerei tätig. Der Name der Marke: Corfu Beer.

Unter den einheimischen **Spirituosen** steht der Anisschnaps *oúzo* an erster Stelle. In Griechenland selbst werden fast 7 Mio. Liter jährlich getrunken, fast 8 Mio. Liter werden nach Deutschland exportiert. Zwei der fünf größten griechischen Oúzo-Produzenten sind ausländische Konzerne.

Eine Renaissance erlebt gerade der bislang meist nur auf dem Festland lose erhältliche Tresterschnaps *tsípouro,* der einem einfachen italienischen Grappa gleicht. Er ist in vielen Kafenía und Tavernen immer noch als ›Selbstgebrannter‹ erhältlich – mit stark schwankendem Alkoholgehalt. Bei der Jugend ist *rakómelo* in: ein mit Honig vermischter Tresterschnaps, den man kalt oder warm trinken kann.

B

WAS IST EINE BAR?

In diesem Buch werden Ihnen Dutzende von Bars empfohlen. In jede von ihnen können Sie auch mit Ihren Kindern oder mit Ihren Großeltern gehen. Als Bar (ΜΠΑΡ) wird in Hellas nämlich jedes Lokal bezeichnet, in dem ausländische Spirituosen ausgeschenkt werden. Ein entsprechendes Café ist also eine Café-Bar, ein entsprechendes Restaurant eine Estiatório-Bar. Nur in Hotels sind Bars auch Bars in unserem Sinne – aber eben Hotel-Bars. Bars im Sinne unserer eher anrüchigen Etablissements gibt es in Griechenland kaum – und wenn, dann nennen sie sich außerhalb der Touristenorte eher Pub. In Touristenorten hingegen sind Pubs auch wirklich echte Kneipen im britischen Sinne.

Kaffee, Tee und heiße Schokolade

Kaffee ist in Griechenland ein Kultgetränk. Männer und Frauen, Jung und Alt schätzen ihn gleichermaßen. Beim traditionellen griechischen Mokka, dem *kafés ellinikós,* werden Kaffeepulver und Zucker stets zusammen ins Wasser gegeben und zum Aufwallen gebracht. Am besten schmeckt er, wenn er im kleinen Kupfer- oder Messingkännchen mit langem Stiel (der *bríkka)* auf heißem Sand ganz langsam zum Kochen gebracht wurde. Meist bedient man sich dazu jedoch einer Gasflamme. Am schlechtesten ist der ›Griechische Kaffee‹, wenn er im Wasserdampf einer Espressomaschine erhitzt wurde und womöglich noch in einem Plastikbecher serviert wird. Eine kleine weiße Mokkatasse ist das ein-

K

WIE MAN KAFFEE BESTELLT

Weil beim heißen griechischen Mokka, dem *kafés ellinikós,* Kaffee und Zucker gleich zu Beginn gemeinsam ins Wasser gegeben werden, müssen Sie schon bei der Bestellung angeben, wie sie ihn haben möchten:
skétto – ohne Zucker
métrio – mit etwas Zucker
glikó – mit viel Zucker
Beim Instantkaffee, ob heiß als *nes sestó* oder kalt als *nes frappé,* müssen Sie nicht nur den gewünschten Süßegrad nennen, sondern auch sagen, wie Sie es mit der Milch halten:
mä gála – mit Milch
chorís gála – ohne Milch
Und wenn Sie den warmen Instant-Kaffee nicht aufgeschäumt haben wollen, fügen Sie noch hinzu:
chorís afró – ohne Schaum

zig angemessene Trinkgefäß; bestellt man einen doppelten *(dipló),* gehört der Kaffee traditionell in ein kleines Wasserglas. Milch fügt man dem griechischen Kaffe übrigens nie zu – beim Umrühren würde der ganze in der Tasse befindliche Kaffeesatz ohnehin stören. Zum *kafés ellinikós* gehört immer ein Glas Wasser (heute oft eine kleine, im Preis inbegriffene Flasche Mineralwasser).

Der traditionelle griechische Mokka hat freilich inzwischen viel Konkurrenz bekommen. Bei jungen Leuten viel beliebter ist der *frappé,* ein mit Eiswürfeln servierter aufgeschäumter kalter Instantkaffee. Espresso und Cappuccino werden ebenfalls meist sehr gut zubereitet und als Freddo Espresso und Freddo Capuccino auch gern eiskalt getrunken. Eiskaffee deutscher Art hingegen ist fast unbekannt.

Filterkaffee hat in Griechenland erst in den letzten Jahren Einzug gehalten. Ein Standardgetränk ist hingegen heißer Instantkaffee, den man in Hellas unabhängig vom Hersteller immer *nes* nennt. Für Genießer von **Tee** ist Griechenland eine barbarische Destination: Man brüht ihn nicht einmal mit Teebeuteln auf, sondern serviert heißes bis lauwarmes Wasser und den Teebeutel extra dazu.

Kakao gab es in griechischen Kaffeehäusern schon immer. Es war ein grässliches Getränk. Jetzt hat die **heiße Schokolade** die schicken Etablissements erobert, wird mit Milch und Sahne zubereitet und in zahlreichen aromatisierten Versionen angeboten. Kenner sind begeistert!

Feiertage

Kirchweihfeste (Panijíria)

Der traditionelle Festtagskalender wird vom Kirchenjahr bestimmt. Fast jedes griechische Dorf und jeder städtische Pfarrbezirk feiert zumindest einmal im Jahr sein Kirchweihfest, sein *panijíri.* Termin ist jeweils der Patronatstag des Heiligen, dem die Kirche geweiht ist. Der Hauptgottesdienst findet immer schon am Vorabend statt, ein zweiter am frühen Morgen des Patronatstages selbst. Im Rahmen eines der beiden Gottesdienste trägt man oft die Ikone des Kirchenpatrons in feierlichem Zug durch die Gemeinde, manchmal sogar über die Felder und durch die Olivenhaine. Der Segen, der vom Heiligen ausgeht, soll die Häuser und deren Bewohner sowie die Feldfrüchte und Bäume beschützen.

Oft wird für den Vorabend oder den Abend des Patronatstages oder auch für beide ein Fest auf dem Kirchplatz organisiert. Eigens von der Gemeinde engagierte Musiker spielen überwiegend griechische Volksmusik, manchmal aber auch schon Pop und Rock. Für die Verköstigung sorgen neben Grillbuden die umliegenden Kaffeehäuser und Tavernen. Früher hat bei diesen Gelegenheiten das ganze Dorf getanzt, heute lässt die Tanzfreude immer mehr nach.

Karneval (Apókries)

Der Karneval wird in Griechenland ganz unterschiedlich gefeiert. Auf den Ionischen Inseln ist er stark von Venedig beeinflusst. Es werden Karnevalsbälle veranstaltet, man geht in den letzten beiden Faschingswochen gern in mit Girlanden und Papierschlangen geschmückte Tavernen, hört Kantádes und singt mit. Karnevalsumzüge zumindest am Faschingssonntag gehörten lange zum Programm aller Inselgemeinden, werden jetzt aus finanziellen Gründen jedoch immer mehr zurückgefahren. Am meisten ist im Karneval noch auf Korfu los. Am Rosenmontag ist der Karneval bereits vorbei. An diesem Tag fährt man zum Picknick ans Meer oder in die Berge und lässt Papierdrachen steigen.

Karwoche (Megáli Ewdomáda)

Die ›Große Woche‹ beginnt am **Palmsonntag:** Zum Gottesdienst bringen die Gläubigen Palm- oder Ölzweige mit in die Kirche und lassen sie segnen. An jedem der folgenden Tage finden morgens und abends gut besuchte Gottesdienste statt, in denen das jeweilige biblische Tagesgeschehen wieder auflebt.

Am **Karfreitag** wird dann in der Kirche das symbolische Grab Christi, der *epitáfios,* aufgebaut und morgens von Mädchen und Frauen reich mit Blumen geschmückt. Im Rahmen des Abendgottesdienstes wird dieser Epitaph gegen 21 Uhr von Soldaten in einer großen Prozession, die von Priestern, Mönchen und staatlichen Würdenträgern angeführt wird, durch das Dorf oder den Pfarrbezirk der Stadt getragen. In den Städten beginnen die Prozessionen oft schon am Mittag, um die Vielzahl der Prozessionen zu entflechten.

Der Morgen des **Ostersamstags** gehört wie bei uns der Vormittag des Heiligabends den letzten Einkäufen. Die Kinder müssen schick herausgeputzt, Kerzen mit Walt-Disney-Figuren für sie besorgt werden. Nur auf Korfu ist das etwas anders. Da wird der Tag in der Kirche der Panagía ton Xenón mit einer Art liturgischen Hörspiels eingeleitet, das das in der Bibel erwähnte Erdbeben in Erinnerung bringt. Um 9 Uhr beginnt dann eine der größten Prozessionen des Landes, bei der die Reliquie des Inselheiligen Spirídonas durch die Straßen getragen wird, weil er am Ostersamstag 1550 die Korfioten von einer Hungersnot erlöste. Nach der 11-Uhr-Messe füllen sich die Balkone der alten venezianischen, oft fünfgeschossigen Wohnhäuser in der Altstadt mit Menschen. Rote Tücher hängen über den Balkongittern, von den Balkonen werden hüfthohe, mit Wasser gefüllte Tongefäße (Píthoi) auf die Straßen und Plätze geworfen, wo sie mit lautem Getöse zerschellen. Meist sind es über 8000 solcher Gefäße.

Ostern (Páska)

Zum Ostergottesdienst, der am **Ostersamstag** gegen 23 Uhr beginnt, gehen nahezu alle christlichen Griechen festlich gekleidet zur Kirche. Da drinnen selten Platz genug für alle ist, wird der Gottesdienst über Lautsprecher auf den

KARFREITAG UND OSTERSAMSTAG AUF KORFU

In der Stadt Korfu müssen 32 Karfreitagsprozessionen unter einen Hut gebracht werden. Sie starten zwischen 14 und 22 Uhr in dichtem Abstand – und auf dieser in Musik vernarrten Insel werden sie fast immer von einem Blasorchester begleitet.

F

FESTKALENDER

1. Januar: Neujahr (Prótokronjá)
6. Januar: Epiphanias, Fest der Wasserweihe und Jesu Taufe
Rosenmontag (Katharí Deftéra): Kinder tragen Kostüme, Picknicks im Freien, bunt geschmückte Tavernen: 2023 am 27. Februar, 2024 am 18. März
25. März: Nationalfeiertag: Beginn des Befreiungskampfes gegen die Türken 1821; gefeiert mit Paraden.
Karfreitag (Megáli Paraskeví): 2023 am 14. April, 2024 am 3. Mai
Ostern (Páska): 2023 am 16./17. April, 2024 am 5./6. Mai
1. Mai (Protomajá): Tag der Arbeit, man unternimmt Ausflüge ins Grüne oder an den Strand.
Pfingstmontag (Deftéra tis Pendikósti/Agía Pnévma): 2022 am 12./13. Juni, 2023 am 4./5. Juni, 2024 am 23./24. Juni
15. August (Kímisis tis Theotókou): Mariä Entschlafung: Nicht ›Mariä Himmelfahrt‹ genannt, da die leibliche Himmelfahrt Mariens in der orthodoxen Kirche kein Dogma ist. Am Vorabend und am Festtagsabend selbst werden in vielen Dörfern große Feste mit Folklore und Musik gefeiert.
28. Oktober (I méra tou megálou istorikoú óchi): Erinnert wird an das ›Große Historische Nein‹, mit dem der Diktator Jánnis Metaxás 1940 auf ein Ultimatum Mussolinis antwortete. Das bedeutete für Griechenland den Eintritt in den Zweiten Weltkrieg an der Seite der Alliierten.
24. Dezember (Paramoní Christoújennon), wie bei uns nur ein halber Feiertag, d. h. am Vormittag wird noch gearbeitet und Geschäfte haben geöffnet.
25. Dezember (Christoújenna): Weihnachten. Anders als bei uns gibt es Geschenke traditionell aber erst in der Silvesternacht.
31. Dezember (Vrádi tis Protochronjás): Silvester ist ein halber Feiertag. Den Abend verbringen die meisten Männer traditionell mit Glücksspielen, um Mitternacht wird dann viel geknallt.

Kirchplatz übertragen. Die Stimmung ist gedämpft und gespannt zugleich: Noch ist Christus tot, aber jeder weiß, dass seine Auferstehung unmittelbar bevorsteht.

Kurz vor Mitternacht treten Sekunden des Schweigens ein. Alle Lichter, Öllampen und Kerzen werden bis auf das Ewige Licht gelöscht. Dann verkündet der Priester die Auferstehung: »Christós anésti«. Am Ewigen Licht werden die ersten, von den Gläubigen mitgebrachten Kerzen entzündet. Die Flamme wandert schnell von Kerze zu Kerze. So manche von ihnen ist, wenn Kinder sie halten, mit Micky-Maus-Figuren oder Heidi-Darstellungen geschmückt. Raketen steigen in die Luft, Knallkörper explodieren. Dann geht man heim, obwohl der Priester noch mindestens 20 Minuten länger mit der Liturgie beschäftigt ist, und genießt dort die *magirítsa,* eine leicht säuerliche Ostersuppe mit Innereien von Lamm oder Zicklein. Sie stammen von dem Tier, das sich nahezu überall am **Ostersonntag** am Spieß dreht. An diesem Tag sitzt man dann stundenlang bei Grillbraten, Wasser, Wein, Bier, Whisky und Oúzo zusammen und feiert.

14./15. August

Mariä Entschlafung (Kímisis tis Theotókou). Der wichtigste Feiertag im Sommer, nicht nach Mariä Himmelfahrt benannt, weil Maria nach Vorstellung der orthodoxen Kirche nicht leibhaftig gen Himmel gefahren ist. Kirchweihfeste in vielen Orten, in denen die Hauptkirche der Gottesgebärerin geweiht ist, oft mit Musik und Tanz am Abend des 14. und/ oder 15. August.

Weihnachten (Christoújenna)

Weihnachten ist im Gegensatz zu Ostern ein eher ruhiges Fest von überwiegend theologischer Bedeutung. Anders als in der Osternacht gehen nur diejenigen in die Kirche, die wirklich stark gläubig sind. Die internationale Kommerzialisierung der Adventszeit ist allerdings auch an Griechenland nicht spurlos vorübergegangen, was den Dezember als Zeit für eine Städtereise nach Thessaloníki aufwertet. Die Straßen in Städten und Dörfern sind mehr oder minder festlich beleuchtet, alle Bars und Tavernen weihnachtlich dekoriert. Man hört Weihnachtslieder aus Dutzenden von Lautsprechern, und in den Städten werden sogar echte Weihnachtsbäume zum Kauf angeboten.

Gesetzliche Feiertage

Unabhängigkeitstag

Nationalfeiertag, 25. März. Beginn des Befreiungskampfes gegen die osmanische Herrschaft im Jahr 1821; mit Paraden, an denen auch viele Schüler in fotogenen Nationaltrachten teilnehmen.

Protomája

Tag der Arbeit, 1. Mai. Man demonstriert oder fährt ins Grüne.

I Méra tou Megálo Istorikó Óchi

Nationalfeiertag, 28. Oktober. Gedacht wird des ›großen historischen Nein‹, das der Diktator Metaxás gegenüber einem Ultimatum Mussolinis aussprach, der eine kampflose Kapitulation Griechenlands vor seinen Truppen gefordert hatte. Damit wurde Griechenland aufseiten der Alliierten in den Zweiten Weltkrieg hineingezwungen. In den Städten finden Prozessionen statt, nach einer Kranzniederlegung am Gefallenendenkmal genießt man den Feiertag.

To Wrádi tis Protokronjás

Silvester, 31. Dezember. Die Männerwelt widmet sich abends bevorzugt dem Glücksspiel, um Mitternacht wird viel geknallt

Gesundheit

Apotheken

Apotheken sind zahlreich. Welche gerade Nacht- oder Sonntagsdienst hat, erfragt man am besten an der Hotelrezeption oder – besser noch – bei einem Taxifahrer. Viele international bekannte Medikamente sind in Griechenland sehr viel preiswerter als in Deutschland, so z. B. renommierte Schmerztabletten und bekannte Mittel gegen Herpes und Sodbrennen. Auch Vitaminpräparate und Mineralstoffe sind oft günstiger als bei uns.

Ärztliche Versorgung

Zwischen Deutschland, Österreich und Griechenland besteht ein Sozialversicherungsabkommen. Gesetzlich Krankenversicherte aus Deutschland und Österreich haben Anspruch auf kostenlose ärztliche Behandlung bei den Vertragsärzten der griechischen Krankenkasse IKA und auf von ihnen verordnete Medikamente. Sie müssen dafür die **European Health Insurance Card (EHIC)** vorlegen, die von den gesetzlichen Krankenkassen der Heimatländer ausgestellt wird. So die Theorie.

In der Praxis ist es besser, vor Reiseantritt eine **Auslandskrankenversicherung** abzuschließen, in Griechenland einen privaten Arzt oder ein privates Ärztezentrum aufzusuchen, Arzt und Medikamente selbst zu bezahlen und die detaillierten Rechnungen nach Rückkehr bei der Auslandskrankenversicherung zwecks Erstattung einzureichen.

Notfallbehandlungen führen alle staatlichen Krankenhäuser und Gesundheitszentren für alle Patienten gegen eine Gebühr von 20 € durch. Die Definition eines Notfalls liegt im Ermessen des Arztes.

Über den aktuellen Stand der **Corona-Pandemie** und alle damit zusammenhängenden Fragen zu Ein- und Ausreise, Quarantäne und Verhaltensregeln informiert das Außenministerium Ihres Heimatlandes, also www.auswaertiges-amt.de; www.bmeia.gov.at; www.eda.admin.ch

Informationsquellen

Die besten Websites

www.visitgreece.com.de
Website der Griechischen Zentrale für Fremdenverkehr (englisch)

www.culture.gr
Website des griechischen Kultusministeriums, viele Infos zu Museen und Ausgrabungen, größtenteils aktuelle Angaben zu den Öffnungszeiten und Eintrittspreisen (griechisch, überwiegend auch englisch)

www.griechische-botschaft.de
Homepage der griechischen Botschaft in Berlin, aktuelle Nachrichten aus Griechenland, viele Links (deutsch)

www.griechenland.net
Homepage der einzigen deutschsprachigen, wöchentlich in Athen erscheinenden Griechenland-Zeitung.

Fremdenverkehrsämter

Griechische Zentrale für Fremdenverkehr

… in Deutschland
60313 Frankfurt/Main
Holzgraben 31
T 069 257 82 70
info@visitgreece.com.de

… in Österreich
1010 Wien, Opernring 8
T 01 512 53 17
grect@vienna.at

KIOSKE – (FAST) ALLES WAS MAN BRAUCHT

Griechische Kioske sind vom Boden bis unter die Decke mit Waren vollgestopft. Hier findet man fast alles, was man an Kleinigkeiten so braucht: Zigaretten, Feuerzeuge, Kämme, Zahnpasta, Kondome oder Kaffee in Portionsbeuteln zum Beispiel. Die Kioske sind meist bis spät in die Nacht hinein geöffnet. Sie sind auch eine soziale Einrichtung: Lizenzen werden bevorzugt an sozial Schwache und Kinderreiche vergeben.

Infostellen vor Ort

Informationsbüros gibt es auf den Inseln selten. Die Öffnungszeiten sind oft wenig touristenfreundlich, die Beratungsqualität ist niedrig. Wirklich nützlich ist nur die Städtische Tourist-Information am Kreuzfahrt-Terminal von Argostóli auf Kefalloniá.

Karten und Pläne

Als Straßenkarte ist die diesem Band beigefügte Reisekarte vollkommen ausreichend. Wer Regionalkarten in kleinerem Maßstab sucht, ist mit den Karten des griechischen Verlags Anavási gut bedient. Sie können schon vor Reiseantritt per Internet (www.anavasi.gr) oder über den Buchhandel bestellt werden.

Internetzugang

Fast alle Hotels und Pensionen bieten meist kostenlosen WLAN-Zugang, manche haben eine Internet-Ecke. Mit dem eigenen Laptop, Tablet oder Smartphone kann man zudem in fast allen Cafés und Bars sowie in den meisten Tavernen kostenlos das Internet nutzen. WLAN ist jedoch ein in Griechenland unbekanntes Wort; man frage nach ›Hotspot‹ oder ›Wai-Fai‹.

Kinder

Kinder genießen in Griechenland viele Freiheiten. Abends braucht man keinen Babysitter – man nimmt den Nachwuchs einfach mit. Auf Spielplätzen herrscht bis Mitternacht Hochbetrieb, gebolzt wird mit Vorliebe auf Kirchplätzen. Die meisten Restaurants halten Babystühle bereit. Isst man auf griechische Art, bestellt viel und stellt alles Bestellte in die Mitte, kann man den Kleinen abgeben, was sie wünschen und braucht keinen ›Kinderteller‹.

HAUPTSAISON

Absolute Hauptsaison sind die drei ersten Augustwochen, wenn fast ganz Griechenland Urlaub macht und dazu noch viele Italiener und Franzosen. Dann ist es nicht so leicht, ohne Vorbuchung eine Unterkunft zu bekommen. Hauptsaison im weiteren Sinne ist die Zeit der dreimonatigen griechischen Schulferien zwischen dem 15. Juni und dem 15. September.

Klima und Reisezeit

Schwerpunkt Sommer

Die Ionischen Inseln sind kein Badeurlaubsziel fürs ganze Jahr. Die touristische Saison beginnt mit den ersten Charterflügen aus Europa Anfang Mai und endet bereits Mitte Oktober, wenn es wieder öfter regnen kann. Viele Wassersportstationen und Beach Clubs machen erst im Juni auf und im September schon wieder zu. Im Winter sind fast alle Badeorte tot. Selbst auf Korfu findet man zwischen November und April außerhalb der Inselhauptstadt kaum ein Restaurant, das werktags geöffnet ist. Hotels stehen im Winter fast nur in den Inselhauptstädten zur Verfügung.

Zwischen Mai und Mitte Oktober ist das Klima in der Regel sehr angenehm und deutlich weniger heiß als weiter südlich auf Kreta. Über 30 °C klettern die Temperaturen nur von Mitte Juni bis Ende August, sonst liegen sie im Allgemeinen über 20 °C. Nachts ist es im Durchschnitt selbst im Hochsommer angenehme 18 bis 20 °C kühl, sodass man auch in Zimmern ohne Klimaanlage nicht ins Schwitzen gerät. Mit einem erfrischenden Regenschauer muss man sogar im Juli und August rechnen, für die die Statistik im Durchschnitt jeweils einen Regentag verzeichnet. Ansonsten schwankt die Zahl der Regentage von Mai bis Oktober zwischen zwei und neun Tagen pro Monat. Ein Regenschirm gehört also immer ins Gepäck.

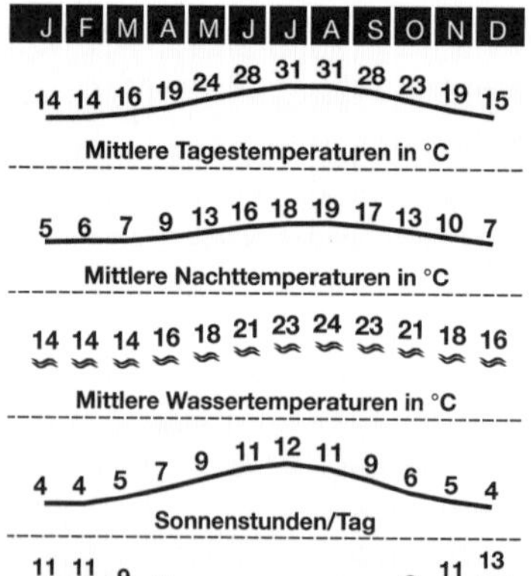

So ist das Wetter in Kérkira auf Korfu.

Winterliche Reize

Der Winter ist auf den Ionischen Inseln nur für Eremiten reizvoll. Eine Ausnahme bildet Korfu-Stadt, das sich für einen Städte-Kurzurlaub eignet, wenn man ohne Schönwetter-Garantie auskommt. Bei Sonnenschein ist die Luft klarer als im Sommer, die Fernsicht oft überwältigend. Auf dem griechischen und albanischen Festland sind die Berge dann schneebedeckt – und die Insel ist dank ihrer Olivenwälder immer noch völlig grün.

Lesetipps

Bardez, Roberto: Harko und das tote Mädchen am Strand, Nagold 2006, www.korfu-krimi.de. Der erste von drei Korfu-Krimis eines verstorbenen deutschen Autors, der lange auf Korfu lebte.
Bernières, Louis: Corellis Mandoline, Frankfurt/M. 2006. Bestseller-Roman, der einfühlsam die Geschichte Kefalloniás in der Zeit des Zweiten Weltkriegs beschreibt (s. S. 266).
Durrell, Gerald: Meine Familie und anderes Getier, Berlin 1989. Humorvolle Schilderung des Lebens einer britischen Familie im Korfu der 1930er-Jahre und der korfiotischen Natur.
Durrel, Lawrence: Schwarze Oliven, Reinbek 2005. Der literarische Korfu-Klassiker von Geralds Bruder, dem berühmten britischen Romancier. Spielt ebenfalls in den 1930ern, beschreibt Alltag und Geschichte der Insel.
Homer: Odyssee. Das historische Heldenepos ist in vielerlei Ausgaben erhältlich, darunter auch als Prosafassung und als Nacherzählung.
Merkel, Inge: Eine ganz gewöhnliche Ehe – Odysseus und Penelope. Eine Altphilologin erzählt sehr locker Aspekte der Odyssee aus ungewöhnlicher Perspektive.
Solomós, Diónysios: Werke. Seit 2001 liegt nahezu das gesamte Werk des großen griechischen Dichters, der auch den Text der griechischen Nationalhymne schrieb, in deutscher Übersetzung vor.
Ausführliche Lesetipps des Autors auf www.nissomanie.de in der Rubrik ›Literarisches Inselhüpfen‹!

Preise

Die im Reiseteil dieses Buches angeführten Preiskategorien beziehen sich auf ein Doppelzimmer mit Frühstück in der Vor- und Nachsaison (Ist Halbpension inbegriffen, wird dies eigens angeführt):

€	bis 70 Euro
€€	70 bis 120 Euro
€€€	über 120 Euro

So viel kostet ein Hauptgericht:

€	bis 11 Euro
€€	11 bis 15 Euro
€€€	über 15 Euro

Reisen mit Handicap

Es gibt nur wenige behindertengerechte Hotels und Restaurants auf den Inseln, auch Busse und Museen sind kaum auf Rollstuhlfahrer eingestellt. Ohne Begleiter kommen Rollstuhlfahrer in Griechenland nicht zurecht.

Reiseplanung

Stippvisite

Sie haben nur zwei bis drei Tage Zeit? Dann beschränken Sie sich auf jeden Fall auf eine einzige Insel, am besten auf Korfu. Ein voller Tag gehört da der Inselhauptstadt Kérkira. Für den zweiten Tag nehmen Sie sich einen Mietwagen und erkunden die interessantere Inselhälfte, nämlich den Norden. Bleiben Sie immer schön nahe am Meer. Einen Abstecher ins Landesinnere sollten Sie allerdings unternehmen: Den hinauf auf den Pantokrátoras. Da liegt Ihnen dann ganz Korfu zu Füßen.

Dieser Kurzurlaub kann auch im Winter viel Freude bereiten, wenn das Wetter einigermaßen mitspielt.

E

ERMÄSSIGUNGEN UND FREIER EINTRITT

Studenten mit internationalem Studentenausweis und Schüler aus EU-Ländern haben ebenso wie Journalisten mit Presseausweis freien Eintritt zu staatlichen Museen und Ausgrabungen. Senioren aus EU-Ländern über 65 Jahren erhalten eine Ermäßigung. Zwischen November und März ist der Eintritt an jedem ersten Sonntag im Monat für alle frei. Eintrittsfrei sind auch einige andere Tage: der 6. März, das letzte Wochenende im September und alle gesetzlichen Feiertage, außerdem der Internationale Tag des Denkmals im April, der Internationale Museumstag im Mai, der Internationale Umwelttag im Juni und der Welt-Tourismus-Tag im September.

Stille und laute Orte

Wirklich warnen muss man nur vor zwei Orten auf den Inseln, weil sie Dorados für überwiegend britische Hooligans sind: Laganás auf Zákinthos und Kávos auf Korfu. Besonders stille Orte sind selbst im Hochsommer die Dörfer abseits der Küsten. Auch da gibt es Hotels und Pensionen und mit dem Mietwagen ist man schnell an verschiedenen Stränden. Als ein besonders ruhiger Küstenort ist Kióni auf Itháki zu empfehlen. Der bildschöne Ort ist autofrei, zu Stränden geht man zu Fuß oder nimmt ein Boot. Abends bringen Menschen von den Jachten Leben in die Tavernen, tagsüber sind kaum Touristen dort.

Eskapaden für Entdecker

Archäologische Stätten, die man unbedingt gesehen haben muss, gibt es auf den Ionischen Inseln nicht wirklich. Tagesausflüge können jedoch von Korfu aus nach Butrint in Albanien und von Zákinthos aus nach Olympia auf dem Peloponnes führen. Da gibt es dann wirklich viel zu bestaunen.

Museen von überregionaler Bedeutung sind das Archäologische Museum in Kérkira sowie das mit Ikonen reich bestückte Zákinthos-Museum und das Ikonen-Museum in der Kirche Panagía Antivouniótissa in Kérkira.

Die spektakulärsten Steilküsten liegen im Nordwesten und Westen von Korfu zwischen Sidári und Ágios Górdis. Ebenso imposant sind die gesamte Westküste von Zákinthos, die Lefkáta-Halbinsel auf Léfkas und die West- und Nordküste der Pallíni-Halbinsel auf Kefalloniá.

Imposante Strände, die auch die weiteste Anreise lohnen, sind die jeweils vor beeindruckenden Steilküsten gelegenen Strände Pórto Katsíki Beach auf Léfkas, Shipwreck Beach auf Zákinthos und Mírtos Beach auf Kefalloniá. Die schönsten der vielen Sandstrandbuchten der Inseln sind für mich die Bucht von Ágios Geórgios Pagón im Norden von Korfu, der dünenreiche Strand von Ágios Geórgios Argirádon im Süden der Insel und der Gerákas Beach auf Zákinthos, den allerdings auch die Meeresschildkröten schätzen.

Sicherheit und Notfälle

Die Kriminalitätsrate in Griechenland ist eine der niedrigsten in Europa. Trotzdem empfiehlt es sich, im Hotel Wertsachen im Safe zu deponieren und bei Menschenansammlungen sowie in Linienbussen auf der Hut vor Taschendieben zu sein. Frauen, die allein reisen, brauchen keinerlei männliche Belästigungen zu befürchten.

Notruf

112 landesweit für Polizei, Krankenwagen und Feuerwehr.

Die Kredit- oder Bank-Karte und Ihr Handy können Sie unter folgender Sperrnummer vor Missbrauch schützen: T 0049 116 116.

Erdbeben

Erdstöße können vorkommen, richten jedoch meist keine Schäden an. Im Falle eines Erdbebens sollte man Schutz unter einem Türsturz oder zumindest unter einem Tisch oder Bett suchen. Erst wenn das Beben, das meist nur einige Sekunden dauert, vorbei ist, begibt man sich schnellstens ins Freie, benutzt dafür aber auf keinen Fall den Fahrstuhl. Am Verhalten der Einheimischen wird man dann feststellen, ob man besser für einige Zeit im Freien bleibt oder ins Haus zurückkehren kann. Hält man sich schon während eines Bebens im Freien auf, sollte man vor allem nach oben blicken, ob eventuell Blumentöpfe oder Ähnliches herabfallen könnten.

Polizei

Die griechische Polizei bleibt unauffällig, ist im Notfall nicht immer zur Stelle. Kleinere Verkehrsunfälle werden nur äußerst ungern protokolliert, auch wenn man für seine Versicherung unbedingt ein Protokoll braucht. Die Erstellung eines Protokolls für die Reisegepäckversicherung ist langwierig und lohnt nur, wenn es um größere Schäden geht. Nur Mitarbeiter der Touristenpolizei (Tourist Police), die es in einigen Orten gibt, sprechen und verstehen generell Englisch.

Übernachten

Hotels gibt es auf allen Inseln außer auf Othoní, Mathráki, Kástos und Kálamos. Pensionen und kleine Apartmenthäuser sind auf allen Inseln vorhanden, meist jedoch nur zwischen Mai und Anfang Oktober geöffnet. Reservierungen sind – insbesondere auf Léfkas – vor allem für die Zeit zwischen dem 15. Juli und 25. August dringend ratsam.

Übernachtungsmöglichkeiten und Preise

Seit 2018 sind alle griechischen Hotels staatlicherseits in fünf Kategorien eingeteilt, die von einem bis zu fünf Sternen reichen. Bis dahin durfte auch noch die alte Kategorisierung von Luxus über A bis E angewandt werden. Seit dem 1. Januar 2018 müssen zudem alle Zufahrtsstraßen zu Hotels mindestens 3,50 m breit sein; alle danach neu gebauten Hotels müssen mindestens fünf Prozent ihrer Zimmer rollstuhlgerecht gestalten. Die Übernachtungspreise können frei gestaltet werden und ändern sich je nach Angebot und Nachfrage manchmal mehrmals wöchentlich.

Im Übrigen sagen die Hotelkategorien zwar etwas über die gebotenen Hoteleinrichtungen, Zimmergröße und Service-Angebote aus, aber nichts über den Erhaltungszustand des Gebäudes, die Qualität der Möblierung, die Sauberkeit und die Freundlichkeit des Personals.

Pensionen und **Privatzimmer** sind ebenfalls offiziell kategorisiert (Kategorien von A bis C). Zimmervermieter kommen

FOTOGRAFIEREN

Militärische Objekte dürfen prinzipiell nicht fotografiert werden (z. B. die AWACS-Flugzeuge auf dem Flughafen von Préveza). Entsprechende Hinweisschilder gelten aber meist nur im Umkreis von wenigen Metern. In den Museen ist das Fotografieren ohne Blitz und Stativ kostenlos. Für Aufnahmen mit Blitz und Stativ ist eine nur umständlich in Athen zu beantragende und kostenpflichtige Genehmigung erforderlich. Das Fotografieren in Kirchen und noch bewohnten Klöstern ist meist unerwünscht. Speichermedien sind in Fotogeschäften, Telefonläden und Supermärkten erhältlich.

W

WO ICH AM LIEBSTEN WOHNE

Korfu-Stadt: Hotel Constantinoupolis (S. 37)
Zákinthos-Stadt: Hotel Diána (S. 195)
Strandhotels Korfu: Dassía Beach (S. 101)
Strandhotel Léfkas: Nýdrion Beach (S. 133)
Strandhotel Kefalloniá: Vatsá Club (S. 150)
Strandhotel Zákinthos: Dáphnes Apartments (S. 199)

auf Korfu und den übrigen Ionischen Inseln fast nie – wie in der Ägäis manchmal noch üblich – an die Häfen und Bushaltestellen, um Touristen abzufangen – man muss sich schon selbst auf die Suche begeben.

Studios und **Apartments** werden in großer Zahl angeboten. Oft, aber nicht immer, gibt es weder eine Rezeption noch einen Frühstücksraum, Selbstverpflegung ist angesagt. Studios bestehen in der Regel nur aus einem Raum mit kleiner Küchenzeile, Apartments haben mindestens zwei Zimmer und eine besser eingerichtete Küche. Bett- und Küchenwäsche werden vom Vermieter gestellt, eine Endreinigungsgebühr fällt in der Regel nicht an.

Freistehende **Ferienhäuser** sind ebenfalls zahlreich, oft jedoch fest an britische Reiseveranstalter vergeben. Bett- und Küchenwäsche werden gestellt, eine Endreinigungsgebühr entfällt meistens.

Jugendherbergen gibt es auf den Ionischen Inseln nicht. **Campingplätze** sind auf Korfu, Itháki, Kefalloniá und Zákinthos zu finden. Auskunft über die Plätze findet man in einschlägigen Campingführern und im Internet unter:
www.camping-in-greece.gr
www.greececamping.gr

Wild zu zelten ist in Griechenland zwar verboten, wird aber vor allem von jungen Griechen im Hochsommer an abgelegeneren Stränden durchaus praktiziert.

Wohnmobilisten übernachten überall auf den Inseln, wo es ihnen gefällt. Die Polizei ist äußerst großzügig, solange man nicht den Zorn eines Hoteliers oder Tavernenwirts erregt oder im Parkverbot steht. Wirte stimmt man freundlich, indem man bei ihnen vor der Toilettenbenutzung einkehrt.

Pauschal oder individuell?

Außer Korfu und Zákinthos sind die Inseln in den Katalogen der deutschen Reiseveranstalter nicht vertreten. Die einzigen Ausnahmen bilden Attika-Reisen (www.attika.de) und Dertour (www.dertour.de).

Wer keine Rundreise plant, sondern auf Korfu oder Zákinthos ein festes Standquartier haben möchte, kommt häufig günstiger weg, wenn er eine **Pauschalreise** bucht. Auf jeden Fall lohnt ein Preisvergleich. Dabei sollte man bedenken, dass bei der Pauschalreise fast immer auch der Transfer zwischen Hotel und Flughafen im Preis enthalten ist. Da viele große Hotels in den Katalogen mehrerer Reiseveranstalter zu ganz unterschiedlichen Preisen angeboten werden, lohnt sich ein Vergleich. Wem die Rechnerei zu mühsam ist, kann Preisvergleiche auch am Computer durchführen, z. B. auf:
www.fliegen-sparen.de
www.reise-preise.de
www.expedia.de
www.reisen.de

Hotels im Internet buchen

Nur wenige griechische Hotels nennen auf ihren Homepages konkrete Übernachtungspreise. Meist muss man zunächst eine Buchungsanfrage stellen und bekommt dann erst Auskunft über Preis und Verfügbarkeit.

Sehr viel effizienter arbeiten die Reservierungssysteme großer internationaler Hotel-Agenturen, deren Angebot allerdings für die Ionischen Inseln recht gering ist. Auf ihren Seiten werden nur Hotels dargestellt, die zum Wunschtermin auch verfügbar sind. Man kann sofort buchen und erhält umgehend die Reservierungsbestätigung. Anzahlungen sind im Gegensatz zu Direktbuchungen im Hotel nicht zu leisten. Manchmal kann man die Reservierung noch bis zum Anreisetag stornieren; manchmal muss man eine Kreditkartennummer angeben, von der im Falle des Nichterscheinens die Kosten für eine Übernachtung abgebucht werden. Die Bezahlung erfolgt auf jeden Fall immer direkt im Hotel. Die besten Adressen sind:
www.hrs.de
www.airbnb.de
www.guestinn.com

Marktführer ist booking.com. Das Unternehmen unterhält in Griechenland zahlreiche Büros, die die Unterkünfte auch persönlich kontrollieren. Hotels und Pensionen müssen in der Regel mindestens vier Zimmer pro Nacht für booking.com freihalten. So kann es einerseits geschehen, dass die Unterkunft auf dieser Website ausgebucht ist, der Wirt aber doch Zimmer frei hat – und umgekehrt. Preisvorteile bietet normalerweise weder die eine noch die andere Buchungsform. Doch wer zum gleichen Preis direkt bucht, erspart dem Wirt eine Provisionszahlung in Höhe von mindestens 15 %.

Reiseveranstalter bieten zunehmend die Möglichkeit, Hotels und Apartments ohne Anreise bei ihnen via Internet direkt zu buchen. Hier erfolgt die Zahlung beim Veranstalter, die Stornobedingungen sind meist schlechter als bei Hotel-Agenturen. Anbieter sind u. a.:
www.attika.de
www.tui.de
www.dertour.de
www.airtours.de
www.its.de
www.alltours.de
www.jahnreisen.de

Ferienhäuser im Internet

www.atraveo.de: Größte europäische Ferienhaus-Plattform, auf der sowohl Reiseveranstalter als auch Privatvermieter ihre Häuser präsentieren.
www.jassu.de, www.fewo-direkt.de: Angebote auf den Ionischen Inseln und in ganz Griechenland.
www.corfu.apartments.de: Angebote speziell für Korfu.

TOILETTEN

In allen guten Hotels und zunehmend mehr Gaststätten entsprechen die Toiletten westeuropäischem Standard; manchmal sind sie sogar der schickste Raum im ganzen Haus. Anderswo sind sie zwar meist sauber, aber fast immer unvollständig: Sitzbrillen fehlen meist. Außerdem wirft man selbst in guten Hotels das benutzte Toilettenpapier grundsätzlich in einen neben der Toilette stehenden Eimer oder Papierkorb, da die Abflussrohre nur über einen geringen Durchmesser verfügen und leicht verstopfen. Öffentliche Toiletten sind selten und in der Regel unzumutbar. Toilettentüren sind durch die Aufschrift
ΑΝΔΡΩΝ = Männer oder
ΓΥΝΑΙΚΩΝ = Frauen oder
durch teilweise sehr witzige Piktogramme gekennzeichnet.

Umgangsformen

Beim Betreten und Verlassen eines Geschäfts oder Lokals zu grüßen gehört

F

FÄHRLINIE FÜR INSELHÜPFER

Seit 2018 verbindet zwischen Mai und Oktober die schnelle Personenfähre ›Azimut‹ dreimal wöchentlich Korfu mit Páxos, Léfkas, Meganísi, Itháki, Kefalloniá und Zákinthos. Aktuelle Infos auf www.corfu.joycruises.gr/ionia-nissia

zum guten Ton. In kleinen Dörfern und auf Wanderungen geht man nicht wortlos an Fremden vorbei, sondern grüßt sie ebenfalls. Die Wörter *parakaló* für bitte und *efcharistó* für danke werden viel gebraucht (Grußformeln s. S. 244).

FKK/oben ohne

Nacktbaden ist offiziell verboten. Es wird aber nur geahndet, wenn auch jemand Anzeige erstattet. An abgelegenen Stränden ist es daher mancherorts üblich. Das Ablegen des Bikini-Oberteils gilt nur dort als anstößig, wo überwiegend ältere Griechen oder griechische Familien baden.

Kirchen- und Klosterbesuche

Beim Besuch von Kirchen und Klöstern sollten Knie, Schultern und Oberkörper bedeckt sein. Den Sonnenhut hält man in der Hand. Man legt weder die Hände auf den Rücken noch kreuzt man im Sitzen die Beine. Nahe an den Ikonen kehrt man ihnen nicht den Rücken zu.

In allen Kirchen liegen Kerzen aus, die auch Nicht-Orthodoxe kaufen und anzünden können. Man wundere sich aber nicht, wenn die Kerze von einer Kirchendienerin schon nach wenigen Minuten gelöscht wird. Das geschieht auch mit den Kerzen von Einheimischen, um das Wachs einer Wiederverwendung zuzuführen. Das Anzünden ist der religiöse Akt, nicht das vollständige Abbrennen.

Trinkgeld

In Restaurants und Tavernen lässt man sich auf den genauen Rechnungsbetrag herausgeben und deponiert das Trinkgeld dann beim Weggehen auf dem Tisch. Beträge unter 50 Cent sind beleidigend. Zimmermädchen lässt man besser mehrmals kleinere Beträge liegen als einmal zum Schluss einen größeren. In einfachen Dorfkaffeehäusern wird kein Trinkgeld erwartet.

Der Umwelt zuliebe – nachhaltig reisen

Bei der Müllvermeidung kann der Urlauber besonders aktiv mitwirken. Plastiktragetaschen kosten in Hellas generell 4 Cent. Wer immer einen eigenen Einkaufsbeutel bei sich hat, kann die sparen. Wasserverschwendung ist ein weiteres Problem. Wer sparsam mit Wasser umgeht, hilft nicht nur dem Hotelier, sondern auch der Natur. Die Müllentsorgung ist im Sommer oft überfordert: Stauchen Sie Alu-Dosen und Plastik-Wasserflaschen zusammen, bevor Sie sie in einen Papierkorb oder eine Mülltonne werfen! Raucher sind nett, wenn sie einen Strandaschenbecher oder ähnliches mit sich führen.

Die lokale Wirtschaft zu stützen, ist auch ein Aspekt von Nachhaltigkeit. Wer *room only* oder nur Übernachtung mit Frühstück bucht, trägt dazu bei, dass mehr Menschen etwas vom großen Kuchen Tourismus abbekommen. Besondere Unterstützung verdienen die Verkaufsstellen von Kooperativen und Sozialvereinen; wir weisen in diesem Buch bevorzugt auf sie hin.

Tierschutz

Streunende Hunde und Katzen gibt es auf allen griechischen Inseln in großer Zahl. Was jeden Tierfreund erschüttert: Junge Katzen und Hunde werden in Mülleimern entsorgt, altersschwache oder nicht mehr erwünschte Hunde ausgesetzt oder kurzerhand an Bäume gebunden. Auf allen größeren Inseln gibt es Tierschutzvereine, die von – zumeist ausländischen – Freiwilligen ohne nennenswerte staatliche Unterstützung betrieben werden. Folglich sind sie auf Spenden und freiwillige Mitarbeiter angewiesen und suchen stets Flugpaten, die Hunde aus ihren Heimen mit zu neuen, liebevollen Besitzern in Mitteleuropa nehmen. In den Tierheimen freut man sich über Besucher. Die Adressen samt Anfahrtskizzen kann man ganz einfach im Internet recherchieren (animal welfare + Inselname). Auf Korfu gibt es zusätzlich ein Tierheim für kranke und altersschwache Esel (s. S. 275).

Verkehrsmittel

Fährverbindungen

Die Schiffsverbindungen zwischen den einzelnen Inseln sind selbst im Hochsommer schlecht, im Winter schlicht miserabel. Erschwerend kommt hinzu, dass interinsulare Fähren meist nicht von den Hauptstädten der Inseln aus verkehren, sondern von kleinen, teils nur per Taxi leicht erreichbaren Kleinhäfen aus. Zuverlässige Fahrplanauskünfte und Tickets sind nur in wenigen Reise- oder Fährbüros erhältlich, nicht überall werden sie auch in Schiffsnähe verkauft. Kostenlose Unterbrechungen auf Linien, die mehrere Häfen anlaufen, sind nicht möglich. Hier die Verbindungen:

Von Korfu

… **nach Páxos:** Per Tragflügelboot Dolphin Iliada II April–Okt. 1–3 x tgl., Nov.–März 3 x wöchtl. (T 26 22 03 24 01, www.facebook.com/ilida.hydrofoil); mit dem schnellen Motorschiffchen ›Déspina‹ April–Okt. mdsts. 2 x tgl., Nov.–März 4 x wöchtl. (T 26 62 03 21 31, www.kamelialines.gr). Die Büros für beide Verbindungen liegen am Südende des Neuen Hafens gegenüber dem Café Sette Venti (ex Nautica). Autofährverbindung nur via Igoumenítsa 1–2 x tgl., Auskünfte am Fährhafen. Einen guten und stets aktuellen Überblick bieten die Webseiten der Reisebüros auf Páxos, z. B. www.paros-thalassatravel.com.

Von Léfkas

… **nach Fríkes/Itháki und Fiskárdo/Kefalloniá:** Autofähre nach Abschluss der dortigen Hafenarbeiten 2021 von Vassilikí und im Hochsommer auch von Nidrí, zur Zeit nur ab Nidrí.
Tickets in Vassilikí am Hafen, in Nidrí bei Borsalino Travel (s. S. 134) und am Fähranleger.
… **nach Meganíssi:** s. S. 134.
Von Itháki nach Kefalloniá und umgekehrt: Autofähre zwischen Fríkes/Itháki und Fiskárdo/Kefalloniá 1 x tgl., Tickets am Hafen. Autofähre zwischen Sámi/Kefalloniá und Píso Aetós/Itháki mind. 2 x tgl., Tickets am Hafen.
Von Kefalloniá nach Skinári/Zákinthos: Per Autofähre zwischen Mai und Anfang Oktober ab Pessáda, Tickets am Hafen oder in der Stadt Zákinthos bei Chiónis Tours, Odós K. Lomvárdou 8 (Uferstraße), T 26 95 04 25 56, kxionis@otenet.gr.

Von den Inseln aufs Festland

Von Korfu-Stadt tgl. zahlreiche Autofähren nach Igoumenítsa, außerdem 3–5 x tgl. ab Lefkími im Süden von Korfu.
Von Páxos 1–2 x tgl. nach Igoumenítsa.
Von Vathí/Itháki 1–2 x tgl. nach Killíni/Peloponnes sowie 1 x tgl. nach Astakós.
Von Sámi/Kefalloniá 1–2 x tgl. nach Killíni/Peloponnes sowie 1 x tgl. nach Astakós auf dem gegenüberliegenden Festland.
Von Póros/Kefalloniá mehrmals tgl. nach Killíni/Peloponnes.
Von Zákinthos-Stadt mehrmals tgl. mit Killíni/Peloponnes.

Ausflugs- und Tragflügelboote

Ergänzt wird der Linienverkehr zwischen Mai und September durch Ausflugsangebote, die man für Tagestouren auch von kleineren Inselhäfen aus nutzen kann. Wer die Ausflugsboote nur für eine Teilstrecke nutzen möchte, zahlt trotzdem den vollen, meist recht hohen Ausflugspreis (wenn er überhaupt mitgenommen wird). Im Hochsommer werden in manchen Jahren auch Tragflügelboote zwischen Korfu, Léfkas, Itháki und Kefalloniá eingesetzt; Auskünfte darüber nur vor Ort.

Linienbusse

Linienbusse verkehren auf allen Inseln außer den Diapontischen Inseln, Kástos und Kálamos. Die Fahrpreise sind günstig, liegen bei ca. 11 Cent pro Kilometer. Zentraler Ausgangspunkt für alle Linien ist jeweils die Inselhauptstadt, auf Kefalloniá für einige lokale Linien auch Lixoúri. Gedruckte Fahrpläne sind manchmal erhältlich, auf jeden Fall werden sie auch im Internet publiziert. Ansonsten sind die Abfahrtszeiten auf großen Tafeln angegeben. Tickets kauft man an den Schaltern im Busbahnhof oder unterwegs beim Schaffner. Die Busbahnhöfe sind auf mehreren Inseln an den Stadtrand verlegt worden (so in Argostóli/Kefalloniá, auf Zákinthos und Lefkáda), sodass sie aus dem jeweiligen Stadtzentrum nur nach 10- bis 20-minütigem Fußmarsch oder per Taxi erreichbar sind. Telefonnummern der jeweiligen Busbahnhöfe und Verbindungen auf der Insel finden Sie unter den jeweiligen Beschreibungen der Inselhauptstädte.

Busfahrpläne im Internet

www.greenbuses.gr (für Korfu)
www.ktel-lefkadas.gr
www.ktelkefallonias.gr
www.ktel-zakynthos.gr

Taxis

Taxis sind zahlreich und relativ preiswert, wenn sich die Fahrer an die offiziellen Tarife halten und – wo vorhanden – das Taxameter einschalten. Kein Taxameter besitzen die Landtaxis, *agoraíon* genannt. Hier wird der Fahrpreis nach der Entfernung berechnet. Eine Fahrpreistabelle muss der Fahrer auf Verlangen vorzeigen. Die meisten Fahrer sind sehr freundlich und sprechen oft auch Englisch oder Deutsch. Muffel gibt es da wie hier.

In den kleineren Urlaubsorten auf den Inseln empfiehlt es sich, Taxis gegen eine kleine Extragebühr im Voraus über die Hotelrezeption oder den Tavernenwirt zu bestellen. Ansonsten gibt es feste Taxistandplätze; Taxis können auch durch Handzeichen angehalten werden. Für längere Rundfahrten kann man mit dem Fahrer einen Festpreis aushandeln. Eine Taxirundfahrt zu viert ist meist preiswerter als die Teilnahme von vier Personen an einer organisierten Bustour.

TAXITARIFE (STAND 2021)

Tarif 1: Kilometer innerstädtisch zwischen 5 und 24 Uhr: ca. 0,75 €

Tarif 2: Kilometer innerstädtisch zwischen 24 und 5 Uhr sowie Überland-Kilometer: ca. 1,30 €
Grundpreis: ca. 1,30 €
Mindestfahrpreis: ca. 3,50 €
Wartestunde: ca. 12 €
Zuschlag für Fahrten vom und zum Flughafen: ca. 4 €
Zuschlag für Fahrten von Häfen, Bahnhöfen und Busbahnhöfen: ca. 1,30 €
Zuschlag für Gepäckstücke über 10 kg: ca. 0,50 €
Zuschlag für telefonische Sofortbestellung: ca. 3 €
Zuschlag für telefonische Terminvereinbarung: ca. 4–6 €

Mietwagen

Pkw, Jeeps, Mopeds, Vespas und Motorräder werden in allen Urlaubsorten vermietet. Pkw und Jeeps können auch schon an den Flughäfen übernommen werden.

Es lohnt sich, die Preise zu vergleichen. Bei Preisvergleichen muss man auch die eingeschlossenen Versicherungen und eventuell anfallende Zusatzgebühren, etwa für einen zweiten Fahrer, berücksichtigen. Vorabbuchungen ab Deutschland können durchaus preisgünstiger sein als Buchungen vor Ort.

Das **Mindestalter** des Mieters beträgt 21 Jahre, für größere Typen häufig auch 23 oder 25 Jahre. Der nationale Führerschein genügt für die Anmietung. Mopeds und Motorräder (ab 125 ccm Motorradführerschein erforderlich) sollten bei der Übernahme gründlich auf den Zustand der Bremsen, Autos vor allem auf den Zustand der Reifen und des Reservereifens untersucht werden.

Griechische **Vollkaskoversicherungen** decken meist keine Schäden an den Reifen und an der Wagenunterseite ab. Die Promillegrenze senken Versicherungen oft auf 0,3. Bei Unfällen ist die Polizei zu rufen, da die Versicherung sonst nicht zahlt. Die Höhe der Selbstbeteiligung schwankt von Vermieter zu Vermieter – unbedingt vorher erfragen!

Manche – auch international renommierte – Mietwagenunternehmen (z. B. Hertz) übergeben den Wagen vollgetankt, lassen sich den angeblichen und nicht kontrollierbaren Tankinhalt vom Mieter bei Wagenübernahme bezahlen und zahlen für den bei Rückgabe noch im Tank befindlichen Kraftstoff keinen Cent. Hat man bei einem deutschen Broker gebucht, sollte man sich über diese moderne Art der Wegelagerei nach der Rückkehr unbedingt beschweren!

Tankstellen

Tankstellen gibt es überall in Griechenland in großer Zahl. Außer an Hauptstraßen sind sie meist nur zwischen etwa 8 und 22 Uhr geöffnet. Kreditkarten werden meist akzeptiert, falls sich der diensthabende Tankwart (manchmal die alte Oma oder der schulpflichtige Sohn) mit ihrer Bearbeitung auskennt. Die Preise für Benzin und Diesel sind meist etwa 10–20 % höher als in Deutschland und variieren wie hier von Tankstelle zu Tankstelle und von Tag zu Tag. Generell sind sie erschreckend hoch.

Verkehrsvorschriften

In Griechenland herrscht Rechtsverkehr. Es gelten die international üblichen Verkehrsschilder, die manchmal durch verbale Zusätze nur auf Griechisch ergänzt sind.

Die **Höchstgeschwindigkeit** für Pkw beträgt innerhalb geschlossener Ortschaften 50 km/h, auf Landstraßen 90 km/h, auf Schnellstraßen 110 km/h und auf festländischen Autobahnen 120 oder 130 km/h. Auf Schnellstraßen und Autobahnen werden die Standspuren meist als zusätzliche Fahrspuren genutzt – manchmal sogar durch rüpelige Rechtsüberholer.

Die **Promillegrenze** liegt bei 0,5. Verkehrs- und Radarkontrollen finden zwar nur selten statt, die Bußgelder sind allerdings sehr viel höher als in Deutschland. Das gilt auch für Falschparken.

Pannenhilfe: Mietwagenunternehmen haben Pannenhilfe-Verträge mit Unternehmen abgeschlossen, über die man bei der Mietwagenübernahme informiert wird. Wer mit dem eigenen Auto unterwegs ist, wendet sich an die Partnerorganisation seines Automobilclubs oder Schutzbrief-Ausstellers oder an den griechischen Automobilclub ELPA, unter T 104 00 erreichbar.

Zeit

In Griechenland ist es ganzjährig eine Stunde später als in Deutschland und seinen Nachbarländern.

Sprachführer Griechisch

UMSCHRIFT

Für die richtige Aussprache muss man auf die Betonung achten, die durch den Akzent angegeben wird.

Das griechische Alphabet

		Aussprache	Umschrift
Α	α	a	a
Β	β	w	v, w
Γ	γ	j vor e und i, sonst g	g, gh, j, y
Δ	δ	wie engl. th in ›the‹	d, dh
Ε	ε	ä	e
Ζ	ζ	s wie in ›Sahne‹	z, s
Η	η	i	i, e, h
Θ	θ	wie engl. th in ›thief‹	th
Ι	ι	i, wie j vor Vokal	i, j
Κ	κ	k	k
Λ	λ	l	l
Μ	μ	m	m
Ν	ν	n	n
Ξ	ξ	ks, nach m oder n weicher: gs	x, ks
Ο	ο	o	o
Π	π	p	p
Ρ	ρ	gerolltes r	r
Σ	σ	s wie in ›Tasse‹	ss, s
Τ	τ	t	t
Υ	υ	i	i, y
Φ	φ	f	f, ph
Χ	χ	ch	ch, h, kh
Ψ	ψ	ps	ps
Ω	ω	offenes o	o

Buchstabenkombinationen

ΑΙ	αι	ä	e
ΓΓ	γγ	ng wie in ›lang‹	ng, gg
ΕΙ	ει	i wie in ›lieb‹	i
ΕΥ	ευ	ef wie in ›heftig‹	ef, ev
ΜΠ	μπ	b im Anlaut, mb im Wort	B mp, mb
ΝΤ	ντ	d im Anlaut nd im Wort	D nd, nt
ΟΙ	οι	i wie in ›Liebe‹	i
ΟΥ	ου	langes u	ou, u

Allgemeines

Guten Tag	kalí méra
Guten Abend	kalí spéra
Gute Nacht	kalí níchta
Hallo, Tschüss	jassú (zu mehreren und Sie-Form: jassás)
Auf Wiedersehen	adío (adíosas)
Gute Reise	kaló taxídi
Bitte	parakaló
Danke (vielmals)	efcharistó (polí)
Ja	ne (sprich: nä)
Jawohl	málista
Nein	óchi
Nichts, keine Ursache	típota
Entschuldigung	singnómi
Macht nichts	den pirási
In Ordnung, okay	endáxi

Unterwegs

Straße	odós
Platz	platía
Hafen	limáni
Schiff	karávi
Bahnhof/ Busstation	stathmós
Bus	leoforío
Haltestelle	stássi
Flughafen	aerodrómio
Flugzeug	aeropláno
Fahrkarte	issitírio
Postamt	tachidromío
Briefmarken	gramma-tóssima
Motorrad	motossikléttа
Fahrrad	podílato
Auto	aftokínito
rechts	deksjá
links	aristerá
geradeaus	efthía
hinter, zurück	píso

weit	makría
nah	kondá

Notfall

Arzt	jatrós
Arztpraxis	jatrío
Krankenhaus	nossokomío
Hilfe!	voíthia!
Polizei	astinomía
Unfall	atíchima
Panne	pánna

Einkaufen

Bank	trápesa
Geldautomat	ATM
Quittung, Beleg	apódixi
Kiosk	períptero
Laden	magasí
Bäckerei	foúrnos

Nützliche Adjektive

gut	kalós
schlecht	kakós
groß	megálos
klein	mikrós
neu	néos
alt	paljós
heiß	sestó
kalt	krío

Zahlen

1	éna (m) mía (f)	21	íkossi éna, usw.
2	dío (sprich: sio)	30	tríanda
		40	saránda
3	tría, trís	50	pennínda
4	téssera, tésseris	60	exínda
		70	evdomínda
5	pénde	80	októnda
6	éxi	90	enenínda
7	eftá	100	ekató
8	októ	200	diakósja
9	enéa	300	triakósja
10	déka (seka)	400	tetrakósja
11	éndeka	500	pendakósja
12	dódeka	600	exakósja
13	dekatría	700	eptakósja
14	dekatéssera	800	oktakósja
15	dekapénte	900	enjakósja
20	íkossi	1000	chílja

W

WICHTIGE SÄTZE

Allgemeines

Wie geht es dir?	Ti kánis?
Ich verstehe nicht.	Den katalavéno.
Woher kommst du?	Apo poú ísse?

Unterwegs

Wo ist…?	Poú íne…?
Wo fährt der Bus nach… ab?	Poú févji to leoforío ja…?
Wann fährt er/sie/es?	Póte févji?
Wann kommt er/sie/es an?	Póte ftáni?
Wie viele Kilometer sind es bis…?	Póssa chiljómetra íne méchri to…?

Notfall

Ich möchte telefonieren.	Thélo ná tilefonísso.
Ich suche eine Apotheke.	Psáchno éna farmakío.

Einkaufen

Was wünschen Sie?	Tí thélete?
Bitte, ich möchte…	Parakaló, thélo…
Was kostet das?	Pósso káni afto?
Ich nehme es!	To pérno!
Das ist teuer!	Íne akrivó!

Im Restaurant

Die Speisekarte, bitte.	To katálogo, parakaló.
Was empfehlen Sie?	Tí protínete?
Die Rechnung, bitte.	To logarjasmó, parakaló.
Guten Appetit!	Kalí orexí!
Prost!	Jammás!

Kulinarisches Lexikon

Allgemeines

aláti	Salz
chorís	ohne
dío merídes	zwei Portionen
katálogos	Speisekarte
me	mit
mía merída	eine Portion
pipéri	Pfeffer
sáchari	Zucker

Zubereitung

glikó	süß
jemistó	gefüllt
kafteró	scharf
krio	kalt
magireftó	gekocht
psiméno	gebraten
sestó	warm, heiß
skchára	gegrillt
souflistós	am Spieß
sto foúrno	im Ofen
tiganito	frittiert

Frühstück

avgá mátja	Spiegeleier
avgá me béikon	Eier mit Speck
chimó portokáli	Orangensaft
giaoúrti (yaoúrti)	Joghurt
kafé me gála	Kaffee mit Milch
loukániko	Wurst
marmeláda	Konfitüre
méli	Honig
psomí	Brot
sambón	Schinken
tirí	Käse
tsái	Tee
voútiro	Butter

Salate und Pürees

angoúro saláta	Gurkensalat
choriátiki saláta	›Griechischer Salat‹
chórta saláta	Mangoldsalat
gígantes (jígandes)	große weiße Bohnen
láchano saláta	Krautsalat
maroúli saláta	Blattsalat
melindsáno saláta	Auberginenpüree
skordaliá	Kartoffelpaste mit Knoblauch
taramá	Fischrogen-Püree
tomáto saláta	Tomatensalat
tónno saláta	Thunfischsalat
tzatzíki (dsadsíki)	Joghurt mit Gurken und Knoblauch

Fisch und Meeresfrüchte

astakós	Languste
barboúnja	Rotbarbe
fángri	Zahnbrasse
garídes	Scampi, Garnelen
glóssa	Scholle oder Seezunge
kalamarákja	Tintenfisch
ksifías	Schwertfisch
lavráki	Barsch
mídja	Muscheln
oktapódi	Krake
solomós	Lachs
soupjés	Sepien (Tintenfisch)
strídia	Austern
tsipoúra	Dorade (Goldbrasse)

Fleischgerichte

arnáki, arní	Lammfleisch
békri mezé	eine Art Gulasch mit Kartoffeln, scharf
biftéki	Frikadelle mit Käse
brizóla	Kotelett
chirinó	Schweinefleisch
gída	Ziege
gourounópoulo	Spanferkel

gouvarlákja	Hackfleischbällchen in Zitronensauce
gemistá (jemistá)	gefüllte Tomaten oder Paprika (mit oder ohne Fleisch)
giouvétsi (juvétsi)	Kalbfleisch mit Reisnudeln in Tomatensauce
katsíki	Zicklein
keftédes	Hackfleisch-bällchen in Tomatensauce
kokkinistó	Rindfleisch in Rotweinsauce
kokorétsi	Innereien, gegrillt
kotópoulo	Hühnchen
kounélli	Kaninchen
kreatópitta	Blätterteigtasche mit Fleischfüllung
láchano dolmádes	gefüllte Kohlblätter
loukánika	Landwürstchen
makarónja me kimá	Spaghetti mit Hackfleischsoße
mialá	Hirn
moskári	Rindfleisch
moussaká	Auberginenauflauf
païdákja	Lammkoteletts
papoutsákja	gefüllte Auberginen
pastítsjo	Nudelauflauf
psitó	Braten
sikóti	gebratene Leber
soutzoukákia (sudsukakja)	Hackfleischrollen in Tomatensauce mit Kreuzkümmel
souvláki	Fleischspieß, Hühnchen oder Schwein
stifádo	Fleisch in Tomaten-Zimt-Sauce
tourloú	Gemüseeintopf

Gemüse

bámjes	Okraschoten
briam	Gemüseauflauf mit Schafskäse
eljés	Oliven
fassólja	grüne Bohnen
florínis	rote, süße Spitzpaprika (meist gegrillt)
kolokithákja	Zucchini
kolokithokeftédes	Zuchini-Bällchen
melindsánes	Auberginen
spanáki	Spinat
kunupídi	Blumenkohl
revithókeftédes	Kichererbsen-Bällchen

Obst

achládi	Birne
fráules	Erdbeeren
karpoúsi	Wassermelone
kerássja	Kirschen
koum kouat	Kumquat
lemóni	Zitrone
mílo	Apfel
peppóni	Honigmelone
portokáli	Orange
rodákino	Pfirsich
síka	Feigen
staffílja	Weintrauben
damáskina	Pflaumen
kidónia	Quitten

Nachtisch

froútto saláta	Obstsalat
karidópitta	Walnusskuchen
milópitta	Apfelkuchen
pagotó	Eiscreme
risógalo	Reispudding
tirópitta	Blätterteig mit Käse

Getränke

bíra	Bier
chimó portokáli	Orangensaft
chimós	Saft
gála	Milch
kafés ellinikós	griechischer Kaffee
kafés fíltrou	Filterkaffee
kafé me gála	Kaffee mit Milch
kaneláda	Zimt-Limonade
krassí	Wein
lemonáda	Limonade
neró	Wasser…
sóda	…mit Kohlensäure
portokaláda	Orangeade
soumáda	Mandelmilch
tsái	Tee
tsípouro	Tresterschnaps

Das

Magazin

Altstadtviertel Cambiéllo in Kérkira (Korfu-Stadt)

Daten und Fakten

Mentales Island-Hopping — um das gewählte Urlaubsziel im größeren Rahmen zu sehen. Was haben alle Inseln gemeinsam, was unterscheidet sie? Wovon leben die Menschen, was glauben sie? Ein Kurzüberblick schafft Grundlagenwissen, das Sie brauchen, um die Ionischen Inseln zu verstehen.

Lage und Größe
Die Ionischen Inseln liegen vor der Westküste Griechenlands im Ionischen Meer; der Norden Korfus ragt über die griechisch-albanische Grenze hinaus. 13 der Inseln sind bewohnt. Alle zusammen haben eine Fläche von 2260 km^2. Zum Vergleich: Griechenland hat 131 944 km^2; Kreta, Griechenlands größte Insel, ist mit 8259 km^2 vermessen. Kefalloniá ist mit 786 km^2 die größte der Ionischen Inseln, Korfu folgt mit 611 km^2 an zweiter Stelle.

Geografie und Natur
Alle Ionischen Inseln liegen so nahe am Festland, dass dessen Gebirge stets gut zu sehen sind. Léfkas ist sogar über eine kurze Brücke mit dem Festland verbunden. Hügelland überwiegt, die höchsten Gipfel sind der Énos (1627 m) auf Kefalloniá, der Mnimáti (1157 m) auf Léfkas und der Pantokrátoras (906 m) auf Korfu.

Die Inseln sind mit Ausnahme von Itháki wasserreich, die Landschaft ist weitgehend grün. Korfu und Páxos werden meist von jahrhundertealten Olivenwäldern bedeckt, am Énos auf Kefalloniá wachsen sogar Tannen.

STECKBRIEF

Größte Städte: Korfu-Stadt (Kérkira, 28 000 Ew.), Stadt Zákinthos (11 500 Ew.), Argostóli/Kefalloniá (9000 Ew.).
Bevölkerungsdichte: 90,1 Ew./km^2 (griechischer Durchschnitt: 82 Ew./km^2, Deutschland 229 Ew./km^2).
Amtssprache: Neugriechisch
Zeitzone: MEZ +1 ganzjährig
Vorwahl: 00 (oder+) 30

Einwohner
Insgesamt leben auf den Ionischen Inseln etwa 206 000 Menschen, in ganz Griechenland etwa 11 Mio. Korfu ist mit 101 000 Einwohnern die bevölkerungsreichste, auf den nächsten Plätzen folgen Zákinthos (40 700 Ew.) und Kefalloniá (35 800 Ew.). Hinzu kommen Saisonarbeiter aus den Staaten des ehemaligen Ostblocks, vor allem aus Albanien sowie zunehmend andere EU-Bürger – vor allem Briten und Iren –, die die Inseln als Altersruhesitz wählen.

Geschichte und Kultur
Prägend für den heutigen Charakter der Inseln war die erst 1798 zu Ende gegangene, über 500 Jahre währende venezi-

anische Herrschaft. Mit Ausnahme von Léfkas standen die Ionischen Inseln im Gegensatz zum übrigen Griechenland nie unter türkischer Herrschaft. Außer auf Korfu und Páxos wurde viel historische Architektur auf den Inseln durch ein schweres Erdbeben im Jahre 1953 zerstört.

Zum 1830 gegründeten neugriechischen Staat gehören die Ionischen Inseln seit 1864. In der klassischen Antike des 5. und 4. Jh. v. Chr. waren die Inseln recht unbedeutend, so dass eindrucksvolle archäologische Stätten fehlen. Eine Besiedlung durch die Achäer im 13. Jh. v. Chr. ist vor allem auf Kefalloniá und Itháki nachweisbar, das als Heimatinsel des homerischen Helden Odysseus zu Weltruhm gelangte.

Staat und Verwaltung

Griechenland ist eine parlamentarische Demokratie, Staatsoberhaupt ist ein alle fünf Jahre vom Parlament gewählter Präsident. Das Parlament wird alle vier Jahre vom Volk gewählt.

2010/11 fand eine nach dem Architekten der Athener Akropolis, Kallikrátis, genannte Verwaltungsreform statt, die zum Zusammenschluss vieler bis dahin selbstständiger Gemeinden führte. Die Ionischen Inseln bilden nun zusammen mit dem Peloponnes und Westgriechenland eine von sieben Verwaltungsdirektionen mit Sitz in Patras. Darin bilden die Ionischen Inseln eine von 13 Regionen *(periféria)*. Auf kommunaler Ebene gibt es insgesamt 325 Gemeinden *(dímos)*, von denen die Inseln Korfu, Paxi, Zákinthos, Itháki, Kefalloniá, Meganíssi und Léfkada jeweils eine bilden.

Religion

98 % der Inselbewohner bekennen sich zum griechisch-orthodoxen Christentum. Vor allem auf Korfu gibt es eine etwa 2000 Menschen zählende römisch-katholische und eine nur wenige Familien umfassende jüdische Minderheit. Von besonderer Bedeutung auch im Alltag der Menschen sind die drei Schutzheiligen Spirídonas (Spíros) auf Korfu, Gerássimos auf Kefalloniá und Dionísios auf Zákinthos: Auf ihre Namen ist auf den jeweiligen Inseln nahezu die Hälfte der männlichen Bevölkerung getauft. Diese drei Inseln sind jeweils auch Sitz eines griechisch-orthodoxen Bischofs.

Wirtschaft und Tourismus

Tourismus und Landwirtschaft sind die bedeutendsten Einnahmequellen der Bevölkerung. Industriebetriebe und Bergbau gibt es nicht. Das wichtigste landwirtschaftliche Produkt sind Oliven und Olivenöl, der Weinanbau hat nur in Teilen von Kefalloniá überregionale Bedeutung. Viehzucht wird in größerem Umfang nur auf Kefalloniá und Itháki betrieben. Viele Kefallonioten arbeiten zudem auf den Schiffen der griechischen Handelsflotte. Der Tourismus prägt vor allem die Küstenregionen auf Korfu und Zákinthos, beschränkt sich aber auch hier auf das Sommerhalbjahr. Für die Bauwirtschaft bedeutsam ist die zunehmende Zahl von Ausländern, die auf den Inseln Grundbesitz erwerben. ■

Hafen von Fiskárdo, Kefalloniá

Von Othoní bis Zákinthos

Stippvisiten auf den Inseln — Eine Reise von Insel zu Insel mag für alle, die nicht mit einer Jacht unterwegs sind, beschwerlich sein – aber sie offenbart vielfältige Einblicke in die griechische Landschaft, die griechische Geschichte und die Mentalität der heutigen Inselbewohner.

Nur 69 km trennen Italien von Griechenlands nordwestlichster Insel, Othoní. Korfus Norden und die Diapontischen Inseln sind Albanien näher als dem griechischen Festland. Im Süden reicht die Kette der Ionischen Inseln bis vor die Ufer des Peloponnes, eine der Keimzellen der antiken griechischen Kultur.

Der Schlüssel steckt

Als ich vor 20 Jahren erstmals im nordkorfiotischen Hafenstädtchen Sidári danach fragte, wie ich denn nach Othoní hinüberkäme, stieß ich selbst in den damals noch wenigen Reisebüros auf völliges Unverständnis. Nördlich von Korfu solle es noch griechische Inseln geben? Man leugnete es einfach, obwohl Othoní an vielen Tagen im Jahr von Korfus Nordküste aus deutlich zu sehen ist. Aber Othoní war damals noch auf keiner griechischen Karte verzeichnet – sie passte nicht ins schöne Kartenrechteck. Erst im einzigen Hotel am Hafen löste sich meine Verzweiflung über die schiere Unkenntnis der Hellenen über die Geografie ihres Landes. Da wusste man zumindest, dass ab und zu ein kleines hölzernes Frachtboot, ein Kaíki, von Nordwesten her käme, dass es griechisch sei und wahrscheinlich zum von mir genannten Eiland fahre. Ich mietete ein Zimmer mit Hafenblick und hatte Glück: Als ich am nächsten Morgen auf den Balkon trat, lief das Boot aus Othoní gerade ein. Der Skipper nannte mir den Mittag als ungefähre Abfahrtszeit: vorher müssten noch Zementsäcke und andere Baumaterialien geladen werden. Als wir dann spätnachmittags auf der Insel ankamen, war ein Zimmer schnell gefunden. Es gab nur eine kleine Pension. Der Wirt war beim Fischen. An der Tür hing ein Stück Papier: Alle Zimmer, in deren Türen ein Schlüssel stecke, seien noch frei. Der Ankömmling möge sich eins aussuchen, der Wirt sei zum Abendessen zurück.

Heute ist Othoní weitaus bekannter als damals. Während der Wirren in Albanien, das sich vom Kommunismus löste, geriet Othoní als kleine Drehscheibe des Rauschgift- und Waffenhandels in die Schlagzeilen. Danach entdeckten die Nachkommen ehemaliger Emigranten ihre Heimatinsel neu und bauten sich dort Sommerhäuser. Mit der rasant steigenden Reiselust junger Griechen seit Beginn dieses Jahrtausends wurde es als von den Medien verratener ›Insider-Tipp‹ als Sommerziel immer begehrter. Inzwischen fährt sogar eine kleine Autofähre regelmäßig von der Stadt Korfu aus hinüber. Ihren Fahrplan freilich erfährt man nur direkt am Schiff.

Ein Volk von Maklern

Korfu-Stadt ist eine scheinbar ganz andere Welt. Die elegante Stadt gibt sich kosmopolitisch. Zwischen Mai und Oktober bringen Flugzeuge Badeurlauber aus ganz Europa, die Fähren setzen Dutzende von Wohnmobilen an Land. Täglich legen große Kreuzfahrtschiffe im Hafen an, manchmal kommen US-amerikanische Flottenverbände samt Flugzeugträger zu Besuch und geben bis zu 10 000 Soldaten und Soldatinnen gleichzeitig Landgang. Viele Fremde haben sich inzwischen Immobilien auf der grünsten aller griechischen Inseln zugelegt, viele Korfioten deswegen den Beruf gewechselt: Sie sind von Bauern und Wirten, Händlern und Handwerkern zu Häuser- und Grundstücksmaklern geworden. Aber selbst auf Korfu gibt es noch Pensionen, in denen Schlüssel in den Türen freie Zimmer signalisieren, und Menschen, die unangepasst griechisch sind: die alten Nonnen in einem Kloster bei Lefkími zum Beispiel, die den Tag mit einem Schuss Oúzo im griechischen Mokka beginnen und auch Besucher damit bewirten – oder den Wirt einer Taverne in der Inselhauptstadt, der ihm lieb gewordenen Gästen eine Portion ihrer Lieblingsspeise in Alufolie verpackt auf die Heimreise mitgibt.

Albanien hilft

Das kleine Páxos ist fast ebenso dicht mit uralten Olivenbäumen bestanden wie die große Schwester im Norden. Und auch hier wird viel für Ausländer gebaut. Wer macht die Arbeit? Die Einheimischen sind im Sommer mit dem Geldverdienen im Tourismus beschäftigt und verbringen die Winter lieber in Athen. Die Antwort wird besonders augenfällig, wenn man nachmittags durch die Gassen des Hauptorts Gáios schlendert: Überall wird Albanisch gesprochen. Sie sind es, die im Sommer auf nahezu allen griechischen Inseln die Häuser bauen, die Zimmer und Ferienhäuser reinigen und im Winter die Oliven ernten.

Inzwischen sind ein Viertel aller Einwohner von Páxos Albaner, die oft mit ihrer jungen Familie ganzjährig auf Páxos zu Hause sind. Ihre Kinder gehen hier zur Schule und gehören oft zu den Klassenbesten. Weil die bei den Paraden zum Schuljahresabschluss die griechische Flagge tragen dürfen, musste vor ein paar Jahren wegen heftiger Proteste aus der Bevölkerung sogar eine in ganz Griechenland gültige Regelung geändert werden. Jetzt dürfen in Hellas nur noch die besten griechischen Schüler einer Klasse die griechische Flagge tragen …

G

GRIECHENLANDKNIGGE

Grüßen wie ein Grieche: Am Ersten eines Monats grüßt man sich nicht mit *kalí méra,* also ›Guten Tag‹, sondern wünscht einen *kaló mína,* einen ›Guten Monat‹. An jedem Montag verabschiedet man sich mit *kalí efdomáda,* ›gute Woche‹. Vor Festtagen wünscht man sich *kalés jortés.* Verabschiedet man sich im Frühjahr für längere Zeit, sagt man *kaló kalokéri,* ›Guten Sommer‹, im Herbst *kaló chimóna,* ›Guten Winter‹.
Wie ein Grieche gratulieren: Geburtstage spielen in Hellas kaum eine Rolle. Stattdessen feiert man seinen Namenstag. Am Namenstag wünscht man dem Feiernden *chrónja pollá,* ›Viele Jahre‹, also ein langes Leben.

Entdecker Amerikas

Odysseus hat Amerika entdeckt. Er hat die Indianer schon vor 3200 Jahren besucht. Davon ist zumindest Skipper Gerássimos überzeugt, dessen Ausflugsboot im Hafen von Nidrí auf Léfkas ein Nachbau des Schiffs des mythischen Irrfahrers sein soll. Und wie der deutsche Archäologe Wilhelm Dörpfeld vor etwa 100 Jahren ist auch er der Meinung, dass seine Heimatinsel Léfkas das homerische Ithaka war – und nicht die kleine Insel weiter südlich, die heute diesen Namen trägt. Wie viele Griechen ist er sich außerdem sicher, dass auch der zweite Rang der Amerika-Entdecker einem Griechen gebührt: Kolumbus konnte nur deshalb als Genueser gelten, weil seine wirkliche Heimat, die griechische Insel Chíos, zu seinen Lebzeiten der Stadtrepublik Genua gehörte. Griechenland, Quelle der europäischen Mythologie, ist ein Land der Mythen und Legenden geblieben.

Stolz auf Sicherheit

Auf Kefalloniá wundert sich der Reisende wahrscheinlich wie überall in Griechenland, woher so viele Menschen das Geld nehmen, um Häuser und Hotels zu bauen oder Restaurants und Lounge Bars schick einzurichten. Die griechischen Durchschnittsgehälter sind ja äußerst niedrig. Schon vor der Wirtschafts- und Finanzkrise lag der gesetzliche Mindestlohn nur bei 3,80 €, das Durchschnittseinkommen eines Arbeitnehmers bei 24 000 € (Deutschland ca. 42 000 €). Woher also kommt das Geld? Ehrlich gesagt – ich weiß es nicht. Fleiß und Sparsamkeit sind sicherlich griechische Tugenden. Indem viele Griechen Landbesitz und Olivenbäume geerbt haben, kommen sie leichter an Kredite. Aber ein Resträtsel bleibt.

Doch eins weiß ich aus eigener Erfahrung: Kaum ein Hellene behauptet stolz von sich, wohlhabend zu sein. Man ist viel eher stolz darauf, Sicherheit für sich und seine Familie geschaffen zu haben. Und die ist nach griechischem Verständnis am ehesten durch Haus- und Grundbesitz gewährleistet. Deswegen sieht man auch so viele unfertige Bauten überall im Lande. Statt Geld zur Bank zu tragen, investiert man es lieber in einen Rohbau. Ist genügend neues Geld vorhanden, kann man dann weiterbauen. Notfalls werden es die Erben tun.

Der Reiz des Vergessens

An der Westküste von Zákinthos steht hoch über dem Meer beim Weiler Kambí ein großes weißes Kreuz. Warum es dort steht, weiß niemand mit Sicherheit zu sagen. Man spricht einfach nicht darüber. Erst nach intensivem Nachfragen habe ich Antworten erhalten – und jede war anders. Einer der Befragten behauptete, hier seien im Jahr 1944 während des griechischen Bürgerkriegs zahlreiche linke Partisanen von bürgerlichen Truppen brutal ins Meer gestürzt worden. Ein anderer stellte es umgekehrt dar. Ein Dritter meinte, hier seien zwar Menschen ins Meer gestürzt worden, aber politische Motive dafür habe man erst nachträglich erfunden. Eine vierte Version besagt, die Deutschen hätten hier Griechen ermordet. Eine fünfte, vielleicht richtige Version erzählte mir ein ehemaliger linker Partisan in einem Bergdorf. Seiner Meinung nach ist hier gar nichts passiert. Aus Propaganda-Gründen sei das Kreuz während der Junta-Herrschaft (1967–74) aufgestellt worden. Die eigentliche Schande sei, dass man zwar die Plakette am Fuß des Kreuzes nach 1974 abgeschraubt, das Kreuz jedoch stehen gelassen habe.

Die Beschäftigung mit der eigenen jüngeren Vergangenheit ist nicht die Stärke der Hellenen. Man beschäftigt sich lieber mit der Antike und alter Geschichte. Für Deutsche, Österreicher und Italiener ist das ein Vorteil. Auch über die Gräueltaten im Zweiten Weltkrieg spricht schon lange keiner mehr. ■

Ionischer Zeitraffer

Ein wenig Promi-Spotting — Mit der Geschichte der Ionischen Inseln sind weltweit bekannte Namen verbunden – von Odysseus bis Lord Byron – und Perikles spielt hier manchmal sogar mit Freunden Fußball.

Seit 2008 wissen wir es ganz genau: Der sagenhafte Odysseus kehrte am 16. April des Jahres 1178 vor Christus auf seine Heimatinsel Ithaka zurück. Der an der Rockefeller University in New York lehrende griechische Physiker Constantino Baikouzis und Marcelo Magnasco vom Astronomischen Observatorium im argentinischen La Plata haben es angeblich anhand einer in Homers Odyssee beschriebenen Sonnenfinsternis exakt berechnen können. Ist Homers Epos ›Odyssee‹ wie seine ›Ilias‹, die Heinrich Schliemann einst wörtlich nahm und so Troia fand, also doch mehr als ein Seefahrermärchen?

Ithaka als Lebensziel

Darüber wird schon seit der Antike gestritten. So meinte bereits der Geograf Erastothenes im 3. Jh. v. Chr., man werde die Schauplätze der Odyssee erst finden, wenn man den Schuster gefunden habe, der den Schlauch für die widrigen Winde zusammennähte, den der Windgott Äolos dem Odysseus schenkte. Viele Altphilologen gehen heute davon aus, dass die 12 000 Verse der ›Odyssee‹ nicht von demselben Dichter stammen, der die ›Ilias‹ schrieb, manche setzen sogar mindestens zwei verschiedene Autoren für die Odyssee an. Mitunter wird sogar angezweifelt, dass es überhaupt eine historische Persönlichkeit namens Homer gab.

Fürs griechische Selbstverständnis ist Odysseus jedoch unverzichtbar. Auf ihn als Urvater beruft man sich in PR und Werbung, wenn man Griechenland als Seefahrernation darstellt. Und Ithaka ist in der griechischen Literatur und in griechischen Intellektuellenkreisen längst zu viel mehr geworden als einer kleinen, steinigen Insel im Ionischen Meer: Es steht symbolisch für das lang ersehnte Ziel nach den Irrfahrten des Lebens.

Gewichtige Gräber

Die Ionischen Inseln lagen in der Antike am Rande der griechischen Welt. Deswegen war es wichtig für die geografische Definition des griechischen Nationalstaats nachzuweisen, dass sie schon immer griechisch waren. Odysseus als Grieche ist ein erstes Mosaiksteinchen in der Argumentation. Noch handfester sind als zweites Glied in der Kette die Zeugnisse der Mykenischen Kultur (ca. 1500–1200 v. Chr.), der ersten Hochkultur auf dem europäischen Festland. Sie wurde unbestritten vom griechischen Stamm der Achäer auf dem Zákinthos vorgelagerten Peloponnes getragen, zu dem ja auch der Irrfahrer zählte. An mehreren Stellen auf den Inseln haben Archäologen Gräber und Grabbeigaben aus jener Epoche gefunden, so bei Kambí auf Zákinthos oder bei Tzanáta im Süden von Kefalloniá.

Erste Schritte

Lange nach dem Untergang des Mykenischen Reichs wurden die Inseln offenbar im 8. Jh. vom griechischen Stamm der Dorer neu besiedelt. So gründeten Auswanderer aus Korinth 734 v. Chr. das antike Kérkira (Korfu). Diese Emigranten traten schon bald in kriegerischen und kulturellen Wettstreit mit ihren Herkunftsstaaten. Weil man damit zeigen kann, dass sie keine ›pure Provinz‹ waren, sind die wenigen archäologischen Stätten der Ionischen Inseln und die spärlichen Fundobjekte in ihren archäologischen Museen so bedeutsam – insbesondere der Artemis-Tempel auf der Halbinsel Análipsi auf Korfu und die Skulpturen im Archäologischen Museum der Inselhauptstadt. Sie haben in archaischer Zeit, also im 7. und 6. Jh. v. Chr., entscheidende Wandlungen in der Kunst und Architektur eingeleitet, die zur Herausbildung der griechischen Klassik führten.

Eindeutig prägend

Den Durchschnittsgriechen interessieren Mykene und Archaik herzlich wenig. Für ihn ist eine ganz andere Geschichtsepoche prägend: die Zeit des Oströmisch-Byzantinischen Reichs vom 5. Jh. bis 1453. In diesen rund 1000 Jahren, in denen Konstantinopel die Metropole eines Weltreichs war, wurden die Grundlagen heutigen griechischen Denkens, Fühlens und Handelns gelegt. Immer eindeutiger besinnt man sich da-

Odysseus beim König der Phäaken auf Korfu, Vasenmalerei von etwa 560 vor Christi

rauf zurück. Vor Kirchen und Klöstern weht inzwischen fast überall neben der weiß-blauen griechischen Flagge die gelbe Flagge von Byzanz mit dem schwarzen Doppeladler. In den Kirchen, in denen die Sakralmalerei auf den Ionischen Inseln lange von westlichen Einflüssen dominiert war, kehrt man zur strengen byzantinischen Maltradition zurück. Und im einfachen Volk ist man sich sicher, dass Protestanten und Katholiken nicht in den Himmel kommen können. Den einfachen Grund dafür erfuhr ich von einem Kioskbesitzer in einem Bergdorf auf Léfkas schon zwei Minuten, nachdem ich über einen Zigarettenkauf mit ihm ins Gespräch gekommen war: Orthodoxe Christen werden beim heiligen Abendmahl mit Christus eins, weil sich in der orthodoxen Feier der Eucharistie Brot und Wein in Leib und Blut Christi verwandeln. In den Abendmahlsfeiern anderer Konfessionen aber bleibt Wasser Wasser und Wein Wein. Darum bleibe nicht orthodoxen Christen das Paradies verschlossen.

Öl für Venedig

Korfu und die Ionischen Inseln wurden schon im 13. Jh. aus dem Byzantinischen Reich herausgerissen und dann fast 600 Jahre lang von der Republik Venedig beherrscht. Byzanz, orthodoxer Glaube und orthodoxe Kirche aber waren stark genug, um eine eigene Identität zu bewahren. Die venezianische Herrschaft hatte für die Ionischen Inseln auch ihre guten Seiten. Venedig brauchte Öl für seine Lampen und Kochtöpfe, zwang die Insulaner, die vielen Olivenbäume anzupflanzen, die heuten noch die grüne Landschaft vor allem auf Korfu und seinen Trabanten prägen. Und es hielt die Osmanen fern: Außer dem so festlandsnahen Léfkas fiel keine andere Insel des Archipels jemals in türkische Hände. Das machte sie zum erstrebenswerten Exil für die künstlerische und intellektuelle Oberschicht des venezianischen Kretas nach dessen Eroberung durch die Osmanen 1669. Vor allem Korfu und Zákinthos wurden zu geistigen Drehscheiben zwischen Ost und West. Davon profitierte auch der 1830 neu geschaffene griechische Nationalstaat, dem die Ionischen Inseln erst 1864 beitreten durften. Erster Ministerpräsident des neuen Landes wurde der Korfiote Ioánnis Kapodístrias, den Text der griechischen Nationalhymne schrieb der Zakinther Dionísios Solomós.

Der britische Lord …

Als sich die Griechen 1821 gegen die osmanische Fremdherrschaft erhoben, hatte Europa gerade erst die Französische Revolution, die Napoleonischen Kriege und den Wiener Kongress hinter sich, der die bestehenden Monarchien noch einmal gestärkt hatte. Die revolutionären nationalstaatlichen Bewegungen in Europa wurden von den Herrschenden misstrauisch beobachtet, nach Möglichkeit in ihrem Bewegungsspielraum eingeschränkt. Insbesondere das offizielle Österreich und England betonten die legitimen Ansprüche des osmanischen Sultans auf Hellas, weil sie sowohl eine allgemeine Schwächung des monarchistischen Gedankens fürchteten als auch einen Machtzuwachs Russlands, das sich mit den orthodoxen Glaubensbrüdern in Griechenland verbinden könnte.

Umso größer war die Begeisterung bei Europas Liberalen und Revolutionären für den griechischen Freiheitskampf. Das Griechenland, das ihnen vor Augen stand, hatte allerdings nur wenig mit der Realität zu tun. Es war von humanistischer Bildung geprägt, von den Träumereien der Klassik.

Das bekam auch Lord Byron zu spüren, als er 1823 auf Kefalloniá griechischen Boden betrat. Er war als Beauftragter des Londoner Griechischen Komitees unterwegs, einer Vereinigung von Philhellenen, die den Freiheitskampf unterstützen wollten.

Der englische Dichter musste erfahren, dass die griechischen Freiheitskämpfer – ähnlich den griechischen Partisanen im Zweiten Weltkrieg – zutiefst zerstritten waren. In seinem Tagebuch notierte er: »Wer immer zum gegenwärtigen Zeitpunkt nach Griechenland hineingeht, sollte es so tun, wie Mrs. Fry nach Newgate hineinging: nicht in der Erwartung, irgendwelchen besonderen Anzeichen bestehender Rechtschaffenheit zu begegnen, sondern in der Hoffnung, dass die Zeit und eine bessere Handhabung die gegenwärtige Einbruchs- und Diebstahlsmentalität … bezwingen werde. Wenn die Gliedmaßen der Griechen ein bisschen weniger steif sind von den Beinschellen der vier Jahrhunderte [osmanischer Herrschaft], werden sie nicht mehr so sehr marschieren, als ob sie Fesseln an ihren Beinen hätten. Das Schlimmste an ihnen ist, dass sie … solch verdammte Lügner sind; solches Unvermögen zur Aufrichtigkeit hat man nicht gesehen, seit Eva im Paradies lebte.«

… und die protestantischen Götter

Nachdem Lord Byron im April 1824 auf dem griechischen Festland an Sumpffieber starb, ohne an Kampfhandlungen teilgenommen zu haben, und nachdem König Otto aus dem Hause Wittelsbach 1834 offiziell den griechischen Königsthron bestiegen hatte, trat in den städtischen Metropolen des griechischen Festlands die Rückbesinnung auf die griechische Antike ein. Die Sitten wurden verfeinert, die Architektur nahm die Formen des Altertums auf. Auf den Ionischen Inseln entstanden Rundtempel als Leuchtfeuer (Kefalloniá) und Wasserspeicher (Maitland's Rotunda in Korfu-Stadt), vor dem Palast in der Stadt Korfu ließ sich der britische Lord High Commissioner ein Marmordenkmal errichten, das ihn in römischer Toga zeigt. Wie wenig das einfache Volk an der Antikisierung teilnahm, zeigt eine Schilderung des deutschen Kaisers Wilhelm II., der auf Korfu mit dem Achíllion eine Osterresidenz besaß. Als er nach der Enthüllung der von ihm in Auftrag gegebenen, 10 m hohen Achilles-Statue die Bauern aus dem nächstgelegenen Dorf zur Besichtigung in seinen Schlosspark einlud, kamen die Frauen und Mädchen nach seinen eigenen Worten »im Sonntagsstaat mit Körben voll Blumen und bekränzten nach alter Weise den Sockel, an dem die an das Griechenvolk gerichtete Weihinschrift in Bronzebuchstaben angebracht war. Nachdem diese ihnen ins Neugriechische übersetzt worden war, schauten die braven Korfioten und Korfiotinnen bewundernd den Peliden lange von allen Seiten an … Als sie nun des Näheren examiniert wurden, ob sie wohl begriffen hatten, wer das sei, stellte sich heraus, dass man der Ansicht war, es sei ein ›Heiliger‹! Allerdings keiner von den ihren, die sähen ganz anders aus …«

Wer ist Perikles?

Meine griechischen Freunde und alle selbst ernannten Philhellenen mögen es mir verzeihen – aber manchmal mache ich einen ähnlichen Test. Dann frage ich einfache Hellenen: »Weißt Du, wer Perikles (neugriechisch Periklís) ist?« Nicht selten bekomme ich zur Antwort, er wohne zwei oder drei Häuser weiter die Straße runter. In antiken Vornamen für lebende Griechen ist die Antike im modernen Hellas noch mit am lebendigsten präsent. ■

Ein Baudenkmal aus byzantinischer Zeit: Kirche Iasónos ke Sossípatros auf Korfu

Reise durch Zeit & Raum

Griechische Randlage — Korfu und die Ionischen Inseln haben in der griechischen Geschichte stets eine Sonderrolle gespielt. Vor allem das nahe Italien hat den Archipel mitgeprägt.

Prähistorische Zeit

Ab 50 000 v. Chr.

Funde von Werkzeugen aus der Altsteinzeit belegen eine sehr frühe Besiedlung zumindest der Insel Korfu. Auf Kefalloniá und Zákinthos stammen die ältesten Siedlungsspuren aus der Mittleren Steinzeit (10 000–6000 v. Chr.).

Zum Anschauen:
Kykladen-Idole im Archäologischen Museum von Kérkira, Korfu, S. 27

Erste Hochkulturen

Ab 3000 v. Chr.–12. Jh. v. Chr.

Aus Anatolien wandern neue Völkerstämme nach Griechenland ein und besiedeln von Süd nach Nord vordringend auch die Ionischen Inseln. Sie bringen bereits Kenntnisse der Metallverarbeitung mit (Beginn der Bronzezeit). Überreste von Gräbern dieser Zeit sind bei Nidrí auf der Insel Léfkas zu sehen.

Indoeuropäische Völker dringen ab 2000 v. Chr. nach Griechenland vor und führen als neue Errungenschaft die Töpferscheibe ein.

Um 1500 v. Chr. entstehen auf dem Peloponnes mächtige Stadtstaaten wie Mykene und Tiryns, in denen sich eine erste Hochkultur auf europäischem Festlandsboden, eben die Mykenische Kultur, entfaltet. Sie strahlt in die gesamte Ägäis aus, löst auf der Insel Kreta die Minoische Kultur ab und breitet sich auch bis auf die südlichen Ionischen Inseln aus.

Nach dem Krieg um Troia, in dem die Träger der Mykenischen Kultur, die Achäer, nach zehnjährigem Kampf siegreich waren, erlischt die Mykenische Kultur im 12. Jh. v. Chr., die Paläste gehen in Flammen auf. Andere griechische Stämme, allen voran die Dorer, wandern aus dem Norden nach Mittel- und Südgriechenland ein.

Zum Anschauen:
Gut erhaltene Gräber aus dem 13.–11. Jh. beim Dorf Mazarakáta auf Kefalloniá

Unruhige Zeiten

9./8. Jh.–404 v. Chr.

Erst nach über zwei Jahrhunderten, der sogenannten ›Dunklen Zeit‹ (Dark Age), bilden sich erneut archäologisch erkennbare organisatorische Formen heraus, entstehen im 9. und 8. Jh. wieder neue Stadtstaaten in Hellas. Man nennt diese Zeit die ›Geometrische Epoche‹, denn in der Kunst sind einfache geometrische Formen als Motiv für Vasenmalereien beliebt. Gegen Ende dieser Epoche führen Überbevölkerung und Konzentration des Landbesitzes in den Händen weniger Adliger dazu, dass Siedler aus zahlreichen griechischen Stadtstaaten auswandern, um rund ums Mittelmeer und am Schwarzen Meer Kolonien zu gründen.

734 v. Chr. gründen Auswanderer aus Korinth auf Kérkira (Korfu) eine korinthische Kolonie. Sie wählen dafür die Halbinsel Análipsi unmittelbar südlich bei Kérkira. Die Polis nimmt dank ihrer Funktion als Zwischenstation für Schiffe auf dem Weg vom griechischen Kernland in die italienischen Kolonien einen schnellen Aufschwung.

Schon 70 Jahre nach Gründung der Kolonie kämpft Kérkira um mehr Unabhängigkeit und liefert der Mutterstadt Korinth die erste überlieferte Seeschlacht der Geschichte. Der Sieg macht sie zu gleichberechtigten Partnern in der griechischen Staatenwelt. Im Jahr 625 v. Chr. gründet Kérkira eine Kolonie beim heutigen Durres in Albanien.

Die Perser starten 10 Jahre nach einem ersten, bei Marathon gescheiterten Unternehmen im Jahr 490 v. Chr. einen zweiten Versuch, das griechische Festland zu erobern. In der Seeschlacht von Sálamis nahe Athen besiegen die Griechen die Perser und leiten damit die Glanzzeit ihrer Geschichte ein. Léfkas war an der Schlacht mit drei Schiffen beteiligt; Kérkira hatte sogar 50 Schiffe entsandt, die allerdings – wahrscheinlich absichtlich – erst nach dem Ende der Kampfhandlungen bei Sálamis eintrafen.

Im Peloponnesischen Krieg zwischen Athen und Sparta (431–404 v. Chr.) sowie deren jeweiligen Verbündeten wird Griechenland entscheidend geschwächt. Willkommener Anlass für den von Athen provozierten Krieg war ein Bündnis, das Athen 433 v. Chr. mit Kérkira gegen Korinth und den gesamten von Sparta beherrschten Peloponnesischen Bund schloss. Mit persischer Unterstützung siegten letztendlich die Spartaner.

Zum Anschauen:
Ausstellung Schloss Mon Repos, Korfu, S. 31

Superstars der Antike!?

338 v. Chr.–323 v. Chr.

Der makedonische König Philipp II. besiegt im August 338 v. Chr. in der Schlacht von Chaironeia die Athener und den Hellenischen Bund. Die griechische Stadtstaatenwelt wird damit de facto ein Teil des Makedonischen Königreichs.

Als Philipps Sohn Alexander (der Große), der Kleinasien und das Perserreich sowie Ägypten und weite Teile des Orients erobert hat, 323 v. Chr. stirbt, hinterlässt er ein Riesenreich, das seine Generäle nach zahlreichen Kriegen unter sich aufteilen. Die Ionischen Inseln werden zunächst von den makedonischen Königen beherrscht, später dann aber von den Illyrern (Albanien/Balkan) besetzt.

Zum Anschauen:
Butrint, S. 96

Die Römer kommen

229 v. Chr.–330 v. Chr.

Im 1. Römisch-Illyrischen Krieg unterwirft sich Kérkira kampflos dem Konsul Cn. Fulvius Centumalus. Im Verlauf der nächsten 40 Jahre eignen sich die Römer auch die übrigen Ionischen Inseln an.

In der Seeschlacht von Actium 31 v. Chr.nahe der Insel Léfkas besiegt Octavian, der spätere Kaiser Augustus, die Flotte seines Widersachers Antonius und der ägyptischen Königin Kleopatra und ebnet sich damit den Weg zur Macht. Kérkira behält seine alte Bedeutung als wichtiger Transithafen im Verkehr zwischen Italien und Griechenland. Zahlreiche berühmte Römer betreten den Boden der Insel, darunter Cato, Cicero, Sulla und die Kaiser Nero, Septimus Severus und Vespasian.

Die Hauptstadt des Römischen Imperiums wird nach Kleinasien an den Bosporus verlegt: Dort entsteht 330 Konstantinopel, das ›neue Rom‹ (heute Istanbul). In der Völkerwanderungszeit kommt es zur Reichsteilung, wobei die Ionischen Inseln an Ostrom, das spätere Byzantinische Reich fallen. Während das Weströmische Reich im Verlauf des 5. Jh. untergeht, betrachtet sich das Oströmische Reich als einzig legitimen Nachfolger. Seine Staatsbürger bezeichnen sich noch 1000 Jahre lang als Rhomäer, also als Römer.

Zum Anschauen:
Römische Thermen in Benítses, Korfu, S. 52

An Korfus Westküste thront hoch über dem Ionischen Meer die Ruine des Angelókastro: unter venzianischer Herrschaft die zweitwichtigste Festung.

Von Normannen und Venezianern
1081–1684

Zwischen 1081 und1185 überfallen die Normannen von Sizilien aus wiederholt die Inseln sowie Städte auf dem Peloponnes und in Nordgriechenland. Zákinthos und Kefalloniá werden in ihr Königreich Sizilien integriert. Einzig sichtbares Zeugnis aus jener Zeit sind die Ruinen einer normannischen Kirche bei Fiskárdo auf Kefalloniá, die wahrscheinlich über dem Grab des 1085 verstorbenen Normannenführers Robert Guiscard errichtet wurde.

Nachdem die Venezianer 1204 zusammen mit den Rittern des vierten Kreuzzugs Konstantinopel erobert haben, teilen sie, die Genuesen sowie die Franken (Franzosen) ganz Griechenland unter sich auf und gründen anschließend verschiedene Fürstentümer und Kleinreiche. Die Ionischen Inseln werden fortan von italienischen Adelsgeschlechtern regiert; der italienische Name Corfu (Korfu) für Kérkira bürgert sich ein.

Als erste Insel gerät Korfu 1386 unter venezianische Herrschaft. Venedig erobert 1482 auch Zákinthos, 1500 Kefalloniá und 1503 schließlich Itháki. Léfkas hingegen fällt 1467 in den Besitz des Osmanischen Reichs, das 1453 auch schon Konstantinopel erobert und damit das Byzantinische Reich endgültig zerstört hat.

In der Seeschlacht von Lepanto (1571) schlagen die in einer Flotte vereinigten Galeeren Spaniens, Venedigs und Siziliens die bislang seebeherrschende Flotte der Osmanen im Golf von Patras (Patra) nahe der unbewohnten Insel Oxiá. Der Vorstoß der Türken ins westliche Mittelmeer ist damit gestoppt. Schließlich wird 1684 auch Léfkas nach über 200-jähriger osmanischer Herrschaft venezianisch.

Zum Anschauen:
Rathaus in Kérkira, Korfu, S. 23, Festung in Bocháli, Zákinthos, S. 194

Spielball der Mächte
1797–1815

Napoleon besetzt 1797 Venedig und kurz darauf die Ionischen Inseln.

Eine russisch-türkische Armee vertreibt 1798/99 die napoleonischen Truppen zunächst wieder und die Ionischen Inseln werden unter dem Protektorat Russlands und des Osmanischen Reichs zu einer unabhängigen Republik der Sieben Inseln und damit zum ersten nicht von fremden Herrn verwalteten Teil Griechenlands. Doch nur wenige Jahre später fallen sie durch den Vertrag von Tilsit (1807) erneut an Frankreich, doch nur zwei Jahre später erobern die Briten den Archipel bis auf Léfkas, das erst 1811 britisch wird. Der Wiener Kongress von 1815 wiederum spricht den Ionischen Inseln die Unabhängigkeit zu. Tatsächlich regiert aber ein britischer Lordhochkommissar mit Sitz auf Korfu.

Zum Anschauen:
Listón-Arkaden in Kérkira, Korfu, S. 21

Auf dem Weg zur Unabhängigkeit

1821–1912

Griechische Freischärler erheben sich gegen die türkische Herrschaft und erkämpfen für den Peloponnes, Attika und Böotien, die Nördlichen Sporaden und die Kykladen die Unabhängigkeit. Zum ersten König des neugriechischen Staats bestimmen Briten und Franzosen den Wittelsbacher Otto I., einen Sohn des Bayernkönigs Ludwig I. Er regiert bis 1862, wird dann aber gestürzt und durch den von den Briten vorgeschlagenen König Georg I. aus Dänemark ersetzt. Großbritannien gestattet 1864 den Anschluss der Ionischen Inseln an Griechenland.

In mehreren Kriegen gegen das Osmanische Reich und gegen Bulgarien erweitert Griechenland sein Staatsgebiet zu den heutigen Grenzen (mit Ausnahme der Inseln des Dodekanes, die 1912 an Italien fallen und erst 1947 griechisch werden).

Zum Anschauen:
Énosis-Denkmal, Esplanade in Kérkira, S. 21

Der Zweite Weltkrieg und die Folgen

1941–74

Im Zweiten Weltkrieg werden Korfu und die Ionischen Inseln zunächst von italienischen Truppen besetzt. Nach dem Waffenstillstand, den die Italiener am 8. Sept. 1943 unter Marschall Badoglio mit den Alliierten schließen, übernehmen die Deutschen in schweren Kämpfen deren Stellungen. Nach der Kapitulation der Italiener werden mehrere tausend gefangene italienische Soldaten von Wehrmachtstruppen massakriert. Der Griechische Bürgerkrieg (1944/45 und 1946–49) zwischen den von Amerikanern und Briten unterstützten königstreuen Truppen und kommunistischen Partisanen fordert mehr Opfer als die Kämpfe des Zweiten Weltkriegs.

1953 verwüstet ein schweres Erdbeben die Insel Zákinthos und richtet auch auf Léfkas, Itháki und Kefalloniá schwere Schäden an.

Zum Anschauen:
Monumento caduti auf Kefalloniá, S. 146

Militärdiktatur

1967–74

Während der Militärdiktatur werden tausende Linke auf KZ-Inseln inhaftiert, viele fliehen nach Westeuropa. Nach dem Sturz der Junta über den Zypernkonflikt wird die Monarchie durch Volksabstimmung abgeschafft und die Republik (Ellinikí Dimokratía) ausgerufen. Erstmals entsteht in Griechenland eine stabile Demokratie westlicher Prägung.

Zum Anschauen:
Weißes Kreuz bei Kambí, Zákinthos, S. 207

Hellas und Europa

1981

Griechenland wird Vollmitglied in der Europäischen Gemeinschaft (EG). Die sozialdemokratische Partei PASOK unter Andréas Papandréou übernimmt die Regierung von der konservativen Néa Dimokratía (ND) und leitet viele gesellschaftliche Reformen ein. Nach 1990 wechseln sich die beiden großen Parteien mehrfach in der Regierung ab, ohne dass große Unterschiede im politischen Handeln erkennbar werden. Korruption und Vetternwirtschaft sind weit verbreitet.

Am 1. März 2002 löst der Euro die Drachme als Landeswährung ab.

Zum Anschauen:
Nationalparkhaus auf Zákinthos, S. 202

Die große Krise

seit 2009–2019

Griechenland-Krise. Die neu gewählte PASOK-Regierung offenbart, dass das Haushaltsdefizit nicht wie zuvor von der konservativen Regierung behauptet bei 6, sondern bei über 12 % des Bruttoinlandsprodukts (BIP) liegt. Daraufhin verliert Griechenland seine Kreditwürdigkeit auf dem Finanzmarkt. EU, EZB und IWF springen in die Bresche und gewähren Kredite. Als Gegenleistung zwingen sie Griechenland zu Renten- und Gehaltskürzungen, Erhöhung des Renteneintrittsalters, Steuererhöhungen, Entbürokratisierung, Privatisierung von Staatsbetrieben und tiefen Einschnitten ins soziale Netz. Auch eine 2012 gebildete Große Koalition zwischen PASOK und Néa Dimokratía sowie die 2015 gewählte Regierung unter Führung von Aléxis Tsípras vom Linksbündnis SYRIZA muss sich entgegen anderer Wahlversprechen diesem Diktat beugen. Die Arbeitslosigkeit steigt zeitweise auf über 25 %, die Jugendarbeitslosigkeit sogar auf über 50 %. Immer mehr Griechen leben unter der Armutsgrenze, Schulen und Krankenhäusern fehlen die Betriebsmittel.

14 Flughäfen, die Container-Terminals von Piräus und Thessaloniki, die zuvor staatliche Telekommunikationsgesellschaft OTE, die Staatseisenbahnen, Banken und vieles mehr sind inzwischen privatisiert; Hauptanteilseigner sind deutsche, chinesische, französische und italienische Unternehmen (u. a. FRAPORT, Telekom, Cosco, Ferrovie dello Stato Italiane). Griechenland wird wieder kreditwürdig, ein wirtschaftlicher Aufschwung liegt aber noch in weiter Ferne. Renten und Gehälter bleiben niedrig, Steuersenkungen sind nicht geplant. Der internationale Tourismus wird zum wichtigsten Hoffnungsträger.

Aus Neuwahlen am 7. Juli 2019 geht die konservative Néa Dimokratía als Sieger hervor. Sie erringt 158 der 3000 Sitze im griechischen Parlament. Die neofaschistische Chrissí Avgí scheitert an der Dreiprozent-Hürde. Premierminister wird Kyriákos Mitsotákis, der einer einflussreichen Politikerdynastie entstammt, die schon mehrere Ministerpräsidenten stellte. Er macht eine durch Tsípras eingeleitete stärkere Trennung von Kirche und Staat umgehend rückgängig und schlägt einen kapitalfreundlichen Wirtschaftskurs ein.

Zum Anschauen:
Djam (2018, Film von Tony Gatlif)

Corona-Jahre

2020/21

Am 26. Februar 2020 verzeichnet Griechenland den ersten Corona-Fall, am 23. März wird der erste Lockdown verhängt. Bis zum 30. Juni 2020 ist nur noch der Athener Flughafen für den internationalen Verkehr geöffnet. Erst vom 1. Juli 2020 an dürfen wieder Ferienflieger aus dem Ausland auf Korfu und anderen griechischen Inseln landen. 2021 läuft für die Tourismuswirtschaft sehr viel besser, die Vor-Corona-Zahlen an Besuchern werden fast wieder erreicht. Bis zum Redaktionsschluss Ende November 2021 zählte Griechenland etwa 17 500 Corona-Tote. Die Zahl der Infizierten belief sich bis dahin auf etwa 880 000 Menschen, die Quote der vollständig Geimpften bei 63 %. Detaillierte Zahlen für einzelne Inseln oder Regionen wurden nicht veröffentlicht.

»Corellis Mandoline«

Mehr als ein Film — Bis zum Sommer 2000 hatte kaum jemand das Monumento Caduti auf Kefalloniá gekannt. Ein Hollywoodfilm hat das geändert. Dadurch sind die deutschen Kriegsverbrechen auf der Insel stärker ins Bewusstsein der Öffentlichkeit gerückt.

Im Sommer 2000 rückten 700 Filmleute aus dem fernen Kalifornien an, um auf Kefalloniá an Originalschauplätzen für 47 Mio. US-Dollar 14 Wochen lang den Bestseller »Corellis Mandoline« des englischen Autors Louis de Bernières zu verfilmen. John Madden (»Shakespeare in love«) führte Regie, Nicholas Cage und Penelope Cruz übernahmen die Hauptrollen.

Das griechische Militär stellte Truppen und Material im Wert von 2 Mio. US-Dollar für die Schlachtszenen zur Verfügung, wochenlang waren ganze Strände wie der Andísamos Beach und Dörfer für Normalurlauber gesperrt. Im kleinen Hafenstädtchen Sámi wurde die Inselhauptstadt Argostóli im Stil der 1940er-Jahre als Kulisse nachgebaut. 18 Geschäfte und Tavernen mussten dafür mitten in der Hauptsaison schließen, wurden freilich fürstlich dafür entschädigt.

Die großen Stars aus Hollywood bekamen die Einheimischen freilich kaum zu Gesicht: Sie zogen sich in ihrer freien Zeit stets sogleich in ihre extra angemieteten Luxusvillen zurück.

Sámi diente in »Corelli's Mandoline« als Kulisse für das alte Argostóli.

Mussolini und Lanz

Film und Buch erzählen weit mehr als nur eine romantische Liebesgeschichte zwischen einer jungen Einheimischen und einem italienischen Offizier während des Zweiten Weltkriegs. Geschichte wird lebendig: Die Ionischen Inseln waren bis September 1943 von italienischen Truppen besetzt. Nach Mussolinis Sturz und dem italienischen Waffenstillstand mit den Alliierten übernahmen deutsche Truppen nach heftigen Bombardierungen die Kontrolle über die Inseln. Auf Kefalloniá landeten deutsche Fallschirm- und Gebirgsjäger. Die italienischen Soldaten der ›Divisione

Am Monumento Caduti auf Kefalloniá wird der Opfer deutscher Kriegsverbrechen gedacht.

Acqui‹ ergaben sich ihnen. Trotzdem ließ der kommandierende General des XXII. Gebirgskorps, Hubert Lanz, über 5000 bereits entwaffnete Italiener erschießen. An diese Opfer erinnert das Monumento Caduti auf der Halbinsel Lási bei Argostóli. Die Angehörigen des Gebirgskorps hatten bei ihren jährlichen Traditionstreffen in Mittenwald stets ausgeprägte Gedächtnislücken.

General Hubert Lanz wurde in den Nürnberger Kriegsverbrecherprozessen 1947 zu milden zwölf Jahren verurteilt, war aber schon 1951 wieder ein freier Mann. Spätere Ermittlungen der Dortmunder Staatsanwaltschaft gegen einige der Hauptverantwortlichen wurden 1965 auf Druck von Soldatenverbänden und der deutschen Bundesregierung eingestellt. Man wollte ›das eigene Nest nicht beschmutzen‹. 2002 nahm die Dortmunder Oberstaatsanwaltschaft erneut Ermittlungen auf. Wegen des inzwischen hohen Alters der letzten Beteiligten kam es zu keiner Verurteilung, Ende 2007 wurde das letzte Verfahren gegen einen damaligen deutschen Leutnant eingestellt.

Bruderkrieg

Ein Nebenthema in Buch und Film sind hingegen die griechischen Partisanenbewegungen auf dem griechischen Festland, denen sich auch viele Bewohner der Ionischen Inseln anschlossen.

Es gab zwei Partisanenverbände: einen bürgerlichen und einen kommunistischen. Beide stritten schon im Zweiten Weltkrieg miteinander, bekämpften sich seit 1944 mit Waffengewalt in einem bis 1949 dauernden Bürgerkrieg, der mehr Opfer forderte als der Zweite Weltkrieg. Davon zeugt auf der Insel Zákinthos ein Kreuz an der Steilküste bei Kambí. Über den Bürgerkrieg spricht heute in Griechenland fast niemand mehr, an den Schulen ist er kaum ein Thema. Auch hier will man ›das eigene Nest nicht beschmutzen‹. ■

Dem Himmel ganz nah

Immer gut beschützt — so fühlen sich viele Griechen durch ihre Heiligen. Das komplizierte theologische Gerüst, das sich seit 1200 Jahren um Ikonen und Wandmalereien rankt, kennen allerdings viele gar nicht. Aber auch ihnen hilft der (Aber-) Glaube, sich im irdischen Leben sicherer zu fühlen.

Spíros, Gastronom in Korfu-Stadt, geht nur Ostern in die Kirche. Aber am 20. Juli eines jeden Jahres bleibt sein Lokal geschlossen, weil er das Kirchweihfest des Propheten Ilías besuchen muss. An einem 20. Juli hatte er nämlich vor etlichen Jahren einen schweren Verkehrsunfall, den er seiner Meinung nach durch ein Wunder nahezu unversehrt überlebte. Für ihn steht fest: Der an diesem Tag diensthabende Heilige, eben der Prophet Ilías, hatte ihn beschützt. Und darum fährt er zu seinem Fest, küsst seine Ikone, zündet ihm Kerzen an.

Wunderglaube

Griechenlands orthodoxe Christen sind keine Polytheisten wie ihre antiken Vorfahren. Aber wohl stärker als in anderen christlichen Konfessionen glauben sie an Wunder und das stete Eingreifen von Heiligen ins Leben der Menschen. So wie den antiken Göttern und modernen Ministern bestimmte Ressorts zugeteilt waren bzw. sind, sind auch die Aufgaben unter den Heiligen verteilt. Die hl. Paraskeví hilft bei Augenleiden, der hl. Nikólaos schützt Kinder, Fischer und Seeleute, der hl. Christóphoros die Reisenden. Im 20. Jh. neu gekürte Heilige nehmen Aufgaben wahr, die man in früheren Zeiten nicht kannte: So wird inzwischen jeder zweite Kirchenneubau im Lande dem hl. Raffaíl geweiht, der sich seit der wundersamen Auffindung seiner Gebeine 1959 um die Krebskranken kümmert. In keiner Kirche fehlt seine Ikone, die ihn zusammen mit dem Neomärtyrer Nikólaos und einem kleinen Mädchen namens Iríni zeigt.

Ikonen und Wandmalereien erfüllen in orthodoxen Kirchen eine andere Funktion als Kunstwerke in anderen Kirchen. Sie sind der Versuch, den Himmel auf die Erde zu holen. In den Ikonen ist der Heilige nicht profan-körperlich präsent, wohl aber auf mystische Weise spirituell. Deswegen können Ikonen Wunder bewirken, und deswegen werden sie so verehrt. Sie verbinden den Menschen mit jener anderen Welt. Deswegen werden die Bilderwände in den Kirchen – im Westen Ikonostasen, in Griechenland *témplon* genannt – nicht als Trennwände zwischen Altarraum und Gemeinderaum empfunden, sondern als Brücken: Die an ihr angebrachten Ikonen leiten sichtbar in die unsichtbare wahre Welt über, von der die uns verständliche Welt nur ein winziger Ausschnitt ist. Weil der Heilige in seiner Ikone stets gegenwärtig ist, wird er in Form seiner Ikone bei Prozessionen durch die Gassen, über Felder und in Olivenhaine getragen: Er soll sie an Ort und Stelle segnen.

Nun gibt es nicht nur Heiligenikonen, sondern auch solche, die biblische Ereignisse darstellen. Im Westen werden szenische, meist in Form von

Freskenzyklen präsente Illustrationen zumindest heute als eine Art ›Armenbibel‹ interpretiert, die dem einfachen Volk fromme Geschichten erzählen sollte. In der Ostkirche vergegenwärtigen sie ewige Wahrheiten, keine singulären historische Ereignisse. Bei der Darstellung Jesu Geburt ist nicht wichtig, dass der Gottessohn einmal geboren wurde, sondern dass durch seine Geburt der Tod überwunden ist (weswegen die Geburt auf Ikonen auch nicht in einem Stall als sozialromantische Kulisse, sondern in einer dunklen Höhle als Symbol des Todes stattfindet). Die Auferstehung Jesu wird in der Ostkirche in Form der Höllenfahrt Jesu gezeigt, bei der er Adam und Eva stellvertretend für die ganze Menschheit vom Tode erlöst: Wichtig ist nicht, dass Jesus einmal auferstanden ist, sondern dass er damit uns Menschen ein immerwährendes Versprechen gibt.

Durch Ikonen und Wandmalereien können also Heilige gleichzeitig an allen Orten der Erde und bei Gott sein. Zugleich erheben sie scheinbar singuläre Ereignisse in den Stand überall und immer geltender Wahrheiten. Zeit und Raum gelten nichts. Materielles bedeutet nichts: Es ist unwichtig, ob eine Ikone 1000 Jahre alt oder neu ist, ob sie mit Ei-Tempera und Blattgold oder mit Wasserfarben gemalt wurde. Fehlt das Geld für gemalte Ikonen, sind billige Drucke Ersatz genug. Ich habe schon Gläubige gesehen, die 3D-Postkarten mit Marienbildnis so inständig küssten wie 1000 Jahre alte Marienikonen – die Materie zählt eben nichts. ■

WEITERLESEN

Die beste kurzgefasste Darstellung über das Verständnis der Ikonen in der Ostkirche hat der evangelische Theologieprofessor Helmut Fischer geschrieben. Es ist als preiswertes Insel-Taschenbuch unter dem Titel »Die Welt der Ikonen« erschienen.

Ikonen, Heiligenbilder, sind in jeder griechisch-orthodoxen Kirche, aber auch in Tavernen und Privatwohnungen zu finden.

Der verstaatlichte Papás

Hat nicht geklappt — Der linke Premier Aléxis Tsípras wollte 2019 die engen Beziehungen zwischen Staat und Kirche entflechten. Dann verlor er die Wahl und der neue konservative Ministerpräsident Mitsotákis stellte die unheilige Liaison sofort wieder her.

Papás, Vater, werden sie genannt, in der Mehrzahl Papádes – die Priester der griechisch-orthodoxen Kirche. Sie Pope zu nennen, klingt dagegen abfällig, daher meidet man das Wort besser.

Geld vom Staat

Die griechisch-orthodoxen Priester sind in griechischen Städten und Dörfern allgegenwärtig. Auffallend durch ihre langen dunklen Gewänder und die hohe, schwarze Kopfbedeckung, *kalamáfki* genannt, trifft man sie überall und vor allem auf dem Dorfplatz und im Kafenío an. Im eigenen Haus darf der Papás die vor allem bei der Landarbeit recht unbequeme Tracht ablegen und zivile Kleidung tragen – draußen geht er nie ohne. Sein Kinn ziert, ob alt oder jung, ein kräftiger Vollbart. Seine Haare sind entweder kurz geschnitten oder aber – wesentlich häufiger – lang und im Nacken zu einem kleinen Knoten zusammengebunden.

Erst während der Amtszeit des sozialdemokratischen Ministerpräsidenten Andréas Papandréou in den 1980er-Jahren wurde der Lebensunterhalt der Papádes durch ein geregeltes Einkommen, das der Staat ihnen zahlt, gesichert. Es beträgt heute etwa 800 steuerpflichtige Euro monatlich. Im Gegenzug musste die Kirche dafür dem Staat zahlreiche Ländereien abtreten. Eine Kirchensteuer wie in Deutschland ist in Griechenland hingegen unbekannt, weshalb es auch kaum Kirchenaustritte gibt.

In früheren Zeiten waren die Papádes oft weit ärmer als viele ihrer Gemeindemitglieder, verfügten sie doch lediglich über Einkünfte aus den Spenden bei Taufen, Hochzeiten und Beerdigungen oder den offiziell auf den Namen ihrer Frau laufenden Betrieb einer Taverne oder eines Ladens. Wenn diese für das tägliche Leben nicht ausreichten, musste der Priester Landarbeit verrichten.

Ehe erwünscht

Griechische Papádes dürfen nicht nur, sie sollen sogar vor ihrer Priesterweihe heiraten. Sie dürfen sich dann allerdings weder scheiden lassen noch nach dem Tod der ersten Frau eine zweite Ehe eingehen. Lediglich der höhere Klerus, die Mönche der orthodoxen Kirche und ihre Bischöfe unterliegen dem Zölibat.

Das Bildungsniveau der älteren Priester ist zumeist sehr niedrig, denn die Anforderungen an ihre Schulbildung waren bis in die 1970er-Jahre äußerst gering. Die meisten Dorfpriester hatten nur sechs Jahre lang die Grundschule besucht und anschließend als Diakon in der Kirche mitgewirkt, bevor sie die Priesterweihe empfingen. Das ist seit den 1980er-Jahren anders geworden.

Voraussetzung zur Priesterweihe sind heute das Abitur sowie entweder der einjährige Besuch eines Vorbereitungskurses und ein anschließendes vierjähriges Theologiestudium an der Universität oder der vierjährige Besuch eines Priesterseminars.

Priesterlicher Alltag

Der Tag beginnt für viele Dorfpriester gegen 6 Uhr morgens mit der Feldarbeit. Außer an den häufigen Feiertagen zelebriert er jeden Samstag um 18 Uhr einen halbstündigen und jeden Sonntagmorgen einen etwa zwei- bis dreistündigen Gottesdienst. Immer öfter müssen die Dorfpriester jetzt auch Nachbarorte geistlich mitversorgen, da insbesondere in den sterbenden Dörfern auf den Inseln die alten Papádes nicht mehr ersetzt werden können. Zusätzlich sind dann noch Taufen, Trauungen und Beerdigungen zu erledigen – da gibt es immer etwas zu tun.

Daneben kümmern sich die meisten Dorfpriester auch intensiv um das Wohlergehen ihrer Gemeinde, von der sie im Gegensatz zu anderen Mitbewohnern des Dorfes fast immer mit ›Sie‹ angesprochen werden. Das Haus des Papás steht Besuchern jederzeit offen. Sie werden vom Priester oder seiner Frau mit Kaffee, Süßigkeiten oder auch Oúzo und Wein bewirtet, wenn sie nicht sogar am Essen teilnehmen. Zumindest am Abend besucht der Priester wie alle Männer im Dorf die Taverne oder das Kafenío. Er darf zwar keiner politischen Partei angehören, aber das Mitschwadronieren lässt er sich nicht nehmen. Nebenbei sieht sich der Papás mit seiner Gemeinde das Fernsehprogramm an, das immer wieder neuen Diskussionsstoff liefert. Sollte er Familie haben, muss er sich um diese keine Sorgen machen, denn die ist, genau wie er, vor dem Fernseher bestens aufgehoben. ■

Reden über Gott und die Welt: Im Kafenío trifft sich überwiegend die männliche Dorfgemeinschaft. Da gehört der Papás dazu.

Naturschutz – woran es in Hellas noch hapert

Es tut sich was, wenn auch langsam — Vor allem wegen der Meeresschildkröten wurde der Meeresnationalpark von Zákinthos gegründet. Doch auf den Ionischen Inseln gibt es sehr viel mehr Natur, die geschützt werden muss. Und auch Haustiere brauchen oft Hilfe.

Jahrhundertelang gejagt, gibt es inzwischen Bestrebungen, die vom Aussterben bedrohte Mönchsrobbe zu schützen.

Die Natur hat es in Griechenland vielleicht noch ein wenig schwerer als anderswo in Europa, sich gegen die vermeintlichen Interessen der Menschen zu schützen. Noch sind Tier- und Naturschutz in Hellas kaum diskutierte Themen, eine grüne Fraktion gibt es im griechischen Parlament nicht. Doch es sind Fortschritte zu verzeichnen.

Der Meeresnationalpark

Der Franzose Laurent ist einer von vier hauptberuflichen, festangestellten Mitarbeitern im Management des Meeresnationalparks auf Zákinthos. Jahrzehntelang hatten Naturschützer aus aller Welt für seine Einrichtung gekämpft. Seit 1999 bilden nun elf Prozent der Landmasse von Zákinthos und fast 90 km² Meeresfläche Griechenlands ersten Nationalpark überhaupt, der nicht nur auf dem Papier besteht, sondern vor Ort von einem hoch qualifizierten Team geführt wird.

Den Kern des Nationalparks bildet die weite Bucht von Laganás im Süden der Insel. Ihre Sandstrände sind in Europa der bedeutendste Eiablegeplatz der *Caretta caretta,* auf Deutsch ›Unechte Karettschildkröte‹ genannt. Diese Meeresschildkröten werden bis zu 1,50 m lang und stehen unter strengem Artenschutz. Ab März schwimmen sie in der Bucht und paaren sich. Ab Juni kommen sie bis zu dreimal im Schutz der Nacht an die Sandstrände, schaufeln Nester von 50–100 cm Tiefe und legen darin jeweils rund 100 Eier ab, jedes von der Größe eines Tischtennisballs. Sie glätten danach den Sand mit ihren schweren Leibern so, dass ihr Gelege nicht auffällt, und verschwinden wieder im Meer. 2020 wurden an den Stränden gut 1800 solcher Nester gezählt.

Sieben bis acht Wochen nach der Eiablage entschlüpfen die Jungen dann wiederum nachts ihren Eiern und streben zumeist zielsicher dem Meer zu. Als Orientierung dient ihnen dabei wahrscheinlich die Reflektion des Sternenhimmels. Gefahr droht den Jungtieren inzwischen kaum noch von natürlichen Feinden wie Füchsen und Raben, da die von der Insel verschwunden sind – nur ein paar Möwen sehen sie noch als Beute an. Der wirkliche Feind war bisher der Mensch. Touristen, die Sonnenschirme in den Sand steckten, konnten damit Gelege zerstören. Motorboote in der Bucht vertrieben die Muttertiere. Die Lichter von Tavernen und Hotels am Strand und Touristen mit Taschenlampen sorgten bei den schlüpfenden Jungtieren für Desorientierung. Sie fanden das Meer nicht und vertrockneten am Tag in der Sonne.

Mehr als nur das Meer

Der Meeresnationalpark schuf die rechtliche Grundlage zum Schutz der Tiere. Er ist in drei Zonen unterteilt. In die Kernzone darf kein Mensch unerlaubt eindringen. Es handelt sich dabei vor allem um den Sekánia Beach, an dem über die Hälfte aller jährlich 1000–2000 Muttertiere ihre Eier ablegt. In den beiden anderen Zonen ist eine eingeschränkte touristische Nutzung erlaubt: In Zone II und III dürfen Motorboote bis zu 6 Knoten schnell fahren, in Zone II aber nicht ankern. In Zone II ist es untersagt, die Strände bei Dunkelheit zu betreten.

Außerdem gelten unterschiedliche Bauvorschriften für beide Zonen. Für die Strände in Zone II erteilt die Nationalparkverwaltung die Genehmigung zur stark limitierten Aufstellung von Liegestühlen und Sonnenschirmen; im Vor-Corona-Jahr 2019 hatten die Vermieter pro Sonnenschirm ca. 250 € Gebühren zu entrichten. Die Überwachung der Vorschriften ist noch ein Problem: Vor allem hat der griechische Staat noch immer keine gesetzliche Grundlage für die Bestrafung von Übertretungen geschaffen. So können Hafenpolizei und

Küstenwache gegen Temposünder in der Bucht von Laganás bisher keine Bußgelder verhängen.

Nationalparkmanager Laurent sieht die Aufgabe des Nationalparks aber längst nicht mehr nur im Schutz der Meeresschildkröten. Ihm und seinen Kollegen ist es wichtig, die gesamte Land- und Wasserfläche als schützenswertes Biotop zu begreifen und in der Öffentlichkeit darzustellen, denn sie birgt auch seltene Pflanzen und geologische Formationen.

NROs kontrollieren

Besonders wichtig ist den Nationalparkmanagern die Kontrolle der Nichtregierungsorganisationen (NROs), die sich für den und im Nationalpark engagieren. 40–60 Freiwillige aus aller Welt sind im Sommer für Archelón, die griechische Sea Turtle Protection Society, gleichzeitig im Einsatz. Archelón kümmert sich schon seit 1983 um den Schutz der Meeresschildkröten und betreibt zahlreiche Informationsstände, an denen Touristen über die Tiere und das richtige Verhalten an den Stränden und im Wasser informiert werden. Ihre Hilfe ist weiterhin willkommen, ihre Aktivitäten müssen jetzt aber mit der Nationalparkverwaltung abgestimmt werden.

Eine zweite Naturschutzorganisation ist im Bereich des Nationalparks ebenfalls mit Freiwilligeneinsätzen aktiv: Earth, Sea & Sky. Einige ihrer Ziele stehen aber im Gegensatz zu denen der Offiziellen: So sammeln sie Geld für die Schaffung einer Station, in der ein Teil der frisch geschlüpften Tiere seine ersten Lebensjahre in Sicherheit verbringen kann.

Laurent hält davon ebenso wenig wie von anderen Eingriffsmöglichkeiten des Menschen: Nester zu verlegen oder einzuzäunen oder die frisch geschlüpften Tiere sogar ins Wasser zu tragen. Mehr Geld hätte er hingegen gern zur Ausrüstung von Muttertieren mit Sendern.

M

DER MEERESNATIONALPARK IM INTERNET (ENGLISCHSPRACHIG)

www.nmp-zak.org: Website der Nationalparkverwaltung
www.archelon.gr: Website der privaten Sea Turtle Protection Society
www.earthseasky.org: Website der privaten Naturschutzorganisation Earth, Sea & Sky

Andere Natur- und Tierschutzorganisationen
www.archipelago.gr
www.corfu-donkeys.com
www.zawf.gr: Tierschutzorganisation auf Zákinthos
www.kefalonia-animal-trust.org

Mönchsrobben und Esel

Eine zweite vom Aussterben bedrohte Tierart im Mittelmeer ist die Mönchsrobbe *Monachus monachus*. Sie kommt in Hellas vor allem im Meeresnationalpark um die Sporadeninsel Alónissos und im Gebiet um Kefalloniá vor. Auch in den Meeresgrotten von Zákinthos geht sie manchmal auf Jagd, nistet hier aber anscheinend nicht. Ihrem Schutz hatte sich in den 1980er- und 1990er-Jahren die heute in der Ostägäis tätige private Organisation Archipélagos verschrieben. Ihr wesentliches Verdienst war es, den lokalen Fischern deutlich zu machen, dass die täglich bis zu 12 kg Fisch verschlingenden Robben trotzdem keine Feinde des Menschen sind und nicht getötet werden dürfen.

Noch viel weniger Sinn für das Lebensrecht von Tieren haben die meisten Hellenen, wenn es um Katzen, Hunde und Esel geht. Inzwischen gibt es auf allen größeren Inseln zwar Tierschutzorganisationen, diese werden aber meist von auf den Inseln lebenden Ausländern getragen. Für kranke, verwundete und altersschwache Esel ist auf Korfu zum Beispiel eine Engländerin der Rettungsanker. Sie arbeitet mit einem Tierhändler zusammen. Der ist besonders erfolgreich, seitdem er Bauern offerieren kann, nutzlos gewordene Tiere kostenlos zu ›entsorgen‹: Er bringt sie zu ›Donkey Rescue‹.

Hauptsache Sonne

Seitdem auch Ausländer problemlos Haus- und Grundbesitz in Griechenland erwerben können, ist auch auf den Ionischen Inseln ein Bauboom ausgebrochen. Manchmal werden Küstengemeinden mit Apartments und Villen überzogen so wie Barbáti auf Korfu, manchmal stehen die Villen hoch oben an Berghängen oder an schwer zugänglichen Buchten. Die Villen mögen schön sein, aber die eigens für sie geschaffenen Zuwegungen verschandeln das ganze Landschaftsbild. Siedlungen wie die in Barbáti stehen zehn Monate im Jahr fast leer und sorgen für den Eindruck einer Geisterstadt.

Häusermakler gibt es auf allen Inseln in großer Zahl. Eine spezielle Ausbildung benötigen sie auch hier nicht, Freundlichkeit und gute Englischkenntnisse genügen meist für geschäftlichen Erfolg. Die meisten Hauskäufer kommen aus Großbritannien und Irland. Dort gibt es das meiste Wohneigentum in privater Hand, dort sind die Hauspreise seit Jahren hoch. Viele Ältere verkaufen ihr ›Home‹ im kühlen Norden, lassen sich auf den Inseln nieder, bessern mit der Differenz aus Verkaufspreis ihres britischen oder irischen Hauses und dem Kaufpreis des neuen in Griechenland noch ihre Alterseinkünfte auf. Judy und George zum Beispiel, die ich in einem Café auf Korfu kennenlernte. Sie hatten Anfang des Jahrtausends zusammen mit ihrem Schwager

Ein Ferienhaus an der Sonne

eine Immobilienmesse in Dublin besucht. Die Fotos und Videos von Korfu und die dort angebotenen Häuser gefielen ihnen auf Anhieb. Sie kauften zwei, ohne jemals in ihrem Leben zuvor in Korfu oder auch nur in Griechenland gewesen zu sein.

Eine neue Qualität hat der Grunderwerb durch Ausländer durch die Krise erhalten. Auf Meganísi hat ein Lord Rothschild Ländereien erworben. Die einstige Onássis-Insel Skórpios ist in russischen Besitz übergegangen. Ein arabischer Emir hat 17 unbewohnte Inseln im Ionischen Meer gekauft – eine für jeden seiner Söhne von Hauptfrauen. Ein unter heftigen Bevölkerungsprotesten erlassenes Gesetz macht den Grundstückskauf durch Superreiche und ausländische Großinvestoren in Hellas noch attraktiver: Die bisherige Regelung, dass alle Strände öffentlich zugänglich sein müssen, wurde aufgehoben. Damit drohen Verhältnisse wie an einigen deutschen Binnenseen. ■

Opfer der Angst

Sandotter & Co. — Für viele gehören sie in den Gruselfilm: Schlangen, Skorpione und Echsen. Benny Trapp ist hingegen von Reptilien und Amphibien fasziniert und weiß sehr viel Interessantes über die in Griechenland vorkommenden Vertreter dieser Arten zu erzählen.

Schlangen und Landschildkröten bekommt der Reisende auf den Ionischen Inseln meist nur tot zu Gesicht. Vor allem im Frühjahr liegen sie überfahren auf den Straßen.

Gegen die Vorurteile

Die meisten Griechen haben eine völlig unbegründete Furcht vor allem, was kriecht, und tragen zur Ausrottung vieler solcher Tierarten bei. Benny Trapp, Naturfotograf und wohl bester Kenner der Reptilien und Amphibien Griechenlands, will ihnen hier diese Angst nehmen.

Vielköpfige Ungeheuer

Wie so oft ist Unwissenheit eine Ursache der Ängste. Es gibt im Lande kein einziges griechischsprachiges Buch, das sich ernsthaft mit diesen Tiergattungen beschäftigt. In den Schulbüchern sind sie kein Thema. Stattdessen kursieren zahllose Geschichten und Gerüchte über die Gefährlichkeit von Schlangen. In den Kaffeehausgesprächen der Bauern sind sie alle mindestens drei Meter lang und giftig. Man weiß von Schlangen, die aus den Eutern von Schafen und Ziegen Milch saugen, und von anderen, die nur sonntags erscheinen. Man hat Schlangen mit mehreren Köpfen gesehen und weiß, dass viele Schlangen ihre Eier in die Nester von Landschildkröten legen. Umweltschützer werden beschuldigt, Schlangen mit Hubschraubern auf Berggipfeln auszusetzen, damit sie sich von oben ungefährdet Dörfern nähern können. Kein Wunder, dass die meisten Griechen Schlangen immer töten, sobald sie sie zu Gesicht bekommen – und als Waffe eignen sich Autoreifen eben besonders gut. Auch Schildkröten sind ein beliebtes Opfer von einheimischen Autofahrern: Sie ›knacken‹ angeblich so schön, wenn man sie überfährt …

Falsches Verhalten

Auch der Tourismus gefährdet die 62 Amphibien- und Reptilienarten des Landes. Vor allem entlang der Küste verlieren die Tiere immer mehr an Lebensraum durch den Bau von Hotelanlagen und Straßen, die dorthin führen. Leider werden darüber hinaus jährlich noch immer Hunderte von Schildkröten von unbedarften Urlaubern gefangen und mitgenommen, obwohl diese allein in Deutschland jährlich zu Tausenden legal nachgezüchtet werden. Auch professionelle Händler sammeln massenhaft Tiere ab und reduzieren die Bestände zunehmend. Zudem birgt das als bedenkenlos empfundene ›Hantieren‹ mit wild lebenden Schildkröten große gesundheitliche Gefahren für die scheuen Tiere. Auch wenn sie nicht wie Vögel durch Wegfliegen entfliehen können, bedeutet das nicht, dass ein Anfassen keine Bedrohung für sie darstellt. Unter Stress entleeren sie sich und verlieren somit lebensnotwendige Flüssigkeit. Vor allem im Sommer sind sie nicht in der Lage, diese in ausreichender Menge wieder zu sich zu nehmen, was unter anderem zu Nierenunterfunktion führt. Man sieht es ihnen nur leider durch den Panzer nicht an, wenn sie leiden.

Grundsätzlich sind Landschildkröten keine Streicheltiere oder Spielzeuge für Kinder. Sie sollten nur dann angefasst werden, um sie beispielsweise von einer viel befahrenen Straße zu tragen und sie so vor dem sicheren Tod zu bewahren. Dabei sollte man im Eigeninteresse daran denken, dass Schildkröten auf (Berührungs-)Stress mit Urinieren reagieren.

Weitaus häufiger als Landschildkröten bekommt der Reisende wahrscheinlich die Balkan-Bachschildkröte und die Europäische Sumpfschildkröte zu Gesicht. Besonders die Bachschildkröte bevölkert viele Bachmündungen und andere küstennahe Gewässer. Sie ist wenig scheu, sonnt sich gern auf Steinen und lässt sich leicht mit etwas Brot anlocken. Naturschützer sehen das weniger gern: Durch das Überangebot an Futter vermehren sie sich stark, der Nachwuchs findet dann aber im touristenlosen Winter kaum genügend Nahrung. Außerdem können Überpopulationen der Bachschildkröte leicht zur Verdrängung anderer Tierarten aus Feuchtgebieten führen.

Geringes Gefahrenpotenzial

Ebenso gefürchtet wie Schlangen sind die drei in Griechenland vorkommen-

Schildkröten gehören zu den besonders gefährdeten Reptilien in Griechenland.

den Arten von Skorpionen. Auch sie bekommt der Reisende nur in seltenen Fällen zu Gesicht. Skorpione gehören mit ihren acht Beinen zu den Spinnentieren. Noch am häufigsten ist der Feldskorpion *Mesobuthus gibbosus*. Es gibt ihn selbst in Städten, Dörfern und an den Stränden. Aufgrund seiner versteckten, nächtlichen Lebensweise bekommt man ihn aber nur selten zu sehen. Zwei der drei Skorpionarten sind mehr oder weniger harmlos, von der dritten sind keine Angaben bekannt, da sie sehr selten ist.

Benny Trapp kennt sich mit Stichen von Skorpionen und Schlangenbissen aus eigener Erfahrung aus, da er ihnen für seine Fotos ganz nahe kommen will. »Ich selbst wurde bereits dreimal vom Feldskorpion gestochen«, erzählt er, »hatte leichte Schmerzen, vergleichbar mit dem Stich einer Biene. Zum Arzt sollte man gehen, sofern man allergisch reagiert oder der Schmerz unerträglich erscheint. Panik ist stets unangebracht, denn ein Schock ist gefährlicher als die Wirkung des Giftes. Ich habe es vermieden, zum Arzt zu gehen, und nach wenigen Stunden war, außer einer vorübergehenden, leichten Bewegungsunfähigkeit, nichts mehr zu spüren. Der Biss der Sandotter – einer Vipernart – ist allerdings nicht auf die leichte Schulter zu nehmen, ärztliche Hilfe dringend erforderlich. Im Krankenhaus werden kreislaufstabilisierende Mittel injiziert, in schweren Fällen kann es neben Schwellungen und starken Schmerzen zu Kreislaufzusammenbrüchen kommen. Erbrechen und Durchfall sind neben Angstzuständen und Schweißausbrüchen gelegentliche Folgen eines Vipernbisses. Dank der heutigen guten medizinischen Versorgung ist es meines Wissens seit Jahrzehnten zu keinem Todesfall durch Schlangenbisse in Griechenland gekommen. Im Gegensatz zu den Folgen von Bienenstichen bei Allergikern.«

L

LESETIPP

Schäfer, Horst: Die Natur Griechenlands. Athen (Verlag der Griechenland Zeitung) 2017, 128 Seiten, ISBN 978-3-99021-026-0, 24,80 €. Ein Buch über die auffälligsten Insekten und Reptilien des Landes.

Benny Trapp plädiert dafür, die Schutzwürdigkeit von Reptilien und Amphibien vor allem Lehrern und Schülern klarzumachen und sie zu motivieren, mit ihren Klassen einmal an naturkundlichen Führungen teilzunehmen. Bisher werden solche Programme aber auf den Inseln allenfalls von einigen wenigen Enthusiasten angeboten.

Schlafgenossen

Völlig ungefährlich für den Menschen ist der possierliche Europäische Halbfinger, eine weit verbreitete Gecko-Art. Die bis zu 13 cm langen Tiere erscheinen ungesund transparent, sodass bei genauem Hinsehen häufig sogar die inneren Organe, noch nicht verdaute Nahrung und bei Weibchen sogar Eier zu erkennen sind. Ihr Lebensraum sind nicht nur Felswände und Flussbetten, sondern auch Gemäuer aller Art. Sie sind wenig menschenscheu, kleben darum auch gern in Wohn- und Schlafräumen an der Wand oder unter der Decke, um vom Licht angelockte Insekten zu jagen. So erfüllen sie sogar einen guten Zweck für die Zimmerbewohner – und sind ökologisch im Gegensatz zu so manchem Insektenschutzmittel völlig unbedenklich. Sie zu fangen ist nahezu unmöglich: in die Enge getrieben, werfen sie ihren Schwanz ab. Der bewegt sich hinterher oft noch einige Zeit völlig selbsttätig, um den Feind von seinem eigentlichen Beutetier abzulenken. ■

Mein Zuhause ist Korfu

Von Hamburg nach Hellas — Claudia Linge lebt seit 2007 ständig auf der Insel. Ihr Mann Andréas stammt von hier, beider Sohn geht hier zur Schule. Ihr Geld verdient die Familie mit einer kleinen Pension und einer Taverne am Strand von Pélekas an der Westküste Korfus. Dort sprach ich mit ihr.

Was hat dich auf diese Insel verschlagen?

CL: Die tausendfache Geschichte: 2001 buchte ich mit dem legendären Jugendreiseveranstalter Rainbow Tours eine Busreise nach Korfu, verbrachte meine Ferien mit einer Jugendgruppe in einem Hotel hier ganz in der Nähe und verguckte mich in einen Korfioten, der in einem Nachbarhotel arbeitete. Fünf Jahre lang führten wir eine Fernbeziehung. Ich kam im Sommer auf die Insel, er besuchte mich im Winter in Hamburg, wo ich damals bei einer Versicherung gearbeitet habe. 2007 gab ich meinen Job auf und siedelte nach Korfu über. Wir heirateten und ich bekam im nächsten Jahr einen Sohn.

Fühltest du dich sofort von der Familie deines Mannes akzeptiert oder gab es Vorbehalte gegen dich als Ausländerin oder gar Deutsche?

CL: Nein, überhaupt nicht. Aber meine Schwiegereltern waren ja Fremde gewohnt. Sie betrieben schon seit 1986 unsere Pension Bella Vista.

Habt ihr kirchlich geheiratet?

CL: Nein, nur standesamtlich. Das wird übrigens immer üblicher, denn dadurch spart man sich die hohen Kosten für eine Hochzeitsfeier. Zu der werden üblicherweise ja mehrere hundert Leute eingeladen, das geht wahnsinnig ins Geld.

Und deine Schwiegereltern haben das akzeptiert?

CL: Kein Problem. Nur nach der Geburt unseres Sohnes bestanden sie auf einer Taufe, denn nur durch die wird man nach Empfinden vieler Hellenen zum echten Griechen. Zur Feier wurden dann aber »nur« etwa 100 Gäste eingeladen.

Überwiegend Familie?

CL: Ja – und die ist groß. Hier zählen auch Cousins und Cousinen ersten, zweiten und sogar dritten Grades dazu. Natürlich kommt man nicht mit allen gleich gut klar, aber an sie denken muss man an hohen Feier- und an Namenstagen schon. Der Geburtstag hingegen ist dagegen weniger wichtig.

Euer Sohn heißt Nikólaos. Gibt es dafür einen besonderen Grund?

CL: Der erstgeborene Junge wird immer auf den Namen des Großvaters väterlicherseits getauft. Das erstgeborene Mädchen bekommt den Namen der Großmutter mütterlicherseits. An diesen Regeln führt kaum ein Weg vorbei.

Was nimmt man als Gastgeschenk mit, wenn man Freunde oder Familie besucht?

CL: Meist etwas Süßes aus der Konditorei. Oder auch Selbstgebackenes, hausgemachte Marmelade oder in Sirup eingelegte Früchte. Blumen spielen hier nicht die große Rolle wie in Deutschland.

Hast du das Gefühl, dass Familien hier in Griechenland stärker zusammenhalten als in Deutschland?

CL: Ich glaube, da darf man nicht zu romantisch sein. Wichtiger als die Nationalität ist da wohl die Lebenssituation. In Deutschland gibt es ja auch starke Unterschiede von Familie zu Familie und zwischen Stadt und Land. Hier auf Korfu lebt man ja relativ nahe beieinander und hat keine weiten Wege, um auch entferntere Familienmitglieder zu treffen. Unser Haus in Gastoúri, wo wir im Winter leben, steht zum Beispiel nur 100 m von dem Haus meiner Schwiegereltern entfernt. Andererseits hat fast jede Familie auch Verwandte in aller Welt: Eine meiner Schwägerinnen und ihr Mann beispielsweise leben und arbeiten in Seattle an der Pazifikküste.

Claudia und Andréas – ein deutsch-korfiotisches Paar

Eine besonders wichtige Rolle bei der Taufe spielt der Taufpate?

CL: Das stimmt. Der ist traditionell insbesondere für die geistige und religiöse Erziehung seines Patenkindes zuständig. Heute spielt das eher eine geringe Rolle, aber die Verbundenheit mit dem Patenkind ist trotzdem fast immer sehr stark. Rein äußerlich ist es besonders wichtig, das der Pate dem Patenkind vor der Ostermesse in der Nacht vom Ostersamstag zum Ostersonntag die *lambada*, die Osterkerze, schenkt, die in dieser Osternacht nach Verkündung der Auferstehung Christi am Ewigen Licht entzündet wird. Wobei die meisten Kinder sich natürlich meist mehr über das dazugehörige große (Geld-)Geschenk freuen. Wie wichtig diese *lambada* aber ist, sieht man in den Tagen vor Ostern in den großen Geschäften wie ›Jumbo‹, wo ganze Regalreihen mit unterschiedlichen Modellen gefüllt sind.

Und euer Sohn durfte getauft werden, obwohl ihr nicht kirchlich geheiratet habt?

CL: Das war damals kein Hindernis. Als mein Mann aber kürzlich Taufpate für ein Kind aus dem Verwandtenkreis werden wollte, ließ der Priester das nicht zu. Unser 12-jähriger Sohn musste an seiner Stelle diese Rolle übernehmen.

Okay, für deine Familie ist Ostern das größte Fest des Jahres. Aber du, vermisst du das Weihnachtsfest?

CL: Weihnachten trifft man sich hier am ersten Feiertag zum Essen im großen Kreis. Geschenke gibt es erst in der Silvesternacht. Wir stellen zu

Ihren Namen Bella Vista tragen Pension und Taverne von Claudia und ihrer Familie offensichtlich ganz zu Recht.

Weihnachten einen bunt geschmückten, durchaus hübschen Plastik-Tannenbaum mit elektrischen Lichtern auf – und schon im Advent eine Pyramide aus dem Erzgebirge.

Hältst du denn noch Kontakt zu Deutschland?

CL: Ja, eigentlich fliege ich in jedem Winter nach Hamburg, besuche meine Mutter, Oma und Tanten. Und Verwandte kommen eigentlich auch jedes Jahr hierher. Nur in diesem Corona-Jahr 2020 war alles anders. Das hat auch unser Sohn deutlich gespürt: Wochenlang durfte er nicht auf sein Gymnasium in Kastelláni, sondern hatte Fernunterricht am Computer.

Und euch wurde 2020 das Geschäft verhagelt?

CL: Das kann man wohl sagen. Vor dem 1. Juli gab es ja überhaupt keine Flüge aus dem Ausland auf die griechischen Inseln. Eigentlich sollte 2020 *the best year ever* werden, aber stattdessen kamen Stornierungen wie nie zuvor. Von Juli bis September liefen Pension und Taverne zwar sehr gut – aber danach kamen wegen der allgemeinen Ungewissheit wieder kaum Neubuchungen fürs nächste Jahr rein.

Und wie verkraftet ihr das?

CL: Wir sind ja ein Familienbetrieb. Oma und Opa arbeiten tatkräftig mit. Da brauchen wir praktisch kein Personal. Und auf eine Reinigungskraft, also ein Zimmermädchen, haben wir 2020 ganz verzichtet. Die elf Zimmer und Apartments haben meine Schwägerin und ich sauber gemacht, wenn die Gäste es wünschten. Viele haben darauf als Corona-Prävention aber auch verzichtet. Jetzt können wir nur hoffen, dass das Leben schnell wieder normal wird. Sonst sind die Aussichten für uns wie für viele Korfioten sehr trübe. ■

Drei Frauen

Einfach ansprechen — Auf den Ionischen Inseln setzen sich vor allem Frauen besonders stark für Natur und Umwelt ein. Die drei hier vorgestellten leben auch vom Tourismus. Sie sprechen Deutsch und unterhalten sich gern mit Gästen und Besuchern über ihr Engagement.

Susan – Save Nature

Das eisige Grönland war die Trauminsel von Susan Fisch, bevor sie 1989 zum ersten Mal nach Griechenland kam. Sie blieb bis zum vorletzten Tag ihres Urlaubs ein Grönland-Fan. Zwei Tage vor ihrer Heimreise lernte sie dann aber Vangélis Dimitriádos kennen, der zusammen mit seinen beiden Brüdern Makis und Panagis eine Pension und Ouzeri in Lourdáta auf Kefalloniá betrieb. Auf dem Schiff zurück nach Italien ging ihr auf, dass etwas anders war: Sie hatte sich in Vangélis verliebt.

Ihren Job als Kindergärtnerin in der Schweiz hatte die aus der Umgebung von Zürich stammende Susan schon vorher gekündigt. »Ich hatte Angst, irgendwann nicht mehr wie ein normaler Erwachsener sprechen zu können«, erklärt sie das heute. Die Bahn war also frei für die baldige Rückkehr nach Kefalloniá. Auch bei Vangélis hatte es gefunkt. Die beiden wurden ein Paar, haben heute zwei (fast) erwachsene Kinder. Griechisch zu lernen war ganz schön schwer, erinnert sie sich: »Wie kann man fürs schlichte Danke ein solch schweres Wort nehmen, das auszusprechen man zwei Wochen lang üben muss?«, fragt sie sich heute noch.

Susan ist voll ins Dorf integriert, genießt als Ausländerin nach eigenem Bekunden freilich eine gewisse Narrenfreiheit. Als närrisch betrachtet manch Alteingesessener Susans großes Engagement für die Natur. Für interessierte Urlauber aus aller Welt ist sie die Anlaufstelle, wenn es um Informationen über Wandermöglichkeiten auf der Insel und über Naturschutz-Aktivitäten geht. Schon seit über zwei Jahrzehnten ist sie zusammen mit der Meeresbiologin Alíki Pánou bei ›Archipélagos‹ aktiv. Hier im Ionischen Meer kümmert man sich insbesondere um die letzten Mönchsrobben und um die wieder größer werdende Population an Meeresschildkröten.

Susan hat Ideen: Gern würde sie zusammen mit anderen Wirten im Dorf für ihre schöne Insel verstärkt im Ausland werben: »Die Schwarzwälder machen doch auch für ihre ganze Region Reklame, nicht nur fürs eigene Geschäft. Doch das kann ich den Insulanern hier nicht klar machen«, stellt sie resigniert fest, »Die wursteln lieber jeder für sich allein ein wenig herum – oder verzichten total auf effektive Werbung.« Dabei besitzt Kefalloniá mit dem 1628 m hohen Enos den höchsten Berg der Ionischen Inseln und den zweithöchsten griechischen Inselgipfel außerhalb Kretas. Das Massiv ist zudem einer der ältesten Nationalparks ganz Griechenlands, fast schweizerisch-perfekt aufbereitet mit Picknickplätzen unter dunklen, endemischen Tannen und gut markierten Wanderwegen.

Ganz Naturliebhaberin, lässt Susan auch im Garten ihrer kleinen Pension »kontrollierten Wildwuchs« zu. Bei unserem letzten Besuch im Oktober blühten gerade die ersten Kyklamen auf, reiften die Bananen an ihren Stauden: Des besonders günstigen Mikroklimas in Lourdáta wegen werden sie hier sogar genießbar. In den Gärten von Familie Dimitriádos gedeiht zudem viel ökologisch angebautes Gemüse, 500 eigene Olivenbäume sorgen für einen gut ausreichenden Jahresvorrat. Susan ist auch zur Spezialistin für vegetarische und vegane Kost geworden, stellt sich auf jede Allergie ein. Aber nicht nur deswegen zieht die Taverne der Familie viele Gäste auch von auswärts an. Bei Susan ist es leicht, sich glücklich, bestens aufgehoben und eins mit der Natur zu fühlen, wenn man im Olivenhain sitzt und die Sonnenstrahlen auf den Blättern tanzen, während man lecker isst und anschließend vielleicht ein nettes Schwätzchen mit der Wirtin hält.

Susan Fischs Herz schlägt für den Naturschutz und für ihre Gäste.

Katharina – Mit Herz für die Langohren

Katharina Fehring lebt seit 2012 ständig auf Kefalloniá, der größten der Ionischen Inseln. Aufgewachsen ist sie auf einem Bauernhof zwischen Paderborn und Kassel in Ostwestfalen. Pferde waren als Kind ihre große Leidenschaft, schon mit vier Jahren besaß sie 1988 ihr erstes eigenes Pony. Später arbeitete sie als Heilpädagogin in einem Münchner Kinderheim. Der Pferde wegen kam sie erstmals nach Griechenland, volontierte im Reitstall einer Bayerin ganz in der Nähe ihres heutigen Wohnorts Grizáta. Danach ging sie erst einmal wieder nach Süddeutschland zurück, träumte jedoch von einem Leben in Hellas. 2012 war es soweit. Inzwischen hatte sie ihren heutigen Mann Christos kennengelernt, der bei OTE beschäftigt ist. Dessen Vater war Viehzüchter und Metzger, besaß in Grizáta schon einen eigenen Stall. Da war es kein Problem, die Genehmigung für ihr Vorhaben zu bekommen: auf Kefalloniá Esel zu halten und Eselwanderungen für Urlauber anzubieten. Heute stehen fünf graue Eminenzen in ihrem Stall. Drei hat sie vorbeiziehenden Roma abgekauft, eine ihrem Tierarzt auf dem Festland und eine weitere einem heimischen Bauern. Ihre Nachbarn sind tierliebende Briten, die sich an den Unterhaltungen der Esel nicht stören.

Katharina fühlt sich inzwischen ein wenig als Bewahrerin griechischer Traditionen. Die Bauern hier halten kaum noch Esel. Für die Landwirtschaft braucht man sie nicht mehr, als Renommee sind Pferde viel besser geeignet. So hat sie auf der Insel auch keinen Mentor mehr gefunden, der sie in die Geheimnisse der Eselei einführen konnte. Selbst ihr Tierarzt musste sich erst einlesen. Inzwischen sind beide Experten. Einmal jährlich kommt der Veterinär zur Impfung gegen Tetanus und Grippe. Die Grippeimpfung ist besonders wichtig, denn 90 % der Grippeerkrankungen verlaufen bei Eseln tödlich. Einmal jährlich wird entwurmt und einmal im Jahr schaut der Zahnarzt vorbei. Drei Stunden täglich ist Katharina mit den Eseln beschäftigt, Stallreinigung inklusive.

Die Tiere sind die Leidenschaft der jungen Frau und mehr als ein Hobby. Auch wenn sie sich noch um ihren einjährigen Sohn Achilléas kümmern muss, will sie zum Lebensunterhalt der Familie beitragen und mit den Tieren auch Geld verdienen. Darum bietet sie Urlaubern Wanderungen mit den Eseln an. Route und Dauer können frei gewählt werden, von der einstündigen Schnuppertour bis zur Ganztagestour ist alles möglich. Kinder und alle, die weniger als 50 kg wiegen, dürfen aufsitzen – für alle anderen tragen die Esel das Handgepäck und das Picknick. Katharina geht immer mit, denn die Tiere können recht stur sein. Sie erklärt unterwegs Flora und Fauna, führt die Reisenden zu alten Wassermühlen und Dreschplätzen, macht sie vor allem aber auch mit den Eigenarten der Vierbeiner vertraut. Aus deren Ohrenstellung kann Katharina ablesen, was sie gerade bewegt und was sie im Schilde führen und sie weiß zu erzählen, dass Muttertiere nur dann Milch geben, wenn sie ihren Nachwuchs im Auge haben. Darum hat

Katharina auf Kefalloniá (oben) liebt ihre Esel, reitet aber nur auf Pferden. Sofia auf Korfu (unten) weiß alles über Bienen, isst selbst aber gar keinen Honig. Beide können viel über ihre Tiere erzählen und freuen sich auch über Gäste mit Kindern. Die können hier so manches erleben.

sie auch die anderswo in Griechenland schon verwirklichte Idee verworfen, Kosmetika aus Eselsmilch zu produzieren. Ihr Traum ist ein anderer. Sie will demnächst therapeutisches Eselreiten anbieten, also ihre Leidenschaft mit dem erlernten Beruf verbinden. Erste Interessenten dafür hat sie schon: Die auf der Insel lebenden Eltern eines autistischen Kindes.

Sofia – die Bienenflüsterin

Sofias Katze hieß ›Pempti‹, Donnerstag, denn sie hatte sich an diesem Wochentag bei ihr einquartiert. Zuvor hatte sich Sofia Pagati tagsüber oft allein gefühlt. Da kam ihr Pempti ebenso recht wie einst Freytag dem Robinson Crusoe. Endlich hatte sie einen ständigen Begleiter, denn ihr Mann Giorgós betreute den ganzen Sommer über einen kleinen Verkaufsstand am großen Parkplatz von Paleochóra. Da kamen täglich Hunderte von Urlauber vorbei und konnten kaufen, was Sofia und ihre Bienen produzieren. In ihren Bee Park Skiadena, den sie auf dem einzigen Wegweiser am Straßenrand auch als ›Imkerei Hamburg‹ ausgibt, trauen sich hingegen nur eine Handvoll Reisende jeden Tag.

Sofia und Giorgós haben sich einst in der deutschen Hansestadt kennen und lieben gelernt. Sie hat dort und in Buchholz/Nordheide 17 Jahre lang gearbeitet, sprudelt Hochdeutsch wie ein Wasserfall. Ihr Mann ist lange zur See gefahren, war nur auf Landgang in Hamburg. Jetzt leben die beiden im kleinen Dorf Liapádes nahe der Westküste Korfus. Sofia ist zur Bienenzüchterin geworden, obwohl sie selbst Honig überhaupt nicht mag. Ein alter Imker im Dorf hatte sie gebeten, sich nach seinem Ableben um seine Völker zu kümmern und ihr alles beigebracht, was sie wissen musste. Inzwischen ist sie zur Bienenflüsterin avanciert. Mit Chemie kommen ihre fleißigen Tiere selbst im Krankheitsfall nicht in Berührung. Sie setzt auf Melissospathie, hat ihre eigenen Rezepte und Methoden entwickelt. Ausländische Imker, die sich lange mit ihr unterhalten, fahren meist so beeindruckt fort, dass sie in Notfällen ein Ferngespräch mit ihr führen. Gerade erst hat sie ein Russe angerufen, der sie im Sommer kennengelernt hatte. Er wollte wissen, wie er seine Bienenvölker am besten durch den harten russischen Winter bringt.

Leicht war das Leben von Sofia und Giorgós nie. Zu Wohlstand hat es das fleißige Paar nicht gebracht. Gern hätten sie Strom für den Bienenpark. Doch die Kosten für den Anschluss können sie nicht aufbringen. Immer wieder hindern sie kleine Ereignisse am Sparen. Dass ein Zahnkranz am Moped für 480 Euro ersetzt werden muss, nehmen sie als unausweichlich hin. Über böse Nachbarn hingegen ärgern sie sich maßlos. Im letzten Sommer haben Neider ihre Hütte verwüstet, das Bargeld aber liegen lassen. Ein paar Wochen später wurde Sofia gar ein ganzes Bienenvolk gestohlen. Von ihren eigenen Landsleuten schwärmt sie nicht. Schon gar nicht, seitdem ein Jäger im Herbst ihre Pempti erschoss.

Was bleibt, ist die Liebe zu dem, was sie tut. Sofias Bienenpark ist weit mehr als eine Imkerei. Sie und ihr Mann haben einen kleinen Olivenhain in ein chaotisches Paradies verwandelt, in dem man stundenlang sitzen mag. Für Kinder liegt Spielzeug herum, Giorgós hat Spielgeräte geschmiedet und bunt bemalt. In einer Hütte kocht sie Gästen einen Kaffee, am Verkaufsstand darf man nicht nur Honig verkosten, sondern auch die Marmeladen, das in Sirup eingelegte Obst, Oliven und Käse. Neuerdings gehören auch Salben auf Bienenwachsbasis zu Sofias Sortiment. Um sie herstellen zu können, hat sie sogar ein Fernstudium der Homöopathie abgeschossen. Jetzt plant sie ein Buch – ihre Biografie. Die sieht sie als größte Herausforderung ihres Lebens an. ■

In guter Gesellschaft

Symposien für alle — Der Begriff Symposien steht heute vor allem für wissenschaftliche Zusammenkünfte. Für die alten Griechen waren es gesellige Gelage. Heute ist die Paréa an ihre Stelle getreten: die große Tisch- und Spaßgemeinschaft.

Hellenen laden selten Freunde oder Verwandte zu sich nach Hause ein, man geht dafür umso häufiger abends mit ihnen zum Essen aus. Selten sitzen sie allein oder in trauter Zweisamkeit in Tavernen und Restaurants. Der Abend ist umso schöner, je größer die Tischgemeinschaft ist. Die Hellenen haben für sie ein eigenes Wort, ›paréa‹. Eine gute Paréa, also gute Gesellschaft zu haben, ist so wichtig wie das Essen selbst.

Spontane Gesellschaft

Oft bildet sich die Paréa spontan. Man verabredet sich am Telefon, fordert dazu auf, ruhig noch Freunde oder Verwandte mitzubringen. Je mehr, desto besser. Weil das Telefonieren dauert und nicht jeder gleich losfahren kann, wird es oft spät, bis man endlich in der Taverne sitzt.

Allein Reisende werden bedauernd angesehen und gelegentlich sogar gefragt: »Denn échis paréa?« – Hast Du keine Tischgemeinschaft? Die Paréa ist von zentraler Bedeutung, kann zwar jeden Tag anders aussehen, ist aber für den Moment fast heilig: Als nicht Dazugehörender dringt man nicht einfach ein, setzt sich nicht einfach dazu, verlässt sie auch nicht für längere Zeit, um mit Außenstehenden zu reden.

Bestellt wird zusammen

Die urgriechischen Essensgewohnheiten sind ganz auf das System Paréa abgestimmt. Innerhalb der Paréa bestellt keiner für sich allein. Im besten Fall bespricht man, was geordert wird.

Im Normalfall aber bestellt man bunt durcheinander, jeder bringt seine Ideen dafür ein, was für alle auf dem Tisch stehen soll: Salate und Pürees, diverse andere Vorspeisen, gefüllte Weinblätter, Gemüse und natürlich Unmengen von Pommes frites. Auch Fleisch und Fisch werden meist gemeinsam nach Gewicht bestellt: zwei Kilo Schwertfisch zum Beispiel und dazu drei Kilo Koteletts vom Zicklein, ein paar Oktopusarme und vielleicht noch einige Schweinekoteletts und griechische Frikadellen.

Man gönnt sich was

Alles Bestellte wird auf dem Tisch platziert, jeder nimmt sich, wovon er mag und so viel er mag auf seinen eigenen Teller. Den bekommen natürlich auch

Alleine oder zu zweit essen zu gehen, bedeutet nur den halben Spaß. In Griechenland schätzt man die Geselligkeit einer großen Runde.

Kinder, sodass sich hier die bei uns fast schon obligatorischen ›Kinderteller‹ auf der Karte völlig erübrigen.

Nachbestellungen sind üblich. Wichtig ist, dass viel übrig bleibt auf den persönlichen Tellern. Man beweist sich selbst und den anderen, dass es einem gut geht, dass man es sich leisten kann, genießt die Fülle. Deswegen räumen Kellner in ursprünglichen Tavernen auch selten zwischendurch leere Teller, Platten und Flaschen ab. Jeder soll sehen, was sich die Tischgemeinschaft gegönnt hat.

Machen Sie nie den Fehler, ihren Teller restlos leer zu essen! Man würde Sie für einen Geizhals halten, der es sich nicht leisten kann oder will, richtig satt zu werden. Was übrig bleibt, kann man sich freilich auch zur Mitnahme einpacken lassen: offiziell am besten, weil man Hunde, Katzen, Hühner oder Schweine zu Hause hat.

Bezahlen ist Ehrensache

Wenn es nach vielen Stunden ans Bezahlen geht, entsteht innerhalb der Paréa meist ein heftiger Streit darüber, wer die gesamte Rechnung übernehmen darf. Das gilt als Ehre und verpflichtet die anderen, sich irgendwann einmal zu revanchieren. Meist handelt es sich aber um einen Scheinstreit, denn in der Regel steht ohnehin fest, wer einen besonderen Anlass hat oder an der Reihe ist. Seit der großen Krísis im letzten Jahrzehnt ist allerdings festzustellen, dass sich immer mehr Paréas die Rechnung teilen – freilich nicht vor den Augen des Kellners, sondern eher dezent nach dem Essen. Ausländer, die zusammen am Tisch sitzen, aber nicht zusammen bezahlen wollen, sollten das schon bei der Bestellung sagen, da er sonst die gesamte Bestellung auf einem Bon verbucht. ■

Abkürzungen der Inselnamen
I - Itháki
Ke - Kefalloniá
Ko - Korfu
L - Léfkas
M - Meganisí
P - Páxos
Z - Zákinthos

DAS KLIMA IM BLICK

A

Reisen bereichert und verbindet Menschen und Kulturen. Wer reist, erzeugt auch CO_2. Der Flugverkehr trägt mit einem Anteil von bis zu 10 % zur globalen Erwärmung bei. Wer das Klima schützen will, sollte sich für eine schonendere Reiseform (z. B. die Bahn) entscheiden – oder die Projekte von atmosfair unterstützen. Atmosfair ist eine gemeinnützige Klimaschutzorganisation. Die Idee: Flugpassagiere spenden einen kilometerabhängigen Beitrag für die von ihnen verursachten Emissionen und finanzieren damit Projekte in Entwicklungsländern, die dort den Ausstoß von Klimagasen verringern helfen. Dazu berechnet man mit dem Emissionsrechner auf www.atmosfair.de, wie viel CO_2 der Flug produziert und was es kostet, eine vergleichbare Menge Klimagase einzusparen (z. B. Berlin – London – Berlin 14 €). Atmosfair garantiert die sorgfältige Verwendung Ihres Beitrags.

Klaus Bötig kennt Griechenland seit Jahrzehnten. Jedes Jahr verbringt der Bremer Reisejournalist dort fünf bis sechs Monate, reist zu allen Jahreszeiten kreuz und quer durchs Land. Die Ionischen Inseln besucht er mindestens zweimal jährlich. Er hat dort viele gute Freunde gewonnen, die ihn stets auf dem Laufenden halten. So kamen über 70 Griechenlandbücher und viele Zeitschriften-Reportagen zustande. Der Autor bloggt fast täglich auf www.klausboetig.de.

Abbildungsnachweis
Benny Trapp, Wuppertal: S. 277 **DuMont Bildarchiv,** Ostfildern: S. 149 (Werner Fabig) **HEPA Cephallonia,** Kefalonia (GR): S. 163 **Huber-Images,** Garmisch-Partenkirchen: S. 22 (Davide Erbetta); Umschlagklappe vorn (Giovanni Simeone); 168 re., 171 (Olimpio Fantuz); 92 (Reinhard Schmidt) **iStock.com,** Calgary (CA): S. 6 li., 151 (DKart); 160 (milangonda) **Klaus Bötig,** Bremen: S. 6 re., 86, 97, 113, 128, 138 re., 167, 169 M., 177, 191, 211, 248/249, 280, 281, 283, 284 o., 284 u., 291 **laif,** Köln: Titelbild (Achim Multhaupt); 12/13 (Frank Tophoven); 169 re. (Le Figaro Magazine/Laurent Fabre); 68, 287 (Markus Kirchgessner); 107, 275 (Michael Amme); 46 li. (Preben S. Kristensen); 168 li. (robertharding/Robert Harding Productions) **Lookphotos,** München: S. 17, 200 (age fotostock); 40, 139 M., 154, 159 (Franz Marc Frei); 271 (Heinz Endler); 185 M., 197, 212 (travelstock44) **Mauritius Images,** Mittenwald: S. 121 (Alamy/Hercules Milas); 7 re., 71 (Alamy/James Davis Photography); 141 (Alamy/Peter Eastland); 47 re., 58 (Cultura); 252 (imagebroker/Gerhard Zwerger-Schoner); 46 re., 81 (imagebroker/Katja Kreder); 100 (imagebroker/Norbert Eisele-Hein); 49 (imagebroker/Norbert Michalke); 78 (Manfred Mehlig); 127 (Rolf Hicker); 217 (Thonig) picture-alliance, Frankfurt a. M.: S. 257 (akg-images/Erich Lessing); 272 (dpa/MOm/Hellenic Society for Study) **Rainer Hackenberg,** Köln: S. 14 re., 27, 55, 117, 122, 185 re., 206, 260, 267, 269 **Shutterstock.com,** Amsterdam (NL): S. 223 (Adiany Montelo); 2/3, 144 (Aerial-motion); 15 M. (allouphoto); 203 (Anna Kluba); 14 li., 37 (Anton Zelenov); 24 (Antoniya Kadiyska); 220 (Carl DeAbreu Photography); 139 re. (DaLiu); 266 (Deatonphotos); 8 (FrimuFilms); 136 (Georgios Alexandris); 138 li. (Georgios Tsichlis); 51 (Havoc); 181 (Heracles Kritikos); 184 re., 209 (IM_photo); 111 (JSvideos); 15 re. (Kristyna Henkeova); 115 re. (leoks); 104 (LuMaXx); 184 li., 187 (Neirfy); 114 re. (Netfalls Remy Musser); 89 (Nikolais); 115 li. (Preisler); 47 M., 263 (proslgn); 33 (smoxx); 53 (Tom Wang); 29 (TristanBalme); 7 li. (Urem); 114 li. (Yau Ming Low)

Umschlagfotos
Titelbild: Am Bataria Beach auf Korfu,
Umschlagklappe vorn: Kaminaki auf Korfu

Kartografie
DuMont Reisekartografie, Fürstenfeldbruck
© DuMont Reiseverlag, Ostfildern

Autor: Klaus Bötig **Redaktion/Lektorat:** Simone Nörling **Bildredaktion:** Simone Nörling, Titelbild: Carmen Brunner **Grafisches Konzept und Umschlaggestaltung:** zmyk, Oliver Griep und Jan Spading, Hamburg

Hinweis: Autor und Verlag haben alle Informationen mit größtmöglicher Sorgfalt geprüft. Gleichwohl erfolgen alle Angaben ohne Gewähr. Infolge der Corona-Pandemie kann es darüber hinaus zu kurzfristigen Geschäftsschließungen und anderen Änderungen vor Ort gekommen sein. Bitte schreiben Sie uns! Über Ihre Rückmeldung und Ihre Verbesserungsvorschläge freuen wir uns: DuMont Reiseverlag, Postfach 3151, 73751 Ostfildern, info@dumontreise.de, www.dumontreise.de

1. Auflage 2022

Printed in Poland

Offene Fragen*

Wie kocht man einen kafés ellinikós?
Seite 228

Ticken die Uhren in Albanien anders?
Seite 96

Wie kommt der Pariser Platz nach Kefalloniá?
Seite 150

Wird auf den Inseln Bier gebraut?
Seite 85

Wie viele Olivenbäume wachsen auf Páxos?

Wo tanzen die Nymphen?
Seite 176

Wo ist der Sonnenuntergang am romantischsten?
Seite 71

Schwärmte Kaiserin Sissi für einen antiken Helden?
Seite 50

Leben Flamingos auf Korfu?
Seite 58

Wo wird auf Korfu Cricket gespielt?
Seite 14

Wartete Penelope auf Itháki wirklich 20 Jahre auf die Rückkehr ihres umherirrenden Ehemanns und vertrieb sich die Zeit mit Weben?

Ist auf den Ionischen Inseln Island-Hopping möglich?
Seite 241

** Fragen über Fragen – aber Ihre ist nicht dabei? Dann schreiben Sie an info@dumontreise.de. Über Anregungen für die nächste Ausgabe freuen wir uns.*